德国人的见解

Decisive Battles of WORLD WAR II The German View 第二次世界大战决定性会战

〔德〕汉斯－阿道夫·雅各布森 等 著
钮先钟 译

新华出版社

图书在版编目（CIP）数据

第二次世界大战决定性会战：德国人的见解 /（德）汉斯–阿道夫·雅各布森等著；钮先钟译. — 北京：新华出版社, 2020.9

书名原文: Decisive Battles of World War II : The German View

ISBN 978-7-5166-5388-3

Ⅰ. ①第… Ⅱ. ①汉… ②钮… Ⅲ. ①第二次世界大战战役 – 史料 Ⅳ. ①E195.2

中国版本图书馆CIP数据核字（2020）第184267号

第二次世界大战决定性会战：德国人的见解

作　　者：［德］汉斯–阿道夫·雅各布森　等　　**译　　者：**钮先钟

选题策划：巴别塔文化　　**责任编辑：**江文军　樊文睿
特约编辑：张建恩　　**责任校对：**刘保利
封面设计：宋　涛

出版发行：新华出版社
地　　址：北京市石景山区京原路8号　　**邮　　编：**100040
网　　址：http：//www.xinhuapub.com
经　　销：新华书店、新华出版社天猫旗舰店、京东旗舰店及各大网店
购书热线：010 – 63077122　　**中国新闻书店购书热线：**010 – 63072012

照　　排：胡凤翼
印　　刷：北京长宁印刷有限公司天津分公司

成品尺寸：145mm × 210mm　32开
印　　张：17.25　　**字　　数：**382千字
版　　次：2021年2月第一版　　**印　　次：**2021年2月第一次印刷
书　　号：ISBN　978-7-5166-5388-3
定　　价：88.00元

△　正通过阿登森林的德军装甲部队。德军选择从该地区发动攻势，对英法联军造成了完全的奇袭，使得德军充分掌握了主动权。

▷　在甲板上东倒西歪的英军步兵，好不容易从敦刻尔克逃出，每个士兵都显露出疲态。

△　敦刻尔克海滩上的惨况，英法联军的伤亡士兵和破损装备到处散布。

◁　英法联军在法国北部的大败，使得德军在法境长驱直入，并轻易占领了巴黎。

△　正在伦敦上空执行轰炸任务的 He-111 轰炸机。

▽　航行中的“可怕”号航空母舰，英国皇家海军因享有航空战力方面的优势，故能屡次击败德、意海军的挑战。

△　反击中的 T-34 坦克群，此种坦克的性能优异，为苏军力挫德国装甲部队的一大功臣。

△　多管火箭，号称“斯大林管风琴”，是德军忌惮的武器。

△ 德军空降部队在克里特岛损失惨重，使得希特勒一度认为，空降部队的时代已经结束。

▽ 在苏德开战的第一天，大批苏军飞机在机场被击毁。

△　巡航中的南安普顿级巡洋舰，英国皇家海军地中海的兵力虽未享有绝对优势，但却以战术取得了制海权。

△　德意联军“非洲军团”虽然屡次以寡击众，但终于在后援不继的状况下，于阿拉曼吃了决定性的败仗。

△ 于斯大林格勒城市内短兵相接的德、苏两军，在激烈的巷战中，皆蒙受了巨大的损失。

△ 斯大林格勒战役之后，苏军开始发动一连串的大攻势。

△ “俾斯麦”号在第一次出击任务中，便被皇家海军击沉。

△ “格奈森瑙”号速度快、火力强，为英军的眼中钉。

△　德国潜艇部队的指挥官邓尼茨元帅（右）

△　德军被围在斯大林格勒之际，冯·曼施坦因虽欲救援被围的德军，却无奈功败垂成。

△　惨遭联军飞机轰炸的 U 艇。

△　在阿登地区抵御德军攻势的谢尔曼坦克群。

△　凭借着装甲部队的冲力，苏军击溃了德军的顽抗。

△　诺曼底登陆战由空降部队揭开序幕，这些部队不但造成了德军的混乱，更摧毁了重要的海军炮台。

▽　正登陆法国海岸的美军部队。

△ 开火中的苏军 76.2 毫米野战炮群。苏军一向惯用大炮兵战术，以火力歼灭了不少德军。

◁ 德军在 1944 年底虽然败象已露，但阿登地区的闪电奇袭，仍使联军措手不及，并掳杀了大批俘虏。

▷ 朱可夫是苏军攻无不克的将领。

◁ V-2 飞行速度快、射程远，是一种联军无法抵御的超级武器，但由于推出的时间太迟，对战局并无影响。

▽ 在阿登之战阵亡的德军遗体。德军最初的攻势进展顺利，但后继无力，最后被联军逐回。

出版说明

孙子曰："兵者，国之大事，死生之地，存亡之道，不可不察也。"第二次世界大战是人类历史上的空前浩劫，对世界格局产生了深远影响，直至今天。"以史为鉴，可以知兴替。"因此，了解和关注这段历史，对我们反思和认识过去，更好地把握和走向未来具有重要和长远的现实意义。

"钮先钟二战经典译作集"收录了台湾著名军事战略研究专家钮先钟先生关于第二次世界大战战史的三部翻译作品，其分别是：《第二次世界大战：欧洲争夺战》《第二次世界大战决定性会战：德国人的见解》《第二次世界大战：太平洋争夺战》。这三部作品本身都是世界上"二战"史研究和普及领域广为流传的经典之作。

"钮先钟二战经典译作集"称得上是名家名译。本次出版，我们依据20世纪50年代以来台湾军事译粹社、星光出版社出版的繁体竖排版本重新编排。在编辑中，我们尽量保留了原书稿的历史风貌，同时也对书稿中的不足与失误之处进行了修订。如对人名、地名等名词，根据大陆读者的阅读习惯，参考《世界人名翻译大辞典》《世界地名翻译大辞典》等工具书进行了修改；对书中出现的具体历史事件的时间性错误与知识性错误进行了修改；书中的数字用法统一用通行的阿拉伯数字；对有些过于口语化、表达不通顺的句子进行了适当修改；对某些较为生疏与不易理解的概念，加了编者注，以方便读者阅读。

关于书稿的内容特色以及钮先钟先生本人，军事历史研究学者杨虎先生专门为本系列丛书撰写了《总序》，对此作了全面、深刻、精当的评述，为读者提供了一个权威的、可以借鉴的阅读视角。

编　者

总 序

第二次世界大战是人类历史的空前浩劫，战争波及五大洲、61 个国家和地区、20 亿以上人口，对世界格局产生了深远影响。第二次世界大战史在战争史和军事学术史上有着首屈一指的地位，为职业军人、军事历史学家和军史爱好者提供了取之不尽的素材。拿破仑曾经说："一切军事艺术的奥秘都深藏于军事历史之中。"如克劳塞维茨、富勒、李德·哈特，以及当代的范·克里韦尔德等杰出的军事理论家，首先都是杰出的军事历史学家。军事科学和战争艺术都是以战争实践为基础的，战争史是发展军事科学和战争艺术的源泉；离开战争史，军事科学和战争艺术都会成为无源之水、无本之木。军队越是不打仗，就越需要强调以战史为基础开展军事教育。因此，第二次世界大战史在今天仍然具有重要的学术价值。

此次推荐的三部译作是 20 世纪 50 年代以来，由钮先钟先生翻译，台湾军事译粹社、星光出版社出版的经典军事理论作品。其中，有两部作品曾经中国人民解放军总参谋部翻印，供军队高级干部学习研究。

《第二次世界大战：欧洲争夺战》（*The Struggle for Europe*）是"二战"史的一部重要著作。作者是澳大利亚新闻记者切斯特·威尔莫特（Chester Wilmot），他曾作为BBC的战地记者随英国第6步兵师乘滑翔机登陆诺曼底，随军报道了欧洲战场上许多重大战事，亲自采访过布雷德利、蒙哥马利等著名将领。1952年，他出版了《第二次世界大战：欧洲争夺战》，受到广泛好评。这部著作记录了从敦刻尔克大撤退到盟军解放欧洲的全过程，将政治、经济、战略分析与战斗经过巧妙结合，为盟军在欧洲战场反败为胜提供了一幅全景图。当代英国著名军事历史学家约翰·基根（John Keegan）这样评价此书："在数以千计的描写西北欧战役的书籍中，我只选择一本，那就是切斯特·威尔莫特的《第二次世界大战：欧洲争夺战》……他创新了撰写当代军事史的现代方法……他的书仍是第二次世界大战史中至高无上的成就，将对事件的浓厚兴趣与对基础性事实的冷静剖析相结合。正是这本书第一次唤起我对战争作为历史的兴趣，而且随着时间的流逝，我越来越感到惊奇。"

《第二次世界大战决定性会战：德国人的见解》（*Decisive Battles of World War II: The German View*）是20世纪60年代联邦德国军事研究协会编辑出版的一部重量级的官方战史著作，编者是著名历史学家汉斯·雅各布森（Hans-Adolf Jacobsen），参与集体创作的都是德国战史专家和亲历战争的将领。其中，中国读者比较熟悉的有《德军总参谋部》的作者、历史学家瓦尔特·戈利茨（Walter Gorlitz），《德国国防军大本营》的作者、国防军最高统帅部副参谋长瓦尔特·瓦尔利蒙特（Walter Warlimont）将军，以及"二战"中德军最优秀的战术家冯·曼陀菲尔（von Manteuffel）将军。各篇论文独立成章，涉及敦刻尔克、不列颠战役、攻占克里特岛、斯大林格勒战役、诺曼底之战、阿登反击战等决定性战役。这部著作的可贵之处在于它集中反映了德国人的见解，并且全部文章都是高水准的。钮先钟先生在中译本序言中写道："这本战史尤其值得欣赏的就是它有许多见解的确是我们过去所从未听人说过的，读完这本书，再回忆我们过去所曾经读过的许多其他的书，就一定会有恍然大悟的感受，觉得若不读此书则可能一辈子都搞不清楚。"

《第二次世界大战：太平洋争夺战》(*The Island War: The United States Marine Corps in the Pacific*)是美国海军陆战队在第二次世界大战太平洋战场上的征战史，作者是海军陆战队中校弗兰克·霍夫(Frank O. Hough)。两栖作战是最复杂的作战样式，即使是在全面掌握制空权和制海权的情况下，背水攻坚、环境恶劣、补给困难，以及敌军的困兽犹斗、负隅顽抗，都会对岛屿进攻作战构成巨大威胁，给登岛部队造成重大伤亡。纵观人类战争史，第二次世界大战太平洋战场的岛屿争夺战，无论从两栖作战规模和惨烈程度，还是从战术、后勤和装备发展来看都是空前的。这部著作详细记录了太平洋战场反攻阶段美军从夺取瓜达尔卡纳尔岛到冲绳岛最后一战的战斗历程，今天读来未必像许多战史著作和人物传记那样引人入胜，却有重要的史料价值，特别是对于两栖作战战术研究更是不可多得的材料。

如上所述，三部著作的译者都是钮先钟先生。大陆地区的读者对钮先钟并不陌生，20世纪80年代后，他的著作和译著陆续在大陆公开出版，最著名的当数他翻译的《西洋世界军事史》(作者是英国著名军事历史学家富勒少将)，以及《隆美尔战时文件》和曼施坦因、古德里安的回忆录。

钮先钟出身世家，青年时代想报考军校投笔从戎，无奈因高度近视而从军无门。抗战期间，钮先钟先后担任《扫荡报》记者和重庆军事委员会外事处翻译。20世纪50年代到70年代，他负责《军事译粹》杂志，后经萧毅肃引荐以文职身份担任台湾地区有关主管部门编译室主任，这期间翻译了大量的外国军事著作，其中包括国内公开引进出版的《战争论：间接路线》《战争指导》《战略绪论》《西洋世界军事史》《隆美尔战时文件》《失去的胜利》《闪击英雄》《第一次世界大战史》《第二次世界大战史》《亚历山大的将道》等。1972年，年近花甲的钮先钟退出公职，进入台湾淡江大学任教并从事战略研究，践行他所说的“读书、写书、教书三书主义”。1991年，他退出教职开始专心研究写作，至2003年，先后出版《中国战略思想史》《西方战略思想史》《孙子三论》《第二次世界大战的回顾与反思》《战略研究入门》《二十一世纪的战略前瞻》《中国历史中的决定性会战》《中国战略思想新论》等著作。至最后一部著作出版，他已91岁高龄。

钮先钟是典型的“书斋战略家”，一生著作等身，堪称东西方战略思想融会贯通集大成者，有人称钮先钟为“蒋百里之后第一人”，似乎毫不为过。今天阅读钮先钟先生的著作，仍能在字里行间感受到他渊博的学识和高远的境界，令人景仰和感佩。

杨　虎

军事历史研究学者

CONTENTS 目录

CONTENTS

地图目录

译者序

本社自从1952年4月1日创刊以来，所译印有关第二次世界大战的书籍虽然不敢说多，但的确不能算少。从50年代出版的《欧洲争夺战》到70年代出版的李德·哈特的《第二次世界大战战史》，整整20年，可以说是历尽沧桑，有不胜今昔之感。

不过，有一点却令我们始终感到遗憾，那就是所有的资料都是来自英美方面，而德国方面的资料却几乎完全缺乏。当然，这只是一种概括的说法，其实并不尽然：（一）虽然某些书的作者是英国人（或美国人），但是他们又还是引用德国方面的原始资料，像李德·哈特，其重视德军将领的叙述甚至远过于其本国的官方记载；（二）我们也出版了一些德国名将的回忆录（例如古德里安、隆美尔、曼施坦因、加兰德），那自然是来自德国方面的资料。

尽管如此，但还是不能使我们感到满意，其原因可分述如下：（一）英美作家虽然引用德国的资料，但他们的观点却并不代表德国人的观点；（二）回忆录虽然自有其价值，但它却并非战史，研究战争的人是两者都应重视而不可偏废。

简而言之，我们这么多年来都缺乏一本德国人所写的第二次世界大战战史，不仅本社不曾译印，其他的出版机构也似乎都不曾作这样的贡献。

现在，我们决心译出这样一本书，书名为《第二次世界大战决定性会战：德国人的见解》。这是由德国“军事研究协会”（Arbeitskreis fur Wehrforschung）所编辑出版的一本正式战史，同时也是许多德国战史名家的集体创作，其中有的是亲自参加过上次大战的宿将，有的是研究战史的专家，所以的确可以代表德国人的权威意见。

大家都知道，德国人治学以严谨认真闻名于世，这一本书也完全符合此种传统标准。这并不是一本好读的书，读者在研读时必须采取一种同样的认真态度，绝不可以当消闲的书来看，否则就不免有空入宝山之感。在此又必须更进一步地说明，研究历史，尤其是战史，本来就是一种认真的工作，无论是作者和读者都同样地不可以掉以轻心。把历史当作小说写，或者译印那些不成熟的廉价书，对于真正的读书人而言，无异于是故意浪费他们的时间和金钱。

这本战史尤其值得欣赏的就是，它有许多见解的确是我们过去所从未听人说过的。读完这本书，再回忆我们过去所曾经读过的许多其他的书，就一定有恍然大悟的感受，觉得若不读此书，则可能一辈子都搞不清楚。

兹值本社创刊24周年纪念，我们很认真而高兴地推介这一本名著，来作为我们“愚人愚事”的另一块里程碑。

钮先钟序于台北

1976年4月1日

序 言

克劳塞维茨对于“歼灭战”所下的定义是，使敌人受到惨重的失败，并失去再次进行战争的能力。这样的失败所关系的应不仅为物质力量，而且还有精神力量。

“决定性会战”可以指那些决定战争方向的行动，但也可以指某种战争情况和某一特殊战场而言。

我们知道胜利的战斗可以导致失败，而失败又可以替尔后的胜利铺路。

在第二次大战中的会战，凡可认为具有特别重要性的，都会在本书中加以分析。

1939年10月11日，贝克将军（General Beck）曾经这样宣称：“在这次战争中，实际的武装冲突只会扮演一种次要或支援的角色。最重要的因素却必须在其他方面去寻找。”我们不应忘记近代战争并非仅由军事行动或军事因素来决定，政治、经济、心理，尤其是“精神因素”，也都扮演着一种决定性角色。从根本上说，打仗的还是人。

腓特烈大帝曾经说过：“除非能从其中得到正确的结论，否则经验也就毫无用处。”此一皇皇巨著，由许多能力已获证明的专家执笔写成，足以鼓励这样的结论，所以它对于北大西洋公约组织部队的政治运作及军事训练都能带来极大价值。

［原序作者为斯派达尔将军（General Hans Speidel），在第二次世界大战期间曾任隆美尔元帅的参谋长。］

大事记（一）战前大事

1918 年 11 月 11 日：第一次世界大战结束。

1919 年 6 月 28 日：签订《凡尔赛条约》。

1922 年 10 月 28 日：墨索里尼向罗马进军，夺取政权。

1924 年 1 月 21 日：列宁逝世。苏联共产党总书记斯大林成为他的继承人。

1929 年至 1931 年：世界经济危机。

1933 年 1 月 30 日：希特勒出任由民族社会主义者和德意志民族主义者组成的联合政府的总理。

1933 年 2 月 28 日：德国宣布《保护人民和国家法令》的紧急命令。废除基本人权。提出建立集中营的法案。

1933 年 3 月 24 日：通过上述法案。

1933 年 7 月 14 日：禁止成立新的政党。极权国家的开始。

1933 年 10 月 14 日：德国退出国际联盟。

1934 年 1 月 26 日：签订《德波互不侵犯条约》。

1934 年 6 月 30 日至 7 月 2 日：突击队领袖因政争被杀，又称“罗姆叛变”。

1934 年 7 月 25 日：纳粹分子在维也纳发动政变失败。陶尔斐斯总理被刺。

1934 年 8 月 2 日：兴登堡总统逝世。希特勒变成了“元首兼帝国总理”。国防军向希特勒宣誓效忠。

1935 年 1 月 13 日：萨尔区投票，91% 的票数赞成与德国合并。

1935 年 3 月 16 日：德国恢复征兵制。开始公然重整军备。

1935 年 4 月 11 日：斯特雷萨（Stresa）会议。英法意三国谴责任何片面废除条约的行为。

1935 年 5 月 2 日：苏法两国签订“互助”条约。

1935 年 6 月 18 日：英德两国签订海军协定。

1935 年 10 月 3 日：意大利入侵阿比西尼亚。

1936 年 3 月 7 日：希特勒废除《洛迦诺公约》(*Locarno Pact*)。德军重占莱茵地区。

1936 年 7 月 18 日：西班牙内战开始。

1936 年 10 月 26 日：柏林—罗马轴心成立。

1936 年 11 月 25 日：德日两国签订《反共产国际协定》。

1937 年 7 月 7 日：卢沟桥事变。中国开始全面抗战。

1937 年 11 月 5 日：希特勒告诉他的陆军将领们说：“只有一种方法能解决德国问题，那就是使用武力。”

1938 年 2 月 4 日：德国国防军改组。希特勒成为“最高统帅”。勃洛姆堡（Blomberg）和弗里奇（Fritsch）均被罢黜。

1938 年 3 月 12 日：德军进入奥地利，大德意志联邦浮现。

1938 年 5 月 30 日：希特勒决定毁灭捷克斯洛伐克。

1938 年 8 月 27 日：陆军参谋总长贝克（Beck）上将，以辞职表示对希特勒政策的抗议。

1938 年 9 月 29 日：慕尼黑协定。苏台德区（Sudetenland）被割让给德国。

1938 年 10 月 1 日：德军进入苏台德区。

1938 年 10 月 20 日：希特勒下令毁灭“捷克斯洛伐克的残余部分”。

1938 年 11 月 9 日：在德国全境对犹太人商店和教堂作有组织

的破坏。

1939 年 3 月：英法两国代表在莫斯科开始谈判。

1939 年 3 月 15 日至 16 日：德国对波希米亚（Bohemia）和摩拉维亚（Moravia）建立保护国。德军违反慕尼黑协定进占那些地区；为迈向战争的决定性一步。

1939 年 3 月 21 日：德国要求波兰解决疆界争执。

1939 年 3 月 23 日：德军进入梅梅尔（Memel）区。

1939 年 3 月 26 日：波兰拒绝德方建议。

1939 年 3 月 31 日：英法两国宣布对波兰的保证。

1939 年 4 月 3 日：国防军最高统帅部下命准备进攻波兰。

1939 年 4 月 7 日：意大利占领阿尔巴尼亚。

1939 年 4 月 28 日：希特勒废除 1935 年的英德海军协定，以及 1934 年的《德波互不侵犯条约》。

1939 年 5 月 20 日：德苏两国开始在莫斯科谈判。

1939 年 5 月 22 日：德意两国缔结军事同盟、武力同盟。

1939 年 8 月 23 日：德苏两国签订互不侵犯条约（包括秘密条款）。

1939 年 8 月 25 日：英波两国签订“互助”条约。希特勒延缓对波兰发动攻势，原本已定为 8 月 26 日。

1939 年 8 月 31 日：12 时 40 分，希特勒下达攻击波兰的最后命令。

1939 年 9 月 1 日：德军于 4 时 45 分进攻波兰。

大事记（二）1939 年 9 月—1940 年 4 月

战争部分（轴心方面）

1939 年

8 月 19 日：两艘袖珍战舰和 18 艘 U 艇驶往大西洋。

9 月 1 日：德国进攻波兰。

9 月 3 日：里布（von Leeb）的 C 集团军[①]以 33 个师防守西线对抗联军 110 个师。德国人开始攻击商船，U-30 艇将客轮“雅典娜”号误认为辅助巡洋舰，并加以击沉。U 艇并沿英国海岸布放第一批磁性水雷。

9 月 8 日：德军到达华沙。

9 月 12 日：库特诺（Kutno）[布楚拉（Bzura）]之战。

9 月 17 日：两个苏联集团军进入东波兰。U-29 艇击沉英国航空母舰“勇气”号。

9 月 24 日：华沙之战。

9 月 28 日：华沙投降。

10 月 6 日：波军最后残部投降。

10 月 9 日：“元首命令第 6 号”下令加强西线的攻势准备。

10 月 10 日：海军元帅雷德尔（Rader）向希特勒报告挪威的战略重要性。

① 本书中的“集团军”一词，对应的英文为“Army Group”，目前通常译为“集团军群”。——编者注

10月14日：U-47艇穿透斯卡帕湾（Scapa Flow），并击沉战舰“皇家橡树”号（Royal Oak）。

10月16日：英格兰海岸外的英国军舰首次遭到德机空袭。德国驱逐舰首次布雷。

10月31日：曼施坦因（von Manstein）第一次提出对西线攻势的作战计划草案。

11月12日：希特勒确定西线攻击的日期。

11月21日：德国舰队出动并与英国“北巡战队”（Northern Patrol）在冰岛南方交战。

11月30日：苏芬冬季战役开始。

12月13日：拉普拉塔河口（River Plate）海战。

12月17日：袖珍战舰“施佩上将”号（Admiral Graf Spee）在蒙得维的亚（Montevideo）港外自沉。

1940年

1月10日：两名携带秘密文件的德国空军军官迫降在梅赫伦（Mechelen）。

1月27日：“威悉河演习”准备中，德国秘密计划攻占挪威和丹麦。

2月18日：“北欧目标”作战——德国舰队、U艇部队及德国空军切断英国—挪威交通线的联合作战失败。

2月24日：德军完成西线军队部署计划。

3月1日：“威悉河演习”命令发布。大西洋之战第一阶段结束，击沉75万吨（GRT）。

4月9日：“威悉河演习”开始，德军占领挪威和丹麦。

5 月 10 日：在西线发动攻势。

政治部分（轴心方面）

1939 年

9 月 28 日：签订德苏友好条约。

10 月 6 日：希特勒在国会中宣布“和平建议”。

10 月 26 日：在波兰成立总督府，苏联兼并东波兰。

11 月 8 日：于慕尼黑的啤酒厅谋刺希特勒未遂。

11 月 9 日：“凡洛事件”，两名英国情报员在荷兰被绑架至德国。

1940 年

2 月 11 日：签订苏德贸易协定。

3 月 10 日：里宾特洛甫（Ribbentrop）抵达罗马。

3 月 18 日：希特勒与墨索里尼在布伦纳山口（Brenner Pass）会晤。墨索里尼同意与德国结盟并参加战争。

4 月 2 日：希特勒下令“威悉河演习”于 4 月 9 日开始。

5 月 9 日：希特勒对西线攻势下达明确的命令。

政治部分（有关轴心方面的中立国）

1939 年

9 月 28 日：苏联与爱沙尼亚签订“互助”条约。

10 月 5 日：苏联与拉脱维亚签订“互助”条约。

10月10日：苏联与立陶宛签订“互助”条约。

10月11日：苏芬两国开始谈判。

10月18日：斯堪的纳维亚三国国王在斯德哥尔摩集会。

11月7日：比荷两国表示愿意调停交战各国的战争。

11月13日：罗马尼亚国王卡罗也作同样表示。

12月14日：国际联盟宣布苏联为侵略国家并开除其会籍。

1940年

3月12日：签订苏芬和约。

战争部分（同盟方面）

1939年

9月3日：英国对德国实施封锁，两艘德国船只在南美洲被俘获。英国本土舰队出动攻击突破封锁的敌舰。英国皇家空军在德国北部投掷传单。

9月4日：英国皇家空军首次空袭，攻击在威廉港（Wilhelm-shaven）的德国军舰。

9月7日：第一支英国护航船团开航。

9月9日：第一批英军被运往法国。

9月11日：3000枚水雷布放于多佛尔（Dover）海峡。

9月19日：英国海军总部备忘录载明，阻止挪威矿藏运往德国。

10月15日：“北巡战队”出发攻击突破封锁的敌舰。

10月25日：“北巡战队”俘获5艘突破封锁的敌舰。

11月15日：联军拟订“戴尔”计划，以应付德军攻击。

11月28日：英国皇家空军空袭博尔库姆（Borkum）的水上飞机基地。

1940年

1月16日：盟军开始准备在斯堪的纳维亚的海军及陆军作战。

2月16日：英国驱逐舰“哥萨克人”号的水兵登上并占领在挪威水域的德国补给舰“阿尔特马克”号。

3月28日：盟国战争会议决定在挪威水域布雷，并占领挪威各基地。

3月29日：盟军防御计划“戴尔—布雷达”。

4月7日：同盟国远征军驶往挪威。

政治部分（同盟方面）

1939年

9月3日：英法两国对德宣战。

9月23日：英国建议比利时举行联合参谋本部会谈。

9月30日：在巴黎成立波兰流亡政府。

10月10日：法国拒绝希特勒的和平建议。

10月12日：英国拒绝希特勒的和平建议。

10月19日：英法土“互助”条约。

11月12日：英法拒绝比、荷的调停。

11月17日：英法经济会议成立。

1940 年

3 月 20 日：达拉第的法国政府垮台，雷诺组织新阁。

5 月 10 日：丘吉尔出任英国首相。

政治部分（有关同盟方面的中立国）

1939 年

9 月 5 日：美国宣布中立。

9 月 29 日：比利时政府拒绝英国联合参谋本部会谈的提议。

10 月 3 日：美国建立“泛美安全区”，不准在区内有任何战争行动。

11 月 4 日：美国中立法案生效。

1940 年

3 月 1 日：美国国务卿威尔斯前来柏林访问，然后再访罗马、巴黎和伦敦。

敦刻尔克（1940）

5月10—25日德军攻势
XXVI：德国陆军（Pz= 装甲）
6：德国装甲师
装甲师（5月10—13日）
装甲师（5月14—17日）
装甲师（5月18—20日）
装甲师（5月21—25日）
联 军
5月15日
比军
英军
法军
5月25日
比军
英军
法军
0
10
20
30
40
50
英里
多佛尔
奥斯坦德
敦刻尔克
加来
布洛涅
圣奥梅尔
卡塞勒
巴约勒
阿兹布鲁克
里尔
卡尔万
朗斯
圣波勒
埃丹
阿拉斯
阿布维尔
亚眠
佩罗讷
圣康坦
康布雷
瓦朗谢纳
莫伯日
蒙斯
沙勒
伊尔松
拉昂
贡比涅
根特
蒂尔特
布鲁塞尔
法国第7军团
比利时军团
法国第1军团
法国第7军团
法国第6军团
希尔德河
斯海尔德河
桑布尔河
瓦兹河
埃纳河
XIX
XLI
XVI
XXIX
VIII
XXVII
XI
IV
IX
XXVI
18
6
4
2

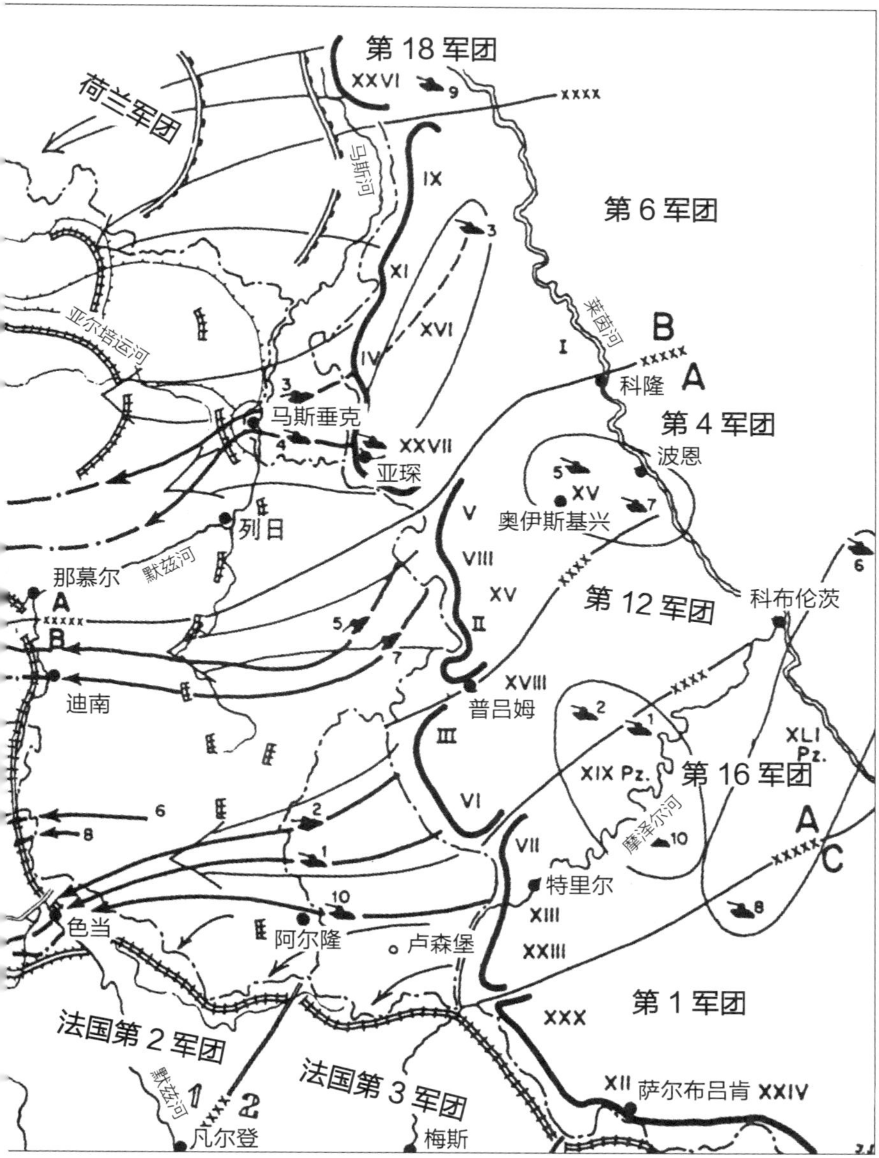
第 18 军团
XXVI
9
XXXX
荷兰军团
马斯河
IX
第 6 军团
3
XI
XVI
莱茵河
B
I
XXXXX
A
科隆
亚尔培运河
IV
3
第 4 军团
马斯垂克
4
XXVII
波恩
亚琛
5
XV
7
V
奥伊斯基兴
列日
VIII
6
那慕尔
默兹河
XXXX
A
XV
第 12 军团
科布伦茨
XXXXX
B
5
II
7
迪南
XVIII
XXXX
普吕姆
2
1
III
XLI
Pz.
XIX Pz.
第 16 军团
6
摩泽尔河
2
VI
A
8
VII
10
XXXXX
1
C
特里尔
10
XIII
8
色当
阿尔隆
卢森堡
XXIII
第 1 军团
XXX
法国第 2 军团
法国第 3 军团
默兹河
1
2
XII
萨尔布吕肯
XXIV
XXXX
凡尔登
梅斯

敦刻尔克（1940）

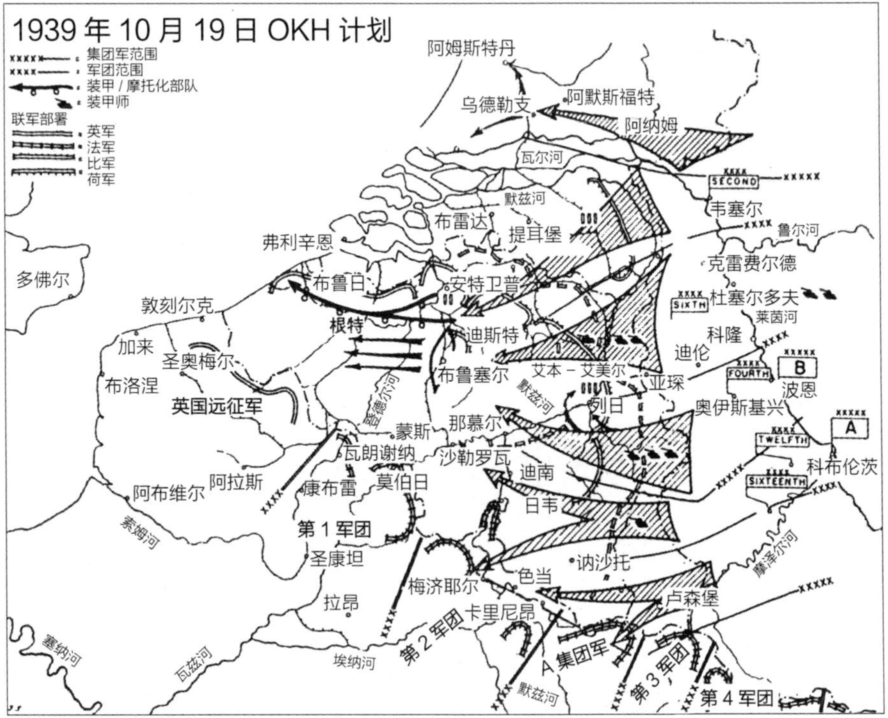
1939 年 10 月 19 日 OKH 计划
集团军范围
军团范围
装甲 / 摩托化部队
装甲师
联军部署
英军
法军
比军
荷军
阿姆斯特丹
乌德勒支
阿默斯福特
阿纳姆
瓦尔河
SECOND
韦塞尔
鲁尔河
默兹河
布雷达
提耳堡
弗利辛恩
克雷费尔德
SIXTH
杜塞尔多夫
莱茵河
多佛尔
布鲁日
安特卫普
敦刻尔克
根特
迪斯特
科隆
迪伦
加来
圣奥梅尔
布鲁塞尔
艾本－艾美尔
FOURTH
B
波恩
布洛涅
英国远征军
登德尔河
默兹河
亚琛
列日
奥伊斯基兴
蒙斯
那慕尔
A
TWELFTH
瓦朗谢纳
沙勒罗瓦
科布伦茨
阿布维尔
阿拉斯
康布雷
莫伯日
迪南
SIXTEENTH
日韦
索姆河
第 1 军团
圣康坦
纳沙托
摩泽尔河
色当
梅济耶尔
拉昂
卢森堡
卡里尼昂
第 2 军团
塞纳河
瓦兹河
埃纳河
A 集团军
默兹河
第 3 军团
第 4 军团

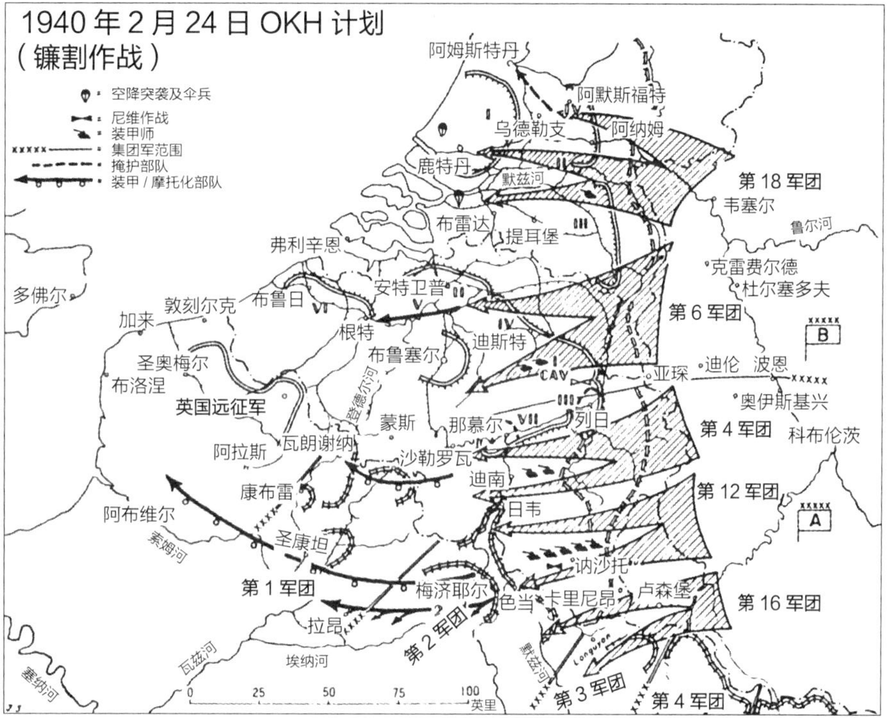
1940 年 2 月 24 日 OKH 计划
（镰割作战）
空降突袭及伞兵
尼维作战
装甲师
集团军范围
掩护部队
装甲 / 摩托化部队
阿姆斯特丹
阿默斯福特
乌德勒支
阿纳姆
鹿特丹
默兹河
第 18 军团
韦塞尔
鲁尔河
布雷达
提耳堡
弗利辛恩
克雷费尔德
杜尔塞多夫
多佛尔
敦刻尔克
布鲁日
安特卫普
第 6 军团
加来
根特
迪斯特
B
圣奥梅尔
布鲁塞尔
亚琛
迪伦
波恩
布洛涅
CAV
奥伊斯基兴
英国远征军
登德尔河
蒙斯
那慕尔
列日
第 4 军团
阿拉斯
瓦朗谢纳
科布伦茨
沙勒罗瓦
迪南
康布雷
第 12 军团
阿布维尔
日韦
A
索姆河
圣康坦
纳沙托
第 1 军团
梅济耶尔
色当
卡里尼昂
卢森堡
第 16 军团
拉昂
第 2 军团
默兹河
瓦兹河
埃纳河
Longuyon
塞纳河
第 3 军团
第 4 军团
0
25
50
75
100
英里

第一章　敦刻尔克（1940）

汉斯－阿道夫·雅各布森博士

准备——希特勒阐明其西线攻击的决定

1939 年 11 月 23 日，德国国防军将领奉希特勒之命在总理府集合听训。希特勒将心中对时局前途的看法及其政治决定，告诉他们。

他开始就告诉他们这些国防军的代表，必须牢记若无纳粹党的兴起，则德国国防军根本就不可能重建。自从他在 1919 年开始政治生涯以来，他个人曾经克服令人难以置信的障碍，并在心中作出许多困难决定，仅凭他对德国不可动摇的信念支持着他。如果“残忍的决定”对达到将来的目标是必需的，他将毫不犹豫地加以执行。在 1933 年，当德国还是百废待举时，他就已经着手改组、巩固和加强这个国家。同时他也已经开始解除德国的国际枷锁，并恢复其对世界的影响力。尽管有许多人表示怀疑，但他还是成功了；尽管怀疑的人经常比相信他的要多，他的兼并政策也已经成功执行。希特勒坦白承认他一开始就已决心要毁灭捷克斯洛伐克。不过，他又指出，他还是被迫分段进行。至于说到他想和西方国家算总账的目标时，他说明自一开始就难以决定的唯一问题即是究竟是先从东方还是先从西方下手。至于那些经常反对其计划且认为其意义就是盲目的斗争者，他的回答是：事实上，斗争就是所有国家的宿命。同时，他提醒他们，德国的“生存空间”（Lebensraum）问题尚未解决。他们的任务是要使领土与其人口配合，而不是使人口与其领土配合。所有的人类必须把为生存空间而战视为一种正职。否则就只有不战而自动放弃其权利。

无论如何，还是有其他的理由说明为何在西线的战斗无可避免。自从德国建国以来，英法与德国之间的冲突即不断增强，西方国家总是企图妨碍德国的统一。到了 19 世纪末叶，毛奇即早已认清迟早将会摊牌，因此他曾一度主张发动先发制人的战争。因为俾斯麦的继承者缺乏决断，才断送了最有利的机会。当摊牌最后以第一次大战的形式出现时，德国遂发现自己已面临两面作战的危险。今天，是 67 年来的第一次，德国无须两面作战。但无人能预测这样有利的情况能维持多久，所以时机可能稍纵即逝。无论如何，他特地建立国防军当然也不是没有目的。

说到波兰战役成功之后的一般政治情况，希特勒指出，英法两国现在实际上是在他们自己的要塞化防线后面按兵不动。但德国对于这种情况能容忍多久呢？

对局势的全盘检讨中，显示苏联相当的衰弱，在军事上无须对其作太高的估计。此外，它与德国之间还有条约的约束，不过，当然，条约必须是有效的，如此才能维持下去。必要时，德国应阻止苏联在波罗的海、巴尔干、波斯湾等地区实现其远程政治阴谋。在意大利方面，唯一对德国有利的因素就是墨索里尼的个性。这位意大利领袖渴望实现其帝国雄图，但在国内却受到相当的反对，只有德国在西线的成功才能使他参加德国的战争。不可否认的是，这两个国家中的领袖若有一个突然死亡，将对德国造成不利。尤其他本人（希特勒）是无人可以代替的，所以德国不能放过这个机会。谁都不敢断言，目前在东欧、东南欧、北欧的有利形势能维持多久。至于美国依旧采取中立的态度。目前的情况对发动攻击有利——6个月后也许就会太迟了，所以他决定尽速击败敌人来结束战争。于是希特勒宣称："任何不同意的人也就是缺乏责任感。"他又继续说，目前德国是明显地享有军事优势。德国常备师较多，空军、坦克、防空和炮兵也都优于敌人，尤其部队的素质更是优于联军。

有人说德国陆军在波兰的表现并不如预期中的理想，他不同意这种批评，并认为事实上德军还是天下第一。同时也无任何理由批评它缺乏斗志和训练。此外，1939年的德国陆军也比1914年的德国陆军装备更为优良。"而我也必须向国防军现有的指挥官致谢，今日德军的领导也优于1914年。"然后，他对那些批评陆军尚未准备完成的言论，予以严厉的谴责："现在一切都要依赖指挥官，德国陆军只要有良好的领导，我就可以用他们来达到任何目标。"试以规模较小的海军为例，在战争初期，它曾扫荡北海并使英国人望风而逃。所以海军和它的总司令雷德尔元帅（Grand Admiral Raeder）值得受到称赞。同时，空军和陆军在波兰的成就也不应忽视。

德国目前有军事优势，并受到世界上最强大战争工业的支援；现在一切就有赖于对其作良好的运用。目前的德国要发生革命是根本不可能的。

使他特别感到忧虑的是英国人的活动正在逐渐增加；在6个

月或 8 个月之内，他们成功地增强了法国的军队。

此外，一旦联军占领荷兰和比利时，鲁尔区（Ruhr）——德国的阿喀琉斯之踵（Achilles heel，致命弱点）将会受到严重威胁。一切妥协的思想必须根绝。这是一个决一胜败的问题。最后的问题就是：由谁来支配欧洲？

英国将因 U 艇和水雷而被迫投降。但在此之前，德国必须攻占较佳的作战基地。因此，荷兰和比利时必须尽速加以攻占。

在不考虑其本身的损失下，他已经作了一个英勇不变的决定：趁最有利的时间进攻法英二国，并把他们都击碎。只有腓特烈大帝（Frederick the Great）在第二次和第三次西里西亚战争（Silesian Wars）之前所作的决定可以和他相比拟。在这样的情况中侵犯荷比两国，中立的问题根本无伤大雅，只要德国胜利也就不会有任何人提出任何质问。“若不在西线发动攻势，我们也就不可能赢得战争。”所以德国的领袖必须给人民一个狂热决心的示范。“假使总司令们像 1914 年某些指挥官一样地精神崩溃了，那么如何能要求一般士兵拼命呢？”必须使用一切手段来激励士气。任何人若尝试破坏此种精神，他就会给予极严厉的制裁，也将毫不犹豫地消灭任何反对他的人。

希特勒以一种坚决的号召结束其谈话：“假使我们在这一场斗争中获胜——而我们也必将获胜——则世界将进入我们这个民族的时代。对于我个人而言，是不成功便成仁。我与民族共存亡。对外无投降！对内无革命！”

在其谈话中，希特勒已经明白地表示他有绝对决心赢得与西方强权在 9 月 3 日所爆发的战争。他趁这场合召集全部国防军将领训话，因为有某些军事领袖对此显得不那么狂热，这使他感到不满。在波兰战役尚未结束时，他已决定和西方国家进行最后的摊牌，但当他把这个决定告诉三军首长时，立刻发现他们对他的计划都深表怀疑。第一，他们认为现有的军队和物资还不够；第二，他们也仍然希望交战双方能达成某种政治上的协议。不过，到1939年9月底，希特勒即已强迫陆军总部（Oberkommando des Heeres，OKH）放弃其在西线的防御战略而准备发动攻势。

在措森（Zossen，陆军总部所在）的高层将领最先反对这个构想，但在希特勒坚持之下，他们完全不顾其临时性就匆忙地草拟了一个初步作战计划，那显然是陆军总部应付希特勒的一种策略运用。

希特勒于10月6日在议会中发布的“和平提议”，只不过想向德国人民证明他的行动是正当的；而他在向西线发动攻势后，向意大利大使坦白承认这个事实。陆军总司令布劳希奇（von Brauchitsch）和参谋总长哈尔德（Halder）都相当怀疑1939年秋季在西线强行寻求决战的可能性。他们坦白地告诉希特勒，德国陆军的训练不够且装备不足，因此不能在此时执行此种艰巨任务。自然，这二人是以他们在第一次大战时的经验为判断的基础，因此——不像希特勒——他们高估联军的战斗力，对法军尤其高估。自10月以后在西线集结的各集团军指挥官们也认为冬季攻势显然不利。他们都害怕发生像第一次大战那样的僵局。但希特勒仍继续不断要求发动攻击，那些将军们也未能组成一致的战线来反对他的计划。

当时C集团军总司令里布上将尤其表示怀疑，他曾提出几份报告指出以这样的军事攻击将不可能迫使英法求和。10月间，他写了一封私信给布劳希奇，坦白宣称“整个德国民族的命运，可能都依赖你在这几天之内的行动”。他指出德国人民深切地渴望和平，对战争并不热衷。他们都希望元首采取和平政策，并且也感到不可能击败英法。如果元首此时以尚能接受的条件来结束目前的僵局，没有人会认为那是一种示弱或投降的表示，而不过是对国际情势的清楚认识而已。假使元首能做到如此，则不仅令德国的人民，同时全世界的人民无疑地都将会拥戴他是一位真正的和平王子。

但到了 1939 年 10 月中旬，希特勒就已经宣布在西线发动攻势的“无可挽回的决定”。他暂定 11 月 12 日为攻击发起日。11 月 5 日，必须确定发动攻势的准备日期，布劳希奇尝试说服希特勒至少延缓这个日期。但希特勒不为所动，事实上，希特勒将其意见视为对国社党主席的批评，并命令攻击仍应照原定安排进行。不过，恶劣天气、令人不满的作战计划作为，再加上许多高级将领的反对，导致作战一再延缓（在 1939 年到 1940 年的冬季，延缓的次数不下于 29 次）。最后，在 1939 年 11 月 23 日，希特勒才不得不召集其高级将领们在总理府集会，用一切的手段来消除他们心中郁积的不满，并一劳永逸地将若干关键性问题加以解决，同时驳斥他们反对西方作战的论点。他在那一天所说的话，证明他是在事前不曾和任何军事顾问商量之下，作出对整个战争最重要的决定之一：把德国人所谓的“静坐战”（Sitzkrieg），英国人所说的“假战争”（Phoney War）及法国人所说的“奇怪战争”（Drole de guerre），转变成了真正的第二次世界大战。

当天晚上 6 时，希特勒又召见布劳希奇和哈尔德，痛斥他们对他已经下令发动的攻势采取犹豫踟蹰的态度。参谋总长在日记上写下简短的句子：“陆军总司令和我本身——措森的精神（危机日）。”布劳希奇由于国防军最高统帅部中不堪的情势而表示他愿意辞职，希特勒却告诉他应像所有的人一样尽忠职守，继续其职务。B 集团军总司令博克（von Bock）上将在他的日记上写着：

> 元首与布劳希奇之间发生了非常严重的冲突，但后者仍然还是陆军总司令，这表示他似乎已经愿意对预定中的作战负起责任了。

作战计划

希特勒命令布劳希奇准备西线攻击计划的几个星期后，陆军总部在 10 月 19 日提出第一次的部署计划。由于双方在战线的南端已经建造坚强防线，即马奇诺防线（Maginot Line）和西线长城（West Wall），所以正面攻击后加以突破成功的希望很小。陆军总部依据希特勒的命令，提出下述的作战方案：不同于著名的施里芬计划（Schlieffen Plan），从梅斯（Metz）到韦塞尔（Wesel）之间有一个强大的右翼，现在只有一个从普吕姆（Prüm）延伸到韦塞尔较强的北翼（B 集团军）；这是只准备向西进攻，而且侧面则由南翼（A 集团军）的作战来加以保护。攻击的重点放在列日（Liege）北方，大致的方向指向比利时的海峡海岸；其目的是一个指向根特（Ghent）的包围运动，若可能将切断英法二军的联系，也可确保攻击英国诸岛所需的空军及海军基地。

在当时，柏林的军事当局认为此一作战最多也只能获得初步的成功。基本上，这个计划缺乏任何远大的战略构想，即使第一步作战目标（海岸）能够达到，但以后战争应如何进行才能彻底击败英法两国，这个问题却尚未加以考虑。此时这个计划也缺乏组织上的深度，也不曾提供适当的预备队。

这个代号为“黄色”（Gelb）的部署计划曾经引起热烈讨论。在国防军最高统帅部（Oberkommando der Wehrmacht，OKW）的代表们与各集团军司令部之间一连串的讨论之后，明显看出双方意见极为分歧。特别引起争论的一点就是，把所有装甲和摩托化师都集中在B集团军内的提案是否真有任何成功的希望。

希特勒不断地由国防军最高统帅部获知有关作战准备的进度，而他本人也花了大半时间在这个重要问题上面。10月25日，他命令布劳希奇和哈尔德向他报告，会后又召见将在攻击中充任矛头的各集团军总司令及军团[①]司令。博克上将与第6军团司令赖歇瑙（von Reichenau）上将趁这个机会提醒希特勒注意当时恶劣的天气，并主张无论如何都要延缓时机以便让陆军有改进训练的机会，最好是明年春天再发动攻势。但希特勒并未采纳，因为他害怕如果攻势再延缓下去，恐怕会使敌人有增强实力的机会。

在讨论的过程中，希特勒突然转向布劳希奇，问他是否可能仅在默兹河（Meuse）以南作主力攻击——也许对列日只采取助攻——然后通过阿登山地（Ardennes），向西再转向西北，以求从南面迂回比利时要塞，并切断和毁灭敌人投掷在那里的一切军队。这无疑是一个大胆的提议，并且非常值得讨论。希特勒本人又立即表示他对此的怀疑，反问：“我能通过那里吗？”于是他命令陆军总部再详细研究这个提议，并让他知道商议后的结果。这是第

① 本书中的“军团”一词，对应的英文为“Army”，目前通常译为“集团军”。——编者注

一次提到迂回运动的可能性，在那个时候国防军的作战参谋长约德尔将军（Gen. Jodl）以及陆军总部都反对这个提议，尤其是因为对于敌方的意图尚无明确的了解，情报单位（负责西线的外国军队）到此时对此仍无任何线索。除非在某种程度的确信下，才能假设当德军发动攻势时，联军军队会自动进入比利时，那么这个提议才值得加以认真讨论。反之，假使敌人留在法比西北边界上的阵地中，那么这个提议中的楔状攻势就会直接冲向他们的阵地。希特勒在10月25日所提出的提议因而被否决，他接着继续不断地寻求新的提议，而这经常都受到他偏好把攻击重点放在列日之南的影响。11月初，他命令一支装甲部队（包括两个装甲师和一个三分之二的摩托化师）部署在A集团军面对色当（Sedan）的地区。

那确实是他的功劳——当时固然无人知道——他已经将德国的作战计划指向法国要塞化防线上的最大弱点之一，此种情况对于此后的西线攻势之后续发展具有相当重要性。不过，他随后在11月20日的命令中，又调派更多的军队去支援这支装甲部队，这却是浪费军队的措施，因他个人保留下令执行的权力，并打算以赢得最初大胜利的前线区实施这项命令。他不准备把所有的赌注都押在一张牌上面，所以直到1940年2月，“三路进兵的作战计划”仍被采纳。与他对外政策的态度恰好相反，希特勒不敢采取寻求军事决战的果敢步骤，并自一开始就将作战重点摆在迪南（Dinant）与色当之间。在这个时候，显然他还是依赖他的军事顾问和参谋本部这些专家的协助，仅在以后的几个星期内，由于战术的理由及1940年1月14日所发生的意外事件（两名空军军官因迷航而迫降在梅赫伦，他们当时携带的重要作战计划已落入敌手），希特勒才倾向也许最好还是把较大部分的装甲和摩托化军队集中在色当的方向上，因为敌人可能绝不曾料想到德军攻击的主目标会落在那里。

此时，当时的 A 集团军参谋长曼施坦因中将，曾经对陆军总部所拟的第一次部署计划加以慎重研究，并且也像许多其他国防军的高级将领一样，对于此项计划感到非常不满意。他自己的结论是认为既然敌人采取不妥协的态度，则希特勒主张以一次攻势寻求决战的想法相当值得考虑。他认为应要求一种作战计划可击败敌人，并使战争以对德国有利的方式结束。所以快到 10 月底时，他草拟了一份备忘录，并与一份西线作战计划的详细提案一起呈给陆军总部。从那时起到 1940 年 1 月止，曼施坦因曾经提出不止 6 次的备忘录！他首次达到希特勒的要求，他提案的攻势将试图迫使敌人在路上决战。这计划分两个阶段：在第一阶段，德军部署军队应将主力放在那慕尔（Namur）以南，以求在索姆河（Somme）上突破，并切断和击毁敌人所有送入比利时的军队，此种作战的一项必要条件即南侧翼必须用攻击的方式来加以保护；在第二阶段，德军应向南旋转，并用战术包围行动来达到胜利。曼施坦因假定敌方期待施里芬计划的重演，因此他们会把主力尽可能向东集中，以期在那里迎击德军的攻势，同时向攻势的南侧翼发动逆袭以求席卷德军的整个正面。所以曼施坦因建议从一开始就应把攻击的重点放在 A 集团军方面，其军队应按照下述方式来执行作战（以后被称为曼施坦因计划）：一个军团以步兵师在迪南和菲迈（Fumay）之间大致向西进攻，在 B 集团军的装甲和摩托化单位协同下，它的目标将是切断并击毁正向比利时前进的敌军。同时另一个军团则渡过默兹河，然后在色当的两侧向西南旋转，以击破预料中敌军在那里所作的攻势部署，并为最后决战铺路。对曼施坦因而言，要想获得攻击进入比利时南部敌军的初步成功，至少需要两个机动军的军队。依照毛奇的遗训，任何作战计划都应考虑到与敌军主力第一次交战后的阶段，所以曼施坦因建议对机动单位的进一步使用应根据敌人的反应而定。一旦敌军侧翼攻击的危险已被克服，所有一切可动用的军队也就可向北旋转，以帮助毁灭被围困在那里的敌军军队，但曼施坦因计划主张装甲兵师的主力应放在B集团军内！第3个军团预定在默兹河上的卡里尼昂（Carignan）和摩泽尔河（Moselle）上的墨特拉赫（Mettlach）建立一道防线。

陆军总部对于曼施坦因的连续提案虽会怀疑并加以讨论，却并无真正的意见交换，这主要可能是由于曼施坦因和布劳希奇及哈尔德的个人和专业上的差异：A集团军对西线的作战计划只在陆军总部内部讨论，他们两人也不肯如曼施坦因所希望的，把这个计划转呈给希特勒看。直到1月间的“梅赫伦事件”和2月A集团军的两次“兵棋演习”之后，才促使陆军总部略为改变它的立场，尤其是到了此时，对于敌军的意图也获得更多的了解。所有的征侯都显示出，一旦德军进攻，联军的西北翼（摩托化军队）将自动进入比利时。

希特勒终于获知曼施坦因的备忘录，但却不是经由正常的渠道。1940年1月底，他的侍卫长施蒙特（Schmundt）上校访问A集团军司令部时，他从高级参谋军官处获知，曼施坦因会向陆军总部提出西线攻势的计划，当他回到柏林之后，似乎即曾向希特勒报告这件事。事实上，也许是由于他的坚持，希特勒在2月中旬才召见曼施坦因——当时他已升任军长，或许是不用其计划而采取的安抚手段——到柏林。在会晤时，曼施坦因向希特勒详细解释其提案，遂立即留给希特勒好印象，当然，这也是因为他在10月间自己早已表示过类似的意见。此时，陆军总部也终于回心转意，表示愿意采用此一伟大计划。2月18日，希特勒、布劳希奇及哈尔德会谈时遂作了最后决定。采用一种对战役成功具有决定性影响的德军部署，则应归功于陆军总部。

1940年2月14日的新部署计划是依曼施坦因的卓越作战提案和希特勒本身的意见作成的：它使陆军总部在德军的战术运用上达到最高的境界，而它在近代军事史上被称为“镰割”计划（Sichelschnitt Plan）。1940年德军在西线的胜利大体就是以此为基础。

此种攻势的战略目标是迅速占领荷兰，使英国人不能利用荷兰的领土。同时，一个越过比利时和卢森堡的攻击则应尽可能击毁英法部队，并为尽歼联军军队铺路。在3月13日的总司令会议中，布劳希奇强调西线陆军的主要任务为在切断英军与法军联络之后再将英军击毁。

不同于1939年的最初建议，现在攻击的重点是放在攻击联军的南翼上。作战的基本构想是由突出的南侧翼击毁在列日和色当之间的敌方防线。为了这个目的，伦德施泰特（von Rundstedt）的A集团军将使用强大的摩托化和装甲部队——这是第一次独立作战。从南面前进，他的军队将切断敌方投入比利时的一切军队，然后再与推进到列日北方的B集团军博克合作来击毁他们。在空降部队和伞兵的支援之下，B集团军的任务，将是迅速占领荷兰，然后尽量牵制住在比利时境内的敌军，并与之交战。利用猛烈的攻击，尽可能使敌军受骗而无法顾及攻势的主攻，并阻止敌军向包围圈的内侧翼发动反攻。事实上，这个大胆的作战计划能否成功即以此为关键。同时C集团军将防守西线长城和莱茵河正面，并用佯攻来牵制敌方军队。

联军的计划

希特勒在战前时代（1933—1939）的政策逐渐使英法两国确信，在任何未来战争中，他们都将再度并肩作战，在1936年德军重占莱茵地区不久，两国的参谋本部即开始交换技术情报，不过，到那时为止，英国政府的“安抚”政策却一直禁止任何较密切的军事接触。直到1939年2月德军进占捷克斯洛伐克，这个最后的障碍才被清除，西方国家才终于认清对希特勒无限的政治野心有作强烈联合抵抗的必要性。1939年3月29日，英法两国才在巴黎展开第一次的联合参谋本部会谈。在这次会谈中，谈到西北欧战争的可能性。法国代表说明他们的主要目的是保卫本国领土，一旦战争爆发，应首先用经济封锁来制裁德国，直到联军准备就绪并发动攻势时为止。两国参谋本部都相当了解，在1940年年底以前，这种情况将不可能发生；他们同时也了解，由于德国在陆空军方面均占优势，只有海军较弱，所以毫无疑问会争取主动。因此，自一开始，所有联军的计划，都是以对抗预期中的德军攻势为导向。

在这些联合会谈中，不久情势趋于明朗，在战争的最初阶段，法军必须负起防御的主责。英方害怕其所能派往法国的军队将不超过两个师。其他的军队则将尽快送达，甚至还包括装甲师在内，但这些增派的军队无法在1940年春季之前完成战备。

1939年9月3日英法对德宣战，几天之后，英国人即开始把他们的第一批部队送往法国北部。到了9月17日，根据所谓

“W–4 计划”，远征军的大部分都已到达法国。9 月底，在法国的英军约有 16 万人。1940 年 4 月底，英国在法国的军队已增为 10 个师（正规军和本土防卫队各半），共约 40 万人。

在战前的联合作战规划阶段中，法国参谋本部首先采取的是“E 计划”，其目的是沿着法比西北边界来防守法国的领土。只有在法军左翼上的第 1、第 2、第 3 军团负责对抗敌军向比利时领土的前进，甚至届时，它们也只有有限的目标而已。第一军团的任务是扼守北海与圣康坦—特雷隆（St Queutin–Trelon）之间的防线。这计划是要占领斯海尔德河（Schelde）——在法文中称为埃斯科特（Escaut）河，这也就是“E 计划”命名之由来。不过，在 1939 年 3 月底联军给予波兰保证之后，这个计划就被放弃，在联军统帅甘末林将军（Gen. Gamelin）与波兰国防部长卡斯普日茨基将军（Gen. Kasprzycki）于 1939 年 4 月间的会谈中达成协定，一旦德军进攻波兰时，法军现役各师的主力应即向莱茵河和摩泽尔河的西线长城发动牵制攻击。1939 年 7 月 24 日，甘末林颁发命令，当战争爆发时，将采取有系统的作战以封锁哈德特河（Hardt）到摩泽尔河之间的防御组织。但因为法军能用的军队不足，而“尤其是严重的缺乏弹药”（译注：法国国外军事处处长亲口所述），所以法国统帅部只能考虑有限的目标。在这样的环境中，想要对西线长城进行一次成功的突破根本不可能，法国人最多只能希望至少能因此使德军自东线撤回大部分的师。

实际所发生的情形与计划中的状况差得太远。9 月 7 日法军的确曾经前进，但不久即停顿在西线长城的高地前，于是法军最高统帅部也就将军队撤回到起点。所以根本就谈不上救援波兰的问题，虽然德军在波兰的胜利比联军当局所预料的远较迅速，不过，一切事实又暗示出法国既不愿也不能向德国发动一次一决胜负的重大攻势。当然，当最后诉诸武力时，英法军力在任何情况下都不足以达成目的。英法两国都曾鼓励波兰拒绝德国的要求，并保证提供需要的军事援助。但当战争真的爆发时，他们却都未曾有效地履行那些承诺，并对其东方盟邦提供援助，反而坐视其盟邦在极短时间之内受到德军的彻底毁灭。

德军在波兰的大获全胜，迫使西方联军——大约从 1939 年 9 月中旬——完全修正作战计划，并且赋予不同的目标。它们现在显然地期待德军在西线发动攻势，而一切的结果就要看它们有无能力击败此一攻势。同时认为德军一定会破坏比利时的中立，甚至可能同样地破坏荷兰的中立——这也是一种合理的假设。所以说服那两个国家立即与联军进行军事合作是极需要的。但不顾多次的要求——几乎用最后通牒的形式——荷比两国基于其所公开宣布的独立及中立政策，严词拒绝改变态度。除非德军已经实际进军其领土，否则没有一国准备接受与联军的军事合作。比利时人相信即使他们被侵略，也可以据守在该国东部沿着默兹河和阿尔贝特运河（Albert Canal）的近代防御系统，时间充分到联军还来得及援救。基于这些事实，希特勒宣称他是被迫在西线发动先发制人的战争，这只不过是他惯用的宣传伎俩。

联军统帅甘末林为联军作战计划的最高负责人。他仍然沉溺在第一次世界大战的旧观念中，他认为德军必将再度以一个强大的右翼通过比利时北部及中部进攻，以求至少能进占在海峡海岸与伊尔松（Hirson）之间的法比领土。这显示出联军领袖们从不曾认真考虑，当德国人不作预期中的攻势时所应采取的应对方法，也就是德军反而突破法军在默兹河上的阵地，并包围已经进入比利时的联军。

最令人感到意外的疏忽是，早在20年代末期和30年代初期，英国军事作家［尤其是李德·哈特上尉（Liddell Hart）］就曾经注意到德军从阿登山地进攻的可能性。法国最高统帅部似乎是借着大量军队由此进攻的困难性来抹杀此种可能。联军最高统帅部现在正讨论三种不同的防御计划：一是联军主力应在斯海尔德河的后方占领阵地，掘壕固守，同时也还可派遣部队去增援根特运河沿岸的比军；二是把机动军队（包括英法两军在内）尽可能推进到阿尔贝特运河之上，以此来增强比军在那里的防御，并阻止敌军向比利时境内作更进一步的深入；三是考虑由安特卫普（Antwerp）经由瓦夫尔（Wavre）—那慕尔延伸到日韦（Givet）附近的默兹河中央阵地的防御。第二种可能性大致视比利时人本身的态度而定。假使他们聪明到能赶在德军实际进攻之前即先要求联军的援助，则此一计划就具有若干成功希望。不过，鉴于比利时政府的顽强态度，联军领袖们真正能考虑的也就只有其他两个方案。

1939年10月，当德军立即发动攻势的迹象变得越显著，比利时军事首长开始重组军队时，法国参谋本部回到“E计划”，10月24日，东北前线总司令乔治将军（Gen. Georges）对其所属部队发出了有关的命令（第7号）。借着占领斯海尔德河中游地区，联军希望能确保某些利益：在联军增援之下，比军将能在其国内阻止德军的前进；德军将不能运用到比利时在英伦海峡口的港口；英国的空防可以在纵深方面伸展；最后，法国在北部的预备队可以获得适当的保护。这个计划还有一项有利因素，就是它能在24小时之内付之执行。其主要的缺点，就是联军必须扼守一条非常长的防线，而这一点也曾引起相当的忧虑。

第一个防御计划在法军统帅部中受到激烈的批评。首先，它必须不经一战而放弃一大片比利时领土，这对于比利时人的士气必然会产生非常严重的影响。其次，要想阻挡德军强大右翼的攻击也可能非常困难。在随后几个星期中，这些考虑导致第二种计划的草拟，通常称为“戴尔计划”（Dyle Plan），但比利时人称为“KW 分割”，因其范围由安特卫普东南的科宁斯霍伊克特（Koningshooikt）到布鲁塞尔东南的瓦夫尔。此一计划的目的是增强布鲁塞尔以东戴尔河上的比军防御，以期守住那里的既设阵地。为了加强这项计划的各种部署，又曾安排从联军左翼的法国第 7 军团中抽调军队，以来增强在“荷兰要塞”（Fortress Holland）以南的荷兰陆军。

在 1939 年到 1940 年的冬季，这个“戴尔计划”的细节部分都已草拟完成，并于 1940 年 3 月下达最后命令。联军的意图仍然是把第 1 集团军——自默兹河上的美雷瑞斯（Mezieres）开始——大致从东北方向右旋转，以求在那慕尔—瓦夫尔—鲁文（Louvain）之在线和安特卫普附近（戴尔线）来对抗敌军的攻击。比军的大部分人将防守从鲁文以北到荷兰国界之间的地区。联军当局又认为包括骑兵单位的比利时前进掩护部队，至少能在阿尔贝特运河和默兹河上（用炸毁桥梁和阻塞道路等手段）迟滞德军的前进达相当的时间，足够让联军进入戴尔河上的阵地，并使它们有尽量向东推进来接受决战的机会。法国第 7 军团的任务为增援在安特卫普—蒂伦豪特（Turnhout）地区中的比军，而在接受特殊命令时，将推进到荷兰境内，以增强荷兰南部岛屿的防御和增援“荷兰要塞”。鉴于敌人享有巨大的物资及数量优势，比利时部队被迫从前进位置上，逐步撤退到由坦克障碍物和泛滥地区保护的既设防御阵地中，在那里联军就可和它们会合，以应付德军的攻势。比利时的整个防御系统，在北部是以安特卫普周围的要塞阵地和所谓“国家堡垒”（Reduit National）为基础，然后沿着阿尔贝特运河一直延伸到马斯垂克（Masstrict）和列日为止，而那里的防御焦点即为艾本—艾美尔（Eben–Emael）近代化要塞。从列日起，防线沿着默兹河向西南延伸到那慕尔为止。比利时的主力是集中在这道防线的后方来击退德军的攻击。另外一支部队则在比利时南部尽可能迟滞德军攻击，并奉命当敌人压力变得太大时，撤退到那慕尔附近的默兹河防线的后方。

荷兰的防御计划采取梯次部署，其防御力量是从东到西逐渐增加。当次要的边防及海防部队据守在远到马斯布拉赫特（Maasbracht）的艾瑟尔河（Ijssel）—默兹河防线，荷军的主力则在所谓“皮尔—拉姆”防线（Peel–Raam Line）及北面稍远的格瑞比防线（Grebbe Line）之后方占领阵地。第三道防线则由南面有许多河口保护的“荷兰堡垒”所构成，并由强大的边防营和一个军来据守。然而，退入“国家堡垒”进行持久防御，仅被比利时人视为一种最后手段；“荷兰堡垒”是决定性的根据地，荷兰人希望能在那里阻止德军的进攻，直到联军有足够军队增援他们为止。他们尤其重视在“荷兰堡垒”以南可以造成的泛滥，并希望能使敌人的行动受到严重阻碍。

德军的攻势——向海峡港口的突破

德军是在被视为最有利的时机发动攻势。1940 年 5 月 10 日清晨，对中立国和敌国的机场、交通中心、军事设施、行政中心和工业目标发动猛烈的攻击。到这个时候，德军不仅已有充分的训练，并以装甲车和摩托车来装备部队，而且也完成了这次攻势的作战准备，包括在荷、比的空降及其他奇袭手段在内。这次攻势——从北海到摩泽尔河，5 个军团同时进攻——现在可以说是颇有成功的希望。

没有正式的宣战下，德军直接入侵荷兰、比利时和卢森堡，并以达到毁灭联军军事实力为目的。从一开始起，一切必要的行动都是以极旺盛的企图心来加以执行，而且有许多因素都对它们有利。

首先，1940 年 1 月所采取的新动员程序获得了高度的成功，德军获得了完全奇袭之利。前线各师大部分都是 24 小时之内完成战备；同时装甲部队的作战性使用，与在战场上提供密切支援的德国空军之战术性作战，有密切的协调。严格的保密规定和对伪装的巧妙使用掩饰了装甲部队的前进，因而使敌人对于攻势的主攻产生怀疑。在战役的最初几天，德国空军已建立其空中优势，进而夺取制空权，遂使地面军队的作战变得更为容易，而尤以在 A 集团军前线地区的机动单位为最。曾在 1939 年到 1940 年冬季为了它们的任务而接受卓越训练的部队之优异战斗精神，是一种非常重要的因素。尽管如此，以联军所能动用的军队（包括装甲部队在内），若能有集中而坚决的领导和高度士气的部队，则应能抵抗此种攻势。

这次攻势中，北翼的第 18 军团的目标是尽速击败荷兰部队并占领荷兰，以消灭来自北方的侧翼威胁，并阻止联军以该国为作战基地。5 月 10 日清晨，伞兵和空降部队纷纷在穆尔代克（Moerdijk）、鹿特丹（Rotterdam）、海牙（Hague）附近着陆，以支援这次作战；他们奉命完整地夺取默兹河上和瓦尔河（Waal）上最重要的桥梁并守住，直到地面机动部队到达为止。虽然对海牙的攻击失败了，但伞兵却成功地把穆尔代克和鹿特丹的桥梁完整无恙地夺取到手并且固守着，直到第 9 装甲师到达为止，它们已击退一切的敌军反攻。在这个阶段中，德军地面军队的最困难任务即为适时地应援这些伞兵和空降部队。所以 B 集团军总司令和第 18 军团司令驱策担任此任务的第 9 装甲师以全速前进。预期联军将匆促派遣部队越过比利时赶往“荷兰堡垒”增援，事实上，在 5 月 11 日上午，德国空军侦察机就报告沿着安特卫普到罗森达尔（Roosendaal）的公路上首次有部队运动。这些部队是法国第 7 军团的单位，它们的前进被普奇尔（Putzier）麾下的德国空军各中队执行的猛烈攻击所阻止，稍后第 18 军团的南翼又将它们完全逐退。此时第 18 军团也已经成功地沿着皮耳防线作了决定性的突破，所以第 9 装甲师可以照计划迅速前进。事实上它几乎没有遭遇任何抵抗，其先卫单位于 5 月 12 日上午于穆尔代克桥上与空降部队和伞兵会合。到当天黄昏时，第 18 军团已迅速进到贝斯特（Best）和莫尔（Merle），并切断了“荷兰堡垒”中的荷军。不过，到目前为止，突破坚强设防的格瑞比防线的努力并未成功。

5 月 13 日德军从东南两面向“荷兰堡垒”发动一个向心式的攻击。到下午 6 时，德国陆军部队通过多德雷赫特（Dordrecht）并突破到已在空降部队固守之下的鹿特丹南面。不过所有的攻击，甚至加上空军的密切支援，都还不能突破格瑞比防线。直到 5 月 14 日清晨才发现敌军已在黑夜和晨雾的掩蔽下撤离，只留下一个有非常优秀领导的后卫部队仍在扼守阵地。较大的德军军队在下午向北前进，并迫使乌德勒支（Utrecht）投降。

此时，在鹿特丹发生一件悲剧。在混乱的战况报告中——包括稍后证明为伪的英军在“荷兰堡垒”登陆的消息在内——第18军团司令向鹿特丹（进入“荷兰堡垒”的决定性门户）发出最后通牒，要求它立即投降，否则就会遭到毁灭。尽管事实上在5月14日上午就已开始谈判，却由于通信的恶劣，无法取消空军为了支援地面作战而预定在下午3时对该城的攻击。结果参加出击的轰炸机有60%把炸弹准确地投在该处的旧城部分，使它几乎完全毁灭。

由于绝望的战况及鹿特丹的被毁和投降，在认清了已不可能从联军方面获得任何适当援助后，荷兰武装部队总司令温克曼将军（Gen. Winkelmann）遂用广播要求停止一切军事行动，那时正是5月14日晚上8时30分。次日上午11时45分，德、荷两国代表遂签订降约。5天的苦战足以证明荷兰的战役已告结束。

同时第6军团在比利时中部的作战和A集团军在列日到那慕尔之间，默兹河正面以南的作战也都已获成功。

第6军团的迅速前进，主要是赖于那些河川及运河障碍物的适时克服，使机动单位可以向前推进。尽管许多特种突击部队和空降单位已经成功，荷、比两军还是炸毁了若干桥梁，但这不足以制止德军的前进。这个决定性行动即为第7空降师的单位和1个步兵团对比利时的艾本—艾美尔近代化要塞的迅速攻占。

5月11日在马斯垂克的默兹河上架好了第一座便桥，使在赫普纳将军（Gen. Hoepner）指挥之下的第16装甲军得以进攻在让布卢（Gembloux）附近的敌军侧面，这样也就赶到正向戴尔防线前进的法军前面，并切断从列日撤退的比军后路；这个攻势也有愚弄敌人使其相信那代表主攻的意图。5月12日，德军与法国第

2 和第 3 摩托化师的先卫部队发生第一次冲突，它们的任务是想争取时间好让法军来得及据守戴尔防线。为了支援装甲部队，德国第 8 航空军会一再地发动攻击，因为敌军的抵抗相当强烈。此时第 6 军团的步兵师则已经达到摩尔（Moll）—迪斯特（Diest）—圣特雷登（St.Trond）一线。

5 月 13 日，陆军总部对情况作了下述的综述：从里尔（Lille）、莫伯日（Maubeuge）地区及巴黎的东北，敌军不断地由铁路及公路向布鲁塞尔和安特卫普运动。这暗示英国远征军和法军第 1 军团正在进入比利时，第 7 军团则掩护其侧面，后者自 5 月 10 日起即一直在联军西北翼上作战。这些敌军有 40 到 45 个师，其中有 21 个师面对着 A 集团军，所以比利时之战是正在接近高潮。敌军已经走入陷阱，它们如德军所希望的，已经完全将其西北翼向前旋转，这也是使德军勇敢的“镰割”计划成功的最重要先决条件。不过，直到 5 月 15 日，第 6 军团所作突破戴尔防线的一切企图都未获成功。敌军所作的抵抗使指挥作战的赖歇瑙将军只好暂停进攻，直到 5 月 17 日，全部可用的军队集中之后才再作尝试。

德军最初几天的攻势迫使联军指挥官们作了若干非常严重的决定。他们的估计大都是错误的，尤其是军队未能获得足够时间来进占沿戴尔的防御阵地；在让布卢附近未能阻止德军装甲部队的长驱直入；比利时部队放弃前进阵地远比所预料的要快得多，德军的攻击威势把它们逼回到戴尔防线。联军西北前线总司令乔治将军，本已考虑撤回部队，但在最后一分钟还是决定应不惜一切成本来阻止德军前进。在这个时候，联军统帅部尚未能认清德军攻势的真正重点是在何处。直到 5 月 15 日，A 集团军的机动部队在色当和迪南强渡默兹河，并迅速向索姆河口的方向前进时，他们才认清致命的危险已在默兹河之线以西出现。

A 集团军的作战，为整个战役成败之所系，几乎能完全依照计划推进。到 5 月 13 日，第 4 军团和克莱斯特（von Kleist）兵团的装甲部队，在豪克斯（Houx）和色当，都成功地在默兹河上建立桥头堡，且未遭遇到任何严重抵抗。这种奇怪和出乎意料之外的成功使得博克将军不禁感慨地说："法国人似乎是已经丧失他们的知觉，否则他们一定会不惜一切的成本来加以阻止。"德军将领对于敌军为什么不用重兵据守那慕尔—色当防线，也感到无法理解，同时他们也发现敌人的野战工事非常草率。

事实的真相是，联军的军事领袖们不曾认清此种装甲部队的集中攻击所代表重大威胁的真正含义，而且他们派往默兹河地区的军队（法国第2及第9军团）主要都是由A及B系列的师所组成，他们缺乏优良装备，而且许多军官都是预备役人员，对默兹河并不曾作认真和坚强的防御。法军不曾消灭德军的桥头堡，甚至未能加以封锁。同时，用来支援联军地面部队的空中攻击效力也不如理想，轰炸机又缺乏适当的战斗机保护，所以损失惨重。此外，德军的坦克与空中攻击的良好配合，也使大量联军部队的士气大为低落。在法军第 9 军团的地区中，曾用一个装甲师来发动反攻，但准备得太慢，行动也缺乏技巧，所以在几个钟头之内全作了无谓的消耗。

在同一天内，克服了一两处局部抵抗之后，A 集团军的先卫单位仍继续前进。伦德施泰特将军不断告诉他的指挥官们，要他们了解尽可能迅速西向直趋海峡海岸的重要性。5 月 14 日，国防军最高统帅部又颁发了一道新命令来增强这个目的：作战目标几乎完全不变，但却指示派出一切可用的机动单位来尽快增援 A 集团军的进攻。

德军在默兹河正面上的突破越扩大，装甲部队向海峡海岸的进展越深入，则从A集团军总部眼里看来，那个日益延长的南侧翼也就日益危险。伦德施泰特害怕联军会向其侧翼发动反攻，所以他的总部不断地督促步兵师从色当向前推进。5月15日，伦德施泰特甚至考虑命令摩托化军队暂时停止在瓦兹河（Oise）上。他认为绝对不允许敌军在埃纳河（Aisne）上及拉昂（Laon）地区中获得任何成功，即使局部的成功都不被允许。

5月16日，笼罩在比利时中部的法国第1集团军、英国远征军和比利时陆军的包围威胁，从联军最高统帅部的眼里看来，已经变得日益明显。第9和第2两军团的主力已经损失惨重，所以比约特将军（General Billotte）遂决定放弃戴尔防线而将部队撤到斯海尔德河。这个行动准备分三个阶段进行，即先撤到塞纳河（Senne）上，再撤到登德尔防线（Dendre Line）。但联军领袖们在这些日子里所采取的一切措施几乎都显得犹豫不决。法军统帅部根本无从集中任何战略预备队来进行一次猛烈的反攻。5月16日，几天前才继任英国首相的丘吉尔（Winston Churchill）来到巴黎，当他发现法国人不再有任何足以对默兹河上突破成功的德军发动反击的预备队，不免大感失望。英国人对法国的信心也受到严重的打击。甚至在这个阶段，丘吉尔已开始想到法国有被打垮的可能，使他感到非常的矛盾。一方面他有义务对受到重压的联军尽快地提供一切可能的援助；但另一方面他又不愿意减弱英国本身的抵抗力和损坏英伦三岛的防御能力。

德国陆军参谋总长哈尔德在日记中如此记载：

> 突破正依照标准的方式发展。整个正面在默兹河以西都在迅速地推进。敌方坦克的攻击已被击溃。我们的步兵表现出杰出的行军能力。所有可调动的装甲及摩托化军队现在都被送到前方来支援挺进中的矛头。明显地法军正在从矛头左翼上的第戎（Dijon）和贝尔福（Belfort）地区中抽调预备队，而其来自沙勒罗瓦（Charleroi）地区的预备队，在攻击德军右翼时却遭受惨败。直到此时为止，敌军还不曾动用主力预备队，所以将把它用在何处似乎还是个疑问。总之，假使敌人准备接受决定性会战，他也许能够集中30个师左右的军队来对抗这个突破。不过哈尔德又说："我们可以从C集团军方面抽调更多的预备队，必要时用来增强我们的左翼。"所以一般情况和目前军队的对比还是有利。

当敌人因德军在默兹河上突破成功而开始撤退军队时，霍艾普那将军——在博克和赖歇瑙同意之下——于5月16日在瓦夫尔地区中跟踪追击。他用两个装甲师向西南方进攻，一直冲到提里（Tilly）为止。最初第6军团北翼在跟进时多少有点犹豫，因为早先英军在鲁文两侧的反攻曾经暂时迫使在那里作战的德军采取守势。到5月16日的黄昏，第6军团中央和南翼都已到尼维尔（Nivelle）一线。面对着北翼德军的英军开始向布鲁塞尔且战且走，但在鲁文的两侧仍据守着在戴尔河上的阵地。在北面，第6军团在安特卫普的正面到达了布罗亨（Broechem）和科宁斯霍伊克特。敌人的意图仍然模糊不清。B集团军总司令博克在他的日记上写道：

> 每个人都在尝试猜测敌人的意图。也许面对着我，他将尝试据守安特卫普、根特和布鲁日（Bruges）附近的国家堡垒，以及登德尔防线。但最新的空中侦察报告又使这种猜想显得仍有疑问。

A 集团军总部现在逐渐把它的注意力转向危险的南侧翼，但压力已经减轻。在第 16 军团后面前进的最先头步兵师在 5 月 16 日黄昏时到达色当地区，而克莱斯特兵团的装甲单位则已确保在拉菲尔（La Fere）与赫泰勒（Rethel）之间的地区。伦德施泰特决定允许克莱斯特兵团的先卫部队向康布雷—圣康坦（Cambrai-St. Quentin）地区挺进，以确保 5 月 18 日在索姆河和斯海尔德河运河上重要渡口的畅通。不过，该兵团的主力将集中在瓦兹河上，而第 12 军团的步兵则随后加以支援。5 月 16 日的情况报道显示，就整体而言，现在只有些许事情需要忧虑。不过，国防军最高统帅部，尤其是希特勒本人，对于作战的过程却不那样自信。当国防军最高统帅部于 5 月 17 日中午举行战情会议时，希特勒强调来自南翼的主要威胁，并命令应尽快调动步兵师来保护南侧翼，因为他感觉仅凭机动单位并不足以向西北长驱直入。哈尔德上将在日记上会作了评述：

> 一个非常不愉快的日子！元首过分地神经紧张，他不信任自己的成果，他害怕冒险；他真的希望我们现在停下来，借口是对于左侧翼的忧虑。凯特尔（Keitel）在其对 A 集团军的指示中所说的，以及他访问 A 集团军总部时所说的话，只不过是徒然制造出混乱和疑惑而已。

5月17日，希特勒第一次访问A集团军总部，以求亲自了解战事的概况。在其来访时，伦德施泰特向他指出南侧翼非常薄弱，然后又解释已经采取的增援措施和正要采取的预防措施。希特勒完全接受伦德施泰特的状况报告并批准那些措施，在讲评中，希特勒特别强调南侧面的重要性，不仅在作战方面，而且更有政治和心理方面。在任何环境之下，此时无论在任何地方都不可以发生任何的挫败，因为那将使敌人不仅在军事事务，而且在政治方面都将受到极大的鼓舞。就目前而言，最重要的事情是尽速增强埃纳河上和拉昂地区的防御，以后还要包括索姆河在内，至于向海峡海岸的迅速前进则还在其次。

5月18日，希特勒也显出“对于南翼面无法理解的焦虑”。诚如参谋总长所记载的，他怒斥着：“他们正在破坏整个作战，并冒着失败的危险。”不过在沙勒维尔（Charleville），国防军最高统帅部的首长凯特尔将军却还是能够安抚他，凯特尔向他保证陆军总部和集团军总部都已采取必要措施来保护南侧翼，而且部分已经实施。此外，在A集团军总部的一次讨论中再度显出伦德施泰特与国防军最高统帅部对情况的判断完全一致，所以当凯特尔回到元首大本营时，他打电话告诉A集团军说，现在希特勒对于南翼已经比较放心，并且相当满意集团军所采取的措施。已经被限制的机动单位现在再度获得充分的行动自由，并奉命击毁在索姆河以北和比利时境内的敌军。

伦德施泰特现在决定把机动单位放在第4军团指挥之下，向西北作一次决定性的攻击。它们包括着新成立的霍斯兵团（Hoth Group）（下辖第3、第4、第5、第7装甲师，第20摩托化步兵师，武装亲卫队骷髅师，第11机动旅）和克莱斯特兵团（下辖第

6、第8、第1、第10装甲师，以及第2、第13、第29摩托化步兵师）。到5月20日，B集团军抵达了根特东北的地区，而其前进单位也抵达斯海尔德河上，但这一天最重要的事情是装甲部队的矛头已到了海岸。晚上9时，第2装甲师的前进单位进入了阿布维尔（Abbeville）。到午夜时，第8装甲师也已经到了蒙特勒伊（Montreuil–sur–mer）附近。

国防军最高统帅部作战处长约德尔将军在日记中写道，元首大为高兴，并盛赞德国陆军以及将领。他似乎早已在考虑和约问题。其主要内容应为“把过去400年来，从德国人手中偷去的一切德国领土加以归还”。他决定像1918年一样在贡比涅（Compiegne）举行第一次谈判。至于英国人，他们“随时都可以获得他们所想要的和平，不过条件是要归还德国的殖民地”。

到此时，第2和第3航空舰队（Air Fleet）都昼夜出击，完成了指派给它们的任务之大部分。首先，它们已经破坏敌方的地面组织，并摧毁其边境要塞的抵抗；其次，它们对陆军的作战已经给予密切支援。到了5月14日，它们已经成功地赢得空中优势，几天后，更毫无疑问地赢得制空权。在默兹河上突破成功之后，第2航空舰队保护向海峡海岸前进军队的北侧翼，同时并轰炸敌方的船只。第3航空军团则保护南侧翼，尤其是——攻击敌军的集结及其预备队的运动。此外，它实际上已把法国空军逐出了这个空域。

阿利斯的危机

5月21日，在第4军团地区发生了某种非常明显的困难；尤其是在莫伯日地区，在莫马尔森林（Mormal Wood）中，而最严重的则在阿利斯（Arras）附近。上午，霍斯兵团中第16军在阿利斯以南，该地被强大英法军军队占领。该军仍继续推进，或转向西北方的佩尔讷（Pernes）或北方的贝蒂讷（Bethune）。为了这个目的又必须攻占斯卡尔普河（Scarpe）上的某些渡口。任何进一步向北的前进则已交由第4军团负责。

下午2时45分，军长命令各师在阿克（Acq）和欧比尼昂—萨维（Aubigny–Savy）渡过斯卡尔普河。第7和武装亲卫队骷髅师应从西南和西面，绕过阿利斯，然后再转向北面。不过，第3和第5装甲师却未能照原定计划向该镇东面发动攻击。所以，第7装甲师的右翼完全暴露在该镇强大的敌军之前。由隆美尔（Rommel）少将所指挥的第7装甲师的先卫单位已经向北通过到博蒙（Beaumont）之东，但到下午3时该师主力在侧面突然受到意想不到的攻击，并被由提洛伊公路（Tilloy Road）—阿利斯—博梅斯（Beaumetz）地区攻来的英国装甲部队所迫而采取守势。其他的英国坦克，从阿希库尔（Achicourt）向西南方前进，冲过了该师的1个步兵团，并攻击在瓦伊（Wailly）以西的武装亲卫队骷髅师。情况马上变得紧急，第16军的前进遂不得不停止。刚刚赶到的第11步兵旅尚未进入受威胁地区之前，英国坦克又在阿利斯东南哈林—布罗伊利（Hanin–Broiry）附近突破并攻击正在行动中的纵队和武装亲卫队骷髅师的师部。第7装甲师的1个装甲团本已在阿克西南达到了斯卡尔普河岸，现在则不得不撤退。不过，从晚上6时30分到8时30分，斯图卡（Stuka，俯冲轰炸机）一再发动攻击，使情况显著地缓和下来，并迫使敌人退回阿利斯。到了夜间，情况多少已经恢复。同时，第5装甲师也已击退来自阿利斯的英军的强烈攻击。

隆美尔的战斗报告说："在下午 3 时 30 分到晚上 7 时发生激烈战斗，敌人有坦克数百辆，后面跟着步兵。我们的战防炮（PAK）甚至在近射程对英国的重坦克也还是无效。敌军突破了战防炮构成的防线，炮都被击毁或冲过，人员则多数战死。"

下午第 4 军团司令向陆军总部提出下述的报告：在右翼方面莫伯日附近的情况正在解决。敌人显然已奉命坚守，并正在作顽强的战斗；在莫马尔森林中的扫荡战有良好进展，敌军正被摧毁中。第 3 和第 4 装甲师仍在行动，但奉命在清晨应到达阿利斯的西面。所有装甲师在次日都应集中在阿利斯与海岸之间的地区。蒙特勒伊仍在德军手中。第 4 军团建议把第 13 军在次日送入瓦朗谢纳—德南—布尚（Valenciennes–Denain–Bouchain）地区；第 2 军则应进到康布雷的西南。同一天夜间，第 4 军团又向 A 集团军总部报告说在阿利斯附近的敌军突破已被阻止，而莫马尔森林北部的敌军也已肃清。南面没有新的情况报告。桥头堡也都已守住。尚无命令要求执行越过阿利斯—圣波勒—赫斯丁—埃塔普勒（Arras–St. Pol–Hesdin–Etaples）之线前进的训令。首要的工作为建立一个强大的装甲矛头来肃清阿利斯周围的情况。报告的结论承认这是"敌人曾获真正成功的第一天"。

这次联军的反击，比过去的行动都更有活力，必须由联军整个作战计划的结构中来加以检讨，始能评判得失。5 月 19 日，联军统帅甘末林将军下达一个"第 12 号"机密命令，要求发动一个向心攻击来切断德国装甲师的后路。在北面被切断的第 1 集团军应打开往索姆河之路。但实际上所进行的只是一些不联结和无效力的单独作战，因为在这个紧急关头，联军在领导上的最大缺点即为缺乏协调。英国第5装甲师的师长富兰克林将军（Gen. Franklin）以为他的任务就是支援阿利斯的守军，根本不知道他所发动的反攻是替一个大规模攻击开路。结果，英军虽奋勇作战，却缺乏必要的深度和威力。

毫无疑问地，阿利斯发生紧急情况的消息对德军曾产生某种心理效果。5月22日清晨，希特勒要施蒙特上校打电话到A集团军询问作战的发展。集团军的作战处长布鲁门特里特上校（Col. Blumentritt）告诉他，虽然敌军在5月21日会在一两处地方把第7装甲师逐回，但现在整个情况已经恢复。于是希特勒命令将所有可动用的机动部队都用在阿利斯的两侧，以及西面向海的地区中，步兵师则用在该镇以东以肃清在莫伯日与瓦朗谢纳之间的地区。第12、第2、第16军团的其他步兵师也应向西送。

5月22日，凯特尔将军飞到A集团军来加速这个命令的执行，并强调其特殊重要性。当他和集团军参谋长讨论时，他又强调希特勒要求在索姆河上的摩托化师应尽快地用步兵师来替换，克莱斯特兵团的装甲师也应解除保护侧面和在亚眠（Amiens）与阿布维尔之间进行防御战的任务，并立即加速推进。照希特勒的看法，只有摩托化军队才能以必要的速度向北挺进。这些军队必须解除掩护后方侧面的任务，而他们的任务应为增强和替换前进的装甲单位。为了使此种调度有效，各步兵师，或至少是他们的先卫单位，奉命用强行军向西赶进。这些训令毫无疑问地与集团军的看法一致，所以，他立即发出一切必要的命令。回到元首大本营后，凯特尔又用电话告诉A集团军总部，希特勒完全同意伦德施泰特所采取的行动，并且还补充说元首对于A集团军总司令特别具有信心。

5 月 22 日，敌军在康布雷附近的局部突破被步兵和空中攻击阻止，所以在第 4 军团地区中整个攻势都能照计划推进。那天黄昏，陆军总部告诉集团军总部，全军正在向强大敌方军队合围中，所有的步兵师仍在向西运动。在霍斯和克莱斯特指挥之下的装甲兵团正在向加来（Calais）方向进攻，而它们的前锋单位则早已到达滨海布洛涅（Boulogne）和圣奥美尔（St. Omer）之间的地区，莱克吕斯—弗希（Lecluse–Feuchy）之间的地区已被封锁。敌军虽有零星攻击，但不能视为向南突围有系统的盛大军队企图。在索姆河正面上不见任何敌军活动。

同时，在德军攻击的北翼方面，面对着英军的顽强抵抗，B 集团军仍成功地用一个长度几达 4 英里的正面越过了斯海尔德河。第 6 军团在佩特赫姆—格塞尔布雷克特赫姆公路—科克霍夫—阿弗尔海姆（Petegem–Gijzelbrechtegem Road–Kerkhove–Avelgem）一线占有桥头堡，第 16 军团则推进至甘德运河（Gande Canal）上的攻击位置。这一天可以说是平静度过，而没有值得一说的战斗。

此时，第 2 和第 3 航空舰队也攻击鲁贝（Roubaix）—圣波勒—贝蒂讷—康布雷地区的敌军集结点和从泽布吕赫（Zeebrugge）到滨海布洛涅港口内的船只。它们也攻击阿利斯以东的火车站，如弗朗索瓦（Virty le Francois）、费尔（Fer）、香片瓦兹—诺根特（Champenoie–Nogent），并轰炸阿利斯附近的道路。不过第 8 航空军第一次被迫承认由于大量英国战斗机的出现，斯图卡受到相当重大的损失。许多原先保留防卫英国本土的皇家空军战斗机很明显地已从英国东南部基地起飞，来参加欧陆上空的空战。因此空中的情况突然变得紧急起来。

希特勒命令装甲部队暂停的决定

在佛兰德斯（Flanders）平原上的作战正依照计划进行，而且几乎毫无困难，虽然在阿利斯和康布雷有两次暂时的挫折，但却都已被克服。陆军总部在5月22日到23日的夜晚颁发了一道指令，确定对未来作战的指导原则：环绕敌军的包围圈应逐渐缩小，同时下索姆河上的渡口应保持开放。B集团军奉命将左翼推进到塞克兰（Seclin）附近，然后转向北，希望从南面席卷法国边境要塞，并把敌军向里尔南方和东方逐退。其余方面，B集团军应沿全线攻击牵制敌军，并尽量节约军队，以便剩余的军队可供陆军总部作紧急调遣之用。政治当局不愿意看见佛兰德斯的大城镇受到毁灭，所以军事行动应尽量以不损害它们为原则。

A集团军则奉命在到达贝蒂讷—圣奥美尔—加来线以后，就旋转其机动军队向亚民特瑞斯—伊普瑞斯—奥斯坦德（Anmentieres-Ipres-Osend）线前进，并同时用步兵师尽快地攻占兰斯（Lens）—圣奥美尔高地，然后将其置于机动军队之后向东北方推送。在南面，下索姆河上的渡口均应保持开放，而当适当军队到达之后，应立刻扩大桥头堡。在亚眠之东，有适当军队之后，索姆河渡口的防御应向亚眠—尼昂（Nyon）线推进。所以陆军总部的指令非常明白地指出“镰割”的观念仍维持不变，此外，它也深信这个第一阶段的攻势应该迅速完成。

但在5月23日，北翼的B集团军发现它只能缓慢前进。一部分的军队沿着美林（Menin）公路向鲁贝和里尔以东的法国要塞线前进。在根特以北，敌军也在坚守中，德军只获得一些不重要的桥头堡。这个地区的战斗显示在南北两翼都不可能获得重要进展，只有中央部分似乎还有希望，所以博克决定把作战焦点移到他的内翼上；同时他也可能想作钳形运动，以求在奥斯坦德—敦刻尔克以南封住这个陷阱，切断英军的退路。不过，依照陆军总部的指令，他现在使用左翼军队来支援第 4 军团，向里尔的东南进攻。

同时，克莱斯特用电话向第 4 军团司令报告说他的兵团在装备上已受重大损失：他的军队奉命确保索姆河正面并建立强大桥头堡；此外还要攻占滨海布洛涅及加来和其间的地区；最后，还要向东转并展开在一条长达 35 英里的正面上，向伊普瑞斯—敦刻尔克的方向作猛烈的攻击。克莱斯特指出，在 14 天的战役中，各师在装备上所受到的损失已经达到有 50% 的坦克不能使用的程度。除非能获得增援，否则兵团不能向强敌进攻。克莱斯特同时也透过联络官向陆军总部诉苦。不过，参谋总长哈尔德却认为危机必须在 48 小时之内解决，所以必须呼吁全体官兵作最大的努力。

在下午和伦德施泰特的电话谈话中，第 4 军团司令克鲁格（von Kluge）将军对情况曾作这样的综述：加来以南战斗仍在进行；在圣奥美尔以南有进展；罗瑞托（Loretto）高地几乎已在德军手中，而且他也在阿利斯以东成功地建立了一处桥头堡。到明天（5 月 24 日）应决定向阿利斯以北还是以东前进。他认为所有人员都希望他们能够靠拢一点，所以他建议阿利斯地区的状况应予以肃清，左翼上的摩托化单位应准许靠拢，如果可能，在索姆河上的第 2 摩托化步兵师应予以替换。伦德施泰特表示同意，并命令第 4 军团的右翼和中央应向左翼靠拢。

从这个阶段所获得的证据显示，下级指挥官对这些指示感到困惑，有人甚至表示反对。两个装甲军的军长，古德里安

（Guderian）和莱因哈特（Reinbardt）都认为最重要的是迅速前进，并和敌人保持密切接触。

5 月 23 日，陆军总部面临着另一项重大决定。“镰割”计划中大包围战的最后阶段，即敌军的全部毁灭，现在似乎已经伸手可及。现在这种攻击的最高战略目标，比任何时候都更需要坚定的领导，尤其是 A 集团军的机动左翼（第 4 军团）马上就要和 B 集团军的左翼取得联系，所以一切组织问题都应该事先予以解决。陆军总司令布劳希奇对于此种任务是否视若无睹？是否因为他对于比较欠活力的伦德施泰特感到不满，还是对于性情较为急躁的博克表示同情，然后奇怪地决定将第 4 军团改交给 B 集团军指挥呢？

哈尔德在他的日记上这样写着：

> 总司令决定把包围战的最后阶段交给 B 集团军去执行，将会造成相当的困难，由于 B 集团军指挥官及幕僚的性格……总司令对此种办法的坚持，依我看似乎是一种对责任的规避。他一直都在说也许他自己去协调这两支军队的行动，也许将他们都交给博克指挥。照我看来，第一种办法比较自然而且也比较有魄力，但他似乎不想负起此种责任。当然，当他采取第二种办法时，同时也就放弃了成功的荣誉。

到了午夜，陆军总部的新命令已经送达两个集团军总部。从 5 月 24 日晚上 8 时起，B 集团军应接管对第 4 军团的战术指挥。

A 集团军总司令伦德施泰特自然不认为这份新命令在这个时

候特别适当，所以他就把意见向参谋本部的作战处反映。反之，B集团总司令博克自然表示欢迎，他在日记上这样写着："使这次会战告一结束的责任终于已经放在一个人的手中。只恨不早作决定，否则就可以节省不少的时间。"

此时，国防军最高统帅部的作战处早在5月20日就开始准备第二阶段的战役（代号为"红色"）。当听到阿布维尔已被攻克的消息时，希特勒曾大为开心，不久，他对情况又改采取比较冷静的看法；至少，敌人在阿利斯已表现出他们仍有挺身而斗的能力。很巧合，当海军总司令雷德尔元帅在5月11日晋谒希特勒时，希特勒曾向他说应作长期战争的打算。他表示一旦等到法国战役结束后，军备政策的优先就应给予潜艇和Ju-88型飞机。凯特尔将军，也许还有约德尔将军，毫无疑问地，根据第一次世界大战的经验，都相信佛兰德斯平原的地形真正不适于大规模的装甲作战，这样也增强了希特勒个人的判断。同时，空军总司令戈林（Goring）元帅为了想扩大个人的势力，也希望作战的过程能够延长。

显然地，戈林是感觉到"他"的空军在即将来临的伟大胜利中，不曾获得扮演主角的机会。当然，另外他对于传统而保守的陆军也几乎有一种病态的仇恨。不管怎样，他在5月23日打电话给希特勒，企图说服他承认这是空军完成伟大任务的大好机会——在法国北部毁灭英国的陆军。此后，陆军只需"占领地面"。为了使他的要求有力，他说最后毁灭敌人的任务应留给"国社党"的空军。假使不如此，希特勒的威望就会输给陆军的将领们。利用这套理论，戈林总算触到了希特勒最敏感的一点！所以不难了解希特勒当时的反应。不过国防军最高统帅部中的人都不是很高兴，约德尔尤其表示怀疑。

5月24日上午，哈尔德很满意地记录着："情况仍继续作有利的发展，尽管步兵单位朝阿利斯方向的前进很迟缓。不过，至少就目前而言，在索姆河以南已无危险。除了局部战斗外，我们不必把敌军的抵抗力估计得太高。一切的事情都有自己的时间；我们应有耐性并听其自然发展。克莱斯特兵团首次报告敌方享有空中优势。"哈尔德现在派他的副手米斯将军（Gen. Mieth）到第4军团司令部去询问陆军总部，能采取何种措施来加速对佛兰德斯陷阱中敌军的包围。照哈尔德自己的意见："当阿利斯以北的高地占稳之后，就考虑用装甲兵越过埃斯泰尔—卡塞勒（Estaires-Cassel）线作更进一步的进攻，以求与第6军团朝劳勒尔（Roulers）方向的攻击相会合。"

11时30分，希特勒又驾临沙勒维尔的A集团军总部，在那里听取战斗报告，并征询集团军的意见。伦德施泰特建议步兵向阿利斯以东进攻，机动单位则留在朗斯—贝蒂讷—艾瑞斯（Aries）—圣奥美尔—格拉沃利讷（Gravelines）线上，以拦截在B集团军前面撤退的敌军。明显，他作此建议是有不得已的苦衷，因为他害怕军队已经减弱的克莱斯特兵团会挡不住向后退却的英军。希特勒很高兴发现伦德施泰特所采取的部署和所作的建议都和他自己的意见一致——大有英雄所见略同之感——所以他就对这位集团军总司令表示完全满意。他并且再度强调他的同意，还说为了应付未来的作战，装甲兵有加以保存的必要。同时，如果环绕着敦刻尔克的包围圈缩得太紧，德国空军的活动反而会受到妨碍。

当然，伦德施泰特明知就在这一天第4军团不再归他指挥，他所说的话是否别有用心，也就值得怀疑。不管怎样，希特勒与伦德施泰特在情况的判断上还是一致的，而且在以前，他们两人的意见也往往都是一致的。

在进一步的谈话过程中，希特勒才知道从 5 月 24 日晚上 8 时起，第 4 军团，连同一切机动单位，都改由 B 集团军指挥，不禁大感诧异。他和国防军最高统帅部对于陆军总部的此项命令事前皆毫无所闻。之后，希特勒告诉约德尔说他认为这在军事上和心理上都是同样的错误。同时，他对于布劳希奇和哈尔德对于指挥责任作如此巨大的改变，事先却不告诉他一声，也感到十分恼怒。这番行动也许又再度使希特勒怀疑他们对于自己的效忠，所以他立即撤销他们的命令。

5 月 24 日发生了一个领导危机。真正的原因也许是：希特勒同意伦德施泰特对于情况所作的判断；戈林在前一天对于德国空军所能做到的事情曾作一种乐观的承诺。这样的情况遂导致在 12 时 31 分用电话颁发命令："根据元首的命令，第 8 和第 2 军，与 B 集团军左翼合作，自阿利斯以东攻击，并继续向西北推进。在另一方面，向阿利斯西北进攻的军队却不应越过朗斯—贝蒂讷—艾瑞斯—圣奥美尔—格拉沃利讷之线（运河线）。在西翼上，所有的机动单位都应靠拢，让敌人自己去冲撞上述的那道有利防线。"希特勒批准了伦德施泰特的建议，并表示他决定毫不客气地强制执行他自己的观念，并贯彻自己的军事领导权。他急于在战场上表示他作为国防军最高统帅的情况绝非只是一种虚名而已。

元首的这项新命令使陆军总部感到极大的震惊，并被迫必须重作安排。那天下午，希特勒本人又亲自指示陆军总司令应注意他的命令。布劳希奇和哈尔德因这种对作战指导所作的直接干涉而感到极大的愤怒，但他们又有什么办法呢？在 5 月 24 日的夜间，布劳希奇感到既不能又不愿意做下一个新的决定。

但陆军参谋总长却不如此。这个意料之外的元首命令对于他的打击尤其重大，因为基本上作战指导由他负责，同时他也感到希特勒的干涉危害了作战第一阶段的成功结束，危害了“反正面歼灭战”的伟大观念。他反问自己是否可以用补充训示来抵消希特勒的停止前进命令？哈尔德和他的亲信格莱芬堡上校（Col. von Greiffenberg）都认为这是唯一可以贯彻他们自己作战意图的机会。在那一夜里，他们向 A、B 集团军总部发报一个无线电命令：“在陆军总部 5 月 24 日训令之外，仍准许继续进攻到敦刻尔克—卡塞勒—埃斯泰尔—亚民特瑞斯—伊普瑞斯—奥斯坦德线为止。因此替空军行动所保留的空间也应相对地缩小。”

B 集团军欢迎此一指示，因为它希望至少可以给第 4 军团有机会推进到敦刻尔克港口，来阻止尚在那里进行的撤退行动。毫无疑问，对于这个包围敌军的最后行动，终究未被放入其指挥范围内，也感到非常遗憾。

所以陆军总部并未发出继续向敦刻尔克进攻的具体训令。它也许感到在当时那种微妙的情况中不可能那样做，但至少它已经允许这样的行动。无论如何，这个指示使 A 集团军有机会依照陆军总部的精神恢复行动自由——假使该集团军并不同意希特勒的决定（关于这一点，该集团军的代表人物在战后都曾一再予以强调）。但当这项新命令于 5 月 25 日零点 45 分到达在沙勒维尔的 A 集团军总部时，作战处长立即报告伦德施泰特及其参谋长索登斯坦恩中将（von Sodenstern），而他们却一致决定不把这个命令转达第 4 军团，因为希特勒已将作战指导的全权交给该集团军。伦德施泰特认为，最紧急的是摩托化军队必须集中，在此以前任何推进的问题都不在考虑之列。他又指出假使要越过运河线前进，事实上也没有时间可以和空军作出新的安排。假定伦德施泰特在5月24日上午所作的判断代表他本人的意见，他的意图到此也就变得至为明显：在希特勒的权威支持之下，他不理会由直属上级所颁发的命令，因为他对于情况的看法和陆军总部所见者不同。若说他的态度很特殊，那也许还是一种太温和的说法，这样的事情在近代德国军事史中也许可以说是史无前例。似乎只有引述同一天他在战争日志上所记载的话才可以了解他的心理："法国北部的战斗正在接近尾声。任何危机都不再有可能——也许只有纯粹局部者为例外。所以，就整体而言，可以认为A集团军的任务已经完成。"

伦德施泰特和许多其他的人一样，显然深信佛兰德斯包围圈迟早可以用B集团军的军队加以肃清。他认为其他的军队目前应考虑的是第二阶段的作战，那也仍然具有相当的困难；所以依他看似乎应保留装甲部队供尔后使用。从这里也可看出德军将领们的思想和感觉都还是以第一次世界大战的观念和经验为基础。

时常有人认为希特勒叫停的命令是故意放英军逃走，并且说他相信这种"侠义"的姿态可使他日后比较易于和英国人达成和平安排，这种说法只能称为战后的神话。第一，德国陆军和空军都曾接到毁灭在佛兰德斯被围困敌军的明确命令，在1940年5月24日夜间，经过希特勒签字的元首命令第13号即为一种铁证。

第二，这种看法又与希特勒一向之政治观念不符。有某些方面曾正确指出，在1939年9月1日，德国人并无非常明确发展的战争计划，这也产生了非常严重的后果。尽管如此，对应如何击败英国人的问题，希特勒还是具有某种相当具体的腹案。有一件事是他认识得最清楚的，那就是一旦战争爆发，德国并无轻取胜利的可能。反之，希特勒早已充分认清这是一场生死的搏斗，那将是有进无退的。他对于敌人并不存有任何幻想，他深知英国人是骄傲、勇敢、顽强、固执的，尤其重要的是，他们更具有一种伟大的应急能力。他曾多次与亲信谈到这些问题，他也知道英国人有一种“曲从任何新形势以顺应目标”的天才。他从不怀疑英国人的真正实力，并且也知道那是以强大的海军和有效率的空军为基础。不过，他深信这个伟大的国家有一个“阿喀琉斯之踵”——补给。只要切断补给来源，他就只好投降。所以，假使德国陆军能在荷兰、比利时和法兰西，替德国海军和空军赢得较佳的作战基地，那也就是替最后击败英国作准备。所以从一开始，希特勒相信唯一击败英国人抵抗的方法就是封锁。当国防军最高统帅部第 9 号补充指令对于经济战确定新的方针时，此种思想也就充分反映在其中。德国海军参谋本部曾经指出德国的战争目标非常明确，就是击败主要敌人——英国。得到胜利的方法是首先击败法国，那是英国在欧洲大陆上的一把剑，然后再封锁英伦三岛并破坏其经济实力。只有使用“有史以来的最大经济战”才能击败英国人。

根据目前可以利用的许多证据，在今天看来，直到 1940 年 5 月 10 日为止，无疑地希特勒可能用两种方法使英国人求和：一是毁灭他们在欧陆上的军事力量（在 1940 年 5 月和 6 月，他对于这种可能给予最大的重视）；二是对英国的经济发动一次坚决的作战。在尚未击败法国前，对入侵英国的可能性并不曾作认真的讨论。

5 月 25 日上午，布劳希奇再度尝试说服希特勒准许装甲兵继续前进，但希特勒拒绝改变他的决心。他指出他已经把决定权交给 A 集团军，A 集团军也反对让装甲兵前进，感觉它应该保存实力以准备应付尔后南面的作战。对于这一次重要的会晤，哈尔德曾在他的日记中作了详细的评述：

这一天的开始即为布劳希奇与元首之间，为了包围战的进一步指导，而发生了另一次不愉快的冲突。我的计划是用 A 集团军对敌人发动一个重大的正面攻击，因为敌人正在它的前面作有系统的撤退；如此向一个败退中的敌人从后面追击可以得到决定性战果。机动单位是适合此种用途的工具。现在我们的政治领袖却认为最后的决定性会战不应在佛兰德斯打，而应在法国北部打。但为了掩饰这种政治目标，他却告诉我们佛兰德斯的地形，由于有许多的水道，并不适合装甲作战。所以当装甲部队到达圣奥美尔—贝蒂讷线时就应停止不再前进。我原先想把 A 集团军当作铁槌，把 B 集团军当作铁砧；但现在的情况却反过来了，B 变成了铁槌而 A 变成了铁砧。但由于 B 所面对着的是一个有组织的正面，所以攻击必然要付出很高的代价和花费很长的时间。另外，现在对空军寄以如此重大的希望，但作战却完全靠天气因素。因为有这许多意见上的差异，也就发展成一种拉锯战，那是比战役本身的整个组织都更伤人脑筋。

一旦当德军攻击的左翼（即内包围圈）已经接到命令改采守势后，对佛兰德斯作战的成功就要看在北翼 B 集团军的各师和第 4 军团的右翼，能否首先采用向心的钳形运动来包围并击毁在布鲁日以南的敌军，然后再推进到阿利斯以东。最后，空军能否有效地使用全力来对付在围困中的敌军仍是大有疑问。

事实上，B 集团军南北两翼军队的作战都未按照预定计划推进；只有在中央部分，德军在黄昏时勉强越过了劳勒尔—美林公路，并派遣先卫进入了赫吕沃（Geluwe）。这种战斗结果也就引诱 B 集团军总部将攻击重点向第 6 和第 18 军团的内翼移动。

但第 4 军团右翼想切断在瓦朗谢纳—巴鲁—杜埃—卡文—里尔（Valenciennes–Pallue–Douai–Carvin–Lille）口袋中敌军的企图并无特别成功。在瓦朗谢纳西南的德军遭遇强烈抵抗，所以只能缓慢前进。事实上，法国第 1 军团的一部分甚至已开始在那里发动反攻。

在夜间的状况报告中，第 4 军团司令部不得不承认由于敌军的顽抗，德军右翼只进到从布尚（Bouchain）以西起，沿着拉巴塞（La Bassee）以东的运河，到圣沃南（St. Venant）西南的费里瑞（Fierriere）为止的线。克莱斯特兵团的前哨停止在运河上拉费里瑞（La Fierriere）—格拉沃利讷地区以东的桥头堡中。面对第 8 军之敌从野战要塞阵地中实施顽抗，并获有强大炮兵火力的支援。在面对第 2 军方面，敌人正缓慢退却，但还是且战且走。面对霍斯与克莱斯特两个兵团的敌人几乎毫无行动。

空中侦察报告敌军从库特赖（Courtrai）—里尔地区向北移动。敌军显然无意尝试向西突围。第 4 军团同时也感到敌人在南面，并无计划进行重要的对抗行动。

在 5 月 25 日那一天，德国空军也采取强过攻击佛兰德斯平原敌军阵地的空中攻击以摧毁敌军的最后抵抗，并阻止其逃往英国。所有一切能动用的飞机以数波的方法来攻击泽布吕赫、布兰肯贝尔赫（Blankenberge）、奥斯坦德、纽波特（Nieuport）以及敦刻尔克各港口，曾直接命中港埠设施而造成重大的损毁。

此时，情况的迅速发展已迫使新任法军统帅魏刚将军（Gen. Weygand）搁置计划在 5 月 23 日到 27 日发动的攻势，以重建目前被隔断在南北两面的联军之接触。不过，由于缺乏协调而且包围圈内混乱情况严重，此项攻势能否成功还是大有问题。5 月 24 日，新任法国第 1 集团军总司令布兰查德将军（Gen. Blanchard，原来的第 1 集团军总司令比约特将军因车祸殒命）与英国远征军司令戈特勋爵（Lord Gort）会晤，讨论拟议中攻势的细节。第二天，比利时方面的情况已恶化，使得计划必须完全放弃。德军在库特赖的突破迫使戈特勋爵把他保留为预备队的两个师，用来向比英两军阵地的缺口发动攻击，以图拯救这一道防线，5 月 26 日，情况更加危急，丘吉尔只好被迫同意戈特要求开始撤退英军的建议；由于四面八方都受到威胁，显然已不能继续坚守环绕敦刻尔克的防御阵地。早在 5 月 19 日，就已采取撤出个别单位的准备措施，现在决定加速准备大规模的撤退。5 月 26 日晚上 6 时 57 分，英国海军部命令发动“发电机”作战（Operation Dynamo），到次日已完全发动，于是在包围圈中的英法部队开始使用一切可用的工具撤往英国。这次撤退工作在 6 月 4 日完成，共救出 35 万人可供他日再战之用。部队一步一步地向海岸退却，一路打着后卫战，保持着东、南、西三面掩护线的完整，并不断地退入敦刻尔克地区。部队拼命地守住周围的防线，直到绝大多数人员都离去为止——只好将所有的物资和装备都牺牲。

准许装甲兵再行动的命令

5月26日上午，哈尔德以一种无可奈何的心情作了下述的观察："我们的装甲和摩托化军队是不动地站在贝蒂讷和圣奥美尔高地上，好像他们生了根一样。因上级的命令，他们不能进攻。照这样的速度，可能要几个星期才能肃清包围圈，对于我们的威望将构成严重打击，而且也危害我们未来的计划。"当天上午，哈尔德也记录布劳希奇非常烦恼，因为B集团军所进攻的正面有良好的部署，能作坚强的抵抗，而A集团军本可有效攻击敌人的后方，现在却停滞不动。在这个时候，伦德施泰特本人显然也感到内疚。所以他前往霍斯和克莱斯特两个兵团去视察情况，并考虑机动单位应否前进的问题。

同时，A集团军总部又有了第二种想法。无线电窃听发现在索姆河以南有强大的敌军集中，他们与在里尔、杜埃和圣阿曼德（St. Armand）附近作战的敌军间经常通信。从加来及其他海峡港口也有关于敌军企图登陆的报告。这暗示敌人也许正在作一种最后的突破，以求重建南北两支军队的接触，也许会发动向心的攻击。

虽然A集团军总部并不认为情况严重，却认为似乎应尽快使法国北部的战斗胜利结束，使其对南面的攻击可以获得充分的自由。所以，这是A集团军第一次认为情况允许再度动用机动单位的必要，路径为沿着贝蒂讷—圣奥美尔—格拉沃利讷之线。有充分的理由假定这种判断已经立即报告希特勒。希特勒的侍卫长施蒙特上校与A集团军作战处的特莱斯科夫（von Tresckow）中校是亲戚兼好友，彼此常用电话联络，所以在正常的指挥系统之外开辟一条捷径，从这种非正式路线得到最高统帅的新命令一点都不难。5 月 26 日，A 集团军的战争日志上有下述重要记载："这些讨论终于导致元首准许克莱斯特兵团向东运动。"以下的报告对于希特勒的决定也许具有增强的作用：即 B 集团军与第 4 军团右翼的进攻都缺乏任何实质的进展，同时已有 6 艘大型运输船满载撤退部队离开敦刻尔克。

下午 1 时 30 分，希特勒召见布劳希奇。一小时之后，他兴高采烈地回到陆军总部，尽管还有部分保留，但元首终于命令向敦刻尔克前进，以阻止敌军由那里继续撤退。国防军最高统帅部也早已用电话将这个命令告诉 A 集团军。

于是下午 3 时 30 分，陆军总部即发出装甲部队再度行动的命令，而 A 集团军也接到命令，应将它的装甲部队尽量向敦刻尔克逼近，轰击道路和铁路交叉点，并阻止敌方运输船趁黑夜的掩护撤退。同时，它又应利用一切的机会向东进以包围这个港口。步兵也应指向该镇的南面，使贝鲁尔—卡塞勒—贝尔格（Bailleul-Cassel-Bergues）道路可以受到炮兵有效的封锁。装甲师在必要的摩托化单位支援下，应从贝鲁尔与亚民特瑞斯之间进攻，以求与从东方向依普瑞斯进攻的 B 集团军会合。另外两个装甲师应从拉巴塞以南的地区，通过塞克兰，趋向图尔奈（Tournai）。这支军队要切断尚在里尔以南坚守的敌军，与在图尔奈以西的 B 集团军建立联系。B 集团军仍依照一般攻击计划继续前进。

骰子终于掷下。不过，又过了 16 个小时，摩托化单位才完成前进攻击敦刻尔克和卡塞勒周围高地的准备。有些单位正在休息，有些在从事修理和维护的工作，或正在改组中；在它们准备出动前还要草拟新计划和分配新目标。

整个说来，德军在5月26日的攻击并不太有效。在第4军团的右翼，第8军的一部分已经进入布尚，并在该镇的两边扩展桥头堡。在B集团军方面，第18军团和第6军团都不曾达到理想的进度。它们的攻击逐渐减弱，而敌军的抵抗则仍然维持其强度不变。不过，至少已经达到登特海姆—默勒贝克—伊泽海姆（Dentergem–Meulebeke–Izegem）线。唯一有真正进展的军队是第4军，到黄昏时它勉强到达里雷贝克（Zillebeke）与科米讷（Comines）之间的耶瑟运河（Yser Canal），并已前进至达地利雷—巴钦戴雷（Dadizeele–Paschendaele）地区的一半距离。此后，第6军团司令赖歇瑙将军决定封锁里尔要塞地区的北面和东面，在肯美尔（Kemmel）两侧用钳形攻击包围英军至莱米斯森林（Raismes Wood）为止，并同时用他的右翼击败在劳勒尔的敌军。他希望这样能分裂比军，与正向肯美尔挺进的克莱斯特兵团取得联系，并同时尽可能迅速合围里尔北面的残敌。他将攻击重点完全移到第11军和第4军方面。

攻占敦刻尔克

5月27日清晨，在格拉沃利讷到卡文之间的A集团军单位终于开始向东北进攻。哈尔德在日记上这样记录：“到中午时它们在杜埃地区只有缓慢的进展，但在贝蒂讷附近却前进得较为迅速。在贝鲁尔与海岸之间的进步似乎更快。”第6军团同时在伊普瑞斯方向也明显得手。敌军抵抗逐渐崩溃，但却以一种缓慢的速度。不该忘记被围的敌军有4个军团之多，它们除了挺身而斗以外没有其他的出路，但还是不能支持太久。

5 月 27 日的战斗经过充分证明了英国人的意图是寸土必争，时间拖得越久越好。一切都要看他们能否使东西侧面维持够长久的完整，以容许大部分军队退入港口并登船离去。

在夜间状况报告中，第 4 军团向 A 集团军报告说克莱斯特兵团已经到达梅维尔—艾克—卡塞勒—西莱德兰盖姆—博莱泽勒—格拉沃利讷（Merville–Eccke–Cassel–West Ledringhem–Bollezeele–Gravelines）之线，并与优势的敌军接触，后者正利用第一次世界大战时德军的旧野战工事作顽强的抵抗，并获在阿兹布鲁克（Hazebrouck）和卡塞勒以东丘陵上的炮兵支援。这里的地形的确能够阻止装甲兵发挥充分的威力。

各攻击军，尤其是装甲军，在这一天的战争日志上，都一律记录着说这两天装甲部队的强迫休息已经对作战产生了非常不利的影响。现在拉巴塞运河已在敌军坚强的防御之下，所以当攻击部队企图渡河时也就遭受到惨重的损失。同时，敌人也加紧撤运部队。在下午，第 4 军团要求 A 集团军派第 2 航空舰队攻击奥斯坦德和其他的港口，来阻止敌军继续撤退。于是集团军总部的作战处长布鲁门特里特上校，在回答时也说戈林元帅已命令空军攻击敦刻尔克，并阻止任何更进一步的撤退。

第 4 军团参谋长，布伦内克将军（General Brennecke）对仍在敌军占领中的海峡港口曾加以描述如下："大船纷纷靠拢码头，跳板铺开，人们蜂拥而上，所有一切的装备和物资完全丢光。"他刻薄地向 A 集团军的作战处长建议，最好不要和这些人在重新装备或休息之后再碰头。几小时之后，布伦内克将军又再度报告说，敌人的撤退仍继续加速进行，并建议应使用一切可能的手段来阻止它，或至少妨碍它——例如用平伸弹道的火力。午夜不久：第

4 军团司令告诉克莱斯特将军，用来轰击敦刻尔克的炮兵将于晚上 10 时到达。它正在尽量加速赶进。同时，敌人也已在索姆河正面上发动了一两次反攻，以求减轻德军对“发电机”作战的压力。

5 月 27 日，B 集团军曾成功地突破在蒂尔特（Thielt）以南的敌军防线，也击毁了在该地作战的比利时部队之团结——这也是比利时的最后一点本钱——导致比利时陆军在 5 月 28 日 10 时签订降约。不过，德军从东西两面的攻击仍然获得非常缓慢的进展。敦刻尔克口袋只是逐渐缩小，并不足以阻止敌人继续撤退部队，对于这个行动，敌人现在正集中所有陆海空军实力来予以支援。事实上，直到 6 月 4 日上午 9 时 40 分，第 18 军团的第 10 军才报告已经攻占这个历经苦战的海峡港口，那已是在 9 天的激烈战斗之后。博克和哈尔德都在他们的战争日记中记载：“这个城镇和海岸都已在我们的手中！”不过很遗憾地又补充一句：“英法两军的部队都走了。”

一个明显的问题就是，为什么德军不能快些达到这个目标呢？下述的检讨可帮助提供答案。首先要指出的是联军在当德军装甲兵停止前进时，所给予的宝贵喘息机会曾尽可能地加以利用，这是无可否认的事实。在那段宝贵的时间中，它们不只巩固了西面，还有东面的防御阵地。在海峡正面上，这个喘息也足够容许它们重组军队并建立一条有效的防线。同时，英国也深知其阵地在东面最为紧急，因为它们随时都要顾虑比利时陆军的崩溃。当戈特勋爵把他保留为预备队的两个师（第 5 和第 50）用在伊普瑞斯以南来支持与比军接触的防线时，确实作了一个非常重要的决定。由于这样，他才使大多数联军单位能通过一道狭窄的走廊，撤入敦刻尔克港口。此外，联军部队的英勇战斗也值得强调，它们保持了第一次世界大战时使德国人印象强烈的传统。另外还有一个因素也不应忽视，即为滨海布洛涅和加来两地的英勇防御，这绝非毫无用处，因为它迟滞第19军对敦刻尔克的攻击长达好几个小时。

但若追根究底，这些都不是决定性因素，德国人犯了一些错误，对于最后的结果颇具影响：第一个错误是认为佛兰德斯包围圈只是次要战场，而把注意的重心转移得太早。事实上，等到认清其战略重要性时已经太迟，而这大部分是因为几乎直到最后一分钟才知道实际被围困的敌军有多少。德国人当时所作的估计只不过10万人左右！从5月27日起，较高级司令部的注意力都已逐渐指向次一阶段作战计划的任务，所以也就无暇顾及敦刻尔克。

尤其是伦德施泰特在战后所指出的原则（对敦刻尔克而言）——“应先结束一个作战然后才可开始考虑下一个作战”，并未受到足够的尊重。结果，佛兰德斯会战并未以足够的热情和决心来进行。

其次，在突破到海峡海岸后，第4军团改由B集团军指挥比较切合实际。这也正是布劳希奇的主张，却受到希特勒的否决。在那样的安排下，A集团军就可以留守索姆河之线，因其注意力从一开始就已转向南面，而其71个师显然也已经过分延伸。假使所有对佛兰德斯包围圈作战的军队都由博克指挥，则敦刻尔克的攻占一定可以较迅速也较容易；这样做也可避免由于两个集团军挤在一个狭窄空间中而引起的某些组织缺点。此外，逐渐从南面（里尔周围）调动军队，而不先在敦刻尔克附近封锁包围圈也是一种错误。同时，德军可能已丧失了原有的锐气，在不断的激烈战斗和强行军后，他们的确开始感到需要休息。他们的注意力又太早转移到次一重大任务的等待，所以就某种程度而言，他们并未专心来打敦刻尔克之战，各有关单位也不愿将其全力投入战斗中。这对第 16 和第 19 军而言，尤其真实。在会战达到高潮前，机动单位早已抽调。最后，德国最高军事领袖们对于空军的能力和效力都估计过高，于是其威力的限度第一次被暴露，而其“无敌”的神话也化为乌有。

德国军事领袖们所犯的错误——确实不仅为著名的“叫停”命令而已——再加上联军的勇敢善战，才是“黄色”作战为什么不能达到战术目标的真正原因。英国远征军的大部分人，虽然已无装备，但都安全回国；所以德国陆军未能赢得一次歼灭性的会战，而只能以一次“普通胜利”为满足。

尽管如此，如果假定德国人在这个战场赢得的是一种“全”胜，则英国就会准备签订和约，换言之，也就是假定由于错过了这种胜利，所以德国丧失了一次千载难逢的机会，无异于放弃实际上已经到手的奖品，那又未免夸大其词。事实上，即使德军在佛兰德斯赢得一次歼灭战。丘吉尔的政府仍可能倾全力奋战到底。所以，我们对敦刻尔克之战似可不必过分戏剧化，或太夸张其对战争前途的影响。

对前途的展望

德军尽快地重组，到 6 月 5 日即已完成“红色”作战（Operation Red）的准备，其目的为毁灭“所有一切在法国境内的联军”。这个作战计划分为三个连续阶段：第一阶段是从兰斯（Rheims）的两侧，在巴黎与阿尔贡（Argrnne）之间，向南进攻；

第二阶段是击毁在巴黎—贝尔福—梅斯（Paris–Belfort–Metz）地区中的法军；第三阶段是用正面与迂回双管齐下的攻击使马奇诺防线崩溃。

在第一阶段中，德军用迅速的向心攻击把已经溃散且士气低落的敌军向南和西南驱逐，然后把他们逼在其本身在东面的防线上。6 月 14 日，巴黎在无抵抗之下被占领，一直在德军南翼上伺机未动的 C 集团军（由里布指挥）也加入战斗。在极短时间之内，第 1 和第 7 军团就突破了一向被认为金城汤池的要塞防线。6 月 10 日，受到德军胜利的鼓励，意大利也自动投入战争，并在阿尔卑斯山区发动攻击，结果却为法军所击败。

不过，由于德军锐不可当，在几天之内，法国的情况即已迅速恶化至明显无望的程度。在 6 月 17 日组成的贝当政府（Petain Government）除了投降之外，已无路可走，1940 年 6 月 22 日遂在贡比涅森林（Forest of Compiegne）签署了降约。在一个史无前例和惊心动魄的战役中，德国已经决定性地击败了在第一次世界大战所不曾击败的劲敌。

希特勒现在是西欧和中欧大部分的主人。自然，德国人的自信在这个伟大胜利的时刻升到了最高峰。很少有人能在此时对军事前途作合理和冷静的判断——这当然并非仅限于希特勒一人。毕竟第三帝国的领袖们更不曾成功地从这个伟大军事胜利中抽取到任何真正的政治利益。很快这个最大的错误就显示出来：英国并未被击败，也没有投降的意图；反之，它似乎更有死拼到底的决心。

由于希特勒不愿意用政治手段来结束战争，而仍然想用武力来满足他的雄心，也认为重要甚至攸关生死的决战时刻就要来到。

对于德国军事领导阶层而言，敦刻尔克是第二次世界大战中的第一个重大转折点。希特勒深信凭这一战，他已向全世界证明他的“军事无敌性”。至少就某种限度而言，他不是已经依照自己的理想赢得了这次胜利吗？这次战役也证实了他对自己军事天才的信心，而纳粹党的宣传更是大吹大擂，硬把这一个单独的例证发展成为天下无敌的神话；这也是希特勒军事狂想的由来，此种心理因素对德国战争指导所产生的恶劣效果正与日俱增。此外，在敦刻尔克战役中，希特勒首次强迫陆军总部接受他自己的军事观点，尤其在紧急关头上，将最重要的决定权交给一个观点与他不谋而合的下级指挥官（伦德施泰特）；这种办法以后也在军事领导阶层中造成严重的混乱。传统的指挥体系终于逐渐解体，而作为实际军事领导工具的陆军总部不仅受到抑制，最后终于完全被取消——这对德国人民来说，是一种可怕的后果。

大事记（三）1940 年 5 月—1940 年 12 月

战争部分（轴心方面）

5 月 10 日：德军发动西线攻势。

5 月 14 日：德国空军攻击鹿特丹。

5 月 20 日：德国坦克向海峡海岸突破。

6 月 4 日：敦刻尔克陷落。

6 月 4 日至 10 日："朱诺"作战，德国海军攻击英国在挪威北部的撤退行动。

6 月 22 日：德法休战协定签字。

1940 年 6 月至 1941 年 3 月：大西洋之战第二阶段，袖珍战舰、巡洋舰、辅助巡洋舰及 U 艇在北大西洋和世界其他水域活动。

7 月 10 日：开始对海峡中的英国船团进行空中攻击。

7 月 16 日：元首命令第 16 号（"海狮"作战）。

8 月 1 日：元首命令第 17 号。

8 月 5 日至 19 日：意大利人征服英属索马里。

8 月 13 日：不列颠之战开始。

8 月 17 日：德国在英国周围设置"作战区域"，在未经警告下，这里的所有船只将被击沉。

9 月 13 日：意大利人开始进攻埃及。

9 月 21 日至 22 日：5 艘 U 艇攻击英国船团首役成功，击沉 7.7 万吨。

10 月 12 日："海狮"作战奉命延到 1941 年再议。

10 月 17 日至 20 日：8 艘 U 艇在两个船团中击沉 15.3 万吨。

10 月 28 日：意军入侵希腊。

1940 年 10 月至 1941 年 3 月底：4 艘德国战舰在大西洋击沉 26.6 万吨。

11 月 12 日：元首命令第 18 号。

11 月 14 日至 15 日：德国空军攻击考文垂。

11 月 29 日、12 月 3 日至 7 日：德国陆军总部举行征苏战役沙盘推演。

12 月 13 日：元首命令第 20 号（“马瑞塔”）。

12 月 18 日：元首命令第 21 号（“巴巴罗萨”）。

政治部分（轴心方面）

6 月 10 日：意大利宣战。

7 月 19 日：希特勒在向国会致辞中提出和平建议。

7 月 21 日：希特勒命令准备侵苏。

8 月 30 日：第二次维也纳仲裁判定。

9 月 27 日：德意日三国签订公约。

10 月 23 日：希特勒在昂代（Hendaye）会晤佛朗哥。

10 月 24 日：希特勒在巴黎会晤贝当。

11 月 12 日至 13 日：苏联外长莫洛托夫访问柏林。

11 月 20 日：匈牙利加入轴心国。

11 月 23 日：罗马尼亚加入轴心国。

11 月 24 日：斯洛伐克加入轴心国。

12 月 5 日：巴多利奥（Badoglio）元帅辞去意大利参谋总长，

卡瓦莱罗（Cavallero）将军继任。

政治部分（有关轴心方面的中立国）

6月12日：西班牙宣布其不参战的意图。

6月14日至28日：苏军开始占领立陶宛、拉脱维亚、爱沙尼亚、比萨拉比亚及北布科维纳。

9月4日：安东内斯库将军（Gen. Antonescu）被宣告为罗马尼亚首相。

9月6日：罗马尼亚国王退位给其子麦可。

12月7日：佛朗哥拒绝德军假道攻击直布罗陀的要求。

12月12日：匈南两国签订友好条约。

战争部分（同盟方面）

5月1日至2日：英军自纳姆索斯和翁达尔斯内斯撤退。

5月10日：英军登陆冰岛。

5月15日至16日：93架皇家空军飞机攻击鲁尔区的工业目标。

5月26日："发动机"作战开始。

6月3日：纳尔维克开始撤退。

6月9日：挪威停止抵抗。

6月11日至12日：皇家空军首度空袭都灵。

7月3日：法国在奥兰的舰队为英国H特遣舰队所摧毁。

7月9日：意大利舰队与英国地中海舰队在爱奥尼亚海附近的斯蒂洛角首度交手。

8月25日至26日：英国皇家空军第一次空袭柏林。

9月6日：英国发出“入侵警报”。

9月15日：在不列颠之战中击落德机56架。

9月23日至25日：达喀尔被英国海军炮轰。在法军抵抗下放弃登陆。

10月29日：英军在克里特岛登陆。

11月11日至12日：英国舰载机在塔兰托攻击意大利舰队。

11月27日：意大利舰队与英国H特遣舰队在特乌拉达角（萨丁尼亚）发生非决定性的海战。

12月9日：韦维尔开始在埃及反攻。

12月22日：英国皇家空军战斗机指挥部队恢复对法国的战斗机扫荡。

政治部分（同盟方面）

5月15日：荷兰签订降约。

5月19日：魏刚将军出任驻法最高统帅。

5月28日：比利时签订降约。

6月10日：挪威战斗部队投降。

6月16日：丘吉尔建议英法组成联邦，但为法国所拒绝。

6月17日：贝当元帅要求休战。

7月22日：英国外相哈利法克斯拒绝希特勒的和平建议。

9月3日：英美签订协定，以西印度群岛和北美洲东部诸岛的基地交换50艘驱逐舰。

政治部分（有关同盟方面的中立国）

7 月 19 日：罗斯福总统签署《两洋海军法案》。

8 月 8 日：美国飞机产量每月达 900 架。

10 月 8 日：美国志愿军参与皇家空军，成立第一支全由美国人组成的空军中队。

11 月 4 日：当美国参战时，采用的作战计划为“狗”（史塔克上将）。

11 月 5 日：罗斯福三度连任美国总统。

11 月 10 日：美国飞机开始由纽芬兰直航北爱尔兰。

12 月 20 日：国防会议成立，美国加速战争工业生产。

不列颠之战（1940）

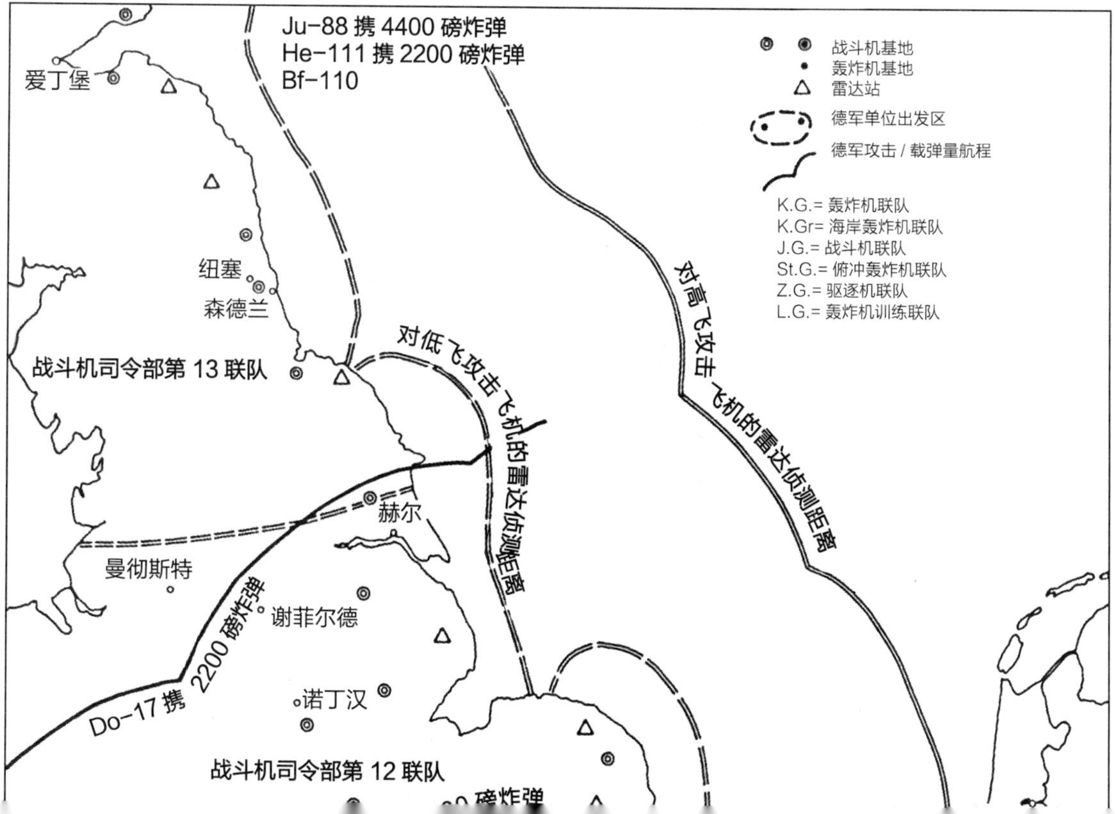
Ju-88 携 4400 磅炸弹
He-111 携 2200 磅炸弹
Bf-110
战斗机基地
轰炸机基地
雷达站
德军单位出发区
德军攻击 / 载弹量航程
K.G.= 轰炸机联队
K.Gr= 海岸轰炸机联队
J.G.= 战斗机联队
St.G.= 俯冲轰炸机联队
Z.G.= 驱逐机联队
L.G.= 轰炸机训练联队
爱丁堡
纽塞
森德兰
战斗机司令部第 13 联队
对低飞攻击飞机的雷达侦测距离
对高飞攻击飞机的雷达侦测距离
赫尔
曼彻斯特
谢菲尔德
诺丁汉
Do-17 携 2200 磅炸弹
战斗机司令部第 12 联队

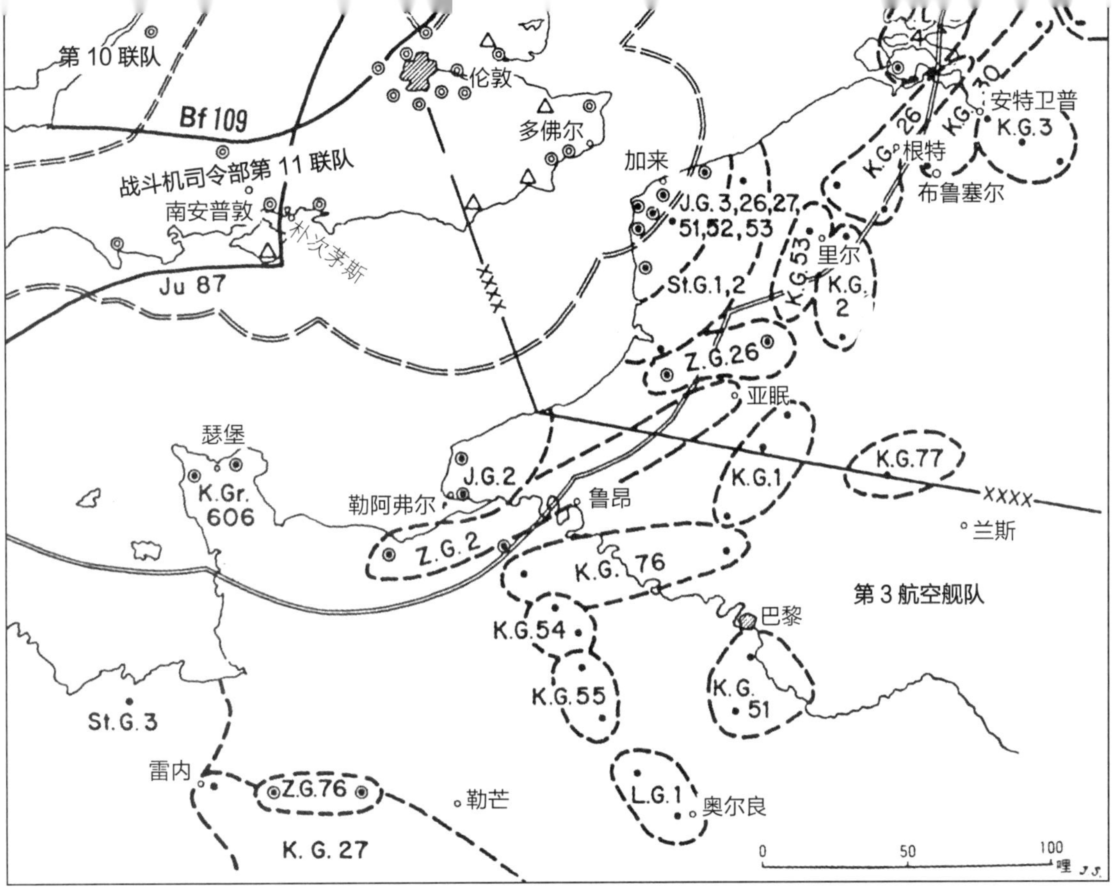
第 10 联队
Bf 109
伦敦
多佛尔
战斗机司令部第 11 联队
南安普敦
朴次茅斯
Ju 87
XXXX
加来
J.G. 3,26,27,
51,52,53
St.G.1,2
K.G. 26
K.G. 30
安特卫普
K.G. 3
根特
布鲁塞尔
K.G. 53
里尔
K.G. 2
Z.G. 26
亚眠
K.G. 77
K.G. 1
兰斯
瑟堡
K.Gr. 606
J.G. 2
勒阿弗尔
鲁昂
Z.G. 2
K.G. 76
巴黎
第 3 航空舰队
K.G. 54
K.G. 55
K.G. 51
St.G. 3
雷内
Z.G.76
勒芒
L.G. 1
奥尔良
K. G. 27
0
50
100
哩

第二章　不列颠之战（1940）

卡尔·克雷博士

法国沦陷后，德国的军事权力达到了最高峰。在欧洲大陆上已经不再有武装的敌人。不过，在丘吉尔强力而坚决的领导下，英国仍然拒绝考虑投降；相反，英国正在拼命地增强其防御力量，到处进行活跃的外交活动，并极力寻求新的同盟国。结果，德国领袖们想要迅速让各国接受一项妥协后的和平之希望，现在是已经完全化为乌有——虽然这个问题，德国人事先并无慎重地考虑。只有准备再进一步使用武力下，才能确保已经获得的胜利，德国领袖们遂感觉到必须继续采取军事行动，否则将丧失政治主动。

对问题最彻底的解决方法就是匆忙地草拟一套登陆英格兰的计划。经过某种程度的考量，希特勒终于同意将入侵不列颠岛视为实际上较有可能的，但当陆、海、空国防军最高指挥官对于必要的计划和准备的细节越深入时，就越能认清入侵作战所涉及的许多困难。第一点是——由于德国海军的薄弱，他们获得结论——只有在空军首先赢得海峡地区及英国南部的制空权，或至少是明显的空中优势，入侵战才有可能成功。所以在不列颠上空的战争现在变成与发动入侵的计划具有直接关系。不过，与其他军种以及整个国防军最高统帅部的态度不同，德国空军指挥官们最初并不完全由准备入侵的观点来看他们自己的任务；相反，如我们以后所看到的，他们倾向将其对不列颠的作战视为可以独立构想及执行的，当然，尽管选择目标时，在某个程度上还是将入侵战列入考虑。

在波兰和法国战役中，德国空军攻击的开始与德国陆军的入侵同时开始。迅速而强大的空军攻击很快就击毁了波兰空军，而法国空军也是从一开始就受到重创，所以德国空军在整个作战期间，虽说不上有完全的制空权，也都享有空中优势。换言之，在敌人空军已经被摧毁，或至少已受重创后，其地面组织也已瓦解，德国陆军——在空军密切支援之下——遂推进并占领敌人的机场。这种办法显然不能用来对付英国，于是空战——用一种过分简化的说法——就开始采取意大利空军理论家杜黑将军（General Douhet）所预言的形式；用其他军种的防御措施来配合空军的攻势，尽管双方都缺乏像杜黑在发展其理论时，内心所想的那种强大资源。这是有史以来第一次，有人企图使用空权来摧毁敌人到如此的程度，使其以后不能再作任何严重的抵抗——事实上，甚至希望仅凭空军的行动即可以强迫他们求和。

从法兰西战役的胜利结束到德国空军开始对不列颠发动攻击，中间隔了 7 个星期。这 7 个星期的时间用来对地面组织作必要的扩张，使德国空军能够执行其他已经进行中的任务——包括空军中队的再编组——并举行简报来说明他们的目标。但奉命进攻英国的空军各航空舰队和航空军指挥官也利用这个时间来拟订攻击英国的计划，而此一事实即可充分证明，甚至在法兰西战役结束之后，德国空军的作战参谋处对不列颠的空战应如何有效地执行，仍然没有明确观念。为了帮助我们了解实际上所发生的，我们应首先看一看那些的确存在的攻击英国作战计划，并体会德国空军指挥部自己是如此地没有把握。

德国空军的计划

1937 年，当勃洛姆堡元帅任德国国防军最高统帅部首长时，在其计划中即首次考虑到，英国终有一天会变成德国敌人之一的可能性。由于德国领袖们都深知，如果英国参战，对德国军事情况将产生重大的不利影响，所以希特勒的确准备不惜代价来确保英国的中立。不过，为了以防万一，德国的陆海空国防军最高领袖也还是奉命草拟计划，以备外交手段不能说服英国保守中立时之用。但在 1937 年 11 月的霍斯巴赫备忘录（Hossbach Memorandum）中却无对英战争的详细计划。希特勒确信当德国与捷克发生冲突时，英国会保持中立的。

1938 年 5 月 30 日和 1937 年 6 月 24 日的一般战争计划中有某些部分已经更新。特别是，计划对捷克发动的军事作战正准备尽快执行，以便对其他国家造成一种既成事实，并使任何干涉都变得毫无希望。假使在西面有冲突发生，则将采取纯粹防御性的作战。而在 1939 年 4 月 3 日所颁发的国防军最高统帅部有关 1939 年到 1940 年的命令中规定，一旦与波兰发生战争，在西线只准备进行防御性的空中作战。不过，这份命令又还有一个附件，其中包括海空军对敌人经济作战的部分，德国空军奉命准备毁灭敌人粮食、原料和生产资源（包括其战争生产在内）的计划。

1939 年 5 月 23 日，希特勒将某些想法告诉他的军事领袖们，而这些想法之后就变成更进一步计划的基础。主要构想是：由于英国对进口具有绝对的依赖性，所以切断其补给来源即可以迫使英国投降。他并未假定仅凭空军的行动即可赢得迅速的胜利，英国舰队的毁灭也在考虑之中，还有继之以对其海外补给的作战。假使英国介入德波之间的战争，则德国陆军应占领可以作为对英作战的重要海空基地之区域。如能占领荷兰和比利时，并击败法国，则德国陆军就可能对英国的作战胜利造成先决条件。所以，希特勒的想法含有德国战争指导的基本观念之一，而这个观念也一再被列为第一优先，那就是——切断海上补给线即可击败英国。

1939 年 8 月 23 日苏德互不侵犯条约的签订，使德国的军事情况大幅改善。但即使在这样迟的阶段，对西线仍无攻击计划，如果英法对德波战争采取干涉行动，德国将只能采取纯粹防御措施。如此简略的原因是德国的军备事实上尚不完全，尤其不足以应付一场大战。陆军组织预定要到 1943 年完成，而海空军的目标更为遥远。在签订了与苏联之间的条约后，希特勒很有把握地感觉到，他在西线所要应付的，最坏也不过是一个形式化的宣战而已。以德国军备的不足——对希特勒当然不是一个秘密——只有从这个观点来看，才能了解其攻击波兰的决定。在 1939 年 8 月，戈林会企图谋和，当他听到攻击波兰的日期已经决定，而英法两国已经向德宣战时，曾发表冲动的言论，都足以明白显示他对于德国空军在任何攻势战争中的弱点并不存有任何幻想。作为德国空军的总司令，他对其实力的估计当然都是以德国空军第 2 群指挥部（以后改为第 2 航空舰队）及德国空军参谋本部的详细研究为基础。

直到 1938 年初，还没有任何对英国的空中战争计划，直到 1938 年 2 月中旬，第 2 群司令部（Group Command 2）奉命研究一旦英国介入西欧的战争时所应采取的对策。在那年秋天该司令部提出了两份备忘录，明白指出任何对英国的空中战争只可能有扰乱价值，无论在任何环境下，都不能对战争的前途产生任何决定性的影响。它又指出以德国目前可用的轰炸机航程而言，将无法由德国本土的基地对英国进行有效的空中战争。备忘录中又说，为了这个目的必须以荷兰和比利时为基地。值得注意的一件非常有趣的事情就是，直到战争爆发，德国空军仍从未进行一般的图上演习，来测验对英国发动空中战争的可能性。

德国空军参谋本部在1938年8月提出报告，对尔后德国空军对英国的作战提供很多的启示。它宣称在当前的环境中，若想凭海空军对敌方经济的攻击，绝对没有得到决定性结果的希望。所以德国空军的主要任务应为保证地面军队获得作战行动的自由。

1939年5月德国空军参谋本部作战第一处所作的一项研究中，提供某些有价值的暗示，它指出以空军第2航空舰队（Air Fleet 2）的数量、装备、训练，将无法在对英国的空战中迅速达成胜利。同时，它又指出对英国海上补给线的空中攻击也不可能获得任何决定性的结果，因为其一切重要的西部和西南部港口都超出了德国空军的航程之外。又因为防空实力的增强，对伦敦的恐怖攻击也不可能希望获得任何决定效果。相反地，这样的攻击却很可能产生反作用，足以增强敌国的抵抗意志。这个研究报告又指出，如果为了对以后的全面攻击创造较好的条件，就想和英国战斗机部队进行决战的成功希望很小，因为情况有利于防御，而攻击军队的损失会高到吃不清的程度。这种形式的空中战争，一般都被认为不可信任和值得忧虑；它落入敌人的陷阱，并且分散德国空军对英国真正重要目标的注意力。这个研究接着又说，对于英国的空军攻击，最有利的目标是它的航空工业。此外，攻击港口和港埠设施以及储油槽也是有利的。1939 年 7 月 9 日，空军第 2 航空舰队所接到的命令就是要它在战争一旦爆发时，依照这个研究去进行对不列颠的战争，主要目标为战争工业和补给中心。

1939 年 7 月，德国空军总部的情报处长，施密德中校（Lt. Col. Schmid）向戈林提出一份对英国皇家空军实力的详细研究报告。它指出若能有系统地发展，到 1940 年英国皇家空军可以变得和德国空军一样强。任何对英国空中战争的成功先决条件就是毁灭英国皇家空军以及支援它的航空工业。只有在此种攻击已经成功地执行后，才可考虑攻击英国的港口和船只。此外，如此巨大的目标将需要强大的德国空军军队，而任务是如此艰巨，所以，也无法确定何时战役将会结束。这个研究最后又指出，因为英国人的善于拼凑应付闻名于世，一般说来，他们的士气极为坚定，所以只凭空中攻击并不可能使其投降，在那种情形下，对于不列颠群岛势必要加以入侵和占领。这个研究对于以后在 1940 年实际所发生的情况，又作了非常精确明显的预言。在战后有关德国空军的文献中，几乎千篇一律地指控它过分轻视其任务并夸张成功的希望。事实上，德国空军总部对于本身的能力采取一种非常现实的看法，而对于自己的弱点更有非常清楚的认识。

我们对于第二次世界大战爆发前，有关德国空军领导的问题已作了较详细的分析，因为稍后在不列颠之战时的实际经过明显地具有直接影响。

从波兰战役开始起，到不列颠之战开始止，德国空军对英国的作战只有逐步地增强。德国领袖们希望在波兰尚未击败前，尽量避免在西线方面的任何严重战斗，所以暂时禁止对英国进行攻击。大家都知道对伦敦本身的攻击完全是一项由希特勒本人决定的事情，所允许的只是在英国中部与南部的上空作天气侦察。1939 年 9 月 10 日，希特勒准许当英国皇家海军舰艇冒险进到德国海军基地或布雷区附近时可以加以攻击。10 月 18 日，又获得可以攻击在碇泊中的英国皇家海军船只。但直到 11 月 1 日，德国空军才获准可以攻击敌人的护航船团。11 月底，德国空军作战处曾讨论对不列颠作空中奇袭的可能和价值，由于害怕英国皇家空军对德国领土的报复遂无下文。甚至在 1939 年 12 月英国皇家空军已经攻击威廉港之后，希特勒对于是否应加强对英国的空中战争仍然不能定下决心，因为一般条件看似不那么有利。1940 年 1 月 17 日，国防军最高统帅部命令在海上和空中采取某些措施来配合即将发动的西线攻势，但同时又加上一条慎重的附注："为了整个战争指导的利益，除非已有适当的基地和强大的军队，否则尚不宜增强对英国的空中作战。"

显然在保持此种观点时也就无事可做，特别是，如果德国空军企图从德国北部基地对英国进行空战，则有巨大的困难需要克服。只有当德国的西线攻势胜利结束后，这种情况才有根本上的改变。

希特勒在解释攻击荷兰、比利时和法国之必要时，也特别提到德国的不利地理情况。若欲有效地进行空中和 U 艇的战争，则在这些国家中的基地是必要的，否则潜艇和飞机都同样必须先经过一段长距离才能采取行动。当荷兰、比利时和法国北海岸的一部分都已落入德国人手中后，德国对英国的作战态势也就会获得大幅的改善。在 11 月 29 日的第 6 号命令中，希特勒又再度坚持说击败德国之敌——英国的最佳途径仍为切断其补给和毁灭其生产。假使德国陆军能攻占海峡两岸的某些部分，则海空军对这种任务的执行就会处在一种较为有利的情况。对于英国的战争指导，其基本观念再度说明如下：对其补给的全面战争就可击碎英国的抵抗意志。

有关德国的作战计划和实施日期的讨论非常明白地显示，当德国在 1939 年投入战争时，对于战争应该如何打还是没有任何明确的观念。在 1939 年秋季波兰战役结束后，希特勒即提出和平建议，但遭到英国人的拒绝。此时，希特勒感到如果想促使英国人恢复理智，说服他们同意媾和并容许德国称霸欧陆，则必须对德国的实力作更直接的展现，这种展现就是在欧陆上击败西方同盟国的军事力量，希特勒认为，如此就能结束战争。再一次地，并无慎重拟订的计划来指示这个目的应如何达到。不过，希特勒却深信一旦此项工作完成，英国人就会恢复理智，事实却证明他错了。尽管在欧陆上被击败，而其同盟国也已经失败，但英国仍不准备放弃；德国在波兰、挪威和法国的胜利并不能动摇英国的斗志，所以最后的一条路就是直接对英国本身作战。

很巧合，大英帝国的毁灭并非希特勒全盘政治构想中的一部分。他很明白大英帝国的崩溃并不有利于德国，而其他国家反而可从这种变化中获得更多的利益，所以他相当犹豫不决，直到现在才开始将注意力放在入侵英国的计划上。甚至当他大致上已经决心发动入侵战时，仍然对东面的威胁颇感不安。第一，德国非常依赖罗马尼亚的石油供应。第二，苏联人的要求越来越多，他的活跃想象力不难考虑到，一旦德国为了入侵英国而无法抽身时，就无法抵抗苏联在东线的进攻。在这种情况下，他对任何军事挫败的政治影响极为敏感，所以极为坚持在入侵英国前必须消除一切可能的危险。最后，他终于决定反对入侵，因为照他看，登陆成功的先决条件并不能获得。

甚至在法国战役成功结束后，显然仍没有一项继续战争的详细计划。次一阶段的计划——在 1940 年入侵英国并在其本土中将其击败——必须匆忙地拟订。的确，希特勒内心非常着急，因为他对 1941 年早已有一个伟大的计划，即毁灭苏联。所以我们在观察不列颠之战（Battle of Britain）的发展时，必须经常记得这种背景。

对登陆英国的计划和准备，我们无须在此详述，不过必须注意不列颠之战与“海狮”作战（Operation Sea–lion）之间的密切关系，这就是入侵战的代号，德文为“Seelowe”。尤其是，我们必须研究下述的问题：对英国的空中战争是为了替入侵战作准备呢？抑或是德国空军想凭自己单独的力量来击败英国呢？所以，首先让我们简略检讨德国空军从西线攻势结束到不列颠之战开始时的作战情形。

1940 年 6 月 30 日，即德法休战条约签字以后的第 8 天，戈林对英国的空中战争颁发了一道通令，其要点摘述如下：

> 对英国的作战将要求第 2、第 3、第 5 空军航空舰队的最密切合作。在时间的配合上和目标的选择上是如此。所以，大致上来说，对每一航空舰队的命令都包括确定的目标和攻击时间。希望以这种方式，除了所造成的任何实质效益外，并尽可能同时发动许多不同的任务使防御者措手不及。
>
> 一旦各单位于其新基地中完成再编组，建立适当的防空和战斗机掩护伞，并将不断的补给和有效的命令传递予

以有效地安排后，就应对空军参谋本部所决定的各项目标开始执行有系统的作战。但在此之前，为了使各单位达到完全的准备状况，应注意下述两点：

（a）对英国的积极作战，应仅限于使用相当少量的军队对工业及英国皇家空军目标骚扰攻击。此种攻击应在使奇袭可能发生的适当天气中进行，同时在白天也可以用单机或成对的飞机去执行。若希望此种作战能成功，则对所要攻击的目标首先必须从地图和目标资料上加以非常慎重的研究。就目前而言，重大的平民死伤应尽可能避免。

（b）对飞行员应在其新基地中举行有系统的简报。侦察飞行和小组任务将同时试探敌方防御的实力和组织。

一、目标。

当已经完成再编组并达到充分准备的状态时，德国的空军就应有下述的目标：

（a）用来击毁敌方空军，毁灭其地下组织和扰乱其航空工业为手段，以创造对敌方战争工业和补给线进行成功战役的必要条件，并防御德国本身的生存空间。

（b）攻击港口、港埠设施、补给船只以及护航军舰，以切断英国的补给。

这两种任务应配合执行而不应单独看待。只要敌方空军仍然存在，则空中战争的最高原则就是不分昼夜，在空中和地面上使用一切机会来攻击它，要比任何其他任务都更为优先。

这个文件明白地指出，在毁灭英国皇家空军后，德国空军的目的将是粉碎英国的补给组织和战争工业。但领袖们却感觉到在必要的准备尚未完成前不宜开始这样的战争，首先，必须建立适当的地面组织，然后重新编组各单位，必须等到所有准备都彻底执行后，对英国的空中战争才有任何成功的机会。他们对所要应付的困难早已有良好的认识，但所缺乏的是对双方情况的适当判断——这也正是德国人在第二次世界大战中的通病。

7月11日，戈林又颁发进一步的命令，这一次的内容分为两点：对英国船只进行骚扰性的攻击；对飞行员进行有关新目标区的简报。

7月21日，戈林升了帝国元帅（Reich Marshal），当天并与第2、第3、第5航空舰队的司令举行会议。他指示除非真正的空中会战已经开始，否则只应派遣少量军队对英国作战。强大的军队只应用来攻击护航船团和斯卡帕湾（Scapa Flow）的英国皇家海军舰艇，优先攻击的陆上目标应是英国的航空工业。令人感到有趣的是，戈林明令禁止飞机轰炸英国南岸的港口，因为以后入侵军队还需要使用它们，这也就可以暗示出不列颠之战与拟议中的"海狮"作战之间的关系；在讨论对第9空军师的使用时，他又明确地禁止沿着南岸布雷。所以很明显，在这个阶段德国空军已经考虑到在不列颠登陆的可能，并且基于此种考虑来选择目标。

空军作战处知道早在1940年6月25日，国防军最高统帅部的作战处即已在对入侵作战作初步的讨论。其技术参谋官费尔肯斯坦少校（Maj. Freiherr von Falkenstein）要求空军作战处长检讨国防军最高统帅部的草案，那是准备在几天后呈送希特勒核阅的。空军参谋总长耶顺内克将军（Gen. Hans Jeschonnek）拒绝了此项要求，因为照他看来，希特勒当时尚未考虑到任何渡过海峡的企图。但之后情况就改变了，国防军最高统帅部正式下达命令，无疑，希特勒希望现在就对入侵战作准备。不过，对于入侵战最重要的条件还是在英国南部上空的制空权。

如果说空军总部最初所颁发的命令，并不经常反映此种入侵的意图，主要理由是皇家空军的摧毁是德国空军作战中最重要的目标。一旦这个目标达成，空中战争的形态就会突然改变。尽管如此，德国空军还是将陆海两军坚决认定为入侵战的必要目标，全都正式列入自己的任务中：获得英国南部的制空权和击毁英国的舰队。

关于后一目标，7 月 21 日，戈林扩大了 7 月 11 日所定的目标表，除了攻击在海峡内和沿着东岸的船只外，他又特别指出，只要有可能也应攻击英国舰队。不过，德国空军的主要目标却依然如旧，航空工业只当作一种辅助目标来加以攻击。序战的目的是想使英国战斗机军队在士气、物质和人员等方面都受到永久性的削弱；做到这一点后，轰炸机和俯冲轰炸机就可以在较为有利的条件下，攻击英国皇家空军的地面组织。

不列颠之战的实际开打受到相当的延迟，这有各种不同的原因：首先，在法国和佛兰德斯战役中，对于空军所作的要求颇为巨大，所以自然地使其在实力上受到相当的减弱。举例来说，可用的第一线轰炸机在 1940 年 3 月 30 日为 1102 架，到 6 月 29 日降低到 841 架，一共损失了 635 架，虽然这个数字包括所有的损毁超过 10% 的飞机都在内。直到对英国开始发动大攻击时，可使用的飞机又再度增到 949 架。在 4—6 月当中，德国空军损失飞机 2784 架，其中包括短程侦察机 231 架、长程侦察机 106 架、战斗机 579 架、双发动机战斗机和夜间战斗机（Bf–110、Ju–88）共

216 架，以及轰炸机 976 架、地面攻击机 187 架、运输机 242 架、水上机 90 架、通信机 67 架，德国空军最初的目标就是建立必要的地面组织，并整补其单位的人员和装备。有许多单位仍然驻在遥远的德国机场中，必须等到在新占领地区中的机场已经扩大并能容纳它们时，才可能把它们调到西欧来。凡此种种都需要时间。

在这个加紧准备的阶段中，一般说来，德国空军保持实力不动，仅只对铁路、船坞、仓库、飞机工厂和机场作扰乱性的攻击，虽然第 9 空军师同时也用来对邻近港口的水域和河口内布雷，并攻击船只。在 1940 年 7 月间，德国空军共飞行 5376 架次（不包括战斗机的任务在内），但只投掷了 1473 吨炸弹；一共损失了飞机 135 架，不过据称在这些作战中共击毁敌机 293 架。此外，也宣称击沉船只 22.3 万吨，但现在却知道实际上只有 7.0193 万吨；被击伤的船只据报为 36.3 万吨。

接触阶段

从法兰西战役结束起，到大空中会战开始止，这个中间阶段在德国战史中通常被称为“接触阶段”（Contact Phase）。虽然在这个阶段已经明白显示出，英国皇家空军的战斗机无论在哪一方面都和德国的战斗机一样好，但同样明显，一般的战斗机驾驶员尽可能避免战斗。原因不难了解——那些英国皇家空军负责人决定保存其战斗机来准备应付下述两种情况：德国派遣强大轰炸机群来袭时，或企图发动入侵战时。结果当德国空军以相当强大军队穿透某一地区时，由于英国人的避战，可以暂时享有制空权，但它却不能强迫敌人接受决战和使此种制空权永久化。当德国空军总部在讨论如何加强空中战争时，对于这一点曾予以注意，由此可以证明他们并不存幻想。

虽然在战前对空军第2航空舰队即已拟有作战计划，但对攻击英国的最佳方法还是没有共识。就某种程度而言，可能是因为无人能够预知自盟军在欧洲完全失败后，现在竟会存在如此有利的条件。

当戈林与其各航空舰队司令在1940年7月21日会谈之后，第2和第3航空舰队就各以其本身所属航空军的研究和建议为基础，草拟对英国的作战计划。7月29日，空军作战处又开会讨论这些计划。8月1日，各航空舰队又提出它们的修正案。戈林考虑后，于8月2日发出加强对英国进行空中战争的最后命令。

第1和第8航空军的意见书现在仍然保存无恙。第8航空军的意见书主要限于本身的作战区域中。但从第一军的意见书中可以发现不列颠之战与“海狮”作战的进一步联系，除了以赢得制空权为主的原有任务外，又加上了保护渡海部队和对登陆作战提供密切支援的新任务。对于如何执行对英国空中战争作最有趣的贡献是出自第2航空军。在不列颠之战时，任该军参谋长的戴希曼将军（Gen. Deichmann）在战后回忆他呈给第2航空舰队的意见书，其中包括下述的内容：“在敌人战斗机军队尚未受到实质上的削弱前，德国的轰炸机部队不应用来攻击在英国内地的目标。不过，敌人却似乎有一种能阻止这种情况出现的态势。由于德国战斗机航程之短，只能超过伦敦少许距离，所以凡在这种航程之外的英国机场，有着战斗机的保护，则德国轰炸机就不能攻击它们。但却又有一种方法来引诱英国战斗机升空迎敌，那就是攻击伦敦，因为伦敦对于英国人是如此重要，他们即使剩最后一架战斗机也会奋力保卫它，所以，攻击伦敦就可以迫使英国战斗机接受战斗。一旦英国战斗机军队因此而削弱，我们就可以用轰炸机部队毫无顾忌地攻击其他重要目标。不久之后，空军参谋总长耶顺内克将军告诉我，这个构想已被采用为不列颠之战第一阶段的基础；但当那个时刻来临时，希特勒却禁止我们攻击伦敦，所以我们的计划终被破坏。”

戴希曼的意见对以后所发生的情况是一种明察的估计。由于英国人采取回避战术，所以德国空军想强迫英国战斗机部队接受会战，唯一的方法就是攻击英国的首都。

到 1940 年 8 月 1 日，德国空军实际上已经结束了初步的讨论，为了加强在海上和空中的对英作战，国防军最高统帅部颁发一般指示如下：

为了对英国的最后失败建立必要条件，我的意图是要同时加强对英国本土的空中及海上战争。为了达到这个目的，所以我命令如下：

（一）空军应使用一切可用的军队尽快地毁灭英国皇家空军。空军的攻击主要必须指向敌方飞机、地面组织和补给系统，同时也指向航空工业，以及生产防空装备的工厂。

（二）一旦已经赢得局部空中优势后，空中战争就应转向敌方的港口，尤其是应攻击粮食补给组织和内地的粮食补给中心。为了顾及我们未来的计划，对于南岸的港口和港埠设施的作战应保持一种必要的最低限度。

（三）基于以上的指示，对于敌方军舰和商船的空中攻击也应可能保持一种最低的限度，除下述几种情况例外：特殊有利情况的出现；或在第二节所命令的作战可以奏效；或此种攻击被认为对轰炸机人员未来作战的训练有所必要。

（四）此种加强的空中战争在进行时，又必须经常使空军对攻击有利机会目标的海军作战，仍能提供适当的支援。此外，空军必须能完全用于“海狮”作战。

（五）关于作为报复的恐怖攻击由我本人保留决定权。

（六）此项加强的空中战争可能以 8 月 5 日为开始第一天，但正确的日期将留给空军决定，那要看其准备何时能够完成以及天气情况而定。

同时，海军也将被允许加强本身的作战。

希特勒（签名）

凯特尔（副署）

此种加强对英海空作战的训令暗示出，其目的已经不再是想促使英国政府较倾向于谈判；同时也不是暗示仅限空中及海上作战即可迫使英国求和。相反，它非常明白地指出，其目的是“对于英国最后失败建立必要条件”。而且其中还有一段更明白指出，空军随时都应准备以全力支援“海狮”作战。不过，以后我们可以看到，德国空军总部对于此项命令不作如是解释，但根据命令的原文那却是唯一可能的解释。此外，早在 6 月 25 日，空军作战处即已知国防军最高统帅部正在考虑入侵英国的可能性。尤其是，第 16 号命令更特别列出空军在登陆作战时的任务：它应击败敌机的一切干预，并同时对登陆作战的本身提供密切支援。假使在企图登陆前，德国空军早已成功地使英国皇家空军实力受到相当的减弱，则阻止英国皇家空军干预登陆作战的任务自然比较容易完成，如能尽早将英国皇家空军全部歼灭，当然就更好。所以就目前而言，减弱或毁灭英国皇家空军实为德国空军应集中全力来达到的近程目标。诚然在这个早期的阶段，的确认为战术性的空中战争有可能对英国得到决定性战果，不过以当时可以动用的军队而言，这能否成立，经验却无法对这个问题提供答案。

在第 17 号命令颁发前两日，国防军最高统帅部曾告诉戈林对于向英国的大攻势，应如此准备，以便在接到希特勒的命令时可以在 12 小时内发动攻击。不过，由于必须先协调各空军航空舰队的意见，空军总部的作战计划遂耽搁了一阵。根据希特勒所说的话，戈林假定在空中攻势开始前，他至少还有一个星期的时间，但当决定已经作成时，他却发现至少还得要五六天的时间来对各部队长和飞行员举行简报。

8 月 2 日，戈林发出他的命令。他所列举的目标为：毁灭英国皇家空军；赢得英格兰南部的制空权；攻击英国舰队。不过，对于何时开始加强作战并未给予确定的日期。

从法国战役结束算起，过了 5 个星期才发出此项命令。又经过 11 天，攻击才实际开始。但开始后，德国空军实际上是冒险进入未知的领域，它不确定能否仅凭空中攻击就把敌人打垮，并使其不能再继续进行战争。在这个阶段，英国皇家空军的主力并非是攻击或轰炸机部队，其战斗机部队组织良好，能够接受所面临的考验——不列颠的防御；它可以带着若干成功希望来迎接即将来临的苦斗。

在此，我们要先把不列颠之战的阶段划分如下。这是以康胡贝将军（General Kammhuber）的研究为依据：

接触阶段	从法国战役结束起到1940年8月7日止	战斗机扫过海峡
第一主要阶段	8月8日（8月13日）到8月23日	制空权之战
第一小段		攻击接近英国南岸及东南岸的目标（战斗机的空战；攻击地面组织和航空工业）
第二小段	8月24日到9月6日	攻击延伸到伦敦地区
第二主要阶段	9月7日到9月19日	对英国经济潜力的攻击
第一小段		轰炸机日夜攻击伦敦及伦敦地区中的目标
第二小段	9月20日到11月13日	日间战斗轰炸机攻击和夜间轰炸空袭，以伦敦为主
第三小段	11月14日到苏联战役开始时止	对遍及英国的目标，包括伦敦在内，实施夜间轰炸空袭

此表是以德国空军的作战意图为基础，可分为两大主要阶段：（一）空中优势之战，（二）对英国经济能力的攻击。

每一段落又可以再作更细的区分，因为在一个主要阶段中，战斗的目标还是在不断地改变。同时，很明显，争取空中优势的战争，一直延长到第二主要阶段中仍继续不停。当然，这样的分段只是作为一种概括的说明而已。

我们简略谈过的接触阶段，只不过是一种对往后大战所作的准备阶段而已。在这个阶段中，机员被介绍进入他们所要进行作战的空间，并至少使其能对敌方战斗机的战术有所知悉。这种准备经验事后被证明对于往后的主要战斗阶段具有非常重大的价值。

在这个时候，德国空军的实力为：轰炸机 949 架，俯冲轰炸机 336 架，战斗机 869 架，双发动机战斗机 268 架。

攻击开始

德国空军在不列颠之战中的主要目标是赢得制空权。第一次大攻击原本预定在 8 月 8 日发动，但因天气条件不利，所以一直延到 8 月 13 日。但到这一天，天气条件还不能算是特别有利，结果使第 2 和第 3 航空舰队不能同时发动攻击。在 8 月 13 日，以及 8 月 13 日到 14 日的夜里，在英国的上空一共有 485 架轰炸机和 1000 架单发动机及双发动机战斗机，而有 9 座机场遭到攻击。第二天，8 月 14 日，天气条件再度不利，能派出作战的只有一支小型军队（轰炸机 100 架和战斗机 200 架）。但到第三天，8 月 15 日，以及在8月15日到16日的夜里，不列颠之战达到了第一高峰，一共有 1786 架德国飞机在英国的领空上。在以后的几天内，又曾作更进一步的重大攻击。

虽然直到 8 月 13 日德国发动空中大攻击时为止，英国战斗机都尽可能避免战斗，但真正决斗的第一天即显示德国空军的判断正确无误：英国皇家空军现在接受挑战，只要德国轰炸机一飞过海岸，它们就起而迎敌。由于不利的天气条件，德国空军一直都只能攻击位于海岸附近的英国南部和东南部的机场，所以英国皇家空军在伦敦地区的地面组织一点都未受到骚扰。想对伦敦地区的机场作成功的攻击，必要条件就是必须提供轰炸机适当的战斗机保护，但因为德国空军的主要战斗机 Bf–109 式的航程有限，故很不容易安排，必须以谨慎的计划和精密的时间配合，而对于天气条件也具有相当程度的依赖。在这个第一小段的不列颠之战中，虽然在英国天空中的确曾经有过大规模的空中战斗，但德国空军却并不能对英国皇家空军获得决定性的战果。

8 月 19 日，德国空军作战参谋处综合检讨战斗的结果，获得结论如下：由于有强大的英国皇家空军战斗机军队存在，所以在空中攻击成功地延伸前，必须首先击败和毁灭它们。不过，除此之外，戈林在 8 月 2 日所颁发的命令——允许攻击在伦敦地区中的英国皇家空军地面组织——仍然有效，但却授权各空军航空舰队，依照当时的天气状况，主动执行这项攻击。各航空舰队也早已对所属各航空军颁发必要的命令。8 月 24 日，第 2 航空军第一个采取行动，以后几天内，其他各军也都参加新的攻击，从现在开始，德国空军利用任何适当的机会攻击在其战斗机护航范围之内的机场、地面组织和航空工业目标。8 月底到 9 月初，这种攻击以及由它们所发展出来的空中战斗都达到了高峰。

在这个到 9 月 6 日结束的第二小段中，英国战斗机部队再度集中全力攻击德国的轰炸机，而尽量避免与德国战斗机发生战斗。举例来说，在 8 月 29 日那一天，天气条件不利于第 2 航空舰队作任何大规模的轰炸攻击，所以在天气好的短时间内，曾派出 564 架 Bf-109 和 159 架 Bf-110 去扫荡天空。直到 Bf-110 真正出现时为止，还没有一架英国战斗机起飞，甚至当它们之后起飞时，还是因为情报错误把战斗机误认为轰炸机之故。此种经验证实了德国空军首长们早已认清的事实：除非是为了攻击德国轰炸机，否则英国战斗机不准备接受战斗，它们是有计划地避免和德国战斗机交战。

必须再度指出，在当时的情况中，此种战术是绝对正确的，它可以挫折德国空军寻求决战的努力。诚然英国战斗机部队已经遭受重大损失，但却并未丧失行动能力。不过情况还是足以鼓励德国空军，认为只要给予时间，终可以达到目的。不过很明显，若能引诱英国战斗机部队接受挑战，这个目的也就可以更为迅速地达到，因为它为了避免地面损失，可以移驻更北方的机场，则飞机在白天停在地面上，对于空中攻击就可以获得安全的保障，因为那些机场在 Bf-110 的最远航程外。只有一个目标必然可以迫使英国战斗机司令部，不得不将所有的战斗机投入空中防御战中，那就是伦敦；所使用强大轰炸机军队的日间攻击有希望导致德国空军所想要的大空战。使用这种战术，德国空军总部也就是再回到第 2 航空军参谋长以前曾提出的建议。

虽然希特勒一直都严禁对伦敦本身作任何攻击，但现在也开始再三地考虑。这又有几点原因：8 月间的情况发展足以证明英国人有绝不妥协的决心，尽管希特勒已经期望了许久，但他们在态度上丝毫没有任何改变的迹象。德国空军的作战一直都仅限于军事目标，主要是与英国皇家空军有关者，但它们对于英国的拒绝求和一点都不产生作用。假使希特勒在 9 月间已经真正的想要对英国发动入侵战，则必须使英国皇家空军尽可能以最快的方式受到实质上的减弱。所有的军事专家一致表示同意：在海峡和英国南部上空的制空权对于登陆作战的成功实为必要条件。此外，在 8 月 28 日到 29 日的夜间，英国轰炸机曾经空袭柏林，那诚然并无太多的效果；但不管怎样，希特勒对于这样的挑战绝不曾不予以答复的，于是准备在 9 月 1 日，对伦敦作第一次大规模的空中攻击。所以，到这时，希特勒应该已经改变了他的决心。毫无疑问地，他过去主张不应轰炸的决定，大体为政治性的，但现在——除了报复的问题以外——影响他的考虑却是纯粹军事性的。

德国空军非常希望能获得将伦敦作为主要目标的允许。它相信能够痛击伦敦而不受到严重的损失；并且也不认为攻击伦敦会分散争夺制空权的努力。相反地，它却确信一旦伦敦受到攻击，英国战斗机部队就会将一切的军队都投入空中防御战中。

伦敦城区在 9 月 6 日到 7 日的夜间第一次受到攻击。68 架轰炸机攻击船坞和港埠设施，并获得若干成功。这样的夜间攻击，自然也是希特勒最先准许的，对于迫使英国战斗机部队接受会战的目的，并无太多的用处；不过只要伦敦已被允许当作一个目标，禁令终将完全解除，所以，就有希望迫使英国战斗机军队在对抗日间空袭时接受会战。

对伦敦的重大空袭在 9 月 7 日下午很晚的时候才开始。在这一天以及接下去的夜间，625 架德国轰炸机，在 648 架战斗机护航下轰炸军事和工业目标。9 月 9 日由空军总部作战处发表的报告说："对伦敦的持续攻击，昼间将由第 2 航空舰队在强大战斗机护航下来执行，而第 3 航空舰队则负责夜间作战；此种攻击将继续进行直到伦敦的船坞、补给中心、发电厂完全摧毁为止。目标地区分为两个：目标地区 A 包括着伦敦的东区（East End），连同其许多港埠设施在内；目标地区 B 则为伦敦西区（West End），连同其补给和动力中心在内。除了这个对伦敦的大规模攻击外，对于遍布英国各地的许多兵工厂和港口也将继续做猛烈的扰乱性袭击。"

这种对伦敦的大攻击将明白指出，德国空军总部对于英国战斗机司令部的战术判断是否正确，而此种判断也是各航空舰队和各航空军所一致同意的。

之后连续几天的大空战，在9月15日达到最高潮，最初似乎足以证明此种判断的正确，不过，空战的结果却无法令人认为完全满意。在结束时，英国战斗机部队仍为一支强大而有效的军队，但德国轰炸机的损失却呈直线上升。我们不知道如果这种大规模的攻击继续进行超过一个较长的阶段，结果又将是如何？从9月16日起，天气条件使这种攻击一再受阻。9月16日，只有40架德国轰炸机出击；9月17日则只有13架；9月18日虽增到30架，到9月19日却降到7架。这种令人失望的努力，唯一的原因就是天气，德国空军的作战计划和目标维持不变。不过，英国皇家空军又立即回到以前的战术：除非有轰炸机出现，否则就拒绝战斗。在这样的条件下，德国空军不可能赢得制空权。

到此时为止，英国战斗机大致和德国战斗机一样好，而在不列颠之战第二阶段第一小段中，德国战斗机的主要任务是保护自己的轰炸机，对于战斗机的攻击相当地脆弱；因此，只有极少量的德国战斗机可以自由独立集中起来对付英国战斗机，而且确实是少到不足以成功地执行如此艰巨的任务。德国空军的前途变得比不列颠之战第一阶段时更为不利，因为在那时还有较多的战斗机可供扫荡敌机之用。若德国空军使用其他的战术，成功机会是否可能较大？这里所涵盖的并不容许我们作更进一步的讨论，许多的战术问题只有等到对不列颠之战作更深入详细研究时，也许才能获得正确的答案。

从9月15日起，不列颠之战的步调就逐渐转缓。尽管天气条件已不容许大规模轰炸攻击，德国人却仍在寻求新的方法来引诱英国战斗机升空应战。最重要的建议还是出自较低的阶层。

戴希曼将军建议第2航空舰队应把第2教官群（No. 2

Instructional Group）的第 2 联队（Wing）在战斗机护航下攻击伦敦（德文本英译者注：这个教官联队完全由教官所编成，是德军空军的第一流单位）。这个联队的 Bf–109，每一架携带一颗 250 公斤炸弹，早已用来轰炸在南岸上的目标，并获得相当的成功。德国人希望这样可以再度迫使英国战斗机部队派出它的飞机。第一次的攻击在 9 月 20 日，因曾在敌方阵营中造成重大的混乱，第 2 航空舰队遂命令继续进行这种攻击，而戈林则决定将更多的战斗机改装为战斗轰炸机。这种战斗轰炸机的攻击价值在当时成为激烈辩论的对象，而在战后甚至争论得更厉害，但至少它们产生了将英国战斗机再度引入空中的效果。不过，这种新战术却还是不够导致一个决定，而由于这一年将要结束，日益恶劣的天气不再容许有强大战斗机群护航的大规模日间攻击。此后，这样的战斗轰炸机攻击又继续用来对付各种不同的目标（包括飞机场在内）；战术也有很多变化，有时使用强大的军队，有时又用一般轰炸机的攻击来作为辅助。到了 11 月初，天气变得更坏，除了偶而一些例外，战斗轰炸机的作战实际上几乎被迫结束，因为在战争初期，它们的航程可能还是非常的有限。于是对德国空军而言，现在所剩下来的唯一手段，就是只能增强对英国的夜间空袭。

从 9 月 6 日以后，这样的空袭几乎都是利用夜间来攻击伦敦，但它们却并不能产生德国人一再希望的军事或政治结果。于是又改变目标，此后的空袭遂以工业目标为主，包括遍及全英国的发电厂和军需生产中心。

转折点

不列颠之战的最后阶段以对考文垂（Coventry）的大夜袭为起点。在这个阶段，只要是天黑以后，德国空军在英国上空几乎可以完全不受攻击。英国的防空仍在发展的阶段。直到 1941 年春季，夜间战斗机才开始享有任何有价值的成功，而在 1940 年的晚秋，他们几乎不曾扮演任何角色。举例来说，在 11 月 14 日到 15 日的夜间对考文垂的空袭时，没有一架德国飞机曾被英国夜间战斗机击落，同时只有 4 架曾被高射炮火击落，尽管事实上情况是有利于防御：夜色是绝对的清明，月光非常明亮，却对同一目标对抗差不多长达 10 小时之久。

以后的夜间攻击也都相当成功，但它们却并不能达到软化英国和使其求和的主要目标。到了 1941 年 5 月中旬，德国空军军队开始向东调动。到 5 月 22 日，那些仍然留在西线的相当不重要的军队都由第 3 航空舰队指挥。不列颠之战终于结束，因为德国空军已经负担了在巴尔干、中东，而尤其最重要的，是在苏联的任务。1941 年 6 月 20 日，德国空军实力的 61% 在东线战场上，5% 在德国负担防空的任务，11% 在地中海，20% 在西线（第 3 航空舰队），5%（第 5 航空舰队）在挪威。

德国空军的目标在不列颠之战中不曾达到，所以德国输掉了这场不列颠之战。

在会战失败之后批评是很容易的，困难的却是在当时作成正确的决定。当不列颠之战开始时，德国空军当局是深信决定性成功是可能的，但诚如我们早已指出的，对于情况并不曾作彻底、精密和客观的判断。假使曾经作过这样的研究，则对于当时所能动用的军队和装备，是否足够在对英国的空中战争中决一胜负，就不免会引起疑问。今天，当我们已经能够看到所有有关因素时，对于这个问题就很容易作出正确的答复：他们不能够。

在不列颠之战的第一主要阶段，德军空军想要获得在海峡和英国南部上空的制空权。换言之，它是想让英国战斗机部队的实力减弱，以至于德国的轰炸机可以肆无忌惮地进入英国领空。这个企图失败了。事后回顾不难发现，以当时的情况而言，失败实乃必然。对英国防空能力是曾作精确的估计，但对于其战斗机部队的实力则不曾如此。这一点，再加上以后英国战斗机部队获有非常卓越的领导，且能巧妙地避免不必要损失的事实，使德国空军不能获得胜利。

此外，在第一主要阶段中，德国空军也有替德军在英国的登陆行动中争取到希特勒、国防军最高统帅部和德国海军所要求的必要条件。希特勒曾一再坚持说，假使对英国的空中战争结果不满意，则“海狮”作战只好暂时放弃。不过德国人仍然相信，即使在这样的情况中，利用空军和潜艇的联合作战也还是能对英国获得决定性的胜利，尽管可能要花上一两年的时间。不过，在当时以及任何时候，德国空军和海军都不曾因为要使此种富有雄心的计划得以成功，而优先得到必要的军备。为了对苏联的战役，必须增强陆军，所以也就占用了德国军需生产之大部分。

在入侵战的准备，以及对英国空中战争的准备和实际执行中，希特勒都缺乏像他在其他战役中所表现出来的坚决果断：在一切环境中，不顾一切困难，即使面对着许多的疑惑和忧虑，仍能获得迅速和决定性的胜利。这种不果决的原因有二：第一是由于他始终希望英国政府会投降求和，第二是他过早对苏联采取行动。

他在空中战争的计划和执行上完全信任戈林，但在德国空军尚未开始其对英国的大规模作战之前，希特勒即已在拟订攻击苏联的计划。这也必然影响不列颠之战的执行和结果，而对“海狮”作战的前途当然也是一样。

英国领袖们对于赌注是什么从来不曾有任何的怀疑。他们知道自己正从事着决定英国命运的生死决斗，并且能根据情况果断地采取每一个步骤。他们早已花了大量的精力和资源，沿着海岸线建一条雷达站锁链，因为他们知道，若是没有它们，应付敌人的空中攻击就会非常困难。英格兰的任何部分距离海岸都不超过75英里[①]，除非能有某种工具可以对敌方攻击获得提前的警告，使战斗机能够来得及升空应战，否则情况将会变得非常困难。德国空军不需要很久的时间就已经认清这些雷达站的意义，但却不曾对它们进行足够猛烈的攻击，反而都只是零星而无系统的。

不列颠之战的第二主要阶段也未能完全成功——即以英国经济潜力为目标的空中攻击，这也可以说是在空中战争史中第一次出现的战略性作战。事后回顾也是极易看出这次是同样的缺乏成功的必要条件。德国空军的轰炸机很容易就会被战斗机的攻击摧毁，而具有足够航程以保护它们去完成任务的战斗机又太少。但尤其重要的是，在那个时代的技术水平还做不出可以信赖的航行辅助工具、盲目轰炸的仪器和雷达飞行装备。此外，轰炸机乘员对于编队夜间飞行的训练也不够。尽管在平时和战时都已有长时间的准备，但对于作战却仍然缺乏适当的详细计划。当攻击位于英格兰南部和东南部接近海岸的目标，并把作战的范围延伸到伦

① 1英里=1609.344米。——编者注

敦地区，仍不能产生理想中的结果时，开始对伦敦本身发动大规模的日间攻击，但它们虽然能挑起所期待的大空战，不久后又还是不得不放弃，一方面是因为战斗机航程不够，另一方面则因为天气条件恶化。之后的战斗轰炸机攻击只不过是一种临时拼凑的应急手段，再接着即为对于伦敦本身的重大夜间空袭，以及对港口和工业城镇的攻击，但以当时能用的军队而言，还是不足以获得任何决定性成功。事实上，在那个时候无经验可供依据，无人知道那种规模的夜间空袭是否代表一种有效的空中战争手段。双方从不列颠之战的经验中都得到了一大堆教训，但只有英国，以及其未来的同盟国美国，由于拥有巨大的军备生产能力，才能将知识作实际的利用，并对于重轰炸机的装备，以及长程战斗机的制造等问题作出了正确的结论。

希特勒、戈林和德国的海军当局都希望仅凭空中攻击能够强迫英国求和——长久以来，他们一直这样希望着，尤其当德国空军在不列颠之战中已获初步成功之后，更是如此。在这一方面引起德国空军在不列颠之战中的意图问题：其目的究竟是想凭作战性的空中攻击以迫使英国求和呢？抑或是想赢得制空权，或至少为暂时性的优势，以此来作为入侵战的必要条件呢？不列颠之战的第一阶段可能仍然被当作登陆战的直接准备，因为毁灭英国的空中防御被当作入侵战的必要条件。同时，它也是以后的作战性空中战争的预备条件。不过，不列颠之战的第二阶段，却必须根据德国空军相信它能用毁灭军事和工业目标为手段，来击破英国抵抗意志的假定始能了解。在判断此种对英国战争潜力的攻击的效力时，我们又必须记着德国国防军最高统帅部曾一再声明，发动入侵战的唯一理由即为对于已被空中攻击所重创的敌人作最后的一击。

据我们所知，戈林对于入侵战的计划抱着怀疑的态度，因此我们也就可以假定他很想把不列颠之战当作一种作战性的空中战争来打。但对于这种作战的预备条件，也与登陆作战一样，即为英国战斗军队的毁灭。很可能是当他认清了制空权无法获得，或至少是达不到所希望的程度，所以一个成功的入侵战的必要条件不可能建立时，才转而趋向对敌方经济潜力的战斗，并至少希望这也有迫使英国求和的可能。

至于希特勒，他总是经常欢迎任何可以避免登陆冒险的观念，尤其当他认清了如果登陆企图失败，东面的威胁可能就会爆发以后。

在一切原有登陆成功机会的讨论中，一个最重要的因素就是海权的缺乏。那是准备尽可能用空权来补充。不过，虽然空间可以被暂时征服，但它却不能被永久占领。除非敌人的机场已经完全被攻占、毁灭或丧失作用，否则制空权之战必须不断地进行。换言之，制空权并非一次赢得即可了事，而是必须一再去赢得它。要想毁灭敌方空军的唯一迅速方法，就是趁它尚留在地面上时，对其发动一次歼灭性的奇袭打击。

对于英国的人民而言，在他们头顶上的空战是一次决定性会战，事实上，对于他们也是第二次世界大战中的唯一决定性会战，而且也决定其岛屿帝国的生死存亡。从德国的观点来看，不列颠之战是一种只使用空权以重创敌人的企图，只不过希望其所受创伤达到一种不再能作认真军事抵抗，于是必须求和的程度；假使还是不能使其求和，则这个作战也就可以视为一种对入侵战建立必要条件的企图。当希特勒认清了其所能使用的工具不足以使他在英国达到其政治或军事目标时，他就开始把他的注意力转向东面——结果，也就永久不再转回来了。在 1941 年 1 月，戈林曾力劝希特勒在对英国尚未获得决定性战果之前不要进攻苏联，但希特勒却早已下定决心。他深信自己可以在一次迅速的战役中击倒苏联，等到这个目的达到之后，如果仍有必要，他将再集中全力来对付英国。所以他在尚未首先击败英国之前即开始进攻苏联。因此，从德国的观点来看，不列颠之战也是一次决定性会战——英国的入侵和征服本是被认为应依赖在这个会战的胜利之上，所以这个会战的结果也就实质的影响到整个战争的进一步发展和命运。

大事记（四）1941年1—5月

战争部分（轴心方面）

1月10日至11日：德国空军对马耳他护航船队发动猛攻。

1月11日：希特勒命令在利比亚建立德国装甲及军队。

2月8日：德国护航船队离开那不勒斯。

2月12日：隆美尔将军达到的黎波里。

3月2日：德军进入保加利亚。

3月9日：意大利在希腊发动新攻势。

3月16日：意大利的攻势停顿不前。

3月19日至20日：伦敦大空袭。

3月27日：希特勒命令进攻南斯拉夫。

3月31日：德意联军在北非发动反攻。

4月至12月：大西洋之战第三阶段（186万吨位船只被击沉）。

4月6日：德军发动巴尔干战役。

4月16日至17日：空袭伦敦。

4月17日：南斯拉夫陆军投降。

4月19日：伦敦大空袭。

4月21日至23日：希腊投降。

4月28日：攻占塞卢姆湾。

5月10日至11日：伦敦大空袭。

5月16日：在阿比西尼亚的意军投降。

5月17日至18日：第一次在苏伊士运河中空投水雷。

5 月 20 日：德国伞兵在克里特岛着陆。

5 月 24 日：德国战舰“俾斯麦”号击沉英国战斗巡洋舰“胡德”号。

5 月 27 日：“俾斯麦”号被击沉。

5 月 28 日：英国撤出克里特岛。

政治部分（轴心方面）

1 月 14 日：希特勒与罗马尼亚安东内斯库元帅会晤。

1 月 19 日至 20 日：希墨会晤，德国决定进攻希腊。

1 月 30 日：芬兰参谋总长访问德国陆军总部。

3 月 27 日至 29 日：日本外相松冈访问柏林。

4 月 24 日：希特勒与匈牙利摄政会晤。

5 月 10 日：德国副元首赫斯飞往英国。

5 月 13 日：希特勒命令在东线战场实施军法。

5 月 18 日：意大利同克罗地亚签订条约，将南斯拉夫部分领土以及几乎所有岛屿割让给意大利。

政治部分（有关轴心方面的中立国）

1 月：日本海军大将山本主动命令研究进攻珍珠港的可能性。

3 月 1 日：保加利亚加入《三国公约》。

3 月 25 日：南斯拉夫加入《三国公约》。

3 月 27 日：贝尔格莱德发生军人政变。

4 月 3 日：伊拉克发生政变。

4 月 5 日：苏联与南斯拉夫签订互不侵犯条约。

4 月 13 日：苏联与日本签订友好互不侵犯条约。

5 月 15 日：贝当广播法德合作。

战争部分（同盟方面）

1 月 19 日：英军向厄立特里亚发动攻击。

1 月 22 日：英军攻占图卜鲁格。

1 月 24 日：英军进入阿比西尼亚。

2 月 6 日：英军攻占班加西。

2 月 9 日：英国 H 特遣舰队炮轰热那亚。

2 月 11 日：英国皇家空军（189 架飞机）空袭汉诺威。第一次使用四引擎重型轰炸机（攻击鹿特丹）。

2 月 25 日：英军攻占摩加迪沙。

3 月 4 日：英军袭击罗弗敦群岛。

3 月 5 日：第一批英军离开埃及前往希腊。

3 月 16 日：英军再攻占柏培拉。

3 月 28 日：马塔潘角附近发生海战（3 艘意大利巡洋舰被击沉）。

4 月 6 日：英军占领亚的斯亚贝巴。

4 月 8 日：英军占领马沙瓦。

4 月 24 日：英军撤出希腊。

5 月 2 日：英军与伊拉克军发生战斗。

5 月 8 日至 9 日：英国皇家空军（359 架飞机）攻击汉堡和不来梅。

5月30日：在伊拉克的战斗停止。

政治部分（同盟方面）

1月20日：英国国防会议决定占领班加西与多德卡尼斯群岛，并建立战略物资储备，以利于巴尔干半岛作战的进行。

2月10日：英国与罗马尼亚断绝邦交。

2月24日：英国战时内阁批准远征希腊的拟议。

政治部分（有关同盟方面的中立国）

1月6日：美国罗斯福总统高谈“四大自由”。

1月13日：希腊政府拒绝英国派兵援助的建议。

1月29日：英美双方在华盛顿举行秘密参谋会议。

3月11日：租借法案开始生效。

4月7日：美国拟订“彩虹五号”（Rainbow 5）作战计划，即确定“欧洲第一”的战略。

4月9日：丹麦驻美大使同意美国政府在格陵兰设立空军基地。

4月21日至27日：荷兰、澳洲、新西兰、美国在新加坡举行军事会谈。

5月27日：罗斯福总统宣布“无限国家紧急状况”。

克里特岛（1941）

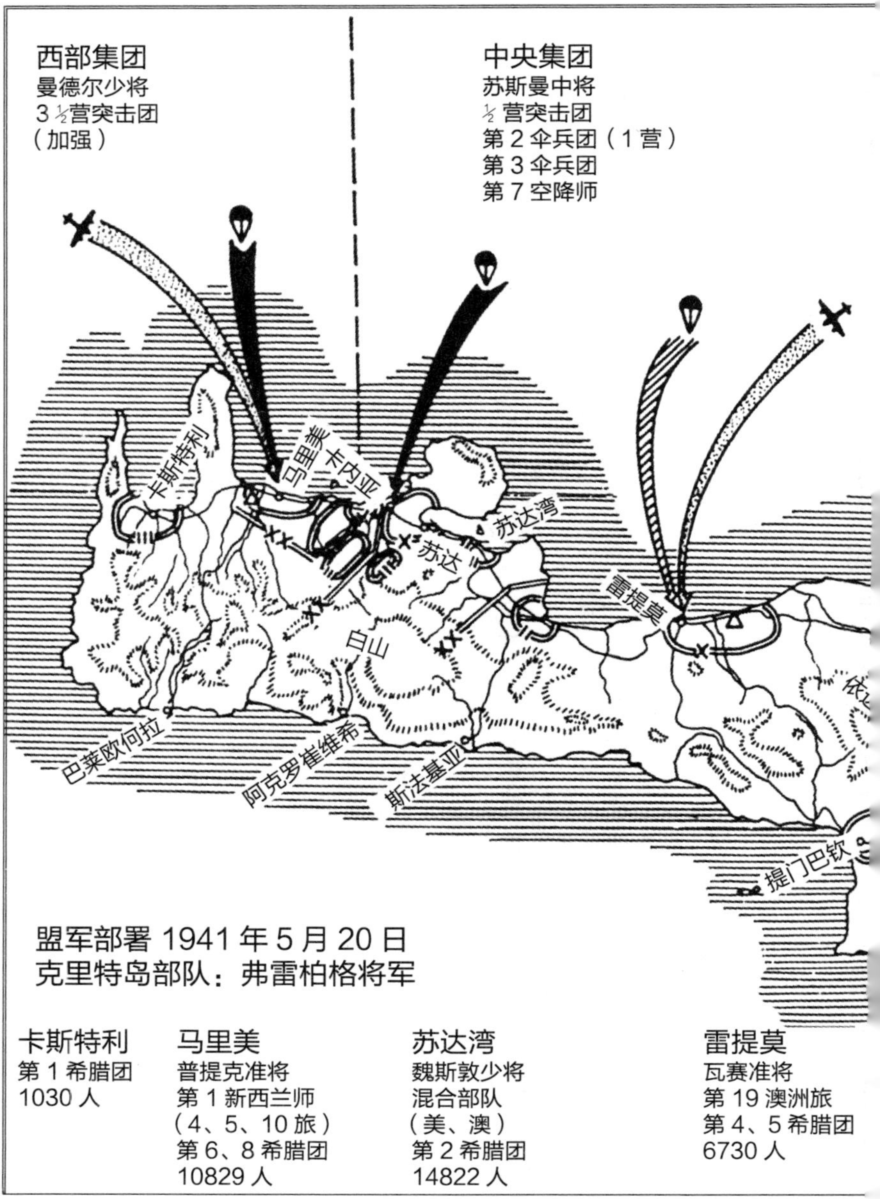

西部集团
曼德尔少将
3 ½营突击团
（加强）
中央集团
苏斯曼中将
½ 营突击团
第 2 伞兵团（1 营）
第 3 伞兵团
第 7 空降师
卡斯特利
马里美
卡内亚
苏达湾
苏达
雷提莫
白山
巴莱欧何拉
阿克罗崔维希
斯法基亚
提门巴钦
盟军部署 1941 年 5 月 20 日
克里特岛部队：弗雷柏格将军
卡斯特利
第 1 希腊团
1030 人
马里美
普提克准将
第 1 新西兰师
（4、5、10 旅）
第 6、8 希腊团
10829 人
苏达湾
魏斯敦少将
混合部队
（美、澳）
第 2 希腊团
14822 人
雷提莫
瓦赛准将
第 19 澳洲旅
第 4、5 希腊团
6730 人

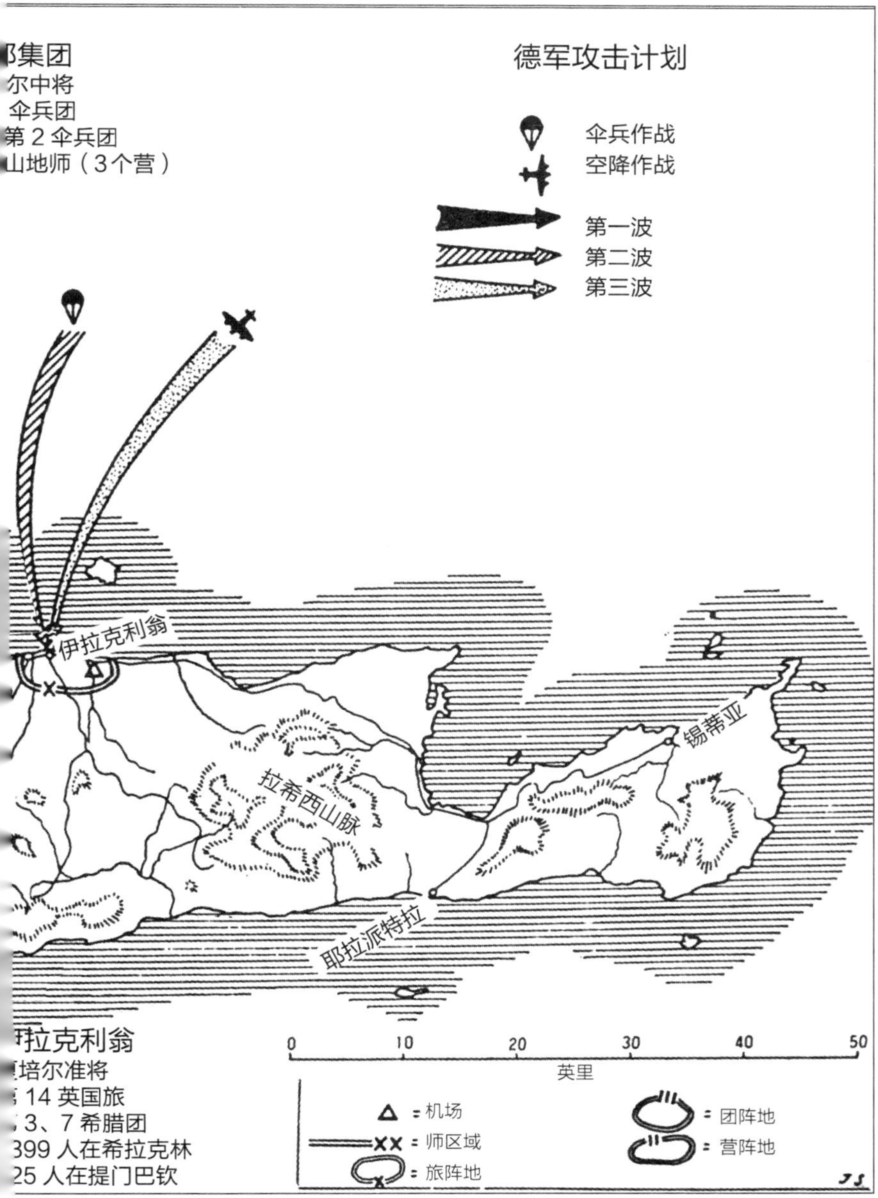

集团
尔中将
伞兵团
第 2 伞兵团
山地师（3个营）
德军攻击计划
伞兵作战
空降作战
第一波
第二波
第三波
伊拉克利翁
拉希西山脉
锡蒂亚
耶拉派特拉
拉克利翁
培尔准将
14 英国旅
3、7 希腊团
399 人在希拉克林
25 人在提门巴钦
0 10 20 30 40 50
英里
= 机场
= 师区域
= 旅阵地
= 团阵地
= 营阵地
J.S.

第三章　克里特岛之战（1941）

卡尔·巩德拉赫博士

欧洲情况的发展与攻击克里特岛的决定

德军在法国、比利时和荷兰的胜利已经把英国人逐出西欧，同时也使其在东南欧的势力受到相当大的打击，那些东南欧国家在近代军备方面都居于落后的情况，一心只想避免与欧陆上最强大的军事权力发生冲突。

德意两国在1940年8月30日所强制作成的维也纳裁决——没有苏联参加——已经在巴尔干解除了匈牙利、保加利亚、罗马尼亚三国之间的紧张关系。虽然罗马尼亚由于这项决定的结果而损失最大，但它却反而向德国寻求较密切的关系，因为它认清了英国在欧陆上已无能为力，所以能够保护其领土剩余部分的就只有德国了——甚至就对抗苏联的侵略而言也是如此。希特勒准备满足罗马尼亚在某种限度之内的愿望，因为他对普洛耶什蒂油田很感兴趣，那可使德国大幅提升持续作战的能力。10月间，在韩森将军（Gen. Hansen）领导之下的一个陆军代表团和一个在斯派达尔将军领导之下的空军代表团同时前往罗马尼亚。德国人同时也急于探知将罗马尼亚卷入对苏联战役的可能性，而那场战役是早已决定进行的。

当这个事件正在东欧进行时，不列颠之战也仍在西方进行，尽管令人失望的情况早已促使“海狮”作战延期。如我们所已知的，这项延期的决定不仅是因为德国空军在不列颠之战中未能获得制空权，而且也是因为德国海军首长们对于这整个作战都感到很怀疑；甚至到了最后，连希特勒自己对于成功也毫无信心。

德国对东南欧的和平很感兴趣，这是由于东南欧的经济重要性和其本身的军事计划之故。意大利应该已经认清此种想法之明智，尤其是自从它在 9 月 13 日开始进攻埃及以来，现在早已在西迪拜拉尼（Sidi Barrani）停滞不前了。但墨索里尼不集中其一切努力在地中海区域——在那里，由于英国力量的减弱，只要一次猛烈的攻击，就有可能成功——反而又转向希腊，并在 10 月 28 日入侵该国。墨索里尼作此决定，一方面是受到德国在罗马尼亚所采取措施的引诱；另一方面，是上了其外交部长齐亚诺（Ciano）的当，后者相信可以迅速成功。现在我们都知道意大利的行动完全出乎德国的意料之外，使得德国十分不悦。轴心国在战略上的杂乱无章已经受到过许多的批评，现在再去批评它实在是浪费笔墨而无此必要，不过有一点却似乎可以确定；除了这两个主角的个人性格，以及政治原因——例如，有关墨索里尼在意大利的情况之考虑——之外，由于军事上的顾虑，也不太可能在那时把作战的重点转移到地中海方面，因为一切成功的必要条件都不够。不过，也有人一再地劝说希特勒这样做，尤其是他的海陆军顾问，例如海军总司令赖德尔元帅——尽管德国海军在地中海内的实力比在任何的其他地方还要更弱。

希特勒于1940年11月12日签署第18号元首命令，那也正是莫洛托夫访问柏林之日。这件命令明白反映在1940年秋天，德国空军在不列颠之战中已经失败，“海狮”作战已经延搁和意外不受欢迎的巴尔干战争在爆发之后所弥漫着的不确定的气氛。希特勒在这份命令中，检讨对其主敌——英国——作战的各种可能性，然后再检讨他所看到的整个欧洲的情况：德国与法国的关系，以及法国被说服加入对英国作战的可能性；西班牙和葡萄牙对于“菲利克斯”作战（Operation Felix）的态度（即进攻直布罗陀和加那利及佛得角群岛的拟议）；德国对意大利进攻及埃及作战的贡献；等等。这个命令将德方的注意力转向了东南欧和东欧。

由于预测意大利在对希腊的冬季战役中必然会遭遇困难，并且认为这将使英国获得在欧陆上重占一个立足点的机会，希特勒命令其陆军总司令布劳希奇，准备“在必要时，从保加利亚进攻希腊，并占领该国到爱琴海的北面为止的领土，这样可使德国空军获得有效作战的基地，尤其是可以打击那些可能威胁罗马尼亚油田的英国皇家空军基地”。希特勒认清了土耳其所扮角色的重要性，“此种讨论和军事行动都是以大约使用10个师的军队为基础”。为了加速必要的部署，在罗马尼亚的军事代表团也应尽可能迅速地予以增强。戈林也奉命增强空军派驻罗马尼亚的代表团，并准备在东南巴尔干建立空军单位。他同时也应在保加利亚的南疆上建立一个空军情报站。在提到足以影响整个巴尔干战役，而尤其是克里特岛之战（Battle of Crete）的苏联重大问题时，这个命令说：“以澄清苏联人在近期内的态度为着眼的政治讨论已经开始。不管这些讨论的结果如何，一切有关东线准备的口头指示仍然有效，而那些准备也仍应继续进行。”

到 11 月中旬，意大利人在阿尔巴尼亚已经被迫采取守势，而且只能勉强守住他们的阵地。德国的第一项援助是提供一个德国空运联队，但很明显，他们还需要更多的援助。

1940 年 12 月 13 日，希特勒签署了第 20 号元首命令，在其中希特勒说明了有关对希腊作战——“马里塔”作战（Operation Marita）——的概要。在这里的讨论只是针对与对克里特岛作战的有关部分。

这个命令首先指出在阿尔巴尼亚的威险情况使阻止英国在巴尔干战线掩护之下建立空军基地的努力变得更加重要，因为从这些基地就可以威胁意大利和罗马尼亚油田。德国攻势的第一目标就是攻占爱琴海岸和萨洛尼卡（Salonika）盆地，不过可能必要时还要取道拉里沙（Ļarissa）和科林斯地峡而进占整个希腊。德国空军的特殊任务——并应尽可能执行——是“使用伞兵和空降着陆以求攻占在希腊岛屿上的英国基地”。

一旦这个攻势目标已经完全达到之后，有关军队就应撤回以便用于“其他方面”。这一句话显示这些作战都与计划中的对苏战役具有直接关联。事实上，5 天之后，在 12 月 18 日，希特勒就签署了第 21 号命令——“巴巴罗萨”（Barbarossa）——即对苏作战。

向希腊的进攻原定于 1941 年 3 月发动，因为那时的天气被认为是有利的，不过却延迟了。最初是由于对保加利亚的外交谈判，因为要进入希腊必须假道该国；接着南斯拉夫在 3 月 26 日到 27 日发生了政变，德军直到 4 月 6 日才能开始行动，而其一切部署都必须作紧急的加强。由于对苏战役即将发动，所以一切的行动都较平常时间更紧促。即使如此，这个攻势的原定日期——1941 年 5 月 15 日——还是必须放弃，新的日期则定在 4 个星期之后。

到3月底，包括在“马利塔”作战之内的拟用空降着陆方式攻占希腊岛屿的建议，被认为是攻占利姆诺斯岛（Lemnos）的唯一实际手段。至于基克拉泽斯群岛（Cyclades）的攻占则必须等到雅典附近地区已被占领之后，因为那里的地形对这样的攻击来说特别困难。

到1941年3月26日，作为其准备的一部分，德国空军已经命令苏斯曼支队（Sussmann Detachment，这个支队由第2加强伞兵团和炮兵、高射炮、工兵和通信单位组成，由苏斯曼中将指挥），连同空军第7师的师部，一同进驻保加利亚，作为其准备军队的一部分。在保加利亚，这些部队在空军第8军指挥之下，负责执行空降作战。

不过，在保加利亚的德国空军又必须支援越过边界攻击希腊陆军和英国远征军的作战，所以也就无余力支援空降作战，所以此种行动只好暂缓。

战役的进展使得伞兵攻占里门诺斯岛的计划变得无此必要，但在1941年4月26日，第2伞兵团，连同其重武器，却成功地在科林斯地峡之上降落。在运河上的桥梁虽被敌方炮弹碰巧击中而引发了爆破的炸药，但一座临时便桥又很快地架好了。伞兵的损失仅为死亡63人、负伤158人、失踪6人，但却能俘虏21名军官，900名英军和1450名希腊士兵。

除了打开了伯罗奔尼撒（Peloponnese）的门户，并使战争较快结束以外，还为轴心国拱卫了康斯坦萨（Constanza）—波斯佛罗斯（Bosphorous）—科林斯的重要海路。这一次使用伞兵的行动——加上过去在荷兰及比利时的经验——也显示出了德军如何运用他们的基本原则。

我们不打算讨论从空中攻占克里特岛的想法是否出自空军第4航空舰队司令部，虽然其司令罗尔将军（Gen. Löhr）曾在4月15日向戈林提出过这样的建议；又或者是由空军第11军军长斯图登特将军（Gen. Student）所提出。不过可以确定的事实为，当希腊作战正在进行时，斯图登特于4月20日面晤戈林并提出报告，次日又再向希特勒提出更进一步的报告，于是执行“水星”（Merkur）作战的决定才终于作成——即从空中攻占克里特岛。

国防军最高统帅部作战处所进行的一项研究曾认为，在战争的现阶段，由于马耳他（Malta）岛居于较中央的位置，所以在攻占的计划中应比克里特岛优先，但在那时希特勒的战略构想日益东移，专注在即将来临的对苏战役上，所以，他的注意力也逐渐集中在了巴尔干、东地中海、埃及、中东等方面。他的命令说得很明白，夺取克里特岛的目的就是要把这个岛当作在东地中海对付英国人的空军基地。

虽然第28号命令不曾明白指出攻占克里特岛的任何战略意图，但我们却可假定在4月21日的重要讨论中，斯图登特将军对希特勒所表示的意见，与他在攻占该岛成功后所提出的战斗报告中所强调者是相同的。他认为必须夺占克里特岛，是因为在将英军逐出欧陆后，那是保护康斯坦萨—科林斯—意大利的轴心国重要航线的唯一手段，同时也能保护希特勒的罗马尼亚石油补给——这对于他是“一个经常感到忧虑的来源”。在德国人手中，这个岛可以：（a）确保将英国舰队驱逐出爱琴海；（b）代表英国在东地中海情况的一种实质减弱；（c）对德国空军提供有利的基地使其可以便于攻击埃及的目标，尤其是对苏伊士运河（Suez Canal）方面的攻击。

希特勒的命令规定对克里特岛的攻击应在5月15日开始，而这个作战是交给戈林负责的。攻击是空降登陆军（Airborne Landing Corps）来担任，而早已驻在地中海地区中的空军单位负责支援。在西线战场早已有杰出表现的第22师现在也奉命支援。不过，当时该师尚留在布加勒斯特（Bucharest）地区中，由于当时所有运输工具都急需用于准备“巴巴罗萨”作战，该师无法前来。不久之后，就改用林格尔将军（Gen. Ringel）的加强第5山地师来代替。

在“水星”作战命令全文中，到处都可以感觉到对于计划中的征苏战役的忧虑。希特勒明显地催促加速对此战役的准备，所有牵涉到的单位都希望已有的军队能达到计划的要求：一切运输无论如何都不得延误“巴巴罗萨”的部署。在作战结束之后，空降军就要立即调回以供“其他方面的使用”。

所以，从一开始，就感到沉重的时间压力，在整个作战过程中也都持续如此，因此必须经常采取应急手段。很不幸的是，这造成了严重的后果，因为对于空降和伞兵的作战，时间的精确配合对于成功实为必要条件。不过，在巴尔干战役中对英军所获的卓越胜利使计划者感到异常兴奋，因此，他们对于这个新任务的完成也同样深具信心。

克里特岛的军事地理

克里特岛是地中海内的第5大岛，也是爱琴海内的第一大岛，处于中央的位置。在西面，马耳他和西西里是它的近邻，东面有塞浦路斯，越过塞浦路斯即为叙利亚。在西北面，伯罗奔尼撒的手指向下伸向这个岛，马里亚角（Cape Malea）与斯帕萨角（Cape Spatha）之间的距离仅为 60 英里。向北面，克里特岛本身封闭了岛屿罗列的爱琴海出口。向东北面，不到 100 英里，即为罗得（Rhodes）岛和佐泽卡尼索斯群岛（Dodecanese），接着的就是土耳其。南面大约 200 英里以外，即为在图卜鲁格与塞卢姆湾（Sollum）之间的昔兰尼加（Cyrenaica）海岸。所以这个岛到亚历山大港（Alexandria）和尼罗河三角洲的距离大约都为 350 英里——比西西里与的黎波里之间的距离还短。

岛上的地形决定了英军所采取的防御措施的性质和限度；同时，也直接或间接地影响了战斗进行的情况。所以，也可以说大体决定了战斗的过程和结果。

克里特岛从东到西约长 160 英里，平均宽约 20 英里。不过，其最狭窄的部分，在东部的耶拉派特拉（Ierapetra），大约宽 7 英里，而最宽的部分则约为 37 英里。这个岛的主要特征是 4 条山脉。在西部，白山（White Mountains）延展约 50 英里，最高约达 7000 英尺[①]。其次为依达（Ida）山地，也几乎一样高；再向东走就是拉西锡（Lasithi）山脉，高约 6000 英尺。最东端还有锡蒂亚（Sitia）山脉，高约 4500 英尺，几乎掩盖着整个东半岛。所有这些山地都极为险陡荒凉，它们决定河流的走向、海岸线的性质、森林和植物的类别，还有某种限度以内的气候条件。一般说来，分水岭都比较靠近南岸，那里只有少数港口，而且都很小。在南面的沿岸地带很狭窄，因为地面入海坡度险陡，所以也就缺乏良好的碇泊所。大多数河流都向北流，穿过深谷，对于任何横

① 1 英尺 =0.3048 米。——编者注

向的部队运动都是非常严重的障碍。北部的陆地向海坡度较为平缓，而沿岸——尤其是在其首府干尼亚（Canea）附近——也有狭长的平原。最好的港口都在北岸上：苏达湾（Suda Bay）、雷提莫（Retimo）和伊拉克利翁（Heraklion），即使如此，它们也都不大，而其设备也只够应付该岛的平时需要。苏达湾的北面有阿克罗蒂里（Akrotiri）半岛的屏障，要算是这个岛上最重要的碇泊所，可以容纳大型的军舰，对于飞艇（水上飞机）也是一个理想基地。这个有价值的海军据点可以由1500英尺高的阿克罗蒂里高地来防守。

除了这些港口以外，唯一值得一提的海岸部分即为南岸上的渔村：萨夫基亚（Sfakia）、提门巴金（Tymbakion）和耶拉派特拉——但它们是不适合当作港口使用的，这一点是相当重要的。南岸缺乏水运设施，也就意味着在克里特岛上的英军补给必须依赖北岸上的港口，但那极易被空中的攻击摧毁。同时，英国的海军和补给船只也必须经过较长的距离才能抵达。

1941年，希腊人和英国人在这些北岸港口附近建筑若干空军基地的工作将近完成，但它们实际上不过只是一种前进机场而已。

希拉克林机场是其中最好的一个，可供各种不同类型的飞机使用。在卡尼亚以西约10英里远的马莱迈（Maleme）机场则尚未完工，并且也只适合战斗机。雷提莫的情况则更差。但各机场在会战中还是成为一种难以赢得的奖品，因为它们是那样的少，又因为它们是那样不适当，所以防御者也就很难建立适当的空中掩护——即使英国人不是那样缺乏飞机，结果也仍将如此。另一个影响战斗的重要因素是守军在该岛北部所面临的不易防守情况。

运输和通信的情况也极为恶劣。正如飞机场决定所能提供的空中支援的限度，港口容量决定部队、装备和补给卸载的速度，运输和通信设施也足以决定已上岸的补给如何分配，这对于会战的过程是具有直接的影响。

岛上最重要的道路也像港口和机场一样，都位于北部，此一事实不仅决定德军的攻击目标，而且也决定英军所采取的防御措施——包括其军队沿着北岸集中在内。此外，岛上的道路网也很容易受到空中监视。

由于许多英国部队都缺乏有效的通信，所以在他们认清了德军攻击的重点之后，还是不能迅速集中军队来应付它。另一个不利点是他们的各个据点间的联系很容易被切断。在克里特岛上只有一条东西向的公路，而易毁的据点则沿着它分布，彼此间都隔着相当的距离：马莱迈、苏达湾、雷提莫和希拉克林，每一处的防御都是有赖于来自港口的补给。虽然这条路在岛上是最好的，但以欧洲的标准来看仍是极其恶劣的。路面如此狭窄，甚至连两辆重型卡车都不能同时通过。它有许多的急转弯，尤其是在山地中更多；没有一座桥梁能承受七吨以上的载重量。而最后，大部分路线都可以从海上望见。

除了这一条主要道路以外，没有任何与其平行的辅助道路网。那些在南面的道路非常恶劣，而且也非常的少，一共只有四条路横越该岛。其中，几条通到萨夫基亚的险恶小路，因为其位置之故，对于会战相当重要。三条现有的窄轨铁路只具有区域性的影响，对于防御几乎没有任何帮助。

电话通信并不太坏，几乎每个村落都可联络。这对于防御是一件大事，因为从希腊撤出的英军已经丧失了大部分装备。不过，主要的电话线都是沿着海岸公路设置的，所以也就极为易毁。

在克里特岛的初夏总是天朗气清，阳光普照，而在 1941 年的四五月间也不例外。这种天气对于享有制空权的空军作战是非常理想的，德国空军正是如此。不过沿着北面的山坡上种着许多葡萄、橄榄、杏树的果园，可以为防御者提供充分的掩蔽和伪装，也可以造成空中侦察的困难。最后，在马莱迈与卡尼亚之间的地区——就是主要的战场——大部分都是一连串的丘陵地，一直延伸到海边为止，其间所夹着的都是又深又窄的峡谷，只是偶然有一两处较宽的谷地。这种地形毫无疑问对撤退中的部队十分有利，不过它却迫使反攻的部队被限制在海岸公路上，且容易受到德国空降登陆的迂回包围。

综合以上各点，克里特岛的东、南、西三面都不适合海上和空中的登陆，但北面却是门户洞开。不过即使是在北面，由于受到海岸道路和苏达湾位置的影响，所以也就只有从马莱迈到卡尼亚之间以及苏达湾地区才真正适合大规模登陆作战之用。

到撤出希腊时为止的岛上英军

以上就是英军于 1940 年 10 月 29 日在克里特岛上登陆时，该岛的一般情况。这是自从 1913 年该岛成为希腊领土以来，外国部队第一次踏上该地。

为什么会如此呢？英国人一直想吞并克里特岛，所以在 1913 年时，土耳其宁愿把这个岛让与希腊，因为后者只是一个小型中立国。

因为其地理位置之故，这个岛一向是海军的战略性目标，自从第一次世界大战之后，由于飞机的重大进步，更增强了该岛的战略重要性。当战争在 1939 年爆发时，这个岛对于邻近地区显然构成一种潜在的威胁，尤其是对东西地中海之间的海上交通线——不过，条件是掌握着该岛的国家必须拥有足够强大的海、空军军队。1939 年 4 月，当意大利占领阿尔巴尼亚时，英法两国曾保证希腊的独立。起初，该国保持中立对英国有利，但当意大利参战之后，情况又发生了改变。因为英国的参谋本部注意意大利的罗得基地，而且也想利用苏达湾来做海军的加油站，所以早在 1940 年 4 月 25 日就决定，只要意大利投入战争，就立即占领该岛（也已获法国同意）。不久之后——5 月 21 日——英国即征得希腊政府同意，当意大利和希腊开战时，联军即可立即占领克里特岛。5 月 30 日，就完成了对该岛的占领计划，但是法国出乎意料之外的迅速崩溃使英国丧失了执行这个计划的资源。7 月 27 日，英国暂时放弃了这个计划，一方面是不想首先侵犯希腊的中立，但另一方面“海狮”作战的威胁也使它不敢轻举妄动。

1940 年 9 月 13 日，意大利的格拉齐亚尼元帅（Marshal Graziani）开始向与埃及接壤的北非地区发动进攻，但很快就在西迪拜拉尼受阻。同时，在阿尔巴尼亚也有明显的征兆表示意大利正在准备进攻希腊。结果，希腊与英国之间于 10 月 4 日举行进一步的讨论，尽管在事实上，英方表示愿意从中东抽调一营军队作为援助，以后又增为一旅，但英国人对于“未能作任何诺言”仍然颇表遗憾。早在 9 月底，英国中东总司令就认为，无论在何种环境之下，苏达湾、卡尼亚、希拉克林、马尔贝拉湾（Gulf of Marbella）和锡蒂亚半岛，都不能脱离英国的控制。至于他自己的贡献却只能限于空军的支援——也许后来还可以加上舰队航空军队的增强。

10 月间，格拉齐亚尼已不可能再向东进，又因为英国在地中海的实力已有所增加，所以到 10 月 21 日，英国就已经准备好当希腊受到攻击时就派遣一支小型军队前往援助。到 10 月 28 日，此种可能性即已变为事实，因为意军已经从阿尔巴尼亚开入希腊。以前只有据守克里特岛的问题，那也就是苏达湾和一处空军基地而已；现在却必须援助希腊。此种义务对于英国的资源来说是一种沉重的负担，因为那早已延伸到了极限。英国皇家海军部特别关心这个重要海军基地的安全，丘吉尔本人更在想把这个岛发展成为一个“斯卡帕湾第二”（A second Scapa Flow）。但陆军方面，尤其是参谋总长狄尔爵士（Sir John Dill），却反对把防御埃及可能需要的任何军队调往希腊，所以目前只能依靠海军本身了。后者把机动海军基地防御组织的一部分送往该岛，来增强已于 10 月 29 日在那里登陆的两营军队。不过，随后的政治情况迫使英国必须作较大的努力来帮助希腊，于是在 11 月底，已有 3 个中队的英国皇家空军，连同相当微弱的地面掩护军队进驻希腊。12 月初，第 4 个中队的装备必须移交希腊空军接管。丘吉尔非常赞成这些行动，他还记得在第一次世界大战时联军巴尔干战线的重要性，同时他也非常希望在东南欧保留一处军事立足点。所以军队从埃及送往希腊。

有关英国送往希腊大陆的军队，以及在此项行动之前与希腊政府的谈判，我们都不拟在此作任何详细的讨论，因为我们所感兴趣的只是这种决定对克里特岛防御的直接影响。不过，除非和整个中东情况的变化加以综合，否则还是无法了解。

依照把这个岛变成第二个斯卡帕湾的原始意图，当时可用的相当微弱军队集中在卡尼亚（及其附近）和苏达湾中，其他一切防务都是交给希腊人自行负责的。

不过，以后英国部队又接管了整个岛屿的防务，腾出希腊部队以用在阿尔巴尼亚前线上。最初是想从埃及抽调澳洲及新西兰部队，但又因为在那时正计划在埃及向意大利人发动反攻——在12月9日开始，并获得了卓越的成功——所以在中东也就无法抽出任何真正有实力的增援。从11月19日到12月中旬，送入的援兵仅有千余人，不过当地的英军指挥官却早已考虑到德军对苏达湾发动空中攻击的可能性，并认为马莱迈、雷提莫和希拉克林等地都是可能的着陆点！

2月8日，英军在西沙漠获得大捷，占领了边缘的阿盖拉（El Agheila）和大苏尔特湾（Great Sirte），完成了对昔兰尼加的征服，并俘获意军13万人。2月12日，加洛韦准将（Brigadier Galloway）来到克里特岛，出任自1940年11月以来的第4任克里特岛英军司令。他驻扎在苏达湾地区，接管岛上全部英军，并准备进攻多得喀尼群岛，安排希腊的情况转坏时，再加派另一师军队来增强该岛的防御工作。但3月7日，加洛韦准将又被调往希腊，在那里英军为阻止德军的攻击已经及早登陆，因为在里布元帅指挥之下的德军已于3月2日进入保加利亚。所以英国人对于希腊已经履行了诺言，并提供了所能提供的援助，甚至放弃了在北非对意军的乘胜追击。

3月下旬，意大利海军在德国的压力之下，对英国人从埃及驶往希腊的运输船队发动攻击。3月26日，意军在苏达湾击沉英国巡洋舰“约克”（York）号和2艘运输船。

次日，一支包括1艘战舰、6艘重巡洋舰、2艘轻巡洋舰和13艘驱逐舰的意大利战斗舰队，在亚基诺（Adm. Iachino）指挥之下出海，准备攻击（据闻）正在克里特岛以南的英国护航船队。德国第10航空军与意大利空军合作，对这支舰队提供空中掩护，并在东地中海执行侦察任务。不过由于作战的差误和技术的缺点；在军舰与飞机之间未能达成有效的合作。结果意大利海军军队的出现很快就被英国皇家海军侦察单位所发现，而前者完全在黑暗之中且无法摆脱英国人的监视。3月25日起，英方为了配合交战，一方面改变其运输船队的航向，一方面派出其地中海舰队（3艘战舰、1艘航空母舰、4艘轻巡洋舰和13艘驱逐舰），在坎宁安（Adm. Cunningham）指挥之下，去迎击意大利舰队。由于航空母舰“可怕”号（Formidable）的舰载机和克里特岛陆基飞机的巧妙运用，英军成功地以鱼雷先击中意大利战舰“维多里欧·文纳多”号，再击中巡洋舰“波拉”号；他们未被击沉，但损毁严重，降低了航速。意大利战舰加速前进，想摆脱追击者，但“波拉”号被英方舰队追及。3月28日，在伯罗奔尼撒东南的马塔班峡，波拉号、巡洋舰“萨拉”号和“阜姆”号以及两艘前来援助的驱逐机都起火燃烧。这是首次在夜战中采用雷达，它帮助英方发现了意方舰只的位置。最后，英国驱逐舰群用鱼雷在近距离中给了意方舰只致命一击。在1940年11月舰载机空袭塔兰托（Taranto）之后，这一连串的重击对未来意大利海军活动造成的严重打击是显而易见的。

在英国占领的第一阶段，克里特岛被当作了英国海空军的转运站，陆军只是一支守卫军队，并负责防空。4月2日，即希腊战役开始前4天，韦维尔将军（Gen. Wavell）认为为了支援希腊本土的作战，苏达湾的重要性日益增加，所以也就有必要将其发展成为适当的海军基地。他可能也知道，由于德国空军在保加利亚的出现，使得在更北的地区建立基地变成了不可能的事。

在克里特岛的英军指挥官也早已想象到了该岛可能遭受的攻击形式，从 3 月 27 日起，即经举行对抗伞兵攻击的演习，尤其以马莱迈为重心。

4 月 15 日，英国在克里特岛的第 6 任司令魏斯敦少将（MG. Weston）感到希腊本土的情况日益恶化，认为他们不久可能就要执行防御任务，所以他报告上级要求派给资源，包括步兵、飞机、有效的机场和补给。

4 月 21 日，德军与希腊部队签订了休战协定。同一天，英国的中东联合计划处认为，对克里特岛的空中入侵是仅在为海上攻击提供支援时才会发动，那可能将在英军撤出大陆（那已在 4 月 24 日开始）之后的 3~4 个星期。事实证明这个估计颇为正确。为了防御克里特岛，3 个新的旅（军队和装备都足额），连同相当的炮兵支援，都被认为是必要的。从希腊撤出的军队则应送回埃及整补。在撤退时估计需要 3 个中队的战斗机担负掩护工作，最低也不能少于两个中队，同时应再增加 3 个重高射炮连以来增强原有的防空火力。

韦维尔正面对着整个中东一连串的难题。自 3 月起，对阿比西尼亚境内的意大利部队就已经发动攻击。亚的斯亚贝巴已于 4 月 5 日被攻陷，而由欧斯塔（Aosta）伯爵指挥的意军主力也已在 5 月 16 日投降。但残余的意军尚约有 2.3 万人，直到 11 月 28 日始放弃抵抗。

4 月 3 日，一个亲轴心国的政府在伊拉克夺取了政权，于是英伊关系迅速恶化。4 月 30 日，伊拉克部队开始包围在哈巴尼亚（Habbaniya）的机场，那也是英国在该国的最重要基地。唯一援助被围困者的方法就是利用空军，所有补给或轰炸机和战斗机的补充都必须从埃及飞来。虽然德方只有第 4 轰炸联队第 4 中队的 9 架 He-111 和第 76 对地攻击联队的 3 架 Bf-110 这样不相称的军队，但德国空军在战斗方面仍有举足轻重的表现。所以在由 3 架 Bf-110 发动的一次攻击中，造成了比整个伊拉克空军所能造成的还要更大的损害，使得英国皇家空军必须由埃及飞来增援；在别处就不需要这种援助。

而埃及的情况则更为紧张。2 月中旬，德国非洲军（Afrika Korps）的先头部队已经到达的黎波里，到 3 月 31 日即开始进攻。在隆美尔的卓越领导之下，他们于 4 月 2 日攻占阿吉达比亚（Agedabia），4 月 4 日又进占班加西。4 月 7 日在梅基利（Mechili）附近包围并俘获了一支强大的英军，到 4 月 8 日就包围了图卜鲁格，从此之后，那个要塞就只能依赖海上的补给了。4 月 9 日，隆美尔攻下巴地亚（Bardia），13 日又攻下塞卢姆湾，到这里才算是停止了前进。英国所有能用的军队都已用尽，唯一的办法就只有派出地中海舰队去设法切断从意大利到北非的补给线。驻防在马耳他的飞机和潜艇并不足以完成任务，坎宁安海军上将在 4 月 11 日派出 4 艘驱逐舰，并在 4 月 16 日在克坎娜（Kerkenna）外海摧毁由 3 艘驱逐舰护卫 5 艘船只组成的意大利船队，获得了首次成功。在丘吉尔早先坚持要牺牲巴汉号当作阻塞船的情况下，坎宁安在 4 月 20 日派出他的战舰群炮轰的黎波里，使该港暂时无法使用。

由于所有各方面的情况都非常困难，韦维尔决定除了一个山炮连以外，暂时不增派任何部队前往克里特岛，同时也必须再考虑从希腊撤到该岛上的军队应否继续撤回埃及的问题。不过，他又命令把该岛上的防空军队增到 6 个重高射炮连和 3 个轻高射炮连，并应将两个月份的补给送往该岛。

韦维尔是由于无兵可调才作出这样的决定，换言之，在希腊被德军击败的残兵败将——包括澳新部队在内——都必须再度用于克里特岛保卫战中。当他们撤到克里特岛后，情况发展太快，使原有的计划根本无法执行。英国人在恶劣的情况中只有尽力而为。

此外，防卫的部署也进行得太慢。又因为亚历山大港和苏伊士运河都需要设防，所使情况更为困难。原先想在当地编组民兵的想法也已经证明为不可能，因为根本上没有武器用来配备和训练。

武器和装备的缺乏也使该岛的防空力量显得异常单薄。举例来说，原定应有 32 门重高射炮，但实际上仅有 16 门；原定应有探照灯 72 座，实际上只有 42 座，不过，原定的轻高射炮有 24 门，不仅已经足额，而且还增多了 12 门。在此情况下，即使我们考虑到当克里特岛之战开始时，重高射炮又增加了 16 门的事实，但该岛对空中攻击的防御仍然极不适当，尤其因为缺乏战斗机，使德国空军享有的空中优势更具威力。11 月 13 日，英方决定不管希腊大陆上的情况如何发展，都必须据守克里特岛。英国参谋本部已确定攻击极可能是来自空中，但却没有战斗机可供调度来应付此种攻击。

事实上，到 3 月底为止，岛上尚无一架英国皇家空军的飞机，同时也无任何与舰队航空军队合作的讨论——后者还有几个中队的旧式飞机勉强可用。此外，也无人考虑到机场的扩充问题，那对防御十分重要。

除了在苏达湾用来帮助撤运部队的少数水上飞机以外，真正有效的空军军队是在 4 月 18 日才第一次由希腊飞到克里特岛。稍后在 4 月 22 日到 4 月 24 日又有一部分军队陆续抵达，其中包括十几架飓风式战斗机，但所有的飞机都是用来保护运输船队的，丝毫没有对抗入侵战的准备。

基于这些残酷的事实，中东司令部计划人员在 4 月 21 日所要求的 3 个战斗机中队也就变成了纯粹的纸上谈兵。所以尽管克里特岛已为英军占领了 6 个月之久；但其守军 6100 人却完全不足以对抗期待中的攻击。没有经过有系统准备的防御计划，对空中和海岸防御都远比原先认为必要的军队标准低得太多，运输及通信都极为恶劣，补给也缺乏；部队也无适当的营舍，飞机场也缺乏装备和准备——最坏的是没有飞机。

撤出希腊之后的英军计划

除了由空中撤退的以外，英国皇家海军在 4 月底已从希腊本土撤出了 50732 人。依照指示，为了加速撤运起见，这些人员的大部分都是撤到克里特岛。由于英国当局以救人为第一优先，所以除了步枪和机枪以外，所有的重装备全部放弃。只有少数部队是直接撤往埃及，对于克里特岛的防御而言可以说是很不幸的，因为非常有价值的第 6 新西兰步兵旅也包括在内；而相当大量的没有装备的炮兵和其他特种部队却都运到了克里特岛，反而成为了防御的包袱。

这次撤运还算是成功，对于英国皇家海军的效率可以说是提供了进一步的证明。由于德军拥有数量的优势，又握有完全的制空权，所以这种任务是经常处于重大压迫之下，其完成也就更不容易。

虽然这些残兵败将原定是要转送埃及整补，但新任的克里特岛司令魏斯敦少将却必须利用立即可以动用的军队，来迅速填补防线上的最严重空隙。现在情况变得日益紧急，因为整个希腊均已落入德军的手中，克里特岛面对的入侵形势刻不容缓。

4 月 28 日，新西兰部队的指挥官弗赖贝格将军（Gen. Freyberg），带着一部分新西兰远征军到达了克里特岛。他以为这里不过是其撤往埃及的转运站而已，但两天之后，韦维尔将军来岛视察防务，指派他统一指挥在克里特岛上的全部英国及希腊军队。从去年 11 月算起，弗赖贝格将军已经是克里特岛上的第 7 位也是最后一位指挥官了，而他也能在极恶劣的环境中勉为其难完成任务。由于他的任命，以及新西兰部队被留在这个岛上而不再运往埃及的事实，曾经使新西兰政府深感不满。所以，新西兰政府要求为其部队提供一切必要的支援，否则就改变坚守该岛的决定。于是丘吉尔只好亲自来处理这个难题。

4 月 17 日，韦维尔将军已获得伦敦的允许，准备撤出希腊本土，并根据防卫克里特岛的考虑重组军队，同时应尽可能使用希腊部队来执行此项任务，并且考虑政治原因，把希腊国王和希腊政府都留驻在了该岛上。

早在 4 月 27 日，中东总司令就已经获得情报，得知德军在希腊本土上的准备，已经显示出对克里特岛的攻击将会从海上和空中同时并进。次日英国战时内阁开会时，丘吉尔说德国人试图将克里特岛和罗得岛作为空军基地，把英国人逐出东地中海，并攻击埃及沿岸的船只。他又说这不过是进攻埃及本土的准备阶段而已，同时，他对于英国有无能力抵抗对克里特岛的长期攻击表示怀疑。

这种忧虑不过是反映军事专家惯有的疑惑而已。据守克里特岛的得失利弊是经过慎重衡量的，问题是那些必须用来防守该岛的军队，如果用在北非以收复班加西，是否更为有利？

作为地中海总司令，坎宁安上将在5月1日所作的一般情况判断也许具有决定性作用。他认为应尽可能不让德国人占有克里特岛，因为其机场将使德国空军易于对马耳他岛施加压力，并使英国皇家海军更难于维持该岛的补给；德国空军可以用更多的军队在北非沿岸作战，也更容易使用轻型水面军舰来攻击塞浦路斯岛。英国皇家空军在克里特岛上出现，对于非洲沙漠战役固然不能产生作用，但如欲守住该岛，则又还是必要的。

自此以后，对于克里特岛应否据守的问题不再有进一步的讨论，这个决定已经作成。不过，也许应该说是为事实所迫——英国人的确很少有选择余地。占领希腊之后，德军在东南欧也就建立了德国的立足点，他们已经进入北非，也早已踏上埃及的领土，在伊拉克和叙利亚都已经有了亲轴心国的政权。最后，马耳他岛自从年初以来就已经常在德国第10航空军的攻击之下。德国空军早已享有空中优势，所以现在应倾尽全力阻止它获得更有利的基地，以免德军向中东的进攻作更有效的支援。

对于克里特岛的进一步讨论，即仅为如何提供必要的物资和装备，因为岛上的人力已经够用。5月5日，在一封送给丘吉尔的报告中，弗赖贝格将军宣称，只要给他适当的火炮、足够的补给和一定数量的飞机，他自信能够以他的部队守住该岛对抗空降攻击。但因为英国所生产的飞机不够用，克里特岛的机场也不适当，所以英国皇家空军参谋总长波特尔上将（Charles Portal）反对把飞机常驻该岛，只同意把那里当作战斗机的一个前进基地。毫无疑问，他是受到了英国皇家空军在希腊早已损失惨重的影响。5 月 9 日，英国皇家空军残部从希腊本土飞入克里特岛：马莱迈 24 架，希拉克林 12 架，其中大多数都急需修理，但在该岛上却并无适当的设施。到 5 月 13 日，弗赖贝格将军有 6 架飓风机可供调用，到 5 月 17 日，又接受了 10 架，但到此时德国空军对这个岛的压力已经变得强烈，所以他们必须飞回埃及，使其本身不至于被毁。5 月 19 日，即德国开始进攻克里特岛的前天，最后的 4 架飓风式飞机和 3 架斗士式飞机也都全部飞回了埃及。

由于希望那些跑道日后还可以有用，守军不曾将其全部破坏，而仅予以阻塞，这对于空降着陆的入侵军来说是一项巨大的利益。

同时，也很难获得坦克来增强岛上的防御。由于在希腊已经损失了很多坦克，同时又还需要大量的坦克来对抗隆美尔的非洲军，还要应付在伊拉克的不确定情况，所以韦维尔只能向该岛提供 16 辆轻坦克和 6 辆步兵支援坦克。

从希腊的撤退刚刚完毕，英国皇家海军又必须集中全力来协助防卫克里特岛，不仅运送补给，还要运送部队。在 4 月 29 日到 5 月 15 日，它成功运送了 1.5 万吨补给；在 5 月 15 日和 18 日的夜间，又分别运送了两支军队。这些行动都必须在黑暗掩蔽之下进行，因为德国空军在白天的压力正在迅速增加。由于苏达湾太狭窄，所以一切海军的行动又都必须以 400 余里以外的亚历山大港为基地。

为了准备应付各种情况变化，英国地中海舰队有一部分经常在海上活动，另一支预备军队也经常保持战备，一旦在海上的军队由于缺乏燃料而行动受阻时，就可以立即出海支援。在 5 月 15

日到20日，坎宁安把其能用的军队分为4个部队：A部队，包括2艘战舰和5艘驱逐舰，在克里特岛以西活动；B部队，包括2艘巡洋舰和2艘驱逐舰，在该岛西北活动；C部队，包括2艘巡洋舰和4艘驱逐舰，在该岛以东活动；D部队，包括2艘巡洋舰和4艘驱逐舰，在雷提莫附近活动，以阻止任何在那里登陆的企图。

除了这些军队以外，在亚历山大港充任预备队的还有2艘战舰、1艘航空母舰“可怕”号，但只有4架可用的飞机、2艘巡洋舰和一些驱逐舰。在此时，只有7艘鱼雷快艇是实际以苏达湾为基地的。

5月17日被认为是德军发动登陆战的最可能日期。经过对敌我情况的审慎判断之后，弗赖贝格将军认为有4个要点对防御最为重要：3个机场和苏达尔附近地区。他的判断并不是猜想，而是以正确的情报为根据的。在第二次世界大战中，这是英国人第一次对于敌人的意图事先获有相当的了解。

弗赖贝格将军知道这4个要点之间的距离颇大，而且又缺乏运输和通信工具，所以这4个地区也就有必要各成独立单位。因此，从5月3日起，他就把军队作了如下的分配：8024人在希拉克林，由查佩尔将（Brigadier Chappel）指挥；6730人在雷提莫，由瓦赛准将（Brigadier Vasey）指挥；14822人在苏达湾，由魏斯敦少将指挥；11859人在马莱迈，由普提克准将（Brigadier Puttick）指挥。

此外，他的司令部中还有405人，而另外还有800人是5月24日和5月27日送来的，所以他一共指挥42640人，包括10258名希腊人在内。不过，希腊部队的战斗价值颇低，因为他们士气低落、组织涣散、装备恶劣。

装备与补给是最让弗赖贝格将军头痛的问题。因为所有的补给都必须来自海上，而所有的港口又经常都在德国空军攻击之下。最初在苏达湾，每天可以运入和卸下700吨物资，但以后就只可使用时速在30里以上的军舰（即巡洋舰和驱逐舰）运送，而且进出都必须要有黑暗的掩蔽。结果从苏达湾所运入的补给降到每天100吨（估计克里特岛守军一个月需要补给2万吨到3万吨）。到5月19日，在苏达湾港内已经陈列着19艘被击毁的船只，高射炮根本上无法赶走德国空军的飞机。

不过，尽管有这些困难，防御的准备仍在积极进行：构筑防御工事、伪装据点、布置假阵地以欺骗敌人，并对困难地形作最好的利用，所以德军以后在进攻时的确受到很重的损失。此外，守军对德军空降部队的战术也事先作了相当多的研究。所以从5月17日起，守军即已在积极备战之中。敌军的意图完全在守军意料之中，所以任何战略甚至战术奇袭都无法成功。

德军的攻击计划

“水星”作战是德国空军三军合作的第一次独立作战，由罗尔将军（Gen. Lohr）的空军第4航空舰队负责执行，也包括着里希特霍芬将军（Gen. von Richthofen）的第8航空军和斯图登特将军的第11航空军。支援的海军则由东南舰队司令舒斯特尔上将（Adm. Schuster）指挥。

空军第8航空军早已参加希腊本土的作战，所以对于当地的情况相当熟悉。至于编成空军第11航空军的单位，大多数都是从德国调来的。尽管有许多困难，例如巴尔干交通线的缺乏和对苏作战的要求，但到 5 月 14 日，第 11 航空军还是已经成功集中在了雅典附近，并且完成了作战的准备。10 个大队的 Ju–52 型运输机，共为 502 架，也已经集中准备用来载运伞兵和空降部队。

但地面组织对于其任务的执行却尚未完成准备，而且也不适当，因为只有少数可用的机场，而第 11 航空军还要和第 8 航空军共享，结果是许多飞机挤在设备很差的机场上，使得对克里特岛的攻击受到很多的妨碍。由于飞机起飞扬起的飞沙太大，即使隔了很久的时间，第 2 批飞机也还是不能起飞。第 10 航空军用消防设备去扑灭飞沙，也还是没有太大的功效。

从海上运送补给也有很多的困难。而对于作战的真正瓶颈却是对空军的燃料补充。从 5 月 17 日到 5 月 20 日，一共运到了 79.2 万加仑燃料以供第 11 航空军使用，足够 10 个大队的 Ju–52 的 3 次作战之用。第 8 航空军的各单位也同样需要补给。

由于这些补给上的困难使作战的发动一再延期，首先延到 5 月 18 日，然后又延到 5 月 20 日。此外，通信网也不能令人感到满意。

不过，所有作战指挥人员都集中在雅典的附近也是一种好处，因为许多必然发生的摩擦都可以很快解决。同时，空军参谋总长耶顺内克将军也在那里，能够帮助空军总司令迅速决定。

当军队完成编组和作战准备之后，第 8 航空军即开始执行某些必要的预备任务。它攻击敌方潜艇和水面军舰，对补给船只提供空中掩护，对周围有关的全部水域实施侦察；攻击在克里特岛周围的敌方运输船只和军舰，攻击克里特岛本身——例如在苏达湾中的船只，并攻击英国皇家空军地面组织及其高射炮阵地。这些行动不仅使敌方受到损失，而且也足以赢得该岛上空的制空权，对于以后空降登陆的成功实为一种必要条件。

德国空军同时也利用若干小岛来作为对克里特岛的一般作战基地，有些用作高射炮阵地，有些用作战斗机和俯冲轰炸机的基地。

作战指挥部所依赖的情报资料主要由德国情报机关所提供，而对于有关敌方部署的咨询则依赖空中侦察。事实上，从这些来源所拼凑出来的敌情并不确实，其中有几项重要失误：第一，英国守军的军队要比所假想的差不多强了 3 倍。那些在大陆上曾经参加战斗的单位固然不足额，且丧失了所有的重装备（不过以后还是有少许坦克补充），但它已经完成战备，并且也能作英勇和耐久的战斗。第二，德国人对于克里特岛人民的态度也作了错误的估计，他们以为居民可能会为了避免战争而去说服英军自动撤出该岛，事实上，该岛居民——尤其是西部的——曾经积极支援英军抵抗德国入侵者。

凡是地形容许德军从空中或海上登陆之处，联军都已做有系统的设防，那不但具有高度的技巧，而且也耗费了相当大量的材料和装备。环绕着重要的机场和沿着北部的海岸都有许多坚强防御的据点，而且对于德国伞兵所惯用的战术也都已有充分的认识。某些可能会为入侵军队所利用的内陆地区也都已有慎重的设防。由于大部分地区都平坦低下，所以其周围的高地都有坚强的防御。被认为适合空降或跳伞着陆的橄榄园都已部署狙击军队，以便整个地区都笼罩在火网之下，足以对攻击者施以重创。所有据点都有很好的伪装，即使有详细的空中摄影和勇敢的低飞侦察也很难发现他们。这种低飞侦察曾使第 11 航空军的侦察中队损失了三名分队长。尽管花了很大的努力，被确认为高射炮阵地的某些点，后来却被发现是装着“木炮”的假阵地，真的阵地却在其他的地方，而且有非常成功的伪装。

对敌方实力估计错误的另一主要原因是，德国部队一般都有轻敌的趋势，他们以为希腊人不会再打了，英国人也已经士气消沉，当德军进攻时不会作太认真的抵抗。这些错误的判断使整个作战的成功都受到很大的威胁，并使第 11 航空军受到了很大的损失。

由于英国情报工作的效率颇高，而德国伞兵曾在科林斯附近空降，所以绝无战略奇袭的可能。况且，即使是战略奇袭，则攻击的性质，军队、时机等方面也都一无所知。因为英国人在希腊有积极有效的间谍活动，所以德军一切活动详情，他们都能了如指掌。结果，从 5 月 15 日起，以亚历山大港为基地的英国皇家海军军队已经在克里特岛附近海面上巡弋。而到了 5 月 17 日，在岛上的守军也都已全面警戒，等待预料将在清晨来临的攻击。

对于克里特岛也有各种不同的攻击方法：

（a）德国空军第 4 航空舰队可以集中其一切力量攻占该岛的西部——从马莱迈到卡尼亚——然后再以此为基地来征服其余的地区。这个计划可使最强大的军队集中，在决定速度上也有绝对优势，即使敌方军队要比原先所假定者强大也没关系；而第 8 航空军的充分且不分割的支援也可以确定。但在山地中的激烈和甚至长久的战斗时间内，由于敌人还据有东部的机场，也许同时还有苏达湾，所以也就有增援的可能。不过，由于德军享有压倒性的空中优势，所以，即使能在白天里增援，其程度还是极为有限，在夜间就更难阻止其登陆了。

（b）第 11 航空军也可以同时攻击岛上 7 个点，其中最重要的包括马莱迈、卡尼亚、雷提莫、希拉克林都在内。这种计划的优点是能够迅速而突然地占领岛上所有的要点。假使能成功，则其余部分的征服将极易完成。不过，德军军队似乎还不够同时攻击这么多点，运输机的容量也不够（一次只能载运 12 个人）。即使是第 8 航空军也不能同时对所有的登陆地区提供有效的支援。假使遇到敌军的强烈抵抗，成功与否就值得怀疑了。

（c）戈林的最后攻击命令是上述两种方式的结合。入侵军首先迅速攻占 4 个重要点，然后再分途进攻其余地区。第 11 航空军使用强大的先头部队（伞兵和空降部队）迅速从空中攻占机场和岛上最重要的城镇。为了获得第 8 航空军的充分支援（尤其是战斗的支援），攻击准备分为几个阶段：第一波军队将于 7 时 15 分进入西部，其主要目标是马莱迈的机场和亚卡尼的市镇。第二波定于 15 时 15 分进入东部，以雷提莫和希拉克林为主要目标。在这两波之后，还继续有自空中及海上运来的增援军队，直到全军军队都已登上该岛为止。

此一计划若能成功，则在作战的第一天，由于 3 个机场和卡尼亚（包括苏达湾）就会被占领，可使敌军无法使用空军来对抗德军的着陆，也无法在各要点之间作任何相当规模的军队调动。第 11 航空军所用来作战的军队分为 3 个集团：

（a）西部集团，由麦德尔少将（MG. Meindl）指挥，应在第一波攻击中迅速占领马莱迈，然后据守机场以便后续部队可以继续空降着陆。

（b）中部集团，由苏斯曼中将（LG. Sussmann）指挥，也属于第一波，其任务为攻占卡尼亚及苏达村，使岛上的主要港口丧失作用。到 15 时 15 分，第二波军队就应占领雷提莫的市镇和机场。

（c）东部集团，由林格尔中将（LG. Ringel）指挥，属于第二波，应以跳伞方式攻占希拉克林市镇和机场，然后保持机场的开放，以便后续山地部队可以空运着陆。

在第一天的清晨，第 8 航空军将执行击毁岛上英国皇家空军残余军队和消灭地面防御的预备任务，同时也负责掩护和支援空军部队的作战。此外，它还要保护参加作战的船只，并击败在克里特岛附近的敌方海军军队。

在第一天夜间，等到水雷扫清之后，第一批水运的部队就应在马莱迈以西上岸，而第二批则应于次日夜间在希拉克林以东上岸。等到苏达湾的敌军和水雷肃清后，也应立即加以利用。

攻击计划拟订得非常周详，足以保证迅速攻占克里特岛。成功的关键在于 3 个机场的占领。假使有某一机场的攻占发生了意想不到的困难，总有转而增援其他已在德军手中的某个机场之可能。因此，成功似乎颇有把握。

克里特岛之战的紧急时刻

在 5 时 30 分到 6 时，德国空军第 8 航空军对马莱迈、希拉克林的机场及机场周围和卡尼亚的高射炮阵地发动预备攻击。接着，在空降着陆前，第 8 航空军又在 7 时 15 分再发动了一次新的攻击，以盯住在着陆地区中的敌军为目的。虽然英军的防御准备也非常周详，但全部参加作战的 493 架 Ju–52 机中一共只损失了 7 架。

专以着陆时间而论，第 11 航空军的第一波攻击完全能够依照预定计划进行，但因为某些原因（猛烈高炮火力、驾驶员迷失方向等等），未能完全到达选定的着陆地点。西部集团（马莱迈）和中部集团（苏达村和卡尼亚）是各把突击团第一营的一半装在滑翔机中使其降落。3 个连应在敌方高射炮阵地附近着陆并使其丧失作用。计划在这两个地区获得了成功，这一波其余军队则紧跟在后面跳伞而下。

这些伞兵遭遇到了敌方步兵的猛烈抵抗，其实力是在空中所无从认清的。在马莱迈机场南面山坡上的抵抗尤为激烈，英军在那里建立了台阶式的阵地。敌火是如此强烈，有许多伞兵在半空中送命，又有许多在着陆时即被击毙，而那些侥幸不死的人又无法靠近他们的武器包。突击团的一个营在偏东的地方着陆。中部集团对支配着卡尼亚和苏达湾的阿克罗蒂里高地及加拉塔斯（Galatas）村的攻击完全失败。

西部和中部两个集团都在一开始就丧失了指挥官，这个事实使情况变得更复杂了。指挥中部集团的苏斯曼中将所乘坐的滑翔机，在一开始作战时即坠毁在埃伊纳（Aegina）岛上；而指挥西部集团的麦德尔少将则在落地之前受了重伤。

直到下午，作战指挥室才知道这些情况，因为安全返回的运输机群（只有 1.4% 的损失）以及第 8 航空军所作的报告都令人感觉“第一波已经照计划顺利进行”。在雅典的空降军司令部此时对于已降落的伞兵单位一点消息都没有。快到中午时，中部集团才回报说，由于损失惨重，对卡尼亚的攻击已暂停。西部集团也报告说激战仍在进行，其指挥官已负重伤。但由于最先的乐观印象，第二波军队仍照计划出发，结果造成了更进一步的失误和挫败。

运输机在 9 时与 10 时返回希腊基地，但事实却证明出来不可能使 Ju–52 在 13 时以前完成第二次出击的准备，因为加油和清理机场都需要时间。各中队以错误的战术编队出发，于是无法同时到达指定目标，到15时到18时才零星到达。各机场之间的电话通信也时常中断，所以指挥官们也无法商量延迟时间或作新的会合安排。此外与第8航空军也不能作更进一步的安排。

后者的轰炸机单位照原定计划，在15时到达雷提莫和希拉克林上空，企图毁灭高射炮阵地，或至少压制其火力。紧接着，战斗机就飞来保护伞兵的降落。但由于这些战斗机航程颇短，在16时15分之后即不再能停留，所以大部分军队在降落时都未能获得战斗机的保护。

现在中部集团改由斯图姆上校（Col. Sturm）指挥，任务为攻占雷提莫机场后向苏达湾进攻。东部集团在布劳尔上校（Col. Brauer）指挥之下，应攻占希拉克林机场和市镇，并据守机场以便后续部队的使用。

这两个集团都受到严重损失，因为像第一波一样，他们降落在敌方有坚强防御和良好伪装的阵地中央。又因为运输机的零星到达，使敌军的狙击变得更容易。某些无经验的运输机驾驶员也张皇失措，把伞兵投在了错误的地方，造成了更大的混乱。由于许多伞兵都不能靠近补给包，所以物资的损失也极为重大。

所有情况加在一起，使中部集团未能攻占雷提莫机场，向苏达湾的前进也为强烈敌火所阻。由于飞机失误，当东部集团与敌军接触时，其军队要比原先预定者少了600人。时间的延迟在这方面的影响特别大，难怪这个军团不能达到其目标。布劳尔上校所能做到的事就只是利用黑暗的掩护收集分散的人员，次日上午再向机场发动攻击。

5月20日夜间对于战斗情况的检讨指出，在所有伞兵已经降落的4个点上，敌军的实力都比预料中要强。3个机场没有一个已被攻占，而岛上的情况都很紧急。只有马莱迈的情况似乎较为有利，后续报告也说该机场已被攻占，尽管仍在敌方炮火之下——但可惜是误报。现在为了使第 5 山地师得以照原定计划着陆，所以必须占领这 3 个机场中的至少 1 个。在目前的情况下，也就只有马莱迈了。它距离德国空军在希腊的基地比较近，尽管它比希拉克林机场小了很多，但对攻击军队似乎能提供最佳的成功机会。所以英国皇家空军的战史上说："简而言之，克里特岛会战的胜负决定于马莱迈。"

机场南面的 107 高地被证明为局部防御的要点，但最初在空中摄影下未能认清其重要性。所以对它只用了一个加强连的攻击军队。这支部队在柯赫少校（Maj. Koch）指挥之下，乘滑翔机降落，结果遭到抵抗，损失颇重。着陆之后，西部集团指挥官麦德尔少将立即认清了敌方阵地的实力，那是沿着塔弗罗尼提斯（Tavronitis）河的河床，从机场的西侧到南面 107 高地的西面斜坡。他立即增派 4 个连的军队去增援对机场的进攻，又派遣两个连的军队从南面去包围高地上的阵地。马莱迈附近地区由第 22 新西兰营负责防守，其指挥官为安德鲁中校（Lt. Col. Andrew）。当地的通信系统被破坏之后，他就感觉到不再能对人员作有效的指挥，所以在德军强大压力之下，趁着黑夜撤走了他的军队。这个"马莱迈撤退"造成了克里特岛失守的后果。

在这一天，英军司令弗赖贝格将军曾经截获了德方派遣第 3 伞兵团加入战斗的作战命令。此项命令，加上其个人对于一般情况的判断，使他对于未来的发展有了很好的想象。他在夜间报告韦维尔将军说，只要海军能阻止预料中的海上入侵（那被假定为德军的主力），他的军队就足够应付一切可能来自空中的攻击。不过他并未指出的是，由于敌方强大的空中攻击，其通信系统已经很难产生作用，而且当他发出报告时，他也不知道情况已经坏到何种程度。譬如说，他并不知道第22新西兰营已从马莱迈撤退，而且由于此一行动的结果，其防御中最脆弱的部分已经打开了一个缺口。假使他已经知道，他一定会趁着黑夜的掩护，尽可能调集援兵去挽救马莱迈的沦陷。

在5月20日到21日具有决定性的那一夜，在斯图登特将军预料之中的英军大举反攻却并未发生，因此，那些苦战之后的德军也就获得了一点喘息的机会。他在21日清晨决定在马莱迈一点上集中一切的努力，于是也就确定了胜负。导致这种决定因素之一，即为德军虽然损失惨重，但仍有优良的无线电通信联络，使雅典的空降军司令部能够对情况获得明确的认识。

5月21日的上午，有几架运输机勉强在马莱迈的海滩上着陆，虽然飞机遭受到破坏，却运来了武器和弹药，还有1架运输机更勉强降落在了机场上。不过，跑道仍在敌方步和炮兵的强大火力威胁之下，尽管山地营已经完全准备就绪，着陆行动还是再度延期。唯一增援西部集团并迅速控制机场的办法就只有再空降伞兵，于是立即采取了行动。大约到17时，马莱迈已被攻占，德军也已巩固了对机场的控制。这得益于第8航空军非常有效的支援。由于享有绝对的制空权，所以也就可以对敌方高射炮阵地以及其他的防御工事作不断地攻击，从16时起，一个加强山地营的第一批军队即不顾敌方火力的继续威胁而在机场着陆。有许多运输机被击毁，但援兵却仍能不断地运入，所以也就可以进一步扩张战果，并企图在5月22日与在卡尼亚和苏达湾附近的中部集团会合。下一个目标就是扩大在马莱迈的桥头阵地，并肃清在苏达湾的英国皇家海军基地。在黑夜掩护之下，敌方快速船只仍在继续运入补给。5月21日，运输机成功地把弹药送往中部集团，但其夺取贾拉塔斯附近高地的攻击却被击败。由于损失重，攻势已经减弱许多，只能据守已经赢得的位置，并盯住敌方的军队。

在雷提莫附近所余留的德军曾击败敌人的屡次攻击，在获得弹药和其他补给之后，虽然历尽艰辛，却成功地守住了他们的阵地。

在希拉克林附近，东部集团已分为两部分。在第8航空军的密切支援之下，西面的部队尝试渗透进希拉克林镇，最初颇有进展，但在敌方强烈抵抗之下，不仅不能继续前进，并且被迫撤出已经进入的军队。东面的那支军队，在布劳尔上校指挥之下，企图攻占机场，但也未获成功。由于缺乏重武器，也就没有了成功的希望。因此，原先预定把第5山地师的一部分送往希拉克林着陆的计划也就无法执行。

不过，由于马莱迈已经被攻占，第11航空军在5月21日黄昏时即报告说危机已成过去，并受令巩固在马莱迈的阵地，并准备向卡尼亚发动攻击。现在西部集团已改由第5山地师的师长林格尔将军（Gen. Ringol）指挥。次日，他的3个营也都在马莱迈机场着陆。

对英国舰队的战斗

攻击克里特岛的主要问题之一即为重武器的迅速运补，唯一满意的方法就是利用海运，所以德军也就准备了机帆船和商船来执行这项任务。执行运送任务并阻止英国皇家海军增援克里特岛的双重企图，导致了第二次世界大战中的第一次“空海会战”。由于英国在空军方面是居于明显的劣势，便意图利用其强大海军来作为抵补。他们认为，仅凭空运的军队，德国人还是不可能攻占克里特岛，所以他们也就预料德国一定会从海上运送较强大的军队。

上文中已经说过，第8航空军早已获得指令，在会战预备阶段应在克里特岛周围海面作经常的监视，并攻击在此地区中所遭遇的一切敌方船只。据其报告，在执行此项命令时，到5月20日为止，该军已经击沉或击伤27艘船只。

两支机帆船队依照计划分别从比雷埃夫斯（Piraeus）和哈尔基斯（Chalcis）出海，由两艘意大利鱼雷艇护航，装载着大约2300名山地部队士兵和他们所用的重装备。在第一天进攻克里特岛的黄昏，他们到达了行动起点米罗斯（Melos）。东南欧海军指挥官受到空军第4航空舰队的要求，请他倾全力使第一支机帆船队于5月21日天黑之前在马莱迈附近登陆。德国当局又作另一次企图劝诱意大利舰队出海并吸引英国皇家海军军队离开克里特岛，但罗马方面却拒绝了此项要求。

在5月20日到21日的夜里，英国海军舰队从东面绕过克里特岛，再从塞提拉（Cythera）海峡转向西面，然后搜索克里特岛以北的海面，并沿着该岛北面巡逻。他们曾从海上轰击在斯卡班多（Scarpanto）的机场，但未造成重大损失。第8航空军曾保留强大军队以便应付此种情况，于是在5月21日上午攻击分散的英国军舰，击沉驱逐舰“朱诺”号，击伤巡洋舰“阿杰克斯”号。当作战继续在克里特岛以南进行时，第8航空军上午9时就报告克里特岛以北海面已无敌方海军军队之存在，于是大约在正午时，第一支机帆船队继续其从米罗斯向马莱迈的航程。不过到了下午，又被英国皇家空军侦察机发现，当夜就遭到新来的一支英国皇家海军军队的攻击，包括 3 艘巡洋舰和 4 艘驱逐舰在内。幸亏意大利的鱼雷艇“卢波”号（Lupo）在海军中校闵贝里（Cdr. Mimbelli）指挥之下英勇应战，本身被直接命中达 18 次之多，而机帆船立即向四方疏散，因此只有 10 艘被击沉，其余的则逃到伯罗奔尼撒的南岸上避难。

把援兵和重武器送往克里特岛的问题还是没有解决。第二支船队虽被立即召回，但已经来不及了，在 5 月 22 日上午遭到了另一支由 4 艘巡洋舰和 2 艘驱逐舰组成的英国海军军队的攻击。只有 2 艘机帆船被击沉，应归功于意大利希加拉上校（Capt. Cigala）所指挥的“萨季塔里奥”号（Sagittario）鱼雷艇的英勇抵抗，以及德国空军迅速援救，所以才能使损失降到如此之低。为了支援上述的军队，坎宁安现在已送来了第 3 支较强大的军队，包括 2 艘战舰、2 艘巡洋舰和 7 艘驱逐舰。

在 5 月 22 日的一整天内，英国皇家海军与德国空军不断苦战，德国空军除了第 8 航空军以外，还得到了第 10 航空军的轰炸机和俯冲轰炸机的支援。结果英军方面有 2 艘巡洋舰和 1 艘驱逐舰被击沉，1 艘战舰和 1 艘巡洋舰受到重创，另有 1 艘防空巡洋舰和战舰受轻伤。英国皇家海军虽然能阻止德国船队的前进，却也付出了极高的代价。次日（5 月 23 日），第 8 航空军继续攻击，又在克里特岛以南击沉驱逐舰 2 艘。在这次“海峡中飞机对军舰之战”，显然是空军占了优势。到 5 月 24 日，坎宁安坦白告诉伦敦当局，由于德国空军沉重的打击，他的军队白天里已经不再可能在爱琴海或克里特岛附近水域中作战。任何阻止德军从海上运送援兵补给前往克里特岛的企图，必然会使英国在东地中海的舰队遭到重大损失。

不过伦敦当局仍认为德军不可能从空中攻占克里特岛，尤其是他们还只占领了 1 处机场（马莱迈）。所以在亚历山大港所收到的回答毫无妥协的余地：英国海、空军必须冒一切必要的危险来阻止德军对克里特岛的增援。根据此项指示，英国皇家海军白天必须在克里特岛以北的水域中阻击德军的运输船队——不惜任何损失。只有经验才可以证明这种行动到底还能支援多久。

不过，尽管有这样的命令，还是不可能从西地中海再调军舰前往克里特岛水域，因为德国战舰“俾斯麦”号（Bismarck）正在大西洋上活动，英国国内舰队、驻在直布罗陀的军队，以及一切可以调动的军舰都必须去追击那艘战舰。

此外，夜间作战和增援克里特岛北部的行动在 5 月 24 日到 25 日仍在继续执行。5 月 26 日，甚至连航空母舰“可怕”号也出现了，它曾以可用的 12 架飞机空袭斯卡班多岛。但到了下午，它也受到了德国轰炸机的攻击，被直接命中两次，而另 1 艘驱逐舰也受到重创。次日，又有 1 艘战舰被击毁。

这些作战非常明白地显示，在敌方优势空军的有效航程之内，一支舰队若无适当的空中掩护，除非付出非常重大损失的代价，否则绝不可能作战。

克里特岛会战的继续和结果

由于英国决定不惜一切代价据守克里特岛，所以来自埃及的英国皇家空军飞机再度在克里特岛上空出现，并开始攻击马莱迈机场，装有补充油箱的飓风式飞机甚至还在希拉克林机场上降落。但这些努力都只有少许成功，尤其是在德国空军首次把战斗机移驻马莱迈之后的那一天黄昏后，更是如此。

5 月 22 日黄昏，林格尔将军在马莱迈接管指挥权，重组其军队，并开始在克里特岛西部展开扫荡行动，以阻止任何来自西面和南面的威胁。卡斯特里（Castelli）于 5 月 25 日被攻陷。

对于向卡尼亚和苏达湾的进攻，他把军队分为了两个集团：一个由他的山地部队组成，向南穿越困难的山地前进；另一个则由伞兵组成，沿着海岸前进。

由于山地部队的努力，到 5 月 23 日黄昏时，已经和卡尼亚以西的中部集团会合，这也是德军在右翼上用一个大型迂回运动来包围敌军的行动的首次重要成功。

在 5 月 24 日之后的几天内，林格尔将军又获得了有系统的增援，使他能贯彻他的计划。不过他所能获得增援的限度取决于可用的运输机架数，以及其他部队所需要的补给量。唯一减轻空运负担的办法就是利用海运，但直到 5 月 28 日，才用驳船将 4 辆坦克运到了马莱迈。所以，概括而言，在克里特岛会战的紧要阶段中，英国皇家海军的确曾阻止德军经由海运来获得增援和补给。由于德国空军握有控制权，所以在白天里，英国皇家海军无能为力，但在夜间，它还是享有完全的制海权。因为林格尔的军队穿越山地前进，虽能避免损失，但要花费较多的时间。德国空军威力强大，监视严密，英国只能使用在夜间能够来回一次的快船，勉强把增援送入苏达湾。这种船很少，而且 1 艘也只能载运一两百人而已。

5 月 24 日，林格尔集团受阻于敌军在加拉塔斯的坚强防御阵地之前。它在卡尼亚以西的高原中，弗赖贝格将军已经把他在苏达湾地区中的全部军队都集中于此。在卡尼亚和苏达湾两个决定点之前，就只有这一道最后的障碍了，克里特岛争夺战的最后一战也就要在这里进行。5月25日，英国皇家空军又从埃及飞来，以轰炸机和长程战斗机再度攻击马莱迈机场。不过这种空中攻击太弱也太迟了，并不足以改变情况。尽管如此，马莱迈的情况还是很难令人满意——因为机场太小，飞机在着陆时经常失事，而且到处都是残骸，德军能用的空间也就变得更小。

不过在经过整修后，还是可使山地师获得必要的增援。5月26日，第6山地师又有一个团登陆。此后，突破敌人防线的作战也就能够依照计划推进了。5月26日，在空军第8航空军的单位对卡尼亚作集中攻击之后，德军也就成功进入了该镇西面的英军阵地。次日，敌军的抵抗完全崩溃，卡尼亚也随之陷落。5月28日，德军又攻占苏达湾。29日，在雷提莫受困的德军也得到解围，并与希拉克林附近的东部集团取得了联系。

5月22日，意大利人认为克里特岛的情况已经足够有利，也想分享胜利果实，于是建议派一个装甲连参加作战。这支实力达到一个加强团的远征军队于5月28日在锡蒂亚登陆，然后进向依拉皮特拉前进，沿途都未遭到太多抵抗。它的目的是使英军无法向克里特岛东部撤退，也不能从那里撤出军队。不过，这支军队的登陆对于克里特岛会战的胜负已经没有什么影响了。

到5月26日上午，弗赖贝格将军已经明白，克里特岛的失守只是时间问题而已。他把自己的看法告诉中东总司令韦维尔将军，同时也报告说，在过去几天当中，不停的战斗和德国空军的集中轰炸攻击已经使克里特岛上的英国部队达到了人类耐力的极限。

如果能立即准许他们撤出，就还有救出一部分军队的可能。他又补充说，如果当局认为每一小时对于中东的整个情况都很重要，那他将竭尽全力苦撑下去。

韦维尔回答说，事实的确如此。丘吉尔仍坚持认为克里特岛的胜利是绝对必要的，并要求韦维尔把决定性的援助送往该岛。但铁一般的事实却无法改变。当韦维尔向伦敦请示并等丘吉尔的回电到达时，他已得到消息说另一支开往克里特岛的运输船队已被德国空军的强大攻击逼回埃及。

岛上守军的情况到 5 月 26 日已迅速恶化，次日，弗赖贝格将军命令准备从南岸上的小港斯法基亚撤出该岛。由雷柯克上校（Col. Laycock）所率领的两营突击部队，于 5 月 26 日到 27 日的夜里在苏达湾登陆，这一批生力军负责作坚决的后卫战，使残余守军可以从马莱迈和卡尼亚撤向克里特岛的南岸。同时，所有想向雷提莫和希拉克林撤退的计划都已被德军向东推进的速度所打消了。

在 5 月 28 日到 29 日的夜里，从北岸各港撤出 4000 人左右，但英国皇家海军所付出的成本为 2 艘驱逐舰和 800 名士兵。此外，还有 3 艘巡洋舰也被损毁。留下来的守军只好尝试从南岸逃走。

撤运的集中点是萨夫基亚，那是在 300 英尺峭壁之下的一个小渔村，只有一条羊肠小道可以通行。在白天里，所有等待撤运的人必须尽可能隐藏起来，以躲避德国空军的攻击。在他们后面的山地中，后卫军队正在和追击的德国山地部队作拼命的苦斗。

从 5 月 28 日的夜间开始，英国军舰和商船在连续 4 晚之内撤运了 17000 人，这是很了不起的成就。撤运计划预计会在 5 月 31 日的夜间结束，因为再拖下去，地中海舰队的损失将十分惨重。

即便如此，英国皇家海军还是损失了 2 艘巡洋舰和 3 艘驱逐舰。幸亏英国皇家空军元帅特德（Tedder）还从埃及派出了 3 个中队的战斗机负责护航，否则损失还会更重。

英军的损失一般被估计为 1.5 万人——包括死伤和被俘在内，但比较更可靠的报告则为 15743 人。此外英国皇家海军还损失了 2011 人。丘吉尔原始估计的德军损失是“5000 名以上的伞兵被击毙，全部死伤 1.5 万人”，但实际数字却要小了很多。据可靠资料显示，参加作战的德军总数有 2.2 万人，一共损失 6580 人，并包括死伤和失踪在内。

虽然这个数字要比丘吉尔估计的低了很多，但却比德军在整个巴尔干战役中的损失还要高——德军在巴尔干战役中损失了 5650 人。由此可知，德国为取得克里特岛之战的胜利，的确已经付出了高昂的代价。

克里特岛之战的重要性

英国历史学家认为在中东的战争日益转变为机场之战，换而言之，领土得失的主要意义就是看它对于双方空军作战情况的影响如何而定。假使这种看法是正确的，那么克里特岛的沦陷对于英国在中东的情况实乃重大打击。尤其是英军正在到处打败仗，就算仅因为威望的缘故，它也十分需要一次胜利，英国地中海舰队在克里特岛之战中受到了重大损失，现在又面临着更困难的情况，因为克里特岛在北面，昔兰尼加在南面，形成了夹攻之势，假使它企图派船前往马耳他岛，或因其他原因冒险进入地中海，就会立即受到德国空军的拦截。德国空军也可以随时威胁亚历山大、开罗、苏伊士运河，或越过地中海的补给线。此外，意大利舰队在克里特岛之战中几乎毫无损失，它仍然还有4艘战舰和12艘巡洋舰。英国中东总司令部认为德军非常可能企图夺取塞浦路斯岛，那会使情况变得更为严重。英国人曾考虑派遣军队去增援该岛的问题，但事实上，在此后2~3个月之内，它都不曾有这样的能力了。在塞浦路斯的后面还有叙利亚、伊拉克，甚至还有波斯，它们也都同样暴露在德军空降军的攻击之下。克里特岛也许仅为第一块踏脚石——像日后美军在太平洋采取的跃岛战略一样。

英国战史学家一致相信，由于德国伞兵部队在克里特岛损失惨重，才使希特勒从此不再想大规模使用伞兵。从这种观点上来看，英国的这次战术失败似乎也可算是一种战略成功。

不过，若认为英军对克里特岛的防御战使德国征苏战役的发动被延迟，从而影响到1941年攻击的结果，却并无确实的证据。斯图登特将军曾报道，在1941年7月17日，当希特勒设宴招待骑士十字勋章得主的时候，曾对他说："克里特岛之战证明伞兵部队的时代已成过去了。伞兵是一种完全依赖奇袭的兵种，但现在奇袭的机会已经消失了。"所以在1942年夏季，他拒绝发动对马耳他岛的空降攻击，其原因可能就在此处。因为他对于成功的可能性感到怀疑。假使以上所说的是事实，则斯图登特将军本人所说的克里特岛为"德国伞兵的坟墓"也就具有双重的真实意义了。

在这里应指出，在法兰西战役和克里特岛会战中，德国对伞兵部队都有大规模的作战使用，而西方同盟国对他们的使用却仅限于和地面作战的密切战术合作——例如在诺曼底登陆时的情形。

克里特岛之战突然显示出了近代海军对制空权的依赖程度，它也显示出若无强大的空中支援，那一支舰队也就会变得无能为力。坎宁安将军在这次作战的最后报告中对此有明确的说明。他指出地中海舰队为了获得成功而付出了极高的代价。他又说，在一次大海战中，这样的损失是很正常的，因为敌方舰队的损失可能还会更大。但在这次作战中，敌方根本就没有舰队参加。那完全是船只对飞机的战斗。

虽无强大舰队的支援，仍能成功攻占克里特岛，所以这一战应能说服希特勒相信中东的情况有利于更进一步的作战，但事实上他已决定发动征苏战役。所以在 1941 年 5 月 23 日发布的“中东指令”中，他明白表示要等到“巴巴罗萨”作战成功之后，再来对地中海与波斯湾之间的英国控制区发动决定性的攻击。1941 年 6 月 9 日颁发的元首第 31 号训令中，专门指示了在这一阶段内有关东南欧的情况。克里特岛具有特殊重要情况，使德国空军可以在东地中海内进行空战，来支援在北非的作战。同时，对这个基地的组织、巩固、保护、补给也成为了东南地区中最重要的任务。后来，在 6 月 11 日的元首第 32 号训令中——那是专门讨论对未来作战的准备的——对于此种观念更有充分的发挥，它指出“将利用从希腊南部的新海路，对英国在地中海和近东的阵地发动向心的攻击”。

但是随后战争的变化，使这些有关东南欧的计划变得毫无意义了。就目前而言，对地中海方面的作战远不如苏联那样重要。利用这个得来不易的克里特岛做跳板的伟大计划始终不曾实现，而这个岛在以后的战争过程中也就变得默默无闻了。德国空军不再有足够的军队来发挥克里特岛在东地中海内作为基地的威力。甚至，利用该岛作为对北非德军补给基地的理想也变得不可能实现了，因为希腊的铁路系统太差，只够运输在该国驻军的补给，此外就再无余力了，而且也无可用的船只。所以，这也正是下述公理的典型例证：有利的地理情况不一定就是有利的战略情况，必须先建立有效的交通，投下适当的资源，才能使前者变成后者。不过，占据了克里特岛却使敌人不能进入爱琴海，也保护了从希腊到意大利的海路，同时也对英国在地中海和近东的情况显示出了一种潜在的威胁。

最后，英国受到其同盟国（美国）的援助，终于能够增强其在中东的情况，并攻占了北非，击败了隆美尔的非洲军团，终于转败为胜。而克里特岛之战也就成为了历史的陈迹，仅供后人凭吊而已了。

大事记（五）1941 年 6—12 月

战争部分（轴心方面）

6 月 11 日：元首第 32 号命令（草案），内容为讨论“巴巴罗萨”作战结束后的战略。

6 月 22 日：德国攻击苏联。

6 月 29 日：攻占里加（Riga）。

6 月 31 日：攻占伦贝格（Lemberg）。

7 月 10 日：比亚韦斯托克—明斯克（Byelostok-Minsk）双重会战结束，俘虏苏军 32.3898 万人。

7 月 26 日：意大利对马耳他发动奇袭失败。

8 月 21 日：元首命令：自战线南北两端发起攻击。

8 月 29 日：芬兰军攻占维堡（Viborg）。

9 月 19 日：攻占基辅（Kiev）。

9 月 26 日：基辅会战结束，俘虏苏军 65 万人。

10 月 2 日：莫斯科会战（代号“台风”）第一阶段开始。

11 月 14 日：第 81 号 U 艇在直布罗陀外海击沉英国航空母舰“皇家方舟”号（Ark Royal）。

11 月 15 日：莫斯科会战第二阶段开始。

11 月 16 日：攻占刻赤（Kerch）。

11 月 25 日：U-331 艇在塞卢姆湾击沉“巴汉”号。

12 月 17 日：英意双方护航舰队在苏尔特湾海战。

12 月 19 日：希特勒亲自兼任陆军总司令，意大利鱼雷在亚历山大港击沉两艘英国战舰。

12 月 21 日：德国空军对马耳他发动猛烈攻击。

12 月 26 日：香港地区投降。

12 月：在猛烈的空袭后，日本登陆马来亚（8 日）、吕宋北部（8 日至 10 日）、吉尔伯特群岛（9 日）、关岛（10 日）、吕宋南部（11 日）、婆罗洲北部（17 日）、棉兰老岛（20 日）、林加延湾（21 日）及威克岛（22 日）。

政治部分（轴心方面）

6 月 6 日：国防军最高统帅部颁发“政委命令”。

6 月 15 日：克罗地亚加入《三国公约》。

6 月 18 日：签订德土友好条约。

6 月 22 日：意大利和罗马尼亚向苏联宣战。

7 月 17 日：希特勒发布有关新占领区的行政命令。

8 月：日本海陆军参谋本部开始对作战计划作兵棋演习。

9 月 1 日：对德国境内的犹太人开始进行迫害，在犹太人身上标识“黄星”。

9 月初：日本海陆军联合计划会议在东京计划草拟最终作战计划。

9 月 15 日：“佩内明德计划”（火箭）取得最高优先权。

10 月 18 日：东条代替近卫出任日本首相。

11 月 3 日：对珍珠港的攻击被纳入日本海军计划中。

11 月 5 日：日本御前会议决定，除非在 11 月 25 日前与美国达成协议，否则即发动战争。

11月25日：保加利亚、克罗地亚、丹麦、芬兰、汪伪政府、罗马尼亚和斯洛伐克加入《反共产国际协定》。

12月1日：日本决定参战。

12月11日：德、意两国对美国宣战。

政治部分（有关轴心方面的中立国）

7月23日：法、日两国对印度支那问题签订条约。

战争部分（同盟方面）

6月7日：英法联军开入叙利亚。

6月12日至13日：英国对鲁尔地区发动大空袭。

6月21日：联军占领大马士革。

6月30日：英国航空母舰空袭贝柴摩（Petsamo）。

8月7日：斯大林就任苏联最高统帅。

8月25日：英苏两国部队进入伊朗。

8月28日：波罗的海舰队撤出雷瓦尔，并在芬兰湾雷区中损失惨重。

9月17日：美国驱逐舰群参加北大西洋护航。

10月16日：苏军撤出敖德萨（Odessa）。

11月18日：英军在北非发动反攻。

11月29日：苏军在南线发动反攻，收复罗斯托夫。

12月5日：苏联在莫斯科发动反攻。

12月7日：日本不宣而战，偷袭珍珠港的美国舰队。

12月10日：英军解图卜鲁格之围。

12月14日至22日：英国战舰群在沃克上校指挥下，护送直布罗陀船队HG-76，并击沉5艘德国U艇。

政治部分（同盟方面）

6月30日：苏联组成国防委员会。

7月12日：叙利亚方面停火。英苏对联合作战达成协议。

7月18日：斯大林要求英国开辟第二战场。

12月4日：波兰流亡政府与苏联签订友好互助条约。

12月6日：英国对匈、芬、罗三国宣战。

12月8日：美国对日本宣战。

12月22日：第一次华盛顿会议开始（罗斯福和丘吉尔）。

政治部分（有关同盟方面的中立国）

6月16日：罗斯福命令关闭所有在美国的德国领事馆。

7月7日：美国陆战队在冰岛登陆。

8月1日：美国政府宣布对“侵略者”实施石油禁运。

8月2日：美国开始对苏联运送补给。

8月14日：罗、丘宣布《大西洋宪章》。美国大西洋舰队接替丹麦海峡的巡逻任务，并在北大西洋西部护送联军快速船队。

9月4日：“基尔”号事件。

9月11日：罗斯福颁布“先行射击”命令：美国军舰对德意两国军舰，可以无须警告即先开火。

10月9日：努利埃斯沙德（Nuri-es-Said）成立亲英伊拉克内阁。

11月13日：美国国会通过武装商船及使用它们运补英国案。

11月25日：美国对日本发出“十点”通牒。日本人认为那就是最后通牒。

11月27日：美国政府对所有国外美军指挥官发出“备战警告”。

莫斯科（1941）

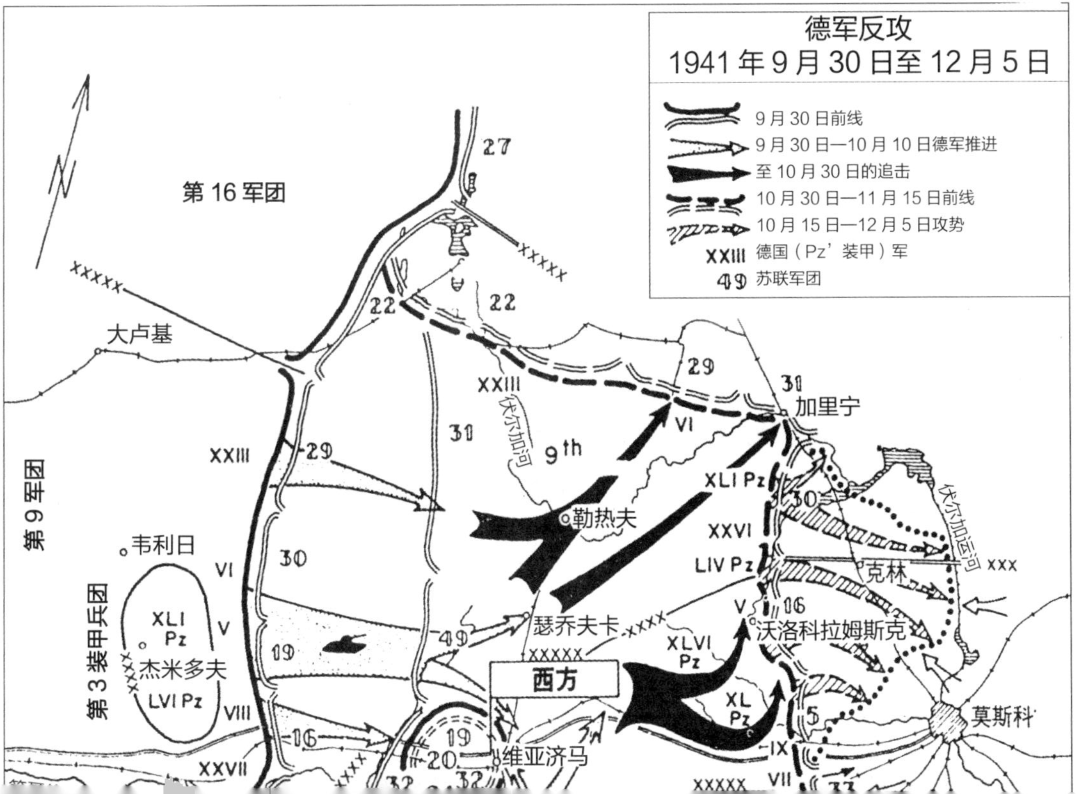

德军反攻
1941 年 9 月 30 日至 12 月 5 日
9 月 30 日前线
9 月 30 日—10 月 10 日德军推进
至 10 月 30 日的追击
10 月 30 日—11 月 15 日前线
10 月 15 日—12 月 5 日攻势
XXIII 德国（Pz’ 装甲）军
49 苏联军团
第 16 军团
第 9 军团
第 3 装甲兵团
大卢基
韦利日
杰米多夫
勒热夫
瑟乔夫卡
西方
维亚济马
加里宁
克林
沃洛科拉姆斯克
莫斯科
伏尔加河
伏尔加运河
9th
XLI Pz
XXVI
LIV Pz
XLVI Pz
XL Pz
LVI Pz
XXIII
XXVII

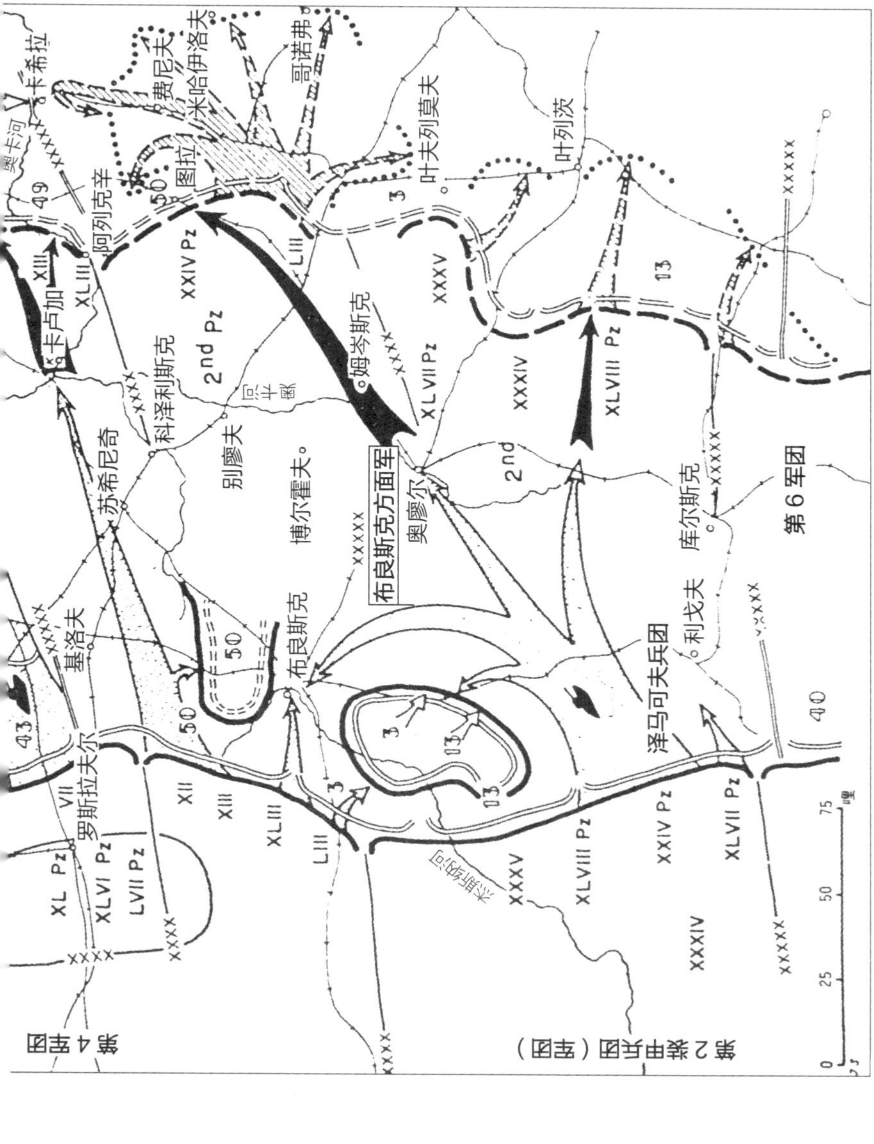
第4地图
第2装甲兵团（略图）
第6军团
布良斯克方面军
2nd Pz
XXIV Pz
XLVII Pz
XLVIII Pz
XLVI Pz
XL Pz
LVII Pz
XXXV
XXXIV
XLIII
LIII
XIII
XII
VII
卡希拉
奥卡河
费尼夫
米哈伊洛夫
哥诺弗
叶夫列莫夫
叶列茨
图拉
阿列克辛
卡卢加
科泽利斯克
苏希尼奇
别廖夫
博尔霍夫
姆岑斯克
奥廖尔
布良斯克
基洛夫
罗斯拉夫尔
库尔斯克
利戈夫
泽马可夫兵团
0 25 50 75

莫斯科（1941—1942）

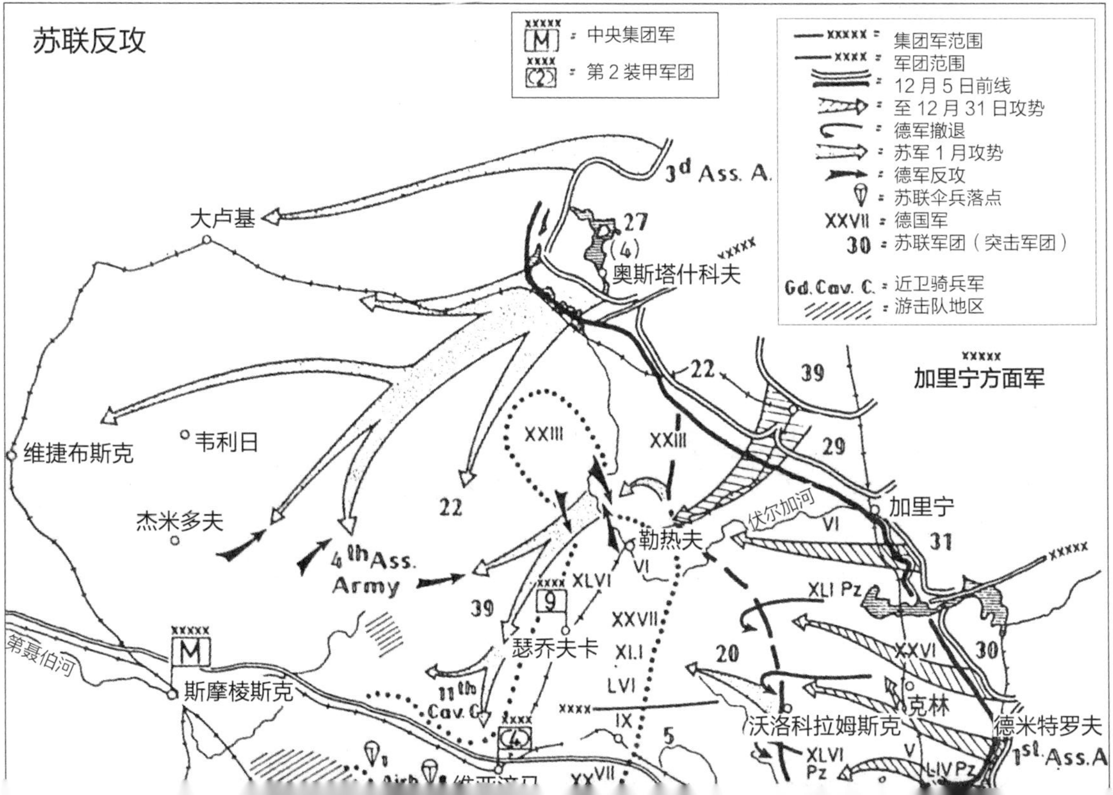

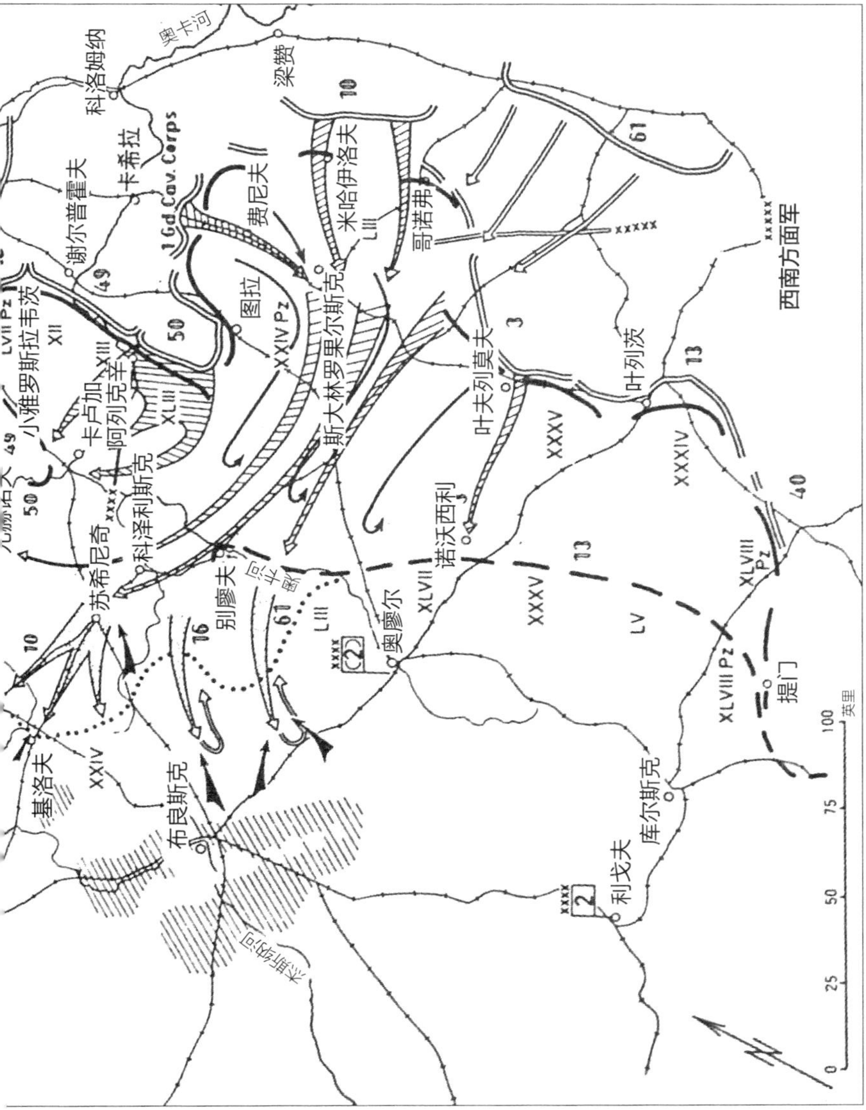
奥卡河
科洛姆纳
梁赞
10
米哈伊洛夫
卡希拉
谢尔普霍夫
1 Gd. Cav. Corps
费尼夫
LIII
哥诺弗
61
西南方面军
49
LVII Pz
XII
50
图拉
XXIV Pz
斯大林罗果尔斯克
3
叶夫列莫夫
叶列茨
13
小雅罗斯拉韦茨
XIII
卡卢加
阿列克辛
XLIII
XXXV
XXXIV
科泽利斯克
苏希尼奇
诺沃西利
40
XLVIII Pz
别廖夫
61
16
XLVII
奥廖尔
LV
提门
XXIV
基洛夫
布良斯克
库尔斯克
利戈夫
2
0
25
50
75
100
英里

第四章　莫斯科之战（1941）

鲁道夫·霍夫曼将军

绪 言

当希特勒于 1941 年 6 月 22 日发动征苏战役时，他确信他能在年底以前击破苏联的军事权力。只要这个目的能够达到，他的后方就有了保障，在 1943 年之后他就可以再回过头来对付英国及其同盟国，甚至包括美国在内，并使战争获得成功。英国对欧洲的封锁越紧，苏联的丰富矿业资源对德国的工业也就变得越重要，同样地，苏联的粮食生产对于德国人民的供养也是如此。但最后由于两国之间的思想差异，使得希特勒感觉到它们之间迟早将发生冲突，于是决定要在其自己所选定的时间中对苏联发动攻击。苏联确实并无立即性的侵略意图，因为它必须先使空军和装甲部队近代化，而且它也惯于不用武力而获得政治性成功。没有任何理由可以诱使斯大林放弃其行之有效和可以信赖的政策，而冒险去向德国发动侵略性的战争，尤其是德国的军事力量现在已经达到了空前未有的强度。在另一方面，苏联却不得不注意到德国不断将军队东调的动作，所以斯大林也正在倾全力使国家做好进行防御战争的准备。不过，主动之权当然毫无疑问是在希特勒的手中，他现在感觉到他至少可以在短时间之内冒两面作战的危险，因为他深信德国陆军享有丰富的闪电战经验，且他们每战每胜，士气极为高昂，所以在 1941 年之内，一定可以摧毁“这个有名无实的巨人”。他已经选定最早在春季泥泞天气结束之时发动入侵战——换言之，大约是 5 月初——但意料之外的巴尔干战役却使时间延迟了五六个星期之久，因为在那里的得胜之师——主要是高度机动化单位——必须抽调回来并加以重组。

希特勒现在有 3 个新的同盟国：芬兰、匈牙利和罗马尼亚。意大利虽也是德国的同盟国，但至少在目前，没有足够实力成为征苏战役的主角。它现在正陷在北非泥沼中不能脱身，不仅损失惨重，且凭借德国部队的帮助才勉强站住了脚根，不再败退。4 月 13 日，日本和苏联签订了一项中立条约，这不仅破坏了远东地区的军事平衡，还使苏联有机会可以从远东地区抽调若干军队送回欧洲。相反地，日本若能不受苏联牵制而尽快进攻新加坡，并牵制住那里的英国军队，对希特勒也还是有利的。

希特勒在向德国人民解释有发动征苏战役之必要时，特别强调了共产主义的威胁，并指出现在正是一劳永逸解除这种威胁的最有利时机。他说，拯救西方文明使其免受赤化威胁，实为德国的神圣使命。德国人民感觉到他们将要承担重大牺牲，但不知道损失会如此惨重。

对于这次攻击，国防军最高统帅部的命令是“执行作战的方式是击毁苏联在西疆上集中的大军，并推进装甲矛头以阻止尚堪一战的敌军残部向该国内部巨大空间撤退”。依照 1940 年 12 月 18 日的元首命令，攻击的“最后目标”是要沿着阿干折（Archangel）

到伏尔加河（Volga）之线，把欧苏与亚苏切成两片。

德国方面猜测苏联会利用其新旧边界上已构筑的野战要塞工事，并利用适合开展防御战争的河川及水道，步步为营地防守，其在第聂伯河（Dnieper）和德维纳河（Dvina）以西的主力将尽量避免接受会战。同时，也认为苏联军事领袖将特别重视在波罗的海（Baltic）地区的海、空军基地，对黑海沿岸的南侧翼也会尽可能坚守。因此，他们在南北两面都可能使用强大军队。一旦在普里佩特沼泽（Pripet Marshes）南北两边的战况都不利，苏联人将可能企图沿着第聂伯河——德维纳河之线来阻止德军的前进。

在抵抗德军的突破失败，或者苏军因情势所迫，必须将那些受威胁的军队撤回到第聂伯河——德维纳河之线时，苏联人毫无疑问将动用由装甲支援的强大军队。

德国陆军总部根据国防军最高统帅部的概括指示，拟定的第一目标是在普里佩特沼泽南北两面，使用机动单位作迅速深入的穿刺，来突破苏军在西线的正面，再利用这种突破来击毁已被分隔的敌军军队。

在普里佩特沼泽之南，由伦德施泰特元帅所指挥的南方集团军负责，其强大的装甲部队从卢布林（Lublin）地区跃出，将迅速朝基辅方向突破，攻占在基辅及其以下的第聂伯河渡口，来切断在加里西亚（Galicia）和西乌克兰境内敌军的交通线；同时对于此后南方集团军与在北面作战的军队之间的合作，或在苏联南部的新作战，也应确保行动自由。

在普里佩特沼泽以北，为博克元帅所指挥的中央集团军，其机动军队从华沙和苏瓦乌基（Suwalki）地区跃出，应迅速向斯摩棱斯克（Smolensk）方向前进。突破之后，就应将强大机动军队向北旋转以与里布元帅的北方集团军合作，后者是从东普鲁士（East Prussia）向列宁格勒（Leningrad）方向前进，在毁灭波罗的海地区的敌军之后，就在那里与芬兰陆军和来自挪威的德军会合，并击溃敌军在北苏的最后抵抗，以便确保执行进一步任务——也许是与在南苏方面作战的德军合作。假使敌军在北苏的抵抗突然完全崩溃，则应放弃此种旋转运动而直趋莫斯科。

在南北两翼上的作战可以依赖与罗马尼亚和芬兰的积极合作，此种合作采取的方式应依照环境来决定，而由德军统一指挥所有军队。罗马尼亚军队的任务是与德军合作，牵制敌方军队，并负责后方地区的后勤；芬兰军队的任务为尽快肃清汉哥（Hangö）基地，掩护德军在芬兰北部展开，而当北方集团军越过德维纳河时，应在芬兰东南前线上对苏军作配合的攻击，根据德国陆军总部的要求，再决定其焦点是放在拉多加湖（Lake Ladoga）的东面还是西面。与瑞典积极合作的可能性颇小，但让它容许德军利用其铁路来完成在芬兰北部的部署和运输补给，却并非不可能。

由于边界战斗的成功，3 个集团军在 7 月中旬都达到了他们的第一作战目标：第聂伯河—德维纳河之线，甚至在若干点上已越过该线。当其他两个集团军只不过是迫使敌军正面后退时，中央集团军则已在一连串的包围战役中使苏军受到重大的损失。不过，尽管已有如此的成功，这些作战却还是未能击破敌人的抵抗。很早就可以看出，苏军指挥官仍能一再把生力军投入战斗，所以这个“有名无实”的巨人并不像原先所假定的那样易于打倒。相反地，苏军在优秀的指挥下以坚定的决心发动了反攻。7 月 14 日，斯大林号召苏联人民应使用其包括游击战在内的一切方法来抵抗侵略者，同时，他也向现在是同盟国的英国要求援助。虽然英国人并无能力在法国和挪威开辟第二战场来对付德军，却保证会提供更多的装备和补给。

第一表　1941 年东线德苏陆空军战力对比

<table>
<tr><td colspan="4">德国
（包括最高统帅部预备队）</td><td colspan="3">苏联（估计）
（只包括西部战线）</td></tr>
<tr><td colspan="7">陆军</td></tr>
<tr><td>步兵师</td><td colspan="3">118</td><td colspan="2">步兵师</td><td>118</td></tr>
<tr><td>摩托化师</td><td colspan="3">15.25</td><td colspan="2">骑兵师</td><td>20</td></tr>
<tr><td>装甲师</td><td colspan="3">19</td><td colspan="2">摩托化和装甲旅</td><td>40</td></tr>
<tr><td>共计</td><td colspan="3">152.25</td><td colspan="2">共计</td><td>138 个师，
40 个旅</td></tr>
<tr><td colspan="4">此外：约有 16 个师的芬兰军，15 个师的罗马尼亚军，3~4 个师的匈牙利军和 3 个师的意大利军，直至夏季这些兵力方能参战</td><td colspan="3"></td></tr>
<tr><td colspan="7">空军</td></tr>
<tr><td></td><td>轰炸机</td><td>战斗机</td><td>侦察机</td><td>轰炸机</td><td>战斗机</td><td>侦察机</td></tr>
<tr><td>第 4 航空舰队</td><td>260</td><td>210</td><td>30</td><td rowspan="5">1800
（包括 800 架新式）</td><td rowspan="5">2000
（包括 250~300 新式）</td><td rowspan="5">800
（多为旧式）</td></tr>
<tr><td>第 2 航空舰队</td><td>490</td><td>390</td><td>30</td></tr>
<tr><td>第 1 航空舰队</td><td>270</td><td>110</td><td>50</td></tr>
<tr><td>第 5 航空舰队（芬兰）</td><td>40</td><td>10</td><td>10</td></tr>
<tr><td></td><td>1160</td><td>720</td><td>120</td></tr>
<tr><td>共计</td><td colspan="3">2000</td><td colspan="3">估计共 8000 架，
6000 架用于西部战线</td></tr>
</table>

直到7月底，德军东线不断向东推进，而战斗也日益激烈。南方集团军在乌曼（Uman）盆地成功围歼了强大的敌军军队。中央集团军在斯摩棱斯克附近也缩紧了包围圈，并开始把第2和第3装甲兵团抽回一部分，加以重组和整补。北方集团军已向列宁格勒推进，并企图尽快与芬兰人建立联系。不过，虽然所有成功均无疑问，但整个作战的平衡并不令人满意。在过去的战役中，用装甲矛头向敌后深入的战术曾经构成闪击胜利的先决条件，但在东线战场上却不能产生同样的效果，主要是苏联草原空间太大，前进的机械化部队没有足够的合围能力，而必须等待步兵赶到。同时，苏军在被围之后仍能在原地作顽强的抵抗，使其领袖们有时间从后方调集生力军增援。此种长期苦斗开始消耗德军机动单位的实力，并使人力和物力都感到意想不到的缺乏。不过，前线上的人们对于他们的优势却仍然保有信心，不幸的是，高层在此时却产生了裂痕。希特勒与陆军总部之间对于进一步的作战指导出现了意见差异，这自然也就耽误了最后的决定。不久，在前线的人也都知道了这种纠纷的存在。

当陆军总部以毁灭敌方军事力量为唯一目标时，希特勒却想追求政治性和经济性的目标。陆军总部及各高级野战指挥官都认为决定性打击应以莫斯科为目标，因为敌军的主力是布置在那个方向上，苏联全部铁路和通信网都以莫斯科为中心，首都的沦陷将使苏军的行动自由大受妨碍。苏联人也知道，所以他们必须尽可能集中最强大的军队来保卫他们的都城。但希特勒却急于南进，以确保能得到乌克兰的富足谷仓、顿涅茨（Donets）工业盆地和繁荣的克里米亚（Crimea）；而在北面，由于政治原因，他也急于想到拉多加湖之东和芬兰人会师。假使这些目标都同样重要，则德军也就必须分散而不能集中，而事实上，他们已经开始感到兵力单薄。举例来说，中央集团军必须仅凭步兵单位来守住一条长达 450 里的战线，以便把机动单位抽调出来帮助南北两集团军作战。这种拒绝一切合理战略的策略，不仅对于陆军总部，而且对于野战指挥官，都是一种严重的打击。陆军总部的意图是继续向莫斯科挺进（载于 1941 年 8 月 18 日陆军总部备忘录），但 8 月 20 日希特勒却决定要把中央集团军的强大军队向南旋转，以便与南方集团军会合，来围歼在基辅会战中的敌军并切断其向东的退路。1941 年 8 月 21 日，元首对陆军总司令布劳希奇的命令措辞上，不仅显示他与陆军总部在意见上具有差异，而且也显示他想贯彻对于作战指导问题的意志比过去更强硬。

基辅会战的物质结果是至少击毁了 5 个苏联军团（据德国方面的报告，共俘虏 65 万人，火炮 3500 门，坦克 900 辆），中央和南方集团军也成功会师，南方集团军的北翼还越过了第聂伯河这道障碍。在平衡的另一端，时间损失却无可补偿：中央集团军要到 9 月 30 日始能准备继续进行对莫斯科的作战，差不多丧失了 2 个月的宝贵时间。

当违反陆军总部计划的基辅会战尚未结束时，布劳希奇就从未放弃其真正目标——莫斯科，尽管希特勒还是想追求其在南面的老目标。在年前寻求最后决战的机会现在已在手中，如果不进攻莫斯科，则意味着战争将被拖入第二年。虽然季节已经很晚，但却必须要冒这个险，而在气候情况压迫之下，一切资源都应孤注一掷地用在这次攻击上。铁木辛哥（Timoshenko）的集团军已被摧毁，通往莫斯科之路已经敞开。这一次希特勒居然听从了陆军总部的意见，甚至同意这个目标非常重要，所以应该从主要前线的两翼方面集中一切可以抽调的军队。

9月6日，希待勒发布第35号元首命令，指示中央集团军“尽快（9月底）进攻莫斯科”。同时，南方集团军甚至在基辅会战尚未结束前，即已奉命扩张敌人弱点，并向东和东南挺进。而北方集团军要把第4装甲兵团转移给中央集团指挥，但仍然奉命缩紧对列宁格勒的包围圈，并超过伊尔门湖（Lake Ilmen）东南的瓦尔代丘陵（Valdai Hills），再向东北前进。当时并不曾料想到这些行动会因为缺乏预备队而停顿，并最终遭到可耻的挫败。

对莫斯科的攻击

希特勒内部亲信在1941年9月对于战略情况的观点，可以从经过他批准的一件由国防军最高统帅部所颁发的备忘录中看出端倪。它开始对于能否在1941年底以前击破苏联的抵抗感到怀疑。但如果不可能，则至少在1942年必须击毁苏联的作战能力——并视此为劝诱英国求和的先决条件。所以击败苏联是德国的眼前目标，这个目标达成之后，始能集中全力来对付英国。尽管日苏已经签订互不侵犯条约，但日本仍有进攻苏联的可能；但就目前而言，西班牙和土耳其放弃中立、加入德方作战的希望几乎为零，不过，一旦土耳其感觉到苏联将会失败，则情况又会改变；同样地，西班牙若有看到轴心国方面在地中海情况已经巩固时也会如此。英苏两国透过伊朗取得联络的可能性虽然足以引起忧虑，但此时却无法加以阻止，土耳其也因而有所动摇。同时英国将加强对苏伊士运河的控制，于是在利比亚的德意联军的作战也将变得更为困难。改变此种情况的唯一希望，即为彻底改进越过地中海的补给线。在美国协助之下，英国将倾全力破坏德法两国之间的合作，毁灭在北非的轴心桥头阵地，并攻占整个北非海岸，以求获得地中海地区的制海权及制空权。同时，美军可经由法属摩洛哥（卡萨布兰卡）和法属西非（达喀尔）进入地中海，这将使轴心国可用战略大为减少。如果再加紧封锁，意大利就可能会先行崩溃。所以英国正在追求两大目标：（一）从伊朗补给苏联，以求增强其战斗意志和能力，同时阻止德国夺取高加索油田；（二）设法攻占西非及北非的全部。

所以德国必须基于下述目标来进行战争：

（一）首要而最迫切的目标即为使苏联崩溃，所有其他战场上可以抽调的军队都应集中用来达到此项任务。

（二）仅为苏联已经被打倒并退出战争之后，始可能集中一切军队在大西洋和地中海对付英国——也许将使用法国及西班牙的基地。

（三）对法西两国的政治和军事关系均应力求改善。必须鼓励法国提高在西非洲的情况，来对抗英、美的介入。

（四）在空军支援之下应增强潜艇的作战，以求加紧对英国的封锁。

甚至要在苏联崩溃之后，或当其他使其屈膝的手段都无效时，才可考虑入侵英国。

因为以上的考虑，可以看出结论至为合理：应在本年之内倾全力击破苏联的军事主力，而那很可能在前往莫斯科的道路上就会遭遇到。

根据此种目标，陆军总部计划用一个钳形运动来捕获在斯摩棱斯克以东的强大的苏联军队。从两翼上前进的机动单位应在维亚济马（Vyazma）的后方会合。当这一批敌军被围歼之后，始可继续向莫斯科推进。与陆军总部保持密切合作之下，中央集团军开始拟订计划，但主要问题却是南北两面集团军能够抽出多少机动军队。陆军总部的拟议是从南方抽出 1 个装甲师和 2 个机械化师，从北方抽出第 4 装甲兵团（包括 3 个装甲师和 2 个机械化师），此外再加上一些总预备队，包括重炮和高射炮在内。要把第 2 装甲兵团和第 2 军团从 125 里以外的基辅会战中再拖回来，对于时间和精力都将是极大的消耗，所以决定在南面另行建立一个重点，以第 2 装甲兵团为主力，另外再加上 2 个步兵军的增援。有一个一再影响这些考虑的因素，就是装甲与步兵之间的密切合作问题。根据过去的经验，仍决定把装甲兵团摆在步兵军团之下，只有较遥远的第 2 装甲兵团直属于中央集团军。对于此一装甲兵团的作战寄予了很大的希望，因为它被认定可以从敌方防御较弱的地区深入，以求在对莫斯科的进攻上达到突破的目的。

从 6 月 22 日起即几乎不间断地战斗，加上已越过的巨大距离，使攻击军队物资损失颇大，其中又以机动单位为甚。晴天的灰尘和雨天的泥泞造成了许多的延误和停顿。在斯摩棱斯克会战后的短期休息虽使车辆得到了一些修理，但零件和运输车辆却及其缺乏——希特勒在整个东线只分配了 300 部坦克引擎，新坦克则完全没有。经过长途跋涉之后，许多坦克都已不堪使用，而且此时均已无法修复。举例来说，在基辅会战之后，第 2 装甲兵团的坦克能用者只占其总数的 30%，虽然第 3 和第 4 装甲兵团的情形比较好一点，但伤亡都很重，某些步兵师已经丧失其原有实力的三分之一。因为距离太远，从德国送来的少量补充人员也到达得很慢。不过部队的高昂士气可以对这些情况产生相当的补偿作用，他们仍感觉到自己远比敌军优秀，并且准备竭尽全力作战。

补给线已经越拉越长，而机械化运输工具的能力则已大大降低。铁路线只能通到斯摩棱斯克和托罗佩茨（Toropez），却仍无法保持足够的运输来维持广大前线的适度补给，因此，将足够的补给品自前线附近的补给堆积所，再运抵急需补给的前线各部队，是件不可能的事。

面对着中央集团军，防守莫斯科的敌军主力为其西方面军，自 7 月 2 日起由铁木辛哥元帅指挥，总部设在维亚济马。共有 6 个军团，下辖 45 个步兵师、6 个装甲师和 3 个骑兵师，在后方另有 5 个军团作为预备队。面对着中央集团军的南端，另有一个“布良斯克（Bryansk）方面军”，共有 3 个军团，包括 20 个步兵师、3 个装甲师和 3 个骑兵师。由于苏联官方资料不足，所以无法判断德方这些估计是否正确。

不过有一点可以断言，这些军队有一部分已经参加过战斗而且损失很大，所以并非完全足额，不过苏联的生力军似乎还是源源不断。尽管后者的装备和训练都不太充分，但还是能在莫斯科的前面构成一道德军无法突破的坚强的防线，这也就让德军不能攻占莫斯科。尽管人员和物资损失均极重大，但苏联部队战斗素质还是很高，尤其是新型的 T–34 坦克在战场上出现的数量日益增多，而德军所用的战防武器很难击毁它们。苏军已经构筑了一种纵深的防御阵地网，以斯摩棱斯克到莫斯料的道路线为其焦点，大部分平民人口也都被征召前来构筑工事。很明显，即使部队不断向南北两翼增援，苏军的主力仍挡着到莫斯科的大路。依照苏联人的资料，其西线全部军队的 40% 以上都已集中在此。

集团军总部有充分时间研究所要完成的任务，并对所辖各军团及装甲兵团给予适当的指示，同一时间，各部队纷纷前进，到达指定的新阵地。苏军面对第4和第9两个军团仍然坚强占领着阵地，并时常发动局部攻击，希望造成压力，但就目前而言，他们无力发起任何真正大规模的作战。9月26日，中央集团军颁发下述攻击命令（摘要）：

（一）经过长期等待之后，本集团军又将再度发动攻击。

（二）第4军团及所属的第4装甲兵团，应以主力沿着罗斯拉夫尔（Roslavl）到莫斯科的道路进攻。突破后即应用强大军队在维亚济马两侧向斯摩棱斯克到莫斯科的公路旋转，同时保护东侧面的安全。

（三）第9军团及所属的第3装甲兵团，应从公路线与比罗（Bieloi）地区之间突破敌军阵地，再向维亚济马到勒热夫（Rzhev）之间的铁路线进行压迫。主攻以机动军队为主，再加上连续的强大步兵支援，向霍尔姆（Kholm）方向进攻，目的是要在下第聂伯河以东，转向在维亚济马及其以西的公路线，并同时保护其东侧面。该军团北侧面的安全也应有保障。从叶提其诺（Yetkino）通往比罗的道路也应攻占，以便运输补给。

（四）在这两个军团的内侧，即耶尔纳（Yelna）地区与公路之间的地区，当无前进的可能性时，应发动牵制攻击，直到有可能推进时，将尽快发动有限目标的攻击，尽量盯住敌方军队。

（五）第2军团将保护第4军团的侧翼。为了这个目的，它应以其在北翼上的主力突破敌军的杰斯纳河上

（Dezna）阵地，并向苏希尼奇—梅晓夫斯克（Sukhinichi-Meshchovsk）方向挺进。这个军团应保护其本身不受来自布良斯克和附近工业区的敌军攻击。如有可能，应用突击方式攻占该镇，尤其是其铁路和桥梁，应无视与第2装甲兵团的作战地境线而加以攻占。

（六）第2装甲兵团应在攻击开始前两天先行部署，并向奥廖尔（Orel）到布良斯克之线前进。其右翼应倚托在斯柯普（Scop）和奥卡（Oka）地区上，左翼则应从南面席卷杰斯纳河上的敌军阵地，并与第2军团合力击溃在东南河湾中的敌军。若能一鼓作气，布良斯克镇及工业区应用机动军队予以攻占。否则应暂时封锁，留待以后由第35军与空军合作来解决。

（七）规定分界线（从略）。

（八）南方集团军应向东推进其北翼（第6军团）到哈尔科夫（Kharkov）之北。北方集团军应用第16军团确保一条湖沼线，从希丹亚（Shedanya）湖之北到伊尔门湖为止。

（九）增强后的空军第2航空舰队应击毁本集团军所面对的苏联空军，并对各军团及装甲兵团的攻击给予一切可能的支援。对于莫斯科地区工业目标的攻击，则应列为次要，仅当地面情况允许时始可行之。为了阻止敌方的补给和增援，应不断攻击布良斯克—维亚济马—勒热夫一线向东延伸的铁路。

（十）本人将依照9月24日所已下达的命令来决定部署的时间。

（由博克元帅签署）

这也就是说第 4 军团，连同第 4 装甲兵团，应从斯摩棱斯克、莫斯科公路两侧突破敌军的正面，然后向内转趋布良斯克；而第 9 军团，连同第 3 装甲兵团，则应朝霍尔姆的方向前进，然后转向维亚济马并与第 4 装甲兵团取得联系。第 9 军团还必须保护其自己的北侧面，因为北方集团军的南翼兵力不足，无法兼顾此项任务。就目前而言，第 4 和第 9 两个军团的一切步兵军都必须从正面上盯住敌人，除非两个装甲兵团已经挺进得够远，远到足以从敌后封住这个陷阱时，他们才可以开始前进。第 2 装甲兵团及第 2 军团的作战是在南面较远的地区中，目前与布良斯克的作战暂时没有联系。第 2 军团是要突破在布良斯克西北的杰斯纳阵地，并向苏希尼奇进发；而第 2 装甲兵团则从格鲁可夫（Gluchov）地区越过奥廖尔——布良斯克之线进攻。在布良斯克地区中的敌军应由第 2 装甲兵团和第 2 军团的内翼予以包围歼灭。在此目标达到之后，即应向莫斯科西南的地区深入。因为第 2 装甲兵团的位置较远，所以需要较多的时间才能配合整个的行动。因此要比其他部队提早两天部署。南面的侧面保护由南方集团军负责，北翼将越过奥博扬（Oboyan）。中央集团军的预备队战斗力相当微弱，只有 1 个装甲师、1 个机械化步兵团和 1 个机械化旅。

从南北面调度军队不无困难。第 2 装甲兵团要退出基辅会战，并首先攻占其指定的部署地区，而第 2 军团的若干部队也有一段时间无法抽调。从北方集团军抽调的军队也到达得很晚，路线又与第 9 和第 4 两个军团的交通线交叉。为了使这些问题加速解决，陆军总部只好亲自指挥交通。因为时机迫切，中央集团军决定在 10 月 2 日发动攻击，尽管事实上先期部署并未完全完成。第 2 装甲兵团指定在 9 月 30 日完成部署。希特勒颁发的命令足以显示这个作战的意义重大，其结论说："今年这最后一次的决定性会战将给予敌人粉碎性的打击，包括整个战争的祸首英国人在内。摧毁了当前的敌人，也就是摧毁了英国在欧陆上的最后盟友。同时，我们不仅替德国，而且也替整个欧洲解除了一项自匈奴和蒙古人入侵之后最大的威胁。所以在未来几个星期内，你们将得到全德国人民空前热烈的支持。"次日，他又向德国人民和全世界宣布："我今天郑重宣布敌人已经崩溃，而且再也爬不起来了。"

官兵们深知此战的重要决定性，所以他们也都准备竭尽全力以求完成此项最后任务。这个作战的代号为"台风"（Typhoon），可以看出对它的希望和期待。

莫斯科会战在指定之日发动了——1941年10月2日。第2装甲兵团成功突破了敌军的南翼，并掩护其在10月3日已经接近奥廖尔的无保护南侧面，同时其左翼也转向布良斯克。其他各军团也都发动了攻势，并出其不意地在莫斯科公路的两侧的苏军正面战线上造成了深入的缺口，很快两个大包围圈开始形成：南面的在布良斯克附近，北面的在维亚济马附近。但苏联却接受会战，并把所有能调动的预备队都送上了前线。他们拼命苦斗，但仍不能阻止两个装甲兵团所形成的铁钳。德军于10月7日在维亚济马附近完成合围，三个苏联军团的大部分都已被关入陷阱。德军将领已从过去的经验中学到了教训，这一次将包围的东边加以有效的封锁，所以到了10月13日，包围圈中的扫荡战即已完成。在南面，第2装甲兵团（自10月6日改称第2装甲军团）从东面攻占了布良斯克的都市地区，但因为缺乏第2支装甲部队，所以不能产生合围的效果，虽英勇战斗也还是无效。所以在这一方面，虽像维亚济马一样，也有三个军团的苏军落入了陷阱，但因为在布良斯克以北未能作严密的封锁，所以大部分苏军还是在不断攻击下成功突围而出。同时，第 2 装甲军也企图在东北面进一步推进，但 10 月 6 日，第 24 装甲军的矛头——原本要用来对图拉（Tula）作必要的战略性挺进的——却遭到强大敌军及大量 T-34 坦克的抵抗，使德军的前进不得不暂时停顿。

第 2 和第 4 两个军团的内翼通过在布良斯克和维亚济马之间撕开的缺口前进，取道苏希尼奇，趋向莫斯科的方向。第 9 军团在东北面也在作缓慢的进展。

10 月 7 日，陆军总司令布劳希奇元帅访问了集团军总部并讨论进一步的发展。到此时，南方集团军已在马里乌波尔（Mariupol）包围强大的敌军，并向哈尔科夫方向推进其北翼。从北方集团军方面也有捷报传来，其军队已于 10 月 6 日攻占萨列马（Saaremaa）岛。所以劳荷提斯能集中其注意力在中央集团军的前途上，感谢优良的准备和部队的高昂士气，它的作战也能像钟表一样准确。现在的主要大事就是集中一切实际上不需要用来围歼敌军的军队，朝莫斯科方向追击。此时希望的就是能有足够的军队来同时完成这两个任务：完成包围圈中的扫荡作战；继续向莫斯科挺进。

根据 10 月 7 日的讨论，所以陆军总部命令继续向莫斯科方向作战。第 2 装甲军团应向图拉前进；第 4 军团连同其所新指挥的两个军（第 12 及第 13 军），则应向卡卢加（Kaluga）前进，并同时用第 4 装甲兵团所能抽调的军队来击毁在莫扎伊斯克（Mozhaysk）的苏军要塞。同时，在两个包围圈中的扫荡行动也必须赶紧结束，布良斯克方面由第 2 军团负责；维亚济马方面由第 4 军的一部分军队负责。第 9 军团应向瑟乔夫卡（Sychevka）前进，并用第 3 装甲兵团的军队来对东北面构成一道屏障，然后再准备将其所有可用的军队向加里宁（Kalinin）或尔塞夫推进——这也就是博克的意见与陆军总部的命令产生差异的地方。陆军总部想要先解决在北面和中央两个集团军内翼前方的敌军，而博克则主张集中一切军队向莫斯科进发。

在这些命令刚刚下达时，天气突发变化，虽然德军追击部队暂时仍很顺利，但每个人都知道问题的严重，他们都在越来越深的泥泞中挣扎前进，虽然仍有进展，但进度却开始越来越慢。尤其是在南翼上，第2装甲军团的行动本有迅速切断莫斯科与其南面联络的希望，现在却停顿下来。开始降雪了。由于缺乏燃料，加上从奥廖尔到图拉的公路到处是弹坑，充满了烂泥，运输极其困难，所以耽误了前进。在布良斯克包围圈中的残敌向第2装甲军团的西侧面施加重压，使该军团不得不分散兵力去加以应付，导致目前仍未能越过姆岑斯克（Mtsensk）。到10月中旬，包围圈中的扫荡行动已经结束，而经过布良斯克到奥廖尔的重要补给路线也已无敌踪。不过，暂时该路线还是不能使用，因为在包围圈中的苏军破坏了许多桥梁和路面。等到第2装甲军团有了补给可以继续进攻时，已经耽搁了许多宝贵的时间。

到中旬时，第4军团的前卫单位（第13军）已经到达加里宁以东的地区，其左翼也已接近莫扎伊斯克。但现在面对着第4军团的正面上又已有苏联的主力军出现，他们甚至到处发动反攻，严重妨碍了德军的行动。到10月14日，第4军团的后方单位已经完成肃清维亚济马包围圈的工作，并开始重组，以便向东推进；第9军团已奉命取道尔塞夫向加里宁前进，其目的也许是想推进中央和北面两个集团军的内翼，同时解除向莫斯科前进时其北侧面上的压力，切断莫斯科到列宁格勒之间的重要铁路线。但此行动还是分散军队而非集中军队，也许更好的途径是把第 3 装甲兵团用在克林（Klin）与伏尔加水坝之间的地区中，利用这个蓄水库，装甲部队也许能够比较接近莫斯科，而第 9 军团的步兵也可能与北方集团军的南翼取得联络。现在第 3 装甲兵团发现，其本身正在加里宁周围与强敌周旋，而不能向莫斯科的北面近郊尽可能作迅速而强力的推进。

话虽如此，但却已有很好的成就，好在月中时许多官兵对于前途都有乐观的看法。在向莫斯科前进的道路上，德军实际上已经走了三分之二，而双重会战的结果也获得了意想不到的伟大成功。中央集团军宣称已经俘获苏军 67.3 万人，各种口径火炮 3500 门，坦克 1200 辆。估计已被消灭的 8 个苏联军团，共包括 73 个步兵和骑兵师，以及 13 个装甲师或装甲旅。早在 10 月 9 日，德国政府的宣传部即已宣称东线战争告捷，苏联已经被击败了。这对于德国人民而言当然是一个好消息，而且也被他们相信了。苏联的确遭受了惨重损失，已经迁都至距离莫斯科约 560 里的在伏尔加河上的卡拜齐夫（Kuybychev），只有斯大林还带着少数幕僚人员留在莫斯科。100 万居民都已疏散，而工厂中的工人则在日夜不停地赶筑工事。

大约在同一时间，南方集团军也获得了一项成功。它曾在马里乌波尔围歼一支强大苏联军队，而其第 17 和第 6 两个军团也都进展良好。陆军参谋总长哈尔德在 10 月 8 日的日记上说，自从开战以来（6 月 22 日），德国陆军在东线战场上的损失为 56.4727 万人，约为参加战斗总军队 340 万人的 16.61%。同一天，哈尔德对于德军攻克莫斯科的前途作了下述的展望："敌人将企图调集更多的军队来保卫莫斯科，尤其是来自北面。不过这些军队都是临时仓促地从这里或那里抽调而来，似乎很难挡住我军的猛烈攻击，所以只要有相当良好的领导和相当良好的天气，我们应能成功包围莫斯科。”自当时视之，这样的乐观并不算过分，但很不幸，未来却事与愿违。

10 月 14 日，陆军总部发出新指示，命令对莫斯科合围。第 2 装甲军团应环绕莫斯科以切断其南面、东南面和东面的联系。第 4 军团，连同第 4 装甲军兵团，在西面、西北面和北面也应完成同样的工作，并为机动单位向莫斯科之北的进一步深入作准备。希特勒禁止接受莫斯科的任何投降，足以证明其信心的坚定程度。

在依照指示调动其军队来执行对莫斯科的包围时，中央集团军总部对于其右翼特别感到忧虑，因为南方集团军的左翼没有照原定安排向奥博扬进发，而改向更南的别尔哥罗德（Byelgorod）前进。结果在这两个集团军的内翼之间造成了一个宽约 50 里的缺口，所以也就有充分的理由害怕敌人将会利用此一机会。因此，中央集团军决定用第 2 军团（现在正在从布良斯克抽出）来保护第 2 装甲军团的南侧面，并派它沿着叶列茨（Yeletz）—斯大林诺格尔斯克（Stalinogorsk）一线前进。同时，第 2 军团的南翼也奉命攻占库尔斯克（Kursk）。这种调动也就要求下述的军队重组：原来属于第 2 装甲军团的第 34 和第 35 两个军，现在改为第 2 军团指挥；同时第 43 和第 53 军则拨交给第 2 装甲军团。陆军总部对于北面的指示，是要第 9 军团集中军队取道加里宁向北前进，以便与北方集团军的南翼（第 16 军团）合作消灭在那里的敌军。但在加里宁的苏军顽强抵抗，而其援军也从各路涌来保卫这个重要的交叉点，所以北方集团军的南翼进展极慢——因为“第 16 军团的中央和左翼都面对着苏军的坚强阻力”。

当陆军总部下达包围莫斯科的重要命令时，也许是希望作战军队能够克服天气的阻碍。如果气温能早日达到冰点更好，因为许多问题都可以解决。但事实上，天气极不听话，从10月中旬起，大规模的部队运动都毫无希望地被坑陷在松软地面中。在这样的环境中，根本不可能依照最近指示的精神执行作战。苏联秋季的天气，对于军事行动极为不利，但使此种情况变成灾难的主因是特殊的地形，这深深地影响未来战事的进行。每当下雨时，河水就向两岸泛滥，使巨大地区都变成泥沼。因为除了从明斯克到莫斯科的那一条公路，其他所有的道路都缺乏坚固的路基，不久也就和周围的农地一样被淹没。即使在平常的情况之下，也没有一条路能够供大规模部队运动之用，在这样的天气之下，任何车辆都会感到寸步难移；人和牲口往往是在深达膝部的烂泥中挣扎前进，时常达到气力用尽的程度，死马的尸体到处可见。机械化单位也好不了多少。他们的车辆也同样陷在泥中不能动弹。唯一尚能行动的就只有装备着宽履带的车辆，在它们的燃料尚未耗尽之前，就被用来拖动其他的车辆和火炮，那是一种迟缓而又吃力的工作，结果当然是达到完全缺乏补给的程度。绝对不可能赶上预定的时间了，只有限量的补给可以用空运送上；在附近农庄中可以找到的大量牵引机和轻型的马车也都被广泛地使用着。总之，利用各种可能的手段才能使前线部队获得最低限度的必要补给。

由于补给纵队缺乏足够的燃料，部队只好在附近的田野中挖掘马铃薯来维持生存。从明斯克到莫斯科的主要公路，现在不仅挤满了车辆，而且已经是柔肠寸断了。交通几乎完全停滞，为了使这一条路勉强获得可能的维护，已经抽用了一个完整的步兵师。

最后，德国军队散布在长达几百里的战线上，有数以千计的摩托车辆坑陷着不能动弹，大家都在焦急地等候寒冷天气来到——只有天然力量才能使他们摆脱泥泞的束缚。当然，这些人都用惯了西欧的道路，所以对于他们而言，好像是遭遇到一次天灾，即使有世界上最佳的意志，加上一切的努力，也还是不能作满意的应付。

就某种限度而言，敌人当然也感受到了同样的困难，不过使德国人大感失望的是，敌人的机动性在这样的环境中反而提高了。他们对这种环境比德国人习惯多了，而他们的轻型车辆和卡车也都装有泥泞链条，所以对于此种天气条件比较合用。此外，他们还享有一项巨大利益：就目前而言，除了运输、增援以外，他们对于机动也并无太多兴趣；而且在莫斯科的后方还有完整的铁路网可供利用。因此，这使德军运动备受妨碍的泥泞反而帮助了苏军，并使其有时间可以将增援送达前线。

不过，德军仍在继续进攻，尽管面对着恶劣的天气和顽强的敌人，进展非常迟缓，但直到 11 月初，仍然有着进展，所以德军官兵也都并未灰心。他们知道还需要赢得更大的战术成功和更大的作战结果，并能感觉到已经是伸手可及了。

第 2 装甲军团只有一条从奥廖尔到图拉的公路可以使用，而它已经将其装甲部队的主要部分集中在了第 24 装甲军之下，连同“大德意志”步兵团在内，这些单位仍有足够的燃料，尽管那已是最后的燃料。10 月 24 日，他们从姆岑斯克前往图拉，并于 10 月 30 日到达。但攻击军队不够强大，面对着苏军的顽强防御，未能攻克该镇，尤其是从西面前进的第 43 军在阿列克辛（Alexin）附近被阻，这也就是说第 2 装甲军团的东侧翼已经暴露。目前，敌军还没有攻击它的企图，但却已经可以看见从东面来的部队运输列车的行动。所以该军团命令第 53 军转到装甲矛头的后面来保护东侧面。同时，第 2 军团也正在以相当的纵深沿着库尔斯克到诺沃西利（Novosil）之线逐步推进，所以从东南面来的威胁多少已能适当应付。

第 4 军团本应从西面进攻莫斯科，却发现他们正受到苏军生力部队日益增重的压力（第 49 军团、第 43 军团和第 33 军团等），而在正面的南端，也不能越过在谢尔普霍夫—纳拉（Serpukhovo–Nara）地区中的奥卡河。其北翼，以第 4 装甲兵团为代表，面对着苏联第 5 军团和第 16 军团，一直推进到莫沙斯克—沃洛科拉姆斯克（Volokolamsk）之线。

在第 9 军团方面，第 3 装甲兵团在加里宁为苏军第 30 军团和第 31 军团所阻，但连同其步兵军终于能向北建立一条单薄的防线，以对抗苏联第 29 军团和第 22 军团，并向西与加里宁取得联络，同时与在奥斯塔什科夫（Ostashkov）以西的第 16 军团也保持着宽松的接触。

到此时，所有前线指挥官都一致认为必须等到天气较干之后，始能发动全面攻击，因为那时才有可能进行驶入和驶离道路的战术行动。而且无论如何，分散得太远的军队必须靠拢，坑陷在后方的火炮也必须赶紧送往前方。换言之，现在一切都必须取决于天气，因为目前充任指挥官的是“泥将军”（General Mud）。

在这个受天气影响暂停战斗的时候，最高统帅部又颁发了新指示，命令两个集团军的两翼再度进行分散的作战。10 月 23 日，陆军总部命令第 2 军团，加上从第 2 装甲军团中抽调的机动单位，向顿河（Don）前进，并将其右翼放在沃罗涅日（Voronezh），以便与南方集团军的北翼合作，来阻止并摧毁苏军的可能反攻。10月29日，由于博克元帅的激烈反对，这个命令被撤销（因为那会减弱其南翼的攻击实力）。但陆军总部又命令尽可能再度发动对莫斯科的进攻，还应切断莫斯科通向南方的铁路线。

中央集团军总部对第一道命令的忧虑刚刚解除，10月30日又来了另一道惊人的命令——击溃伏尔加河与拉多加湖之间的苏联军队。根据这项命令，中央集团应使用第3装甲兵团和第4装甲兵团，尽可能地加上强大的步兵支援，以攻占莫斯科以北的地区，在那里，它应把装甲部队继续向雷宾斯克（Rybinsk）推进，然后还要再向沃洛格达（Vologda）推进！同时，也应切断北面苏军的交通线。这样富有雄心的目标对于中央集团军总部而言，有一部分是后见之明，特别是这些作战的第一部分与集团军观点相同：目前最麻烦的就是北方向莫斯科后方的进击。只有这个攻击成功之后，才有可能考虑以后的其他作战。集团军总部只应有一个目标，而且那也是它始终不曾放弃的——莫斯科。

只要阅读博克和哈尔德的日记即可以明了，从10月到11月，乐观的心理日益消失，终于变成了完全的悲观。不过，他们还是不肯放弃或承认自己已被自然力量所击败，也的确是在拼命想办法以求克服此种天然困境，使博克最感到妒忌的是德军在克里米亚的进展势如破竹——那应该感谢阳光和干燥草原的帮忙。第4军团司令克鲁格曾亲自向希特勒说明天气对一切运输工具的行动所造成的重大困难，那种困难是希特勒仅从书面报告上根本无法了解的。据报，朱可夫将军（Gen. Zhukov）已于10月10日接管莫斯科方面的指挥权，其参谋长为索科洛夫斯基将军（Gen. Sokolovsky），而布尔加宁（Bulganin）则是战争委员会的委员之一。苏军的防线日益巩固，经常发动局部攻击，生力军也不断从西伯利亚开来，由莫斯科工人组成的单位，以及首都附近迅速增加的防御工事——凡此种种，都足以证明苏军有决心死守他们心爱的莫斯科，绝无放弃或投降的想法。

当此之际，陆军总部与集团军总部也的确有理由为自己的情况感到焦急。由于重大的损失，所有的步兵师编制差不多都有 2500 人的缺额，换言之，也就相当于其有效兵力的三分之一，因此他们的战斗潜力也自然降低了很多。装甲单位的步兵实力大约减少了 50%，而各装甲团的作战潜力几乎降低了 65%~70% 之多。所以平均算来，一个装甲师只剩下了其正常实力的 35%。这种情况很令人忧虑，但却不令人震惊，因为过去 4 个月来，所有的单位都已经消耗过度，也没有获得适当的人力或物资的补充。虽然夸大的宣传曾经宣称敌人已被击败、战争也早已获胜，但是前线上的人们都知道苏军的抵抗实际上已经增强。不过德军的勇气还是像过去一样巨大，精神也并未崩溃。

德军的补给依赖着狭窄、绵长而脆弱的路线。诚然在 10 月间，铁路线大致都已修复，现在已经可以向东通向布良斯克、维亚济马和尔塞夫等地，但路轨还是未能达到最高的效率标准，许多设施和桥梁的修复或重建都需要长久的时间。总而言之，补给量远在期待之下。苏联游击队的威胁也日益严重，在后方兵力薄弱的地区中，他们轻易地攻击补给列车，破坏铁路设备，补给组织花了九牛二虎之力，还是只能把极少量的必需物资送到铁路线的终点，然后又必须利用被损毁或更不适用的道路运输，越过相当长的距离，把补给送到前线部队的手中。尽管现在隆冬将至，部队还是没有御寒的冬季服装，车辆也缺乏抗冻的油剂。

空军第2航空舰队在凯塞林元帅（F.M. Kesselring）的指挥之下，一直都在强力支援中央集团军的作战，人力和物资也都损失惨重。在他的回忆录上，凯塞林这样说："苏联秋季的气候极为恶劣，经常都是雨和雾，而且也非常冷。飞行员——包括密切支援战斗机的飞行员在内——仅在他们能看见目标时才能攻击，但较大的目标却很稀少。在布良斯克和维亚济马包围战之后，就很少发现敌方的大规模部队运动了……敌方的据点都散布在田野中的孤立小碉堡里，高速飞行的飞机很难发现，也很难击中，在恶劣天气中更是如此。苏联T-34坦克越来越多，甚至在最恶劣的地形和天气条件之下仍能保持其机动性。要想对付它们，我们的地面攻击机飞行员必须甘冒重大危险，在森林、丘陵和村落上空作低空飞行。同时，我们的战斗机也经常被要求保护部队，来对抗低飞扫射的苏联飞机，否则部队的士气将会遭受重大打击。击中苏机的机会很小，因为那种机会稍纵即逝。实际上，高射炮和战防炮的火力是一种较好的防御，但因为地形不利，又缺乏适当的掩蔽，所以其价值也有限。不管我们飞行员的攻击如何努力，但在如此困难的条件下，根本不可能获得具有决定性的成果。"

不久高级统帅部就必须决定在困难的环境中——在几乎就要变成不可能的条件之下——是否仍应继续向莫斯科发动攻击。不过，只要年底以前仍有获得胜利的希望，就应尽可能去做一切的事情。马恩河（Marne）会战的经历在德国军事领袖的心灵中留下了深刻的创痕，他们非常害怕胜利的机会在最后时刻从他们的手指缝中溜掉。所以，尽管前途如此困难，战略如此不适当，但还是继续冒险推进战役。另外一个问题更使他们感到困扰，并使他们宁愿孤注一掷：假使决定不再进攻，那么在冬季的几个月内如何守住这样长的战线？战线上有许多缺口，无异于开门迎接敌军的突破。德军的侧面也很长，却没有预备队来提高战斗能力。同时，前线逼近莫斯科，那是一个巨大的铁路交点，使苏联可以任意调动其军队；相反，德国部队却已经被钉死在开阔地区之上。在这样的环境之中，只有一种可能的决定：尽量利用一切机会继续进行攻击。这也正是国防军最高统帅部所作的最后决定，符合前线高级指挥官的一致意见：他们希望利用隆冬来临之前的温和降霜阶段。这个阶段实际上是在 11 月初之时。

攻击计划要求再作一次包围会战。在攻下图拉的交点之后，第 2 装甲军团将向东北直趋科洛姆纳（Kolomna）。在这些作战中，该军团是势必要用一部分军队来保护其绵长的东侧面，因为战力薄弱的第 2 军团已经落后太远，不能承担任务。第 2 军团现在就应向叶列茨和叶夫列莫夫（Yefremov）进发，与南方集团军的北翼取得联络，后者已经停顿在别尔哥罗德附近，这样也可以提供纵深的侧面保护。在北面，第 9 军团连同第 3 装甲军团应向东前进到伏尔加运河，然后转向莫斯科，充任钳形运动的左端。在这一方面，毫无疑问必须分派强大的军队来作为侧面的保护。第 4 军团，连同其北翼的第 4 装甲兵团，则从正面进攻莫斯科，在其后方就有作为整个集团军总预备队的两个师。

当 11 月初降霜并把泥泞冻结时，博克即坚持应尽快行动，以求在严冬大雪之前，争取较多的作战时间。但事实上，补给情况的限制使攻击必须延缓。最后，决定北翼和第 4 装甲兵团于 11 月 15 日开始行动，而南翼则定为 11 月 17 日，但对于第 4 军团却不可能确定其新攻击发动的时间。不过据计算，当苏军两翼开始受到压迫时，势必就会被迫停止连续的攻击，而把军队向左右双方调动。到此时第 4 军团也就可以向莫斯科前进了。

中央集团军依照计划发动最后的攻势。感谢晴朗的降霜天气，已经获得初步的成功，但其前进的速度却不如希望中的那样快，而且不多久，天气就日益寒冷，温度降到零下 20 摄氏度。人马极感痛苦，引擎也都发生了故障。到 11 月底，情况大致为：在南翼方面，第 2 装甲军团已包围在斯大林诺格尔斯克的敌军，并推进到哥诺弗—米哈伊洛夫（Gonovo–Mikhaylov）之线为止。不过，向北挺进的矛头（第 17 装甲师）却已在卡希拉（Kashira）以南被新到的苏联军队所阻。苏联生力军纷纷从西伯利亚运到，攻击也日益增强。尤其是他们的侧面压力使德军装甲部队的处境变得非常危险。尽管如古德里安将军所坚持的说法："除非已经占领一些交通中心及机场，否则我们不可能希望继续向北或向东前进"，但图拉却始终不曾被攻占。

第 2 装甲军团总部要求第 4 军团立即向东越过奥卡河前进，这样就可使古德里安的攻击可以有较大的活动空间，但还是办不到，因为第 4 军团本身仍然受到苏军的猛烈攻击而抽不出手来，所以已无可能进一步前进。于是 11 月 28 日，中央集团军总部命令第 2 装甲军团停止向北前进，集中全力来攻下图拉。在这一点上，想毁灭梁赞（Ryazan）和科洛姆纳之间的铁路线来阻止或延缓苏军增援的企图却终于未能成功。接近 11 月底时，第 2 军团到达了库尔斯克以东的地区，但在那里，敌军的抵抗也正在显著的增强。

在北翼上的军队相当迅速地到达了水坝与加里宁之间的伏尔加河地区。为了指挥的便利，第 3 装甲军团已直属集团军总部。在激烈战斗之后，它越过克林（Klin）直趋伏尔加运河，并于 11 月 28 日到达。它实际上成功建立了一个小型的桥头阵地，但不久即受到敌军强大压力而自动撤退。就目前而言，已经不可能向南旋进攻莫斯科，因为苏军在运河西岸上对其在侧面的压力正在不断增强。经过苦战，作平行进攻的第 4 装甲兵团勉强进到了伊斯特拉（Istra），从那里，利用奇袭因素——成功地把一师军队从西北面推进到了莫斯科北面 18 英里以内的郊区，但面对着敌人的猛烈反攻，这次行动已很快就被迫停止。

第 4 军团沿着公路线仅获得了极少的进展。11 月 29 日，敌人似乎已经从正面抽调军队以增援其北翼，于是集团军总部批准了第 4 军团于 12 月 1 日发动攻击的建议，但却已经太迟。苏联人利用泥泞得到了喘息的机会，已经从内地调来了更多的生力军，所以他们的抵抗力早已增强——由于日苏互不侵犯条约的签订，他们甚至可以从远东抽调部队。

到达东线的生力军不下 34 个师，而其中被用在中央集团军方面的又不少于 21 个。这些生力军都经过良好的训练，而且也都有适合冬季战役的衣服和装备。此外，苏军也把许多临时编成的单位投入战斗，其中有许多都是在过去战斗中受到惨重损失的部队，现在就用未经训练的新兵和莫斯的工人来补充。所以当德军向莫斯科再度发动攻击时，就可以感觉到苏军的抵抗已是大有增强，而他们的抵抗意志也同样已经增强，他们不再投降，而是死战到底。德军现在由于严寒的天气而感到了极大痛苦，冻伤的损失超过了战斗，却无计可施。引擎和一切自动武器都被冻结了，铁路机车的锅炉甚至已经破裂。到达前线的补给日益减少，燃料更是缺乏。11 月 27 日，陆军总部的军需总监坦白承认：“无论是人力或物力，我们都已到达资源的终点。”原来战略性的会战，现在已经退化为许多零星的战术性战斗。所有的预备队都已用尽，集团军总部已经处于无能为力的情况。12月1日，集团军总司令博克向陆军总部发出下述的电文，对于当时的情况作出了迫切的陈词：

陆军总部所一再转呈的危险情况报告，已经带来了攻击必须继续，甚至甘冒被歼灭危险的决定。当然，在目前仍在进行的攻击中，任何战术可能性都将尽量予以利用，但主要只限于正面行动，因为已无足够军队来作任何大规模的包围运动，同时任何种类的大规模行动也都已不可能。在更进一步的苦战中，仍可能获得有限的领土收获，并击溃若干敌军，但想获得任何战略性的结果已经不太可能了。认为面对着本集团军的敌军将会“崩溃”，这完全是幻想，过去14天的战斗即可为证明。留在莫斯科的门前，将是一种同对抗数量远占优势的敌军而作的艰苦防御战，因为敌人后方有几乎完整的铁路及公路交通网。本集团军现有的军队在这样的防御战中也很难再支持下去。即使万幸尚能再有一点进展，但我方军队也绝不够一方面包围莫斯科，另一方面又击退敌军从东南面、东面和东北面所发动的反攻。

所以很难看出继续作战还有何种意义？还有什么目的？尤其是目前我军的实力已经接近枯竭。今后应如何行动是现在必须决定的。本集团军所据守的正面战线长约600英里，而全线后方只有1个战斗力微弱的师充任预备队。在这样的情况之下，由于官兵损失惨重，本集团军已不可能抵挡有系统和有组织的攻击。加上铁路运输效率的丧失，我们既无法作适当防御的准备，也无法运送适当的补给。

> 我不知道陆军总部的意图，但假使本集团军要想平安度过这个冬季，并且能获得适当的防御，则必须给我们强大的预备队，使其能够立即堵塞敌军的突破，并好让已经匮竭的各师可以从前线撤回加以整补。另外一个必要的条件是，必须要有较可靠的铁路支援，这样前线部队始能获得经常的补给，储积必要的物资。假使这 2 个条件都不能达到，则应该立即选择一条较短和、较易防守的防线，并立即开始作各种准备，以便必要时可以在极短时间之内加以据守。

同一天夜里，哈尔德将军回电声称已经收到这份电报。并且说它的大意大致与每天转来的各单位报告相符。不过今天这份电报可算是一种明晰而合理的结论。陆军总部立即用书面将其观点呈报给了三军总部。

哈尔德在与博克讨论后，曾在其 1941 年 12 月 1 日的日记上作了下述的记载："要想从正面突破敌军的坚强阵地，对于数量早已减弱的部队而言，是一种非常艰巨的任务。他们现在已经如此的纤弱，根本不再有此可能，而必须在小型的战术突击中向前推进。所有攻击都是正面的，我必须强调我们对于军队的消耗感到十分关切，但我们必须尝试尽最后一次努力来击败敌人。不过，若最后证明那根本不可能，我们就必须再作其他的思考。"在以后几天内，根本无再思考的指令，相反地希特勒却作了许多鸡毛蒜皮的批评和不是当务之急的指示，对于经验丰富的博克元帅而言，那完全是多余的。于是博克终于开始怀疑希特勒是否对于情况曾获适当的资料。他采取了一种越级的方法，直接打电话给希特勒的军事顾问约德尔将军（国防军最高统帅部的作战处长），对部队的情况作了一种非常郑重的说明，但是所希望的停止攻击命令始终不曾来到。不过，他获得了一种概括性的允许：当损失惨重，且已无任何成功希望的情形下，可以停止攻击。这情形不久就出现了，决定权现在也就握在了集团军的手中。

第 4 军团越过纳拉河（Nara）的攻击最初相当成功，第 4 装甲兵团利用它也勉强推进了一点，但此后这些英勇的部队即已用尽了他们的全力。第 3 装甲兵团也已成强弩之末，其向南旋转的企图在布雷的沼泽地中被阻，而来自莫斯科运河方向的敌军对其东侧发动的攻击也日益趋于猛烈。12 月 3 日，第 4 军团必须从纳罗福明斯克（Narofominsk）撤退到其原有的起点。12 月 5 日，集团军总司令命令第 3 装甲兵团和第 4 装甲兵团摆脱与敌军的接触，并于以后几天内撤到从伊斯特拉到克林的较短战线。第 2 装甲军团的情况也并不好。图拉虽几乎已经合围，亚里克辛也已经攻克，但敌军对于北面和东面战线单薄曲折的防线所施的压力正在不断增强，很明显，紧急情况随时可能发生。集团军总部批准了古德里安将军在 12 月 5 日所作的决定：停止攻击，并从突出地带撤回军队以拉直战线。

温度已经降到零下 30 摄氏度。第 2 装甲军团在之后几天撤退时，引擎在严寒的天气中发生了故障，所以损失了很多装备。在南翼方面，第 2 军团到达了提门（Tim）并正向叶列茨和叶夫列莫夫前进，但却未能维持完整的正面。个别的战斗群已经推进，用来攻占道路或铁路的交叉点，在当时那被视为较重要的目标，但在这些战斗群之间却都留有开放地区，所以没用多久，敌人就开始从那些缺口中渗入。不过还真算是运气好，在那个时候敌人实力尚不足以在中央集团军的范围内对这些具有战略重要性的地区加以充分地利用。

德军全部可用军队的三分之二都已在费尼夫（Venev）到德米特罗夫（Dmitrov）之间长达 175 英里的正面战线上与敌军交战，其余三分之一的军队则用来保护备受威胁的两翼，在北面是往后折向西北。在全长 750 英里的战线上根本没有任何有价值的预备队！在第 4 军团北翼的后方有一个孤立的第 255 师，此外在广大的后方地区中另有 4 个保安师负责保护补给交通线，以对抗日益增长的游击队活动。此种情况可谓古无前例，注定了要产生极严重的后果。

在此后几天之内，集团军最头痛的就是要在可能最短的正面战线上建立一道适当的防线。敌人是否还能容许德军有足够的调度时间？直到 12 月 4 日，陆军总部外国军力情报部门（东线）仍认为“目前”苏军实力尚不足以“发动大规模攻势”，而为了这个目的他们必须还要调集相当巨大的军队。但又再度显示德国人存着幻想：苏联人很会选择时间，并立即发动反攻。最初主要压力指向的是费尼夫附近的第 2 装甲军团、在莫斯科运河上的第 3 装甲兵团，以及在加里宁附近的第 9 军团右翼。

苏军冬季攻势

此时，其他战场的情况又如何？在北非，由于未能夺取马耳他岛以作为其在地中海作战的一部分，轴心国付出了很大的代价。整个秋季，马耳他岛成为日益重要的潜艇和空军基地，而英国人从该岛对德、意两国横渡地中海的船队进行的攻击是如此地成功，以至于运往北非的补给大约有一半都沉入海底。因此，轴心国家在地中海的航运和补给情况也就开始日益危殆。1941 年秋季，英国在西地中海已经同时获得了制空权和制海权，所以德国最高统帅部，被迫将空军第 2 航空队的一部分从东线调往意大利，而德军在东线上仍在作拼死的最后决斗。德、意两国的潜艇曾重创英国地中海舰队，而马耳他岛也曾受德国空军的不断攻击。在北非，隆美尔于 12 月 7 日开始解除对图卜鲁格的围攻而向西撤退。战斗形成拉锯战，双方都已付出重大成本。到此时为止，英国人还是不曾肃清北非的轴心国军队，尤其是其胜利也不曾影响法国在北非的军队倒向同盟国方面。所以，就全体而言，地中海战场上的情况仍然是大致平衡。

日本攻击美国并向英国宣战（1941 年 12 月 8 日）对于轴心国家似乎是一线希望。英国在远东的情况现已经受到严重的威胁。不过，对珍珠港的偷袭已被证明是一把双刃剑，因为它在美国激起了公愤，不仅是对于日本侵略者，而且所有的轴心国家也跟着遭殃。当时，罗斯福总统还始终不敢确定他能说服国会通过对轴心国家的宣战案，因为要使国会同意必须要有相当站得住的理由。现在他已经有了充分的理由，不必再担心国会不肯通过了。而且无论如何，几天之后，德、意两国也已经自动向美国宣战，其理由是美国不仅不守中立，而且已经公开对轴心国家采取战争行动。因为日本投入战争，使英国发现远东地区面临激战，所以也就不能把全力用在北非。而更重要的因素是美国现在需要把其战争生产的主要部分先供其本身使用，所以被迫减少了对英、苏两国的军备补给量，直到其经济动员已经能充分配合战争生产时为止。最后，希特勒希望他可以得到一段时间来在苏联获得决定性战果。

若能如此，他在欧洲就可以保持行动自由，而在东线战场没有后顾之忧。

在东线战场上，南方集团军的目标为顿河流域、顿涅茨盆地的大规模重工业区和富饶的克里米亚半岛。到 11 月中旬，第 11 军团已经到达并围攻塞瓦斯托波尔（Sevastopol），但却不能再向前推进。第 6 军团于 11 月 2 日攻克了哈尔科夫，并在不久之后到达顿涅茨盆地。第 1 装甲兵团改名第 1 装甲军团之后，与其北面的第 17 军团，于 10 月 20 日进占斯大林诺（Stalino），但此后苏军的抵抗即转趋强硬。此外，地面也变得泥泞不堪，使装甲部队只能缓慢前进。苏联人从高加索（Caucasus）调来生力军并开始转移攻势，他们是如此成功，迫使德军放弃已在 11 月 29 日攻占的罗斯托夫（Rostov），撤过米乌斯（Mius）河，遭到了重大损失。在这一方面，德军的实力对于远距离目标的作战也不适当。尽管受到此种重大顿挫，但它还是守住了顿涅茨盆地的大部分，并阻止了苏军的反攻。伦德施泰特元帅因预知到了罗斯托夫的挫败而反对希特勒不准撤退的命令，于 1941 年 12 月 3 日被免职，而由原第 6 军团司令赖赫劳元帅接任南方集团军总司令的职务。

北方集团军的南翼在瓦尔代丘陵为苏军所阻。11 月中旬它到达提克洪（Tikhoin），但在 12 月初，苏军的反攻又迫使它退回到沃尔霍夫河（Volkhov）的后面。尽管苏军攻击猛烈，北面的第 18 军团还是勉强守住了施吕瑟尔堡（Schlusselburg）。为了攻占列宁格勒并毁灭苏军在奥拉宁堡（Oranienburg）的桥头阵地（长 25 英里，宽 12 英里），德军虽经苦战，但仍未能达到其目的，二者仍在苏联人的手中。所以，德军想要在拉多加湖上与芬兰军队会师的努力也终于失败，这对于芬兰人也是一种极大的失望。由于期待德国对于苏联能够获得迅速的胜利，芬兰已经动员了每一名能够拿起武器的男子，但由于经济需要，又不得不让许多人复员，将他们再送回工厂和农村，于是许多单位都必须整编。尽管如此，芬兰人却还是英勇地继续维持其在列宁格勒西北面和斯维里（Svir）的包围战线。

在中央集团军之下的各师，平均实力现在都已降到了正常员额的一半。损失最惨重的为军官和士官，许多营现在都是由中、少尉指挥，许多连长都是由士官来充任。严寒的天气，平均都在零下 30~40 摄氏度，冻伤造成的损失非常重大；加上许多人事实上都还没有冬季服装，又时常在野外露营，所以情况也就更为严重。戈培尔（Goebbels）在德国国内发动的替东线战场部队募捐寒衣的运动，还被妒忌和猜疑军人的纳粹党领袖们利用来作为攻击国防军的资料。陆军的马在严寒之中受到的痛苦也十分巨大，尤其是作为饲料的燕麦因为补给的中断而十分缺乏，当地可以找到的饲料主要都是干稻草，那些可怜的动物由于营养不良而无法抵抗残酷的天气。

摩托方面的情形也是同样的恶劣。由于缺乏燃料和冬季油料，装甲和摩托化车辆都不能行动，无线电台也都无法工作。要使这个集团军的补给维持一种可以接受的水平，每天需要 26 列车的物资，但在这个紧急阶段中，每天能到达的列车通常都不超过 8 列，最多也只有 10 列，其原因主要是苏联铁路的效率本来就不太高，而战争的损坏又使其更加降低，何况还要受到游击队的经常破坏。此外，严寒的天气也经常使火车头发生故障。从铁路终点到前线还有一段很长的距离，那要由本身已经损失惨重的补给纵队加以负责，有时甚至要用到雪橇等工具。有些补给虽可空运，但其数量却极为有限。整体而言，补给情况已经陷于瘫痪。

简而言之，人员已经用尽了全力，在以后的战斗中，局部的撤退往往会变成张皇失措的溃败。此种突然和意料之外的恶化足以使人们产生重大的失落感，也使人员对将领丧失信心；而后者在这样的情况中也感到责任沉重，从而难以决断。不过一般说来，尽管压力沉重、困难重重，部队的士气还是很高昂。集团军总部以及高级指挥官们都知道，自从情况变得对敌人有利，并容许他们集中兵来发动反攻之时起，前途也就日益艰险了。

毫无疑问，苏联军事领袖们也已考虑到严寒的冬季天气赐予他们的利益。他们已经把生力军送入莫斯科地区——很明显，不曾为德国空军的长程侦察机所发现。若以德军的标准来评判，这些单位中有许多战斗价值不太高，但他们的数量却可以抵补其所缺乏的素质——以数量而言，他们可以说是享有压倒性优势。此外，苏联的人和马都能习惯寒冷的天气，而且他们对补给的需要也少到令人难以置信的程度。他们的服装和运输工具都能适应恶劣的天气，而补给线较短也是一种极大的利益。最后，当他们知道已经自敌军手中拯救了莫斯科——他们心爱的首都，在士气上也是一种很大的激励。在这样的环境中，苏联当局也就认为反攻的时机已经来到了。1941 年 12 月 5 日，所谓“加里宁方面军”（Kalinin Front）在柯涅夫将军指挥之下，首先发动反攻；而朱可夫将军所指挥的“西方面军”（West Front）也在次日转为攻势。

第二表　1941 年 12 月东线军力比较

	苏联	德国
部队（11 月）	1.5（1.2）	1（1）
火炮和迫击炮（11 月）	1.1（1）	1（1.7）
飞机（11 月）	2（1.7）	1（1）
坦克（10 月底）	1（382）	1.6（750）
战防炮	1	2

（原注：此比较表为典型的苏联战时报告，精确数据并未出现。）

当德军开始撤退时，困难也就变得非常巨大。遍地都是积雪，除道路以外几乎是寸步难移，而要想把道路上的雪扫清也都不容易，所以德军只要一次撤退几英里路远，就不免要遗弃一些宝贵的物资和装备。即使在这样的条件之下，苏军还是机动得多，他们跟在德军的后面穷追不舍，使用穿雪鞋的步兵单位来追击撤退中的德军。他们同时也从侧面攻击撤退中的纵队，使德军几乎随时都在战斗，而不能获得迫切需要的喘息机会。德军各单位的指挥官用尽心思，利用困境中的临时措施来克服困难，但直到 12 月 8 日，希特勒还不曾认清在战术情况上已经发生了一种根本性的改变。在第 39 号命令中，他命令德军撤到一条应由布劳希奇选定的较短防线上，同时，装甲和机械化单位应撤回休息和补充。这一条新的短防线是应能解决食宿问题，并使补给情况变得较为容易。从这个命令的内容上看来，很显然，希特勒坐在温暖的地下办公室内，对于前线上的真实情况一无所知。敌人正对第 3 装甲兵团施以最重的压力，并且早已突破其正面战线，到达了克林—加里宁铁路线。所以集团军总部派了一个小型战斗群，包括着第 255

师的 1 个团和 1 个陆军工程营，向克林方向前进。不过，由于道路的挤塞，这支军队只能非常缓慢地前进，因此必须由第 4 装甲兵团提供援助。直到目前为止，第 9 军团已经成功地封住了苏军向加里宁东南面的突破，并已从其左翼派出一个师来对付加里宁方面军。这整个地区现在都已燃起战火！ 12 月 8 日，集团军总部把第 3 装甲兵团放在第 4 装甲兵团之下，以便统一指挥。

虽然战斗极为艰苦，但第 2 装甲军团的撤退仍能照计划进行，不过许多物资和装备的损失还是无法避免。在这一方面最令人感到忧虑的是，在图拉西南方有一个宽达 12 英里的缺口，一端为第 24 装甲军和第 43 军，另一端则为第 2 军团。第 2 军团脆弱的正面战线早已在颜里兹附近被数量优势的敌军渗透了。

集团军总部已经感到无能为力，于是在 12 月 8 日向德军总部报告，无论苏军在何处发动大规模攻势，它都已无拒抗之力；同时，它也要求加速增派预备队。但陆军总部又从哪里抽调预备队呢？事实上哪里都没有。陆军总部本身也已经陷于极端困难之中，不仅是对于前线的情况感到深切关心，而且主张保持较大弹性的参谋本部也与希特勒的意见日益相左。希特勒的疑心日益增大，所以气氛也就日益恶劣。哈尔德在 12 月 7 日的日记中抱怨地写着："陆军总司令现在已经和传令兵差不了多少。但最坏的事情是国防军最高统帅部完全不了解部队的情况，在应该做决定时却以为马马虎虎就可以应付过去。"希特勒会跳过陆军总部而直接和集团军总司令，甚至野战指挥官接触；陆军总部一再被完全摆在一边。经过了许多周折和犹豫，集团军总部终于获得了行动自由，于是它立即命令应准备把库尔斯克—奥廖尔—梅登（Medyn）—勒热夫之线作为"冬季阵地"（Winter Position）。虽然在 12 月 10 日曾宣布有若干个师将从西线调来，但博克并未因此而改变其决定，因为即使在最好的情况之下，他们也还要有好几个星期才能到达。

到 12 月 18 日为止的这个阶段中，新的危机沿着全线不断此起彼落地爆发。第 3 装甲兵团的主力有被切断的危险。第 4 装甲兵团发现其两侧都已受包围威胁。在第 9 军团的正面上，数量远占优势的敌军已经扩大其对加里宁东南的突破。依托在伏尔加水坝上的南翼必须收回，并且也已开始准备撤出加里宁（12 月 14 日）。只有第 4 军团尚能守住它的阵地，并成功使用最后的预备队来堵塞苏军的局部进入。在谢尔普霍夫（Serpukhovo）以西，苏军的大规模攻击随时都可以发动。在图拉以西，敌人已经扩大原有的缺口并向西南施加压力。为了企图封住这个缺口，早已残破不堪的第 137 师又被动用。到 12 月 13 日，第 2 装甲军团必须开始撤退。其主要的问题是南侧面太长，苏军已深入，有两个师已被切断，而敌方的骑兵也已越过其后方向北行动。为了在这个地区建立统一的局部指挥，集团军总部把第 2 军团暂时放置在第 2 装甲军团之下。危险的是，敌军有足够的兵力并几乎成功地击败德军。当 12 月 13 日，布劳希奇来到斯摩棱斯克的集团军总部时，他对于情况已有了充分的认识。在这样的环境中很容易使他深信逐渐撤到“冬季阵地”实乃无可避免。不过，他却认为自己无权下达有关撤退的必要命令，所以在 12 月 14 日，他谒见希特勒并希望能获得他对于撤退建议的同意。希特勒是准备同意在加里宁地区中的第 3 和第 4 装甲兵团，以及第 9 军团作局部的撤退，同意古德里安可作一种闪避行动，但他却禁止在后方战线完成准备之前作任何其他的撤退。换言之，集团军的主要部分仍然要留在原地不动。不过自从布劳希奇自前线返回后方之后，希特勒似乎终于开始了解前线的情况和部队的惨状，并且也已经知道德军正面临着极严重的威胁。不过，他同时也知道——感谢非常高明的宣传手段——他仍然享有全国军民的信仰。事实上的确如此，他所说的任何话仍然带有极重的分量，足以帮助增强士气。所以在 12 月 16 日，他命令在战场上的军人应对敌人作“疯狂的抵抗”，次日他又向博克元帅和古德里安上将坚持对于已经赢得的地区必须不惜一切代价加以据守。其命令中最重要的部分有如下述：“不可作大规模的撤退，那只会使重武器和装备受到必然的损失。不惜冒着本身的生命危险，指挥官和他们的军官们必须强迫其人员作疯狂的抵抗，不管敌军是否已经突破其侧面或后方。只有这样的作战方式才能争取必要的时间，好让我所已经命令的从国内和西线调来的援军可以赶上。仅当预备队已经到达后方阵地时，才可以考虑前线部队向该阵地的撤退。”在另一段中他承诺派补充营——一部分用空运——以支持已受严重减弱的各师。他同时又宣称在 1 月间，将派 5 个师到维捷布斯克（Vitebsk）正面上；到 1 月中旬，另有 2 个师和 2 个补充师也可以在德国的东部边界上准备就绪。同时指示戈林派 4 个轰炸机大队、1 个双发动机战斗机联队和 6 个运输机大队来增强第 8 航空军。

这件命令使此后任何自动的撤退都不再可能，它虽然是非常基本的措施，但却能应付眼前的危险，并为官兵所忠实服从。12 月 19 日，此项命令发布 3 天之后，正患严重心脏病的布劳希奇元帅辞去了陆军总司令的职务，希特勒于是亲自接管陆军的最高指挥，他说：“任何人都能颁发一些战术命令。总司令的任务是要教育陆军，使之具备国社党的精神。我不知道有任何陆军将领能够执行此种任务而使我可以感到满意。”

同时，他也暗示博克元帅可以请假去作一次长期的“休息”。12 月 19 日，第 4 军团司令克鲁格元帅接替了他的位置。最初，他和各军团司令发生了若干冲突，那些人对于希特勒的干涉均表示不满，他们感觉到行动自由受到限制，责任感受到损害。事实上，克鲁格倒也不是一个“应声虫”，在必要时他也毫不犹豫地向希特勒表示自己的意见，但他又毫不容情地执行希特勒的“死守”命令。古德里安不愿意接受这种命令，所以在 12 月 25 日遭到撤职，不过这与他和克鲁格之间的私人摩擦也似乎不无关系。从此时起，除非事先已获希特勒的亲自批准，否则不得作任何撤退。但这也表示地区指挥官已无任何行动自由，不管时机是如何危急，却不得当场作紧急的决定，而必须经过层层的转报先向上级请示，时常在接到批准的命令时就已经太迟，而使生命和装备受到许多不必要的损失。

苏联最高统帅部的目的是要击败企图从南北两面包围莫斯科的德国装甲部队。为了达到这个目的，有两支强大军队同时在行动。接着就是准备从每一个外翼上发动包围，以求毁灭整个正在忙于应付全面攻击的中央集团军。

苏军的“牵制”作战经常沿着整个正面到处发动攻击。苏军反复试探德军防线周界寻找弱点，并利用它们来发动小规模和大规模攻击。这种“试探”式的攻击规模大小不等，有时只用一个营的兵力攻击一小段正面，有时也会用到几个师的军队攻击很宽广的一段。通常是先以炮击，但也并不一定如此。有时在连续数日的炮兵攻击之后，又以一波波的人海战术进行夜间奇袭。在大量消耗各种炮弹后才进行作战，有时使用大家都害怕的多管火箭，即所谓的“斯大林风琴管”（Stalin Organs），因为它像迫击炮一样精确。在德军的防御火力之下，进攻的苏军损失惨重，但每当一支军队消耗过多时，它就会被调往后方整备，而另外的生力军则用来替换，继续不断地猛攻下去。一般说来，苏军的攻击方法并无任何高明之处，他们的部队指挥官缺乏足够的想象力或弹性，不能对他们的成功作大规模的扩张。不过沿着全线都没有任何“安静”地区，正像第一次世界大战时的典型壕沟战一样。

对于苏军的牵制战术固然无详述之必要，但我们却必须了解其对于大规模包围行动的重要性，因为利用这种战术，苏军能够阻止德军从正面上抽调军队来应付其他方面的压力。整体而言，这种战术算是成功的，尽管付出的代价非常高。

第 2 装甲军团的绵长侧面使苏军获得了充分的进攻机会。他们用 3 个军团对付第 2 装甲军团，又另用两个军团对付第 2 军团。同时，其第 50 军团，加上 3 个骑兵师，则进入第 2 装甲军团与第 4 军团之间的缺口。12 月 20 日，苏军的前进沿着提门—利夫内—奥多耶夫（Tim–Livny–Odoyev）之线受阻，两个被包围的德国师也成功突围而出，不过所受损失当然很重。每一师所剩余的都不超过 7 个连，并丧失了所有的火炮。预计苏军新的大突破企图将会指向奥廖尔的方向，因为据报已有苏联生力军分为 3 支纵队从叶列茨方向平行前进。中央集团军与南方集团军北翼（第 6 军团）之间只有宽松的接触，而南方集团军经允许的援助也来得太慢，来到之后又感到军队不够强大（1 个军，实际上还不到两个步兵师）。所以当苏军于 12 月 20 日发动一轮新攻击时，情况就显得非常紧急：苏军 22 个步兵师和 5 个旅，在利夫内和其以北 30 英里的费科伐（Verkhova）攻击德军 8 个减弱了的师。在此种压力之下，第 2 装甲军团和第 2 军团撤到提门—孟特森斯克以西和贝里夫以南之线（冬季阵地），并用尽一切的努力才勉强暂时守住了那个位置。

苏军在奥廖尔的突破企图已被击退，但北翼上的情况仍然极端危险。苏联军队涌入这个缺口，其中包括强大的骑兵军队（近卫骑兵军）和滑雪部队，并攻占柯希尔斯克（Kosielsk）。第 2 装甲军团司令建议用第 24 装甲军进攻敌军的南侧面，但获得批准时却已经太迟，所以到最后发动时于 12 月 27 日在别廖夫附近受阻。苏军现在利用机会来肃清到苏希尼奇和尤赫诺夫（Yukhnov）的道路。苏军进向尤赫诺夫的目的是想通过钳形行动来包围第 4 军团的南翼，于是又造成极危险的情况。原先准备用来填补奥卡正面上缺口的德军现在必须一下火车之后就立即投入战斗。第 43 军，现在第 4 军团指挥之下，在卡卢加附近向西北转趋侧翼以免受到苏联骑兵的包围。12 月 26 日，第 40 装甲军被送入这个缺口，到现在它已经宽约 40 里，以求在两个军团之间重建接触。作战军队为第 10 装甲师和第 10 机械化师，每个师的战斗效率都只能相当于一个团，所以只能作缓慢的进展。德军必须据守尤赫诺夫，因为第 4 军团的补给线通过这个城镇。所以，为了防御它，就必须使用手边立即可以调用的军队来将其南面迅速建立一道防线：于是从正面上抽出第十五装甲师，另外还有一个补充营用空运送到。

第 4 军团对于其南翼的暴露深感忧虑，但正面上的情况也同样严重，苏军又在不停向前压迫。大批苏军从第 43 军与第 13 军之间突破了防线，切断了第43军，然后向小雅罗斯拉韦茨（Malo-Yaroslavets）迂回。在不断的压迫之下，希特勒终于不得不同意给予该军团在右翼和中央有限度的行动自由，于是其中央部分能缓慢撤退到小雅罗斯拉韦茨以南的普罗特瓦（Protva）地区。但苏军的压迫并未放松。12 月 29 日，苏军又突破该军团北翼上第 42 军的正面，所以现在第 4 军团的两翼都已不设防，换言之，该军团正被此攻击逐步逼退。集团军总部于是强烈要求希特勒允许全线撤退，但希特勒不予理会。1942 年 1 月 1 日，他命令第 4 军团的北端正面无论在何种环境之下都必须坚守，并且还要把在北翼上已凹入的战线再度拉直，但是在重压之下的第 4 军团根本无此能力。所以 1 月 2 日，集团军总部命令第 4 装甲兵团从北面攻击，以求关闭两个军团之间的缺口。但还是太迟，以致丧失了有利的机会。

到 12 月底，第 3 和第 4 装甲兵团，与 3 个军团的苏军苦战之后，终于勉强稳住了在鲁扎（Ruza）和拉马（Lama）两地段中的阵地，尽管只有一条饱经暴风雪侵袭且又结冰的道路；第 4 装甲兵团的北翼也已与第 9 军团取得联络，但自 12 月 20 日起苏军的攻击仍然不停。不过到月底时，由于第 3 装甲兵团获得了少数预备队的援助，敌人的突破又暂被封住。尽管如此，面对着压倒性优势的敌军，情况仍然十分紧急，任何时刻都害怕有再被突破的可能。这两个装甲兵团都已经损失惨重，不过至少他们是已经安全地撤回到较短的防线上，尽管苏军花了很大的努力，还是不曾把他们消灭掉。不过，克鲁格要从这两个兵团中抽出预备队来的希望还是落空了，因为大雪、风暴，加上燃料缺乏，已使那两个兵团暂时无法动弹。

现在第 9 军团的正面已经向西折回，而每一个已经减弱的师都必须据守 10 英里到 25 英里长的战线。无疑，这样的情况会引诱苏联人向南深入整个集团军的后方而使其全军覆没。使用 4 个军团——包括许多生力军在内，苏联人有理由感觉这个目的是可以达到的。最初，第 9 军团的右翼还能缓慢撤退，虽放弃加里宁，但正面仍然完整并能与左面的邻军保持接触；接着苏军就倾全力来攻击该军团的右翼和中央。集团军总部虽一再要求希特勒允许撤回到“冬季阵地”，但希特勒仍然坚持不准，他打算同意的仅为在敌方压迫之下无可避免的撤退，并且仍继续要求对于任何村落和任何据点都必须守到最后为止。1 月 2 日，他甚至禁止第 9 军团放弃“一寸土地”，当然这还是不能改变现实情况；在尔塞夫方面军的正面现在已经破裂，也引起了新的危机。强大敌军似乎正向奥斯塔什科夫（Ostashkov）地区的北面与中央两集团军的分界点上攻击，这两个集团军的内翼只构成一条非常单薄的防线，所以很明显苏军新的攻击会指向这个地区。

当新年开始时，除了许多局部的危险点以外，显然又有两个主要焦点，苏军明显是想在这两个点上寻求战术成功。苏军在这两点大量集结，并准备进行作战计划——毁灭中央集团军。在南面，苏军是想要扩张战果，后通过苏克辛基攻向维亚济马或斯摩棱斯克；而在北面，则希望突破集团军的界线，并在第 9 军团的后方执行一个致命的包围运动。就攻势特性而言，苏军已经分别在此南北二点上集中压倒性优势的生力军，对久战疲惫的德军所构成的单薄防线加以攻击，以求能迅速而确实地达到其目的。

由于战斗损失的惨重和冻伤的肆虐，德军防线上的人力非常短缺，防线的长度与相对于防守所应有的兵力已经不再成一个合理的比例。有许多地方，所谓“战线”只不过是一些孤立的据点，毫无防御纵深可言；时常也不可能构筑防御阵地，因为十字镐挖不开冻结了的地面，那只有用炸药才行。从司令部、补给纵队和后勤单位中，还能够使用武器的人都已被送上前线，但这也和用空运送来的增援一样——杯水车薪，无济于事，战斗人员仍然极感缺乏，而且也毫无办法可想。

在这样的情况下，苏联数量优势也就具有压倒性；同时苏军也比较机动，并对于冬季行动有较佳的适应能力，强大的战斗群渗入德国防线并突然在其后方出现，增援的苏军又从在德军战线上已撕开的裂口中涌入，结果是缺口越来越大，而德军又无适当的预备队来加以填塞。不准放弃寸土的命令使人员往往陷入肉搏战中，仅当受到重大损失之后，始能勉强脱身，所以现在前线上的下级军官也都力求在尚有时间时赶紧撤退。

现在经常下雪，道路必须经常清扫，始能将极少量的弹药和粮食送到前线，否则部队根本无法作战。铁路以及将部队运往前线的运输车辆在过度使用下，也几乎停顿了；飞机场也为深雪所掩盖，所以空军的行动也极感困难。

在前线上到处都传来迫切求救的呼声，所有高低各级军官的神经都已紧张到快要崩溃的程度。集团军总部因为距离够近，所以对前线的情况是具有相当程度的了解，但坐在东普鲁士大本营中的希特勒对此却仍然毫无认识。克鲁格竭尽全力想使他明了前线上到处都是缺口，只有让突破口当地的指挥官保有较大的行动自由，照他们自己的判断立即采取行动，才能阻止敌人的突破。克鲁格再三指出，给予他们此种行动自由乃绝对必要，时间拖延越久，人员和物资的不必要损失也就越大。集团军必须缩短防线，才能抽出预备队，并设法填塞在尤赫诺夫的缺口。希特勒的答复是：在这样的情况中，甚至一个战术性的撤退也都会使整个正面发生动摇，并在人力和物资上造成重大损失；他又说，相反地，假使德军寸土必争地打下去，也就可使苏军损失过多以至于无力前进。当然，希特勒总是对的，在 1941 年 12 月 28 日，他又重申前令，并说寸土必争的绝对必要，并将此令视为尔后陆军和空军的作战指导。在前线的人们对于这样的命令百感交集，但他们却仍然服从。

此时，苏军正在苏希尼奇地区企图在 3 个方向上扩展他们的进入。1 月 3 日，苏希尼奇已完全受到苏军包围，被围的守军——为吉尔沙战斗群（Gils Group）的 4000 人——仍在作顽强的抵抗。苏联人现在把他们的主力移到西面和南面，第 2 装甲军团的北翼有被包围之虞，就目前而言，这也是最危险的地方。1 月 4 日，德军当局决定从南北两面同时发动攻击以求封住这个缺口。第 208 师和第 211 师从布良斯克前进，另外还有一个师也被允许调来增援。第 2 装甲军团则抽调第 10 机械化师的军队，并将左翼（第 53 军）向后方撤退。第 4 军团急于希望保持到尤赫诺夫的交通干线畅通，并且使用第 10 装甲师的部分兵力，再加上一两个营，相当成功地守住了那个城镇；此时，在其正面上却抽不出更多的预备队来，因为苏联第 43 军团正在向西前进，并已经突破第 57 军的正面，所以第 4 军团两侧都已受到包围，并被压缩在一个狭窄的地区中。在这种极端紧急的情况之下，第 4 装甲军团司令霍普勒将军（Gen. Hoepner）决定自己下令撤到一条较短的战线，很明显，如果不这样做，敌人即将突破其防线——他立即被撤职，并且不光荣地被开除军籍。希特勒是决心把他当作一个靶子。到 1 月 11 日，情况又变得十分紧急，苏军第一近卫骑兵军突破了尤赫诺夫南面的单薄掩护线，并越过交通干线向维亚济马方向前进。经过拼命的苦战，敌军又暂时被逐败，于是至少就眼前来说，补给运输又可再度恢复。此种迫切情况使集团军总部决定立即从南面发动反攻，而不再等待所已选定的军队全部完成部署。1月16日，一支相当微弱的德国军队在零下40摄氏度的天气中，开始向苏希尼奇进攻；到1月24日，他们的一支小型矛头已经与被围的吉尔沙战斗群取得联络。但不久即来了新的不愉快奇袭：苏联第61军团已经向南突破到达第53军的后方。次日，这支苏军的前进算是暂时被阻止了，但采取两面合围的方式以切断苏军的计划却终于必须放弃，因为已经没有可用的军队。

在德国方面迫切需要某种彻底的决定。1月2日，苏联第39军团已向尔塞夫的西北突破，并向南在维亚济马的方向上攻占了不少的地面，也就威胁在瑟乔夫卡（Sychevka）的德军交通线，第216师和第339师的部队用空运调来，构成一条新防线，并与武装亲卫队骑兵旅（SS Cavalry Brigade）合作以切断敌军的后方交通。但苏军现在又把生力军（第29军团）送入这个突破地区，在1月10日那一天，强大的苏军攻击在沃洛科拉姆斯克（Volokolamsk）附近的第3装甲军团，并在那里发生激烈战斗。要归功于第一装甲师所作的一个英勇攻击，苏军的攻击在瑟乔夫卡附近终于被阻止了。但在此时（1月9日，即前一天）苏军又已在奥斯塔什科夫突破两个集团军的分界线，并且正通过这个缺口不断地涌入。

苏军在两个突破点上——苏希尼奇和尔塞夫——继续维持压力并不断地增援，到1月中旬遂明白指出苏军的目的是想在维亚济马地区中包围中央集团军。由于已经不再有预备队，所以德军的状况也就无法支持下去，从德国国内或西线战场抽调预备队是远水救不了近火，因为交通情况的恶劣，到达必然太迟，所以留下来的唯一途径，就是缩短战线来增加预备队。在克鲁格与希特勒之间几乎是经过了无穷尽的讨论，直到 1 月 15 日，后者才终于同意前线的中央部分可以逐步撤退到以前已经准备的冬季阵地。但希特勒又加上了一项条件，即在撤退开始之前，必须先补起第 4 军团与第 4 装甲军团之间的缺口。在此之后，堵塞在尔塞夫的突破就应被视为最迫切的任务，同时在南面的交通干线必须保持畅通，直到德军可以发动攻势以对付其突破时为止。第 2 军团改由南方集团军指挥，以免中央集团军无法兼顾；此外南方集团军现在也已有了对抗来自沃罗涅日（Voronezh）地区的苏军压力的责任。

1 月 15 日，中央集团军命令放弃在卡卢加（第 4 军团）、鲁沙（第 4 装甲军团）、沃洛科拉姆斯克（第 3 装甲军团）的 3 处突出阵地，并且从 1 月 18 日到 24 日，把全线分段撤至最后的冬季阵地。

事实上，在以后几个星期内，德军的计划时常完全受到苏军的破坏，所以集团军总部的烦恼也似乎永无休止。情况时常变得空前恶劣，苏军的包围企图造成了接二连三的危机，仅凭德国部队的英勇作战，才能绝处逢生。到此时，所有的指挥官都已经感到心力交瘁。这不是笔墨所能形容的。

1 月中旬，莫德尔将军（Gen. Model）接管第 9 军团，其前任司令施特劳斯将军（Gen. Strauss）由于健康原因而被迫辞职，莫德尔的强烈性格不久就发挥了作用。当集团军东面在对冬季防线作有系统撤退时，第 9 军团的左翼（第 23 军）又勉强与第 6 军重建了接触；第 46 装甲军从南面进攻，并终于在尔塞夫以西围困了苏联第 29 军团及第 39 军团的强大军队。苏联的第 30 军团企图突破在尔塞夫以北的德军正面，以求与被围的第 29 军团及第 39 军团（共 7 个师）会合，但终被击退。尽管迅速集中的德军单位还是勉强能够替中央集团军和第 9 军团守住这条重要补给线并使其保持畅通，苏联第 11 骑兵军却几乎一直深入维亚济马以西的公路上。等到苏联的空降部队在维亚济马的西南两面降落，并切断德军的补给线时，情况也就变得更为严重。

在两个集团军分界线上被撕开的缺口现在差不多已经宽达 60 英里，苏联第 3 突击军团向西前进，直趋大卢基（Velikiye-Luki）；而第 4 突击军团则向南直趋韦利日（Velizh）和杰米多夫（Demidov）。这 2 个军团原来属于苏联“西北方面军”，但在 1 月 21 日改属“加里宁方面军”指挥。这些军队的明显意图为把包围圈向南延伸，来切断德军的后方交通，并掩护其本身的西侧面。快到 1 月底时，德军指挥部使用第 246 师来进攻比罗，并在 1 月 27 日包围该镇。但两天之后，苏军又已成功地解围，并使其对于任何更进一步的攻击都能屹立不倒。现在第 83 师被用来反攻韦利日和大卢基，而第 330 师则经过鲁德尼亚（Rudnia）进攻杰米多夫，而后面还有第 205 师跟进。这些单位，以及分散在这个广大地区中的其他军队，现在就都由投入战斗的第 59 军指挥，因此能对费特希斯克和大卢基地区中的重要铁路及公路交会点提供大致的保护。2 月 1 日，所有这些还正在零星到达的单位都由第 3 装甲军团统一指挥，并赋予阻止敌军南进的任务。至于大卢基则听其自生自灭。

想在撤退到“冬季防线”之前，将第 4 军团与第 4 装甲军团之间的缺口加以封锁，已经证明是不可能的，苏联第 33 军团在 1 月 18 日意外突破了德军战线，并从东北直趋尤赫诺夫，推进到距离该镇大约 10 英里的地方。德军从南北两端发动反攻以求堵塞突破，最初还获得相当的进展，当等到两支军队相距大约在 6 英里以内时，攻击即成为强弩之末而自动停顿。不过苏军也已经力竭，到2月3日，当德军新军队从前线抽回驰援之后，就已经切断维亚济马的苏军后路。这个时机也恰到好处，因为苏联骑兵单位已经突破在尤赫诺夫西南主要交通干线上好几个地方的防御。经过苦战之后，一个七拼八凑的第40军成功地肃清了道路上的敌军，尽管仍在苏军的火力威胁之下，但补给车队又可以继续畅通无阻了。

尽管最初认为他们不曾加入战斗，但苏联第33军团和近卫骑兵军的一部分突破德军防线。在广大的森林地区中，他们与1月18日以来即不断降落的伞兵及空降部队会合，加上日益活跃的游击队，对集团军后方形成相当程度的威胁。保护交通干线的战斗仍在继续进行，那些已被切断的苏军都企图和从东面来攻的苏军主力会合。不过，德军的防线还是守住了，而苏军的攻势也就逐渐趋于尾声，并且已经疲惫不堪、损失重大。德军成功地撤入冬季防线，并在尤赫诺夫和尔塞夫附近进行了成功的防御战，这是形成新防线的第一步。期待在2月间可获得进一步增援的德军当局，现在认为最恶劣的危险已经被克服，并估计在3月中旬泥泞季节来临之前，可以发动一个成功的攻击来消灭苏军的突出部分，并解决斯摩棱斯克—维亚济马重要补给线所面临的严重威胁。

前瞻与回顾

在初期的包围战之后，遥远的目标——莫斯科，变得越来越近了。自从斯摩棱斯克会战之时起，中央集团军的作战构想几乎是完全集中于这一个目标上，而将其他目标排除在外，主要是因为它必然在这次作战中扮演决定性的角色。集团军总司令——博克元帅坚持这种看法，如同我们先前所提到的，甚至当希特勒的构想与陆军总部的军事目标发生冲突时，仍然开始在前线付诸实行。希特勒在1941年8月21日决定应先打基辅会战，其他深远的目标则置于其后，但结果却并不理想：顿涅茨盆地的丧失和列宁格勒的包围都不曾使苏军实力受到重大减弱，反而把德军的战线拉得太长。假使陆军总部能够说服希特勒接受它的提议，在斯摩棱斯克会战之后就立即集中全力向莫斯科前进，回顾当时，我们便可以合理地推断出，部队经过必要的休息后，可为8月底的新攻势重新部署。于是，结束在戈梅利（Gomel）地区的侧翼战斗后，维亚济马—布良斯克双重会战也许就可以提早5个星期进行，而以后对莫斯科的前进，也就可以在干燥的天气和有利的条件之下来进行；如此，苏联人也就不能调集足够的预备队，或使其首都完成防御的部署。当然，如果这个提议已被执行，在侧翼上也许会发展出来不可忽视的危险，尤其是来自南翼的威胁。不过，若南方集团军的北翼能与中央集团军保持密切接触，那么它们将足以稳当地应付。至于北方集团军也许根本就不应将焦点放在列宁格勒，而应考虑越过瓦尔代丘陵向东前进，两翼的威胁将因此而解除，德军东线部队的主力也就能更加地集中并向莫斯科进攻。有良好理由相信中央集团军能到达莫斯科地区，甚至莫斯科本身；在那里它将同时遭遇敌军主力，也将自动地会在莫斯科前接受会战。现在有个不重要的推论：是否在这样的情形之下，苏联人将准备进行求和？毕竟希特勒的所宣称的目标是摧毁布尔什维克主义。无论如何，有一点却可以断定：整个冒险的东线战役，其致命的错误就是在所有各方面——政治、经济、军事——都低估了敌人。苏联的军事潜力远比德国领袖们，尤其是希特勒本人，所推想的更为强大。在东线的夏季和秋季作战很快就使德国陆军总部和所有的战地指挥官都立刻承认现在所面对着的敌人，与过去在波兰、法国、巴尔干等战役中所遭遇者完全不同。苏军的顽强固执，以及对于侧翼是否毫无设防都完全不在乎；甚至在人员和物资受到重大损失后，生力军也一再出乎意料之外地到达，苏联人在数量上的巨大优势，以及行动空间的广大——这些都是德国人前所未有的经验。至少，到莫斯科会战到达转折点时，国防军最高统帅部必须认清这次非常危险的作战，在兵力不足的情况下，早已经开始，所以，就结果而论，导致第二次世界大战军事史中这个第一重要转折点的原因，既不是意料之外的巴尔干战役所造成的延误，也不是基辅会战所浪费的宝贵时间，更不是晚秋季节使地面变得无法通过的淤泥，而是希特勒这位以“战略家”自命的政客所作的错误判断。他交给军事指挥官们一些不可能的任务，并给予他们弱到无法达成任务的军队。

在苏军大举反攻的期间，紧接着好几个月的激烈战斗中，双方都表现出过去难得一见的技巧和勇气。在3个月的战斗中，苏联人投入117个新的师，而德军用来对抗的则是中央集团军的久战疲兵，一共只获得9个师的微弱增援！这种实力悬殊的生死苦斗居然不曾使中央集团军完全崩溃，这似乎要算是一个奇迹。有些军事文献曾指出，中央集团军以及整个德国东线军队之所以免于重蹈拿破仑大军的覆辙，应归功于希特勒“不惜任何代价，死守不退”的命令；这种说法所具有的真实性非常低。诚然，任何在压力之下的撤退必然伴随着装备和物资上的损失，同时，让士气低落的部队进行长距离的撤退有产生溃散的危险。但事实上，德军仍能维持其士气，他们的优越感在12月曾经一度发生动摇，但很快就恢复常态。当有阻止敌方突破的必要时，常常是官兵们本身采取主动。“不惜任何代价”的政策在人力上所付出的成本极大，使得军事实力不可遏止地加速减弱，因为已无任何有价值的预备人员可供补充之用。任何“长距离”撤退根本不成问题，因为在 12 月中旬，“冬季防线”在正面线的后方距离并未超过 50 英里。第 2 军团、第 2 装甲军团和第 9 军团所曾采取的行动使他们到 12 月底时，已经非常接近或已到达了冬季防线，证明了在没有损失太多的物资和装备的情况下，撤退已经执行，对士气更是毫无不利影响。希特勒对于其战术所提出的辩论理由实在相当牵强，也并无任何明显的理由，说明为什么这种撤退不可以提早执行。当然，即使中央集团军已经提早撤退，仍不能躲避敌人寻求的决战，不过它至少可以在较有利的环境之下进行战斗，因为撤到较短防线之后，可使它更有可能调集预备队；此外，另一个重点是，它将与主要的补给线变得更为接近。

所以，有许多的证据都指出，若在 12 月撤回到冬季防线，将可很顺利地执行此种任务。有关希特勒所提战术将更迅速、更彻底地消耗苏联人的论点同样不可采信，因为它忽视德国军队同时也在付出伤亡惨重代价的事实。稍加思索就可以证明，希特勒“不惜一切代价固守”的命令使中央集团军免于崩溃的命运实乃无稽之谈。希特勒的命令似乎对军事上的考虑远低于对个人威望的担忧：一种不合理但却非常有技巧的政党宣传活动已经把他塑造成为“古今最伟大的军事天才”，所以在这样的环境之下，他感到自己根本不能撤退。

在这种情况的发展下，另有一个因素开始扮演一种日益重要的角色：自从接管德国陆军的指挥权以后，希特勒就把缰绳紧紧地握在自己的手中；事实上，他已经把陆军总部及其以下各级司令部的情况降低到“只不过是传令兵”而已。克鲁格曾经建议采取一种较有弹性（也就是较有效率）的战争指导方式，但却遭到顽固的拒绝。同时，德国历史中曾对这个国家有许多贡献的所有有效并为人所信服的古老军事原则，现在也被藐视为旧式的和落伍的，希特勒对于参谋本部制度的不信任已经变得日益显著，这也就导致一种灾难性的的行动方针，特别是由希特勒“死守”政策的所有成功推论出，“它是所有未来军事行动的万灵丹……根据准则的高明领导和有技巧的调度将被鲁莽不智的行动所取代；纳粹政治叫嚣的战术将传达到战地……在某种紧急情况下，要求前线上的官兵将他们最后一点力量都用出来，将转化成一种永久而绝对的规律”。

莫斯科会战的最后结果是双方暂时都达到了彼此战力的最低点，双方都不曾达到其目标。德军的确不曾攻占莫斯科，虽然它一度看起来几乎就在掌握之中；而苏军也的确不曾击溃和毁灭中央集团军。到 1942 年春季，沿着整个东线的德国军队再度进入战备状况，而在补充了新的人员、物资、装备之后，其机动性也已经恢复。不过即使如此，还是不能沿着整个正面战线发动一次全面攻势，因为现在战线已经长达 1700 英里。目前强行发动决战的唯一希望，就是把所有的装甲和机械化单位都集中在某一地区之内。只有这样，才可能有足够的实力——再加上德国同盟国的援助（罗马尼亚、意大利和匈牙利现在已经一共贡献了大约 35 个师的军队）——来赢得胜利。

不过，莫斯科会战的军事和政治意义是：其原定在 3 个月到 5 个月之内征服苏联的伟大计划终归于失败，而这个失败结束了德国“闪电战”的时代。1939 年，作为政治家的希特勒曾经大言不惭地宣称，从今以后德国只需一面作战；但现在两面作战却已成无可改变的事实。更有甚者，同盟国追求最后胜利的决心也已经得到了心理鼓舞。在赢得了一连串的胜利之后，德军终于打了一个败仗。德军已经丧失了其“不败”的威名。

东线未来战争方针的主要问题是：希特勒和他的亲信顾问们是否已经得到了这次冬季战役的教训，是否准备将这些教训用在1942 年的战争指导之上。

大事记（六）1942年1—10月

战争部分（轴心方面）

1月（全月）：德国空军向马耳他岛发动猛烈攻击。

1月至7月：大西洋之战第四阶段，近300万吨被击沉。

1月11日至2月7日："鼓声"（Drumbeat）作战；德国U艇在美国外海击沉14.2373万吨。

1月：日军在西里伯斯、新爱尔兰、布干维尔、新不列颠、婆罗洲及安汶（Ambon）登陆。开始进攻缅甸。

1月21日：隆美尔发动反攻，夺回昔兰尼加，德军到达艾加查拉。

2月9日至15日：日军攻占新加坡。

2月：日军登陆苏门答腊、巴厘岛和帝汶岛（Timor）。

2月12日至13日：德国军舰"格奈森瑙""沙恩霍斯特"及"尤金亲王"通过英吉利海峡。

2月19日：日本舰载机对达尔文港发动猛烈空袭。

2月27日至3月1日：爪哇海战，日军在爪哇登陆。

2月14日：日本海军计划在印度洋作战。

3月：日军在新几内亚和安达曼岛登陆。

3月8日：荷属东印度投降。

4月2日至5月10日：德国空军加强对马耳他的攻击。

4月4日至9日：日本舰载机大举空袭锡兰及孟加拉湾地区。

4月5日：发布有关1942年夏季攻势的第41号元首命令。

4月16日：日本拟订“战争第二阶段”作战计划。

4月20日：德军突破德米杨斯克的包围圈。

4月29日：日军在腊戌附近切断中缅公路。

5月4日至8日：珊瑚海的海空会战。

5月4日：德国国防军最高统帅部颁发“大力士”作战——攻占马耳他——的指示。

5月5日：日军在科雷希多岛登陆。

5月5日：日军第18号命令——中途岛之战。

5月8日至15日：德军攻占刻赤半岛。

5月17日至25日：哈尔科夫会战。

5月23日：德国U艇撤离美国东岸。

5月26日：德军开始在北非的最后一次攻击［忒修斯行动（Theseus）］。

6月7日至7月4日：德军攻占塞瓦斯托波尔。

6月12日至16日：两支前往马耳他的英国护航舰队的17艘船中，被击沉15艘。

6月20日到21日：德军攻占图卜鲁格。

6月28日：德军开始对伏尔加河地区和高加索发动攻击。

7月1日至10日：德国空军和U艇将盟军前往摩尔曼斯克的船团的32艘船击沉了20艘。

7月19日：德军潜艇主力再度前来攻击北大西洋航运。

7月21日：第4装甲军团越过顿河。

7月23日：颁发第45号元首命令。A集团军奉命收复罗斯托夫。

1942年8月至1943年5月：大西洋之战第五阶段。北大西洋护航舰队战斗。380万吨被击沉。

8月9日：萨沃岛海战结束。德军攻占迈科普和皮亚季戈尔斯克。

8月10日："轴承"作战；英国马耳他护航队受到重创。

8月15日至19日：U507艇攻击巴西海岸船只。

8月18日至19日：英国和加拿大部队发动迪耶普突袭。

8月21日：德国国旗飘扬在厄尔布鲁士峰上。

8月23日至25日：所罗门群岛东方航舰舰载机作战结束，无胜负。

8月30日至9月3日：隆美尔最后一次攻势受阻。

9月1日到15日：第6军团和第4装甲军团由北方和西方向斯大林格勒前进。

9月6日：德军攻占新罗西斯克。

9月12日："拉科尼亚"号事件。U156艇搭救生还者时，遭到美国飞机轰炸。

9月25日：陆军参谋总长哈尔德辞职，由蔡茨勒继任。

10月3日：德军攻占斯大林格勒郊区奥尔洛夫卡。

10月7日至17日：德国U艇在开普敦外海出没，击沉11.4万吨。

10月10日：德国空军再度发动对马耳他的攻击。

10月14日：德军攻占斯大林格勒的捷尔任斯基牵引机工厂。

10月18日：希特勒发布"突击队"命令。

10月26日至27日：圣克鲁斯群岛海空战斗。日本战术性胜利。

政治部分（轴心方面）

1月18日：德意日三国缔结军事同盟。

1 月 20 日："万湖（Wannsee）会议"：犹太人问题以"移民"和"其他措施"处理——到战争结束时共消灭了 500 万犹太人。

2 月初：在戈林主持之下，德国科学家在一次秘密会议中一致认为在几年之内不可能生产原子弹。

2 月 8 日：施佩尔奉派为军需部长。

3 月 21 日：绍克尔奉派为劳工动员局长（750 万外籍工人和 3000 万德国平民投入德国经济活动）。

4 月 26 日：希特勒向国会要求全权为德国人民的福祉采取所有有必要的措施。

4 月 29 日：希特勒与墨索里尼在贝希特斯加登会晤，讨论地中海区域的战争指导。

5 月 27 日：波希米亚和摩拉维亚帝国摄政官海德里希被刺杀。

5 月 29 日：希特勒收容印度反英运动领袖苏巴斯·钱德拉·鲍斯。

5 月 30 日：卢森堡被并入德意志帝国。

6 月 10 日：捷克利迪策村被摧毁，以报复暗杀海德里希的行动。

6 月 12 日：希姆莱批准"德国东部计划"，迫使东欧人民离开自己的国土。

9 月 30 日：当冬季救济活动发动时，希特勒宣称德国士兵将不会放弃任何攻下的土地。

战争部分（同盟方面）

1 月：第一次计划北非登陆。

2 月 8 日：苏军对德米杨斯克完成合围。

3 月：英国皇家空军开始攻击德国工厂和 U 艇基地。

3 月 8 日：仰光沦陷。

3 月 28 日：英军袭击圣纳泽尔。

3 月 28 日至 29 日：英国皇家空军大举空袭吕贝克。

4 月 18 日：杜立特指挥美机空袭东京。

4 月 23 日：英国皇家空军对罗斯托克 5 次连续夜袭的第 1 日。

5 月：护航组织引进美国东岸。

5 月 30 日至 31 日：英国皇家空军对科隆进行千机轰炸。

6 月 1 日至 2 日：英国皇家空军对埃森进行千机轰炸。

6 月 3 日到 7 日：日本人在中途岛外海的海空战斗中战败。

6 月 12 日：美国陆军航空队首次攻击普洛耶什蒂油田。

6 月 25 日：英国皇家空军对不来梅作千机轰炸。

7 月 10 日：苏联最高统帅部将第 62 军团和第 64 军团投入斯大林格勒防御战。

7 月 24 日：英美两国参谋本部同意暂缓入侵欧洲。准备登陆北非，“火炬”作战加速进行。

8 月 7 日至 8 日：美军在瓜达尔卡纳尔岛登陆。太平洋战争的转折点。

8 月 17 日：美国第 8 航空军首次自英国基地发动攻击。12 架 B-17“飞行堡垒”轰炸卢恩火车站。

8 月 18 日至 19 日：首次由“探路机”（雷达引导机）指挥对弗伦斯堡进行空袭。

9 月 22 日：艾森豪威尔将军确定 1942 年 11 月 7 日为联军登陆北非的日期。

10月4日：苏联最高统帅部代表们在斯大林格勒召开作战会议。

10月9日：苏联指挥官们重获自主权。

10月11日至12日：美国和日本巡洋舰群在埃斯佩兰斯角外海海战结束，美方胜利。

10月23日：英军在阿拉曼发动攻击。

政治部分（同盟方面）

1月1日：26国签订华盛顿公约，同意不单独对德国媾和。

1941年12月22日至1942年1月14日：华盛顿会议［阿卡迪亚（Arcadia）］。

1月15日：韦维尔将军接管ABDA指挥部。

1月28日：第一批美军到达英国。

3月17日：麦克阿瑟将军奉派为西南太平洋战区联军最高统帅。

4月8日至17日：霍普金斯与丘吉尔在伦敦会谈，马歇尔访问伦敦。

4月14日：决定入侵欧洲的计划：准备在1943年登陆。

5月26日：莫洛托夫访英并签订一项英苏条约。

5月29日至6月1日：莫洛托夫访美。

6月11日：英国内阁决定在有足够兵力前，不进行法国北部的登陆。美苏签订互助原则协定。

6月18日至26日：第二次华盛顿会议（丘吉尔、罗斯福）。

7月18日至25日：丘吉尔、霍普金斯和美英的参谋本部代表在伦敦会谈。

7月23日：罗斯福支持英国先在北非登陆的建议。

7月24日至25日：决定采用“火炬”作战，联军登陆北非。

8月6日：艾森豪威尔将军奉派为“火炬”作战的联军统帅。

8月12日至15日：斯大林、丘吉尔及罗斯福代表哈里曼在莫斯科会谈。

8月18日：蒙哥马利将军奉派为英国第8军团司令。

8月28日：巴西向轴心国家宣战。

地中海（1942）——阿拉曼之战

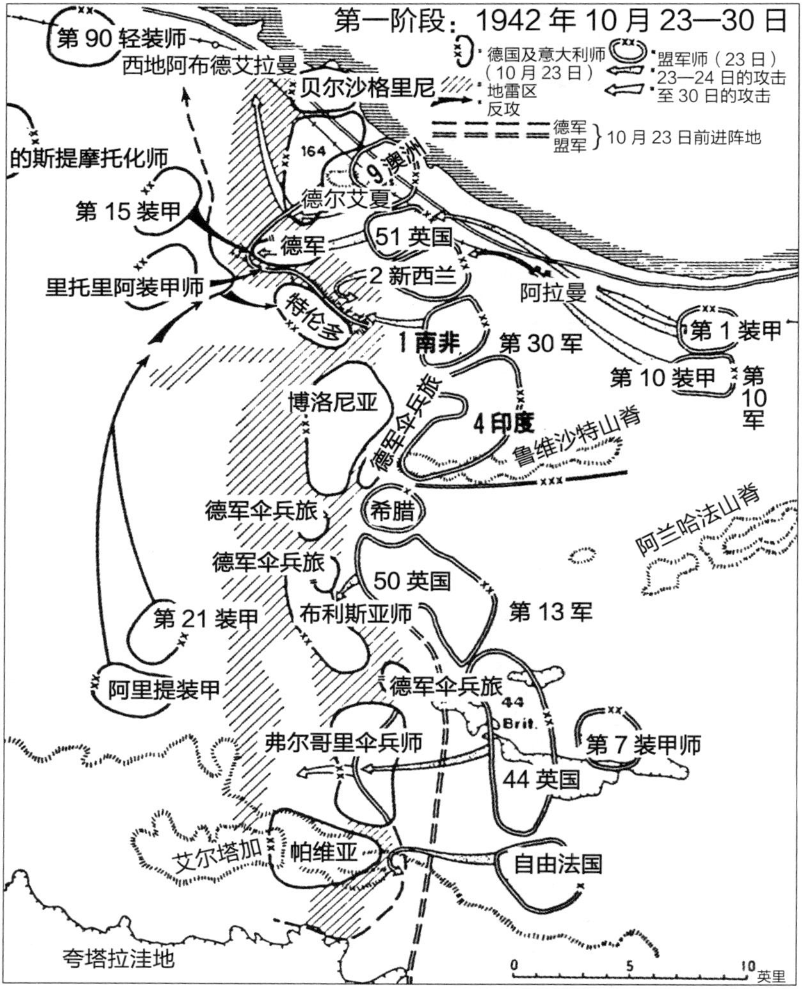

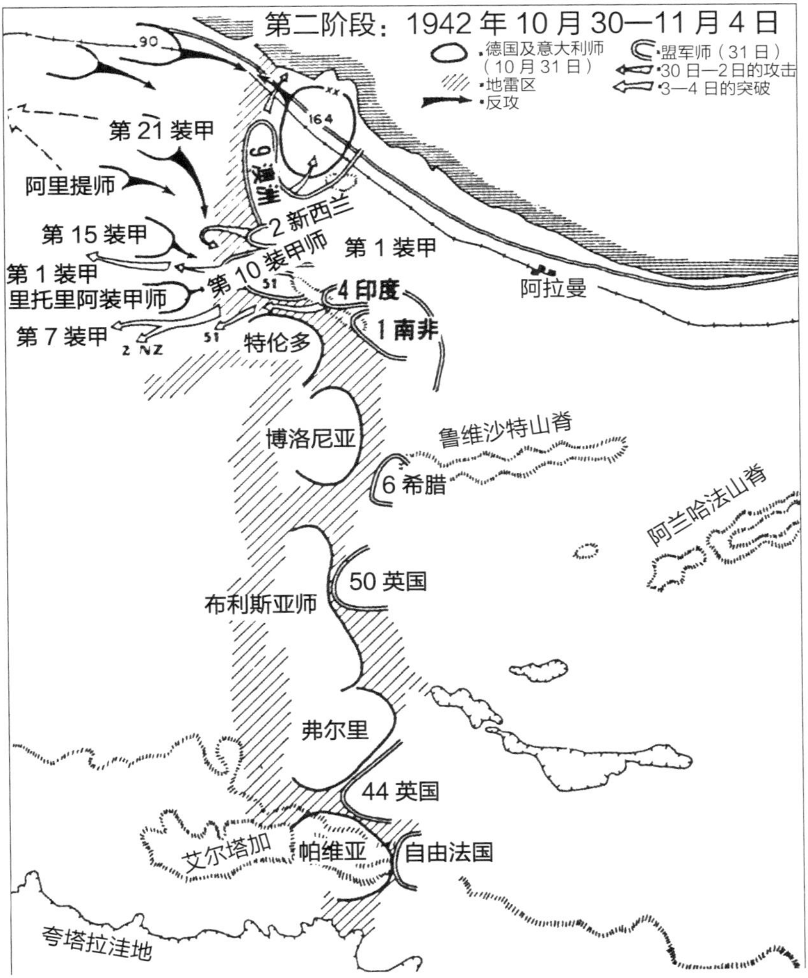
第二阶段：1942 年 10 月 30—11 月 4 日
德国及意大利师（10 月 31 日）
盟军师（31 日）
30 日—2 日的攻击
3—4 日的突破
地雷区
反攻
90
164
第 21 装甲
阿里提师
9 澳洲
2 新西兰
第 15 装甲
第 1 装甲
第 10 装甲师
第 1 装甲
里托里阿装甲师
51
4 印度
1 南非
第 7 装甲
2 NZ
51
特伦多
阿拉曼
博洛尼亚
鲁维沙特山脊
6 希腊
阿兰哈法山脊
50 英国
布利斯亚师
弗尔里
44 英国
艾尔塔加
帕维亚
自由法国
夸塔拉洼地

第五章　地中海的决定（1942）

瓦尔特·瓦尔利蒙特将军

地中海的决定是由于英国第8军团在阿拉曼（El Alamein）的胜利和联军在法属北非的登陆所造成，这两件事都发生于1942年11月。但从较广义的观点上来看，先前几个月也应属于这个决定性阶段之内。在地中海方面的斗争从一开始就是变化莫测的，在某些时候似乎轴心国家对于具有重大后果的战略性胜利是已经触手可及，但最后又还是同盟国家获得了成功。不过，在1942年的春、夏两季中，德、意两国的攻势必须算是这种“决定”的一部分，它的失败也就成为“结局的开始”。

任何对此战区战事的研究，必须奠基于此：英美等国自始即享有全面性的优势。第一，居住在地中海沿岸的人民惯于接受英国人的统治；第二，同盟国一开始就握有一些非常重要的据点。这种优势因为双方最初的战略目标具有根本上的差异而强化，其程度和重要性是绝不可低估的。从一开始，英国人即认为地中海是其帝国的生命线，而他们的目的是要确保制海权和制空权，若有可能，则更希望控制整个北非。

反过来说，自从意大利人在1940年底第一次企图攻击苏伊士运河惨败后，轴心国家就只以保护意大利在的黎波里塔尼亚（Tripolitania）的北非殖民帝国的核心部分为满足。甚至连这一点希特勒也都还是犹豫再三，才同意对其意大利同盟国提供必要的援助——这个决定的达成，主要是因为害怕意大利若丧失了在北非的殖民地，则很可能会退出轴心组织。

轴心国家在北非的作战一开始就打败仗，直到 1941 年春天隆美尔登场之后，情形才完全改观。在第 10 航空军支援之下，他把相当少量的轴心军队集中起来，领导他们在一次大胆的推进下直冲到埃及的边界。由于整个巴尔干在同一时间之内也被占领，而德军又正要开始发动对苏联的攻击，所以德国人现在对于地中海也就有资格作更富雄心壮志的想法。希特勒开始考虑一种钳形运动，其南端将从北非通过埃及而深入中东，并击碎不列颠帝国。

但在任何这一类富有雄心的计划尚未形成之前，在北非的轴心军队又已经被逐回到苏尔特（Sirte）湾的起点位置上。这正当 1942 年初，而在东线也正面临着全面的冬季危机。此外，由于受到珍珠港的刺激，美国现在已与轴心国家交战。这种不幸的命运逆转，加上沿着地中海的补给线损失日益增加，更明白显示地中海战场是由海权控制的——而英国人又已经恢复了制海权。第 10 航空军为了支援巴尔干战役已经调到东地中海并停滞不动，不顾一切回防的忠告。利用从地中海西部航空母舰上飞入的战斗机，英国人已经成功地把马耳他岛再度变成一个具有相当实力的海军基地。在 1941 年秋季，K 部队（Force K）最早只有两艘巡洋舰，之后增到 4 艘，再加上若干驱逐舰的支援，遂能从事拦截轴心国家越过地中海通到北非的补给线。意大利舰队尽管仍然享有数量优势，但却不能消除此种威胁。

除了缺乏战斗经验以外，意大利舰队很不幸地也缺乏一支有效的航空军队；同时它也没有雷达，而英国人却早已在使用。此外，燃料（石油）更感缺乏，这就使本来由于过去的重大损失而凡事谨慎的意大利海军领袖变得更为慎重。

1941 年 11 月地中海海军实力之比较（仅列可作战舰艇）

军舰种类	意大利	英国地中海舰队（亚历山大港）	K 部队（马耳他）	H 部队（直布罗陀）
战舰	5	3		1
航空母舰				1
重巡洋舰	3			
轻巡洋舰	8	6~18	2~4	1
驱逐舰	34	21		7
潜水艇	46	11	12	6

（此外德国尚有 6 艘潜艇。）

德国第 2 航空舰队的司令凯塞林元帅已在 11 月 28 日被任命为南方战区总司令，带来了相当实力的德国空军，使德军在地中海再度获得了空中优势。同时在海军实力的比较上也发生了巨大改变，原因也是由于德国潜艇大批调入地中海——在 9 月到 10 月间调来 6 艘，在 11 月和 12 月又调来 20 艘。同时意大利舰队的活动也已增加。德国潜水艇击沉了英国航空母舰“皇家方舟”号、战舰“巴汉”号、巡洋舰“加拉太”号各 1 艘。意大利人用他们的“载人鱼雷”（Human Torpedoes）在亚历山大港内使两艘英国战舰“伊丽莎白女王”号和“勇敢”号受创而无法出海。接着“K 部队”又在的黎波里（Tripoli）以北驶入意大利海军所布的一处雷阵，结果使其巡洋舰“海王星”号和驱逐舰 1 艘沉没，另有 2 艘巡洋舰“欧罗拉”号和“佩内洛普”号受重伤。这些损失使英国地中海舰队几乎丧失了一切重要单位，而英国皇家海军部在此时也无补充能力，因为远东战争的爆发使其所有可用的军队都受到牵制。

由于轴心国家在海空两方面都已享有优势，北非的补给情况也就随之而改进，也就容许隆美尔再对胜利作另一次追求：他再度率师向埃及进攻。1942 年 1 月 21 日；他率军冲击正准备继续前进的英军中央。英军受到完全的奇袭，立即溃败，所以在极短时间之内，隆美尔的军队就到达了班加西与图卜鲁格之间的中点德尔纳（Derna）。在这次大攻势中，意大利人还是意兴阑珊地跟着走，但是它却鼓励德国领袖们回想起他们在前一年的伟大计划，并希望这一次能与在高加索方面的进一步攻势相配合。

这次发展的内在弱点就是战略考虑跟在战术成功的后面走，由于隆美尔在沙漠中的卓越胜利，于是过于乐观地假定隆美尔的伟大威名和他作为战场领袖的无比能力，足以抵消敌方实力的不断增加而有余。同样地，德国空军在空中的优势也被认为足以抵补轴心国家在海权上的弱点；尤其是在攻占马耳他岛的问题上更是如此。该岛在此时已经证明为英国在地中海的最具威胁作用的据点。

轴心国家寻求决定（1942 年 4—9 月）

1942 年具有决定性的事情是以 4 月 2 日德国空军在意大利空军支援之下，向马耳他发动一次强大攻势为起点。南方战区总司令的任务为“在地中海替轴心国家建立一个有力的根据地，以作为轴心国部队更进一步发展的基础”。作为此种任务的先决条件，必须毁灭马耳他岛上的军事设施。这个岛位于轴心国家对北非补给线的中点上，必须使其不能产生妨害作用。但正像年初时因为德国空军实力增强得太迟，所以不能阻止轴心国家在北非受到挫败一样，这一次对马耳他的空中攻击又发动得太早，以至于未能对拟议中的登陆行动有所裨益——为了对整个东地中海的作战提供一个真正可靠的基地，轴心国家考虑攻占该岛。

当德、意两个领袖于4月29日和30日在贝希特斯加登（Berchtesgaden）讨论在地中海的未来目标，以及进一步作战的时机等问题时，德国空军对马耳他的攻击已经差不多进行一个月了。德、意两国之间始终没有联合作战参谋机构的存在，任何想要组成这种机构的努力都不曾成功，因为这两位独裁者彼此内心里并不互相信任。所以，在这种稀有的会晤中，他们不仅要讨论联合战略的基本问题，而且还时常要谈到基本细节问题。

自从年初隆美尔在利比亚再度发动攻击，意大利人即曾采取慎重的保留态度，在这次会晤中，墨索里尼对未来的行动仍然是这样。在德国方面，希特勒重提越过埃及进攻的旧计划——他视之为“巨变的机会成熟”——并由此包围英国在中东的阵地。但墨索里尼及其参谋总长卡瓦莱罗元帅（Marshal Cavallero）则无论如何，至少在目前，不愿在此时同意超过利比亚到埃及边界。他们同时也坚持“马耳他的征服”为北非战争继续进行的真正必要条件，所以轴心国家必须以此为立即目标。不过他们——也像德国人一样——已经认清要想用突袭方式攻占马耳他岛已不再可能，而且他们更进一步宣称在3个月内，将不曾参加任何对该岛的有组织攻击，所以若是采取希特勒的观点，也就无异于放弃在北非继续进攻的一切希望。同时，英国人也正准备阻止轴心方面的进攻，来作为本身发动决定性攻击的前奏。马耳他岛是使意大利人感到踟蹰的主要理由，而马耳他岛也是使英国人感到要加速推进其计划的主要理由。因为在北非反攻也无异于间接解救马耳他岛，丘吉尔认为，如果该岛连同守军 3 万人和大炮几百门都丧失了，将是一场巨大的灾难，那将妨碍其在地中海地区的一切未来计划，甚至会影响将来尼罗河谷的防御。

经过详细的军事性讨论，两个轴心国家元首最后决定“在目前”，隆美尔的装甲部队应于 5 月底在北非发动攻击，假使可能应攻克图卜鲁格，然后再继续进到埃及边界为止，到那个时候——6 月中旬，或至迟为 7 月的月圆时——“大力士”作战（Operation Hercules），即攻占马耳他——也就可以付之执行。

虽然这似乎是当时唯一可能的决定，但问题还是太多。即使轴心国不因太多的耽误而丧失主动权，情势仍因各项不当措施和缺失而显著恶化，这些缺失一开始就困扰着地中海战区的作战指导。隆美尔本人不曾出席这次会议，但他仍想确定作战发起的日期，当他后来获知两位元首无意先行尝试攻占马耳他岛时，不禁深感失望。同样地，空军第 2 航空舰队司令凯塞林元帅也眼睁睁地看着自己被剥夺了达成这次成功的空中攻击最终目标的机会——攻占马耳他岛。在另一方面，意大利人也被迫同意一项与其本身计划相违反的决定。希特勒一向就反对在马耳他岛登陆的构想，当一年多前这项构想第一次提出时，他就曾加以反对，所以他现在对于这一点的同意也非常勉强。举例来说，他坚持在 5 月 10 日向马耳他岛发动攻击之后，空军第 2 航空舰队的强大军队就要撤走，以便参加即将来临的东线夏季攻势。在10天之后（即5月21日）他似乎已经完全放弃了攻占马耳他的想法，因为在他的亲信人员面前，他已经公开宣称对于“大力士”作战的准备只不过是心理战而已。

虽然德国伞兵部队已经移驻意大利的南部，但是不用空降作战来企图攻占马耳他岛的决定却又早已作成。希特勒现在反对登陆该岛比在1940年反对登陆英国还要更激烈，原因则完全相同：他不认为有足够可用的军队，尤其是在海军兵力上，能够适合此种任务，同时他也不准备甘冒失败的危险。而且无论如何，在他的观念中马耳他也并不太重要，因为他深信隆美尔的新攻势能够克服图卜鲁格，轴心国家越过地中海的补给线即可在克里特岛保护之下通到该港，加上那里更靠近前线，所以也就更方便。稍后，当两支驶往马耳他的英国运输船队几乎完全为德、意两个海空军击毁时，希特勒更提出进一步的看法，认为不应故意放弃此种使英国人在船只、人员和补给上受到重大损失的机会。

不过，这并不能改变下述的事实：在1942年的春季，德国最高统帅部虽有远征中东的伟大计划，但其所依赖的是一条不确定的越过地中海的补给线，少数吞吐量很低的利比亚港口，以及沿着北非海岸的一个狭小地带。而且在那一年还另有一个重要难题：在巴尔干不再有足够军队可以与之作联合的进击。引诱土耳其投入轴心阵线的希望已不再存在，所有在东地中海的阿拉伯国家也都已恢复对英国殖民主义的效忠，把他们的领土提供给西方同盟国作为预备部队休养中心之用。在轴心国占领区域的西面，西班牙对于其自愿采取的“不交战”政策所作的解释对轴心友邦越来越不利。在轴心作战地区的侧面和后方还有法属北非，轴心国的政策一向不曾认清其重要性并一再忽略之，现在这个地区有完全脱离薄弱的轴心国军队控制的危险。

5 月 26 日，也就是在德意两国元首会晤的 1 个月后，隆美尔依照计划准时在沙漠中发动了新攻势，使用德国非洲军（装甲师和轻型师各 1，坦克 333 辆）和意大利第 20 军（装甲师和机械化师各 1，坦克 228 辆）来对抗英国第 30 军（2 个装甲师和 1 个机械化旅）。意大利的第 10 和第 21 军，共 4 个步兵师，负责牵制英国第 13 军（3 个机械化师）。空军第 2 航空舰队已重组强大军队以支援攻击，一共有德国飞机 542 架对抗英国沙漠航空军（Desert Air Force）的 604 架。此时，轴心海军军队也控制着马耳他岛，所以补给线现在也几乎完全畅通，能累积足够维持一个月的补给。不过，却未能如计划在北非建立真正巨大的补给基地，所以补给的维持仍然要依赖越过地中海的海运能正常不断，再加上长距离的陆运，往往在尚未到达目的地之前，有一部分补给——尤其是燃料——势必会先损耗。

隆美尔的新攻势恰好比敌方所想发动的攻击早了几天。英军补给充足，装备精良，尤其是在弹药方面更是不虞匮乏；他们在机械化的程度与数量上，以及在装甲的某些素质上，也都占了优势。至于在其他方面，双方的陆上和空中军队大致相等。

一开始，乐观的希望就受到挫折，因为当德军装甲部队向南迂回时，不久即在比尔阿肯（Bir-Hakeim）遭遇坚决的自由法国第一旅的强烈抵抗。在此种情况之下，意大利当局开始有以初步成功为满足，而过早将注意力转移到马耳他方面的趋势，但在 6 月 11 日及 12 日，德国陆空军再度发动攻击，终于攻占了这个在沙漠中的要塞。接着为攻占英军的坚强据点“骑士桥”（Knightsbridge）

又作了一次苦战。到6月20日，德军迅速攻占图卜鲁格要塞，也就获得了这次作战的胜利荣冠。

一天以后，由于这次新的卓越胜利而晋升元帅的隆美尔又再度站在埃及的门前，而这一次的情况要比一年前还要有利，因为当年图卜鲁格要塞在英国精兵据守之下，对于相当微弱的轴心军队等于芒刺在背。现在图卜鲁格已在轴心国家的手中，作为几万战俘的收容站。除了俘获大量补给，港口也几乎毫无损坏，所以补给情况大为改善。现在的前方只会遭遇到很小的抵抗。强大的英国第8军团及为了攻势而准备的预备队，连同其火炮、战防炮及坦克，似乎已经彻底瓦解冰消。

发生争论的决定

隆美尔胜利的速度和规模，使德国领袖们不愿意执行他们与轴心伙伴之间达成的谨慎决定，相反，他们希望继续扩张胜果。另外，意大利当局则热烈希望现在执行双方联合议定的计划，所以坚决主张隆美尔军团应在埃及边界上改取守势。或许是预感到什么事即将发生，墨索里尼在卡瓦莱罗建议之下，于6月21日送了一封信给希特勒，敦促他巩固已获得的成功，并转而进攻马耳他，在攻下之前不再作更进一步的前进。但目前在德国指挥部中盛行的观念却完全不同，在听到攻占图卜鲁格的消息之后，希特勒又再度恢复5月21日的决定，并在军事顾问的面前宣称任何攻占马耳他的企图“仅此一次”，不再列入考虑——因为很明显马上就要向苏伊士运河方面去追击英国人。

因此，无论是北非战场上获胜的指挥官力劝，或者是国防军参谋部和德国海军参谋部的支持，都敦请希特勒“忠告”墨索里尼应扩张隆美尔的胜利，这也就是他在6月22日答复墨索里尼的信件要旨。信中对马耳他几乎是一字不提，希特勒已经被胜利冲昏了头脑，他坚持现在已经达到“一个历史转折点”，而那对于整个战争的结果将可能具有“决定重要性”，英国第8军团已经“实际被消灭”。如此情况在那个战区中将不曾再现，所以对胜利的“最迅速和最完全扩张”实在迫切需要，这需要“不间断的追击”直到英国军队完全被毁灭时为止，否则等到他们获得增援之后，情况又可能会再度变得“对我们不利”了。这次“英国人可能会丧失埃及”，而塞瓦斯托波尔的攻占也已经打开通往高加索的道路，以“推翻不列颠帝国整个中东情况”。“历史性时刻”这句话打动了墨索里尼，希特勒的主张正撼动着人心。最后，希特勒忠告他的独裁伙伴说：“幸运女神在战场上只会靠近指挥官一次，任何人若是不把她抓住，以后想和她见一面都很难。”

从这封信上夸大的措辞背后，可以看出这个决定性战略，轴心国并不以缜密的联合参谋方式进行运作，反而以极为不同的方式进行规划，更可看出轴心伙伴的战略目标在彼此间存在基本的差异，而这又与他们的战争方法具有密切关系。德国领袖，因为受到东、南两方面初步伟大成功的鼓舞，于是把眼光扩至整个中东；罗马方面则坚持在地中海的轴心基地必须首先得以安全——当然，同时也应确保北非意大利帝国的安全。此种利益和方法的冲突也反映在现场的领导上。基于过去的经验，意大利人不愿意再前进以寻求新的成功，除非补给问题已经完全解决。在另一方面，德军总部则深信由于英军第8军团已经崩溃，现在乘胜攻入埃及的战术条件也已经成熟，它同时也相信补给条件已经比过去任何时候都更为改善，尤其是隆美尔宣称对于一般补给的需求，可以利用所夺获的英军大批囤积物资，至于弹药和燃料则可取自图卜鲁格，而且现在也已经有了大量俘获的英国卡车可供运输之用。此外，他还可利用通往埃及的窄轨铁路。假使轴心继续胜利，则亚历山大港、连同苏伊士运河，不久都将落入轴心军队的手中，于是遥远孤立在战线后方的马耳他——也就会丧失其重要性。

相反地，意大利高级指挥部对于攻占该岛的战役，并不准备全力以赴。虽然在其 6 月 21 日的信件中，墨索里尼曾经向希特勒保证意大利已作充分准备，但同时他又要求德国至少提供 7 万吨燃料油，确保意大利海军可以维持所需的战力。单为了这个原因，不同于敌方可能同时自西地中海运送机群，来增援马耳他岛上的空军军队而造成的干扰，即使当最后“最有利的时机”来临时，他们仍然无法窥破目前的战机。意大利人现在认为 8 月才是一个有利的时机，如果 8 月的机会错过了，墨索里尼就建议等到明年春天再说。

此种对于可能性的检讨，明白地指出在 1942 年 6 月底，轴心国领袖们被迫在马耳他和苏伊士之间作一选择，隆美尔的军队究竟应该留守原地还是继续前进？若是停止不进，意味着放弃对隆美尔的胜利进行全面的扩张，那显然是违背了德国人的主要战略原则，而且这样做无异于把行动自由再交还给敌人，必然会使轴心国家再丧失主动权。值得一提的是，德国在北非战场上的指挥官曾经两度把一个搜索行动变成大规模的攻击，所以无论是在何种情况中，无论所接到的是何种命令，他都会采取某种手段来扩张胜利并贯彻其自己的意图。

事实上，在 6 月 22 日，还尚未正式被授予以行动的全权之前，隆美尔所采取正如同他以往的行动，他命令他的军队继续追击敌人到达利比亚、埃及边界后约50英里处的西迪拜拉尼。在这个时候，意大利方面的观点也有了相当的改变——墨索里尼现在担心轴心国的成功可能不曾受到“充分的利用”，而且他倾向于相信隆美尔的判断胜过他的顾问。所以，事实上，希特勒的信不过是推开一扇已经半开着的门，并使意大利统帅部有机会放弃对于德国计划的反对。美国记者在开罗报道中关于隆美尔眼前的大好良机，以及轴心国方面窃听到发自拘留在亚历山大港内的法国军舰与海军部间的无线电通信，都暗示英国人正拟从该港撤退；所以也就使意大利统帅部感到相当兴奋，从6月23日起开始发出一连串的新命令，指示其部队参加对英军的追击，准备进入埃及并直达苏伊士运河，顺便攻占开罗，同时也攻下亚历山大港。凯塞林元帅最初表示强烈反对，因为他认为确保补给路线和空中优势都不无困难，但为将来能对英国在尼罗河谷基地进行空中攻击，现在也只好接受新的决定。墨索里尼如此自信以至于他打算亲自飞往北非，并且还空运了一匹白马，以便他可以骑着它，亲率他的部队，以征服者姿态进入开罗城。

越过了这个最高峰之后，轴心国方面的成功只不过又维持了几天而已。在越过利比亚、埃及之间的国界并向正面前进，德、意两国的装甲部队非常迅速地把英军逐退到西迪拜拉尼以及梅尔沙—马特鲁（Mersah-Matruh）要塞地区。但在6月30日他们又突然在阿拉曼的要塞阵地上受到意想不到的强烈抵抗。经过3天的苦战之后，隆美尔元帅以及他的幕僚们被迫承认这次从6月中旬开始的追击已经结束——不过他仍假定这不过是暂时的结束。经过6个星期的追击和激战，攻击军队开始显出疲态。当隆美尔到达阿拉曼时，只剩下 55 辆坦克、15 辆装甲侦察车、77 门各种不同口径的火炮、65 门战防炮（包括八八式高射炮在内），而在 3 个德国师中只约有 2000 名步兵。意大利装甲单位的战斗力还要更差，他们的 2 个步兵军还在大后方缓慢地前进。敌人反应速度之快超出意料，现在已经占领着在阿拉曼与卡塔拉（Qattara）洼地之间的既设阵地。敌人的军队包括 8 个南非、新西兰和印度旅，人员都已养精蓄锐，装备着大量的美国物资，包括装甲车辆和机械化火炮在内。撤退下来的英国第 1 装甲师和第 50 机械化师现在都已安全地在这条防线后实施整补。

同时，凯塞林所害怕的——空军实力平衡的改变——终于出现，情况开始变得险恶。在隆美尔发动攻势的过程中，德国空军出击的架次数字不断下降，此外还有一个难题：机场与战场之间的距离越来越远。相反，英国沙漠航空军的出击架次数字在 5 月 27 日为 354，而在 7 月 3 日则已增为 780。

不过，隆美尔仍十分自信地认为，在稍为休息重整后，加上赶紧空运来的增援和由海上运来的新补给，仍能勉强获得决定性的战果。但两个星期后，在 7 月中旬，补给线上的损失又已再度增大，而非决定性的战斗只能产生非常渺小的结果，隆美尔也只好屈服于苦涩的现实，并转而采取守势。

7 月 20 日，墨索里尼离开德尔纳返回罗马，为了想骑白马进入开罗，他在这里等了许久的时间，终于感到不耐烦了。同时，丘吉尔也宣布埃及已经脱离危险。事实上，情况是如此剧变，隆美尔本人现在也坚决主张，应准许他摆脱敌人退回边界阵地，其坚决程度正像他在一个月之前主张继续追击一样。隆美尔对局势变化有着敏锐的感觉，所以当他的要求被否决，又无任何具有价值的增援部队送来时，甚至开始主张应考虑放弃整个的意属北非。不过，这些构想在德国受到高层的一致拒绝，意大利人当然反对得更为激烈。这两个轴心国家仍确信等到必要的增援运到时，他们就能夺回主动权，并在新攻势中达到目标。

由于没有其他的来源可以获得增援，德意两国最高统帅部在7月中旬终于达成一项协议：调动正集中准备用来对付马耳他的军队，并尽可能迅速地把他们运往埃及。早在7月7日，卡瓦莱罗即已命令其作战幕僚暂时放弃该岛的计划，而准备将有关军队转送突尼斯（Tunisia）。现在埃及的追击已经停顿，意大利最高统帅部比过去的任何时候都更害怕英国人在法属北非登陆，然后再从那里向的黎波里塔尼亚进攻。攻占马耳他的最后机会现在已经放弃，而且也不再考虑把该岛转变为轴心国对北非方面的踏脚石。

此时隆美尔赞成意大利统帅部所颁发的命令，当本章作者于7月底在阿拉曼西方约8~12英里的战斗指挥部访问他时，发现隆美尔深信有尽快恢复对埃及攻势的必要，他已经不再谈撤退。不过在这种暴露的沙漠中，战争已经明白表现出将会发展成为一种物资之战。

在以后的几个星期之内又有完全不同的变化。意大利统帅部和德国南方战区总司令凯塞林元帅，认清了敌方实力正在作空前未有的增加，所以主张应赶快发动攻势，但希特勒和德国国防军最高统帅部则赞成让隆美尔自己去决定是否能照他所暂定的时间（8月底）来发动新攻势。根据8月17日意大利最高统帅部命令中规定的作战目标，隆美尔应首先击败三角洲以西的敌军，然后攻占亚历山大港，并以该港为基地，向开罗和苏伊士运河推进。

现在双方展开了海上和空中的急速增援，企图尽可能运送最大量的增援和补给，以应付未来的新冲突。在这一方面，西方同盟国享有一种明显的优势，因为尽管其环绕非洲的补给很长，但却可以不受敌人的干扰。如果轴心国家在日本航空母舰成功空袭锡兰之后，能够说服日本人把一支强大的海军军队长期留在印度洋内，而不完全漠视《三国公约》包含的战略意义，则联军中东指挥部将会发现情况也许就大不相同。轴心国家的补给线从意大利南部越过地中海到达利比亚，以及通过希腊到达昔兰尼加，诚然较联军的为短，但它们却经常受到来自亚历山大港，特别是来自马耳他的攻击。当德意两国的空中及海上攻击（包括布雷在内）停止之后，英国人现在（7 月中旬）就开始把在 5 月初撤离马耳他的第 10 潜艇支队又调回该岛；而到 8 月中旬，他们又已经勉强地把驻在该岛——包括重轰炸机在内——的飞机数量增加到 250 架，包括重轰炸机在内。同时他们也成功将一支满载补给和各种装备的运输船队驶入马耳他，其护航军队不少于战舰 2 艘、航空母舰 3 艘、巡洋舰 7 艘及驱逐舰 24 艘，虽然这次成功的代价相当昂贵。有好几个月，轴心国家对马耳他都能维持严密的包围，但现在包围圈却已经破裂，于是西方同盟国又能利用该岛来攻击轴心国方面，地中海沿岸大小港口的运输舰只，使其受到重大的损失；另一方面又把大量人员和物资送到附近的尼罗河和苏伊士运河地区，而不受轴心国方面的干扰。据意大利人的估计，仅只在 8 月最后一个星期内，英国人就在东北非成功地卸下了 50 万吨的补给，而轴心方面在同一阶段内的数字仅为 1.3 万吨。

经常有人指控隆美尔元帅太不注意补给问题，但这一次他至少决定攻击所需的最基本补给，尤其是燃料，则绝不发动攻击。但在强大压力之下——如同他稍后所说的——他不得不违反自己的最佳判断，终于同意在 8 月 30 日发动攻势，以换得上级给予的坚定承诺，允许现在仍感缺乏的燃料在他需要时一定送达。但在少许初步地成功之后，新攻势即发生顿挫，到 9 月 1 日隆美尔即不得不中止他的攻击。两天后，他命令他的人员撤回到原有的阵地，所要求的燃料补给也不曾如约送达前线。同时，由于未被发现的英军广大雷区所造成的耽搁，也使奇袭因素消失；还有英国优越沙漠航空军的攻击日益强烈，甚至连身经百战的非洲军在士气上都受到严重的打击。

在这种情况下，隆美尔及其他德军指挥官们现在都放弃了任何进一步攻击的计划，但意大利最高统帅部在凯塞林元帅支持下，仍继续坚持在击败英军反攻之后，北非的轴心军队应再转为攻势以寻求决战。不过，先决条件是他们至少应守住在阿拉曼之前的阵地——这一点也是德意双方的共同意见。

1942 年 11 月——西方同盟国寻求决定及其对北非的计划

由于丘吉尔的坚决主张，自从 1941 年夏季起，英国人即已开始准备一劳永逸解决中东情况的长远计划。按照这种计划，第 8 军团对昔兰尼加的 1941 年 11 月攻势——代号为“十字军”（Crusader）作战——将扩及的黎波里的“走索者”（Acrobat）作战，并希望这次攻势的成功可劝诱北非法军总司令魏刚将军背叛维希（Vichy）政府。若是这一招着能成功，英国人将准备用 1 个装甲师和 3 个步兵师从英国本土开往北非来增援魏刚的部队，是为“体育家”（Gymnast）作战。

当魏刚被召回使上述的希望幻灭之后，丘吉尔又在美国参战之后，在华盛顿所举行的“阿卡地亚”（Arcadia）会议中（从1941年12月23日到1942年1月14日）建议，仍有必要执行“体育家”作战以对抗法国反对势力。罗斯福总统批准了此项意见，因为那似乎可在1942年之内对德国获得一次军事上的成功。这个作战改用一个新的代号，“超级体育家”（Super-Gymnast），并定于1942年5月间执行。

不过，到了2月下旬，由于太平洋战场的迫切需要，美国已经无法提供“超级体育家”作战所需要的船运吨位，同时第8军团在昔兰尼加所遭受的挫败也已经打消了东西合作的机会，所以在3月3日，参谋首长联席会议决定暂时对“超级体育家”作战的可能性进行研究。

1942年4月中旬，美国陆军参谋总长马歇尔将军与罗斯福私人代表霍普金斯（Harry Hopkius）一同飞往伦敦，与美国参谋首长们讨论在欧洲方面的远程战略，并达成了某种协议。马歇尔主张应尽快把足够的军队集中在英国，以便向法国西北部发动一次大规模的入侵战，因为照他看来，这次对德国的要害发动决定性攻击的唯一途径。不过，对情况作了一番判断之后，发现在1943年以前这样的作战根本就不可能。但西方同盟国却不愿意在那一段长时间之内无所事事——尤其是苏联又正在不断地要求尽快开辟第二战场——所以这次讨论又重回到1942年的作战可能性上面，虽然并未达成任何具体决定。马歇尔赞成1942年秋季在布雷斯特（Brest）或瑟堡（Cherbourg）附近登陆，以夺取一两个法国西北部半岛为有限目标，并同时强迫德军从东线调回军队。这种行动的代号为“雷槌”（Sledgehammer），它也有让联军获得战斗经验的益处。不过，丘吉尔在英国参谋首长们支援之下，又提出他本人的构想，他长久以来就赞成在北非或挪威登陆，后者的代号已定为“木星”（Jupiter）。他和顾问们都认为用不足的兵力企图在“欧洲堡垒的心脏地区”登陆未免太冒险。他们“间接路线”的民族性，使他们偏好攻击敌方较弱的侧面，并认为这样比较容易获得成功。

当时，这个问题尚未决定，甚至丘吉尔在1942年访问华盛顿时也仍未能确定这个情况——毫无疑问，一部分是由于第8军团在北非的惨败，包括图卜鲁格的沦陷在内。

7月中旬，马歇尔、霍普金斯和美国海军军令部长金（Adm. King）司令又飞往伦敦作更进一步的讨论。苏联方面要求对1942年的作战迅速做出决定。美国人急切盼望说服英国人放弃其“超级体育家”的构想，而采取美国人所建议的“雷槌”构想。马歇尔反对在卡萨布兰卡（Casablanca）附近登陆的建议，认为那对苏联不能产生任何救援作用，同时他也害怕“超级体育家”作战会把军队用光，宁愿将军队保留以供1943年入侵法国西北部的，代号为“围捕”（Round-up）的战役时使用。金也反对丘吉尔的北非提案，因为他认为要建立一条到摩洛哥的新护航线，将使已经极为吃紧的航运情况变得更为困难。他也认为若从太平洋方面抽调航空母舰来支援此项作战将会十分危险。

第一次会谈是在7月20日，美国人发现丘吉尔坚决反对他们的建议，丘吉尔认为若执行“雷槌”作战，结果就会使“围捕”作战变为不可能，同时他又认为“超级体育家”作战可能在中东带来决定性的转变，并且也能减轻苏联南方前线的压力。在随后的参谋首长会议中，双方再度发生意见冲突。当英国人不愿意接受“雷槌”的作战构想时，美国人也逐渐倾向说：“好吧！既然今年的欧洲无事可做，那么我们不如把全力集中在太平洋方面吧！”在此种显然绝望的情况中，美国代表开始向罗斯福总统作进一步的请示，于是在7月22日，罗斯福下令放弃对“雷槌”作战的提案和英国人达成协议，使美国部队在1942年内有进行战斗的机会。最后，授权丘吉尔全权处理“超级体育家”作战，并且在7月24日至25日改名为“火炬”（Torch）作战。

一切均应在10月底准备就绪，而且第8军团在阿拉曼即将发动的攻势也应与“火炬”作战互相协调。为了增援第8军团，不仅已经运来大量的装备和物资，还有更多的英国皇家空军中队。在1942年8月初视察近东时，丘吉尔也对指挥人选作了新的安排，犹豫不决的奥金莱克（Auchinleck）将军被调换，由亚历山大将军继任近东总司令；高特（Gen. Gott）将军接掌第8军团，在他突然逝世之后，改由蒙哥马利将军（Gen. Montgomery）继任。

轴心方面的情况

北非攻势放弃不久后，又继之以德军东线攻势的崩溃，轴心国家而言面临着一种很不愉快的变局：本来是在各方面都显得颇有希望，现在情况却变得异常紧张，目标似乎还极为遥远，但却无计可施，德军的战线较以往更为薄弱。在埃及和高加索以北的德军攻击矛头像两条伸出来的手臂，但后继乏力，不再有任何战略合作希望。各处情势的明显恶化，对轴心国极为不利；同盟国的实力由于受到美国的不断增援，迫使轴心方面的战略家不得不再考虑并限制今后的战争目标。在敌方压迫之下转取守势仅不过是第一步而已，光凭这一点还不够，必须采取进一步的措施，包括从过度延伸的部分战线有系统地撤退到更近、更短、更有利的战线，预备队也必须集中，整个补给系统将更有力地运作。但这些极需要的措施事实上却都未采取，任何冷静思考及注意客观情况的企图都受到压制，甚至会被谴责为示弱心理和失败主义。希特勒还是提倡他个人的法宝："不惜一切代价坚持下去！""防守每一寸土地！"既无任何新的战略目标，也无针对新情况的情报勤务，换言之，也就是一切都处于被动，而容许敌人掌握主动权，并使他们在即将来临的会战中享有优势。

到了 9 月，地中海内的一切迹象都显示出不久之后，英国第 8 军团强大到足以在阿拉曼向轴心军队发动强力的反攻。在地中海另一焦点——马耳他岛——敌方的海空军实力也在迅速增长，以至于卡瓦莱罗元帅现在宣称使英国的这个地中海据点"中和化"，对于轴心国家来说，已经是"一件生死大事"了。意大利人现在也相信英美联军对突尼斯（Tunis）的攻击比过去任何时候都更有可能，虽然德国人——不顾他们早先的建议——并不特别重视这项危机，只是在 1942 年 7 月警告罗马当局不可轻举妄动，以免把法属北非赶入戴高乐（de Gaulle）的怀抱。希特勒对克里特岛则比较重视，在 1941 年 5 月曾付出惨重代价攻占该岛，但他始终认为这个岛在东地中海具有一种"支配性的影响"，对埃及的作战更是如此。由于他的建议，相当大量的军队和物资被送往该岛，并依照"大西洋长城"的模式来对其海岸设防。

不过在此时，北非的轴心军队面对着阿拉曼，集中在一条宽度不到 40 英里的狭窄沙漠地带之内，他们与克里特岛几乎是毫无关系可言。在轴心战线的后方，利比亚境内的一切人力都已搜括殆尽，被送往前线充实兵力，沿着地中海补给线的损失开始惊人地增加。由于情况紧张，虽然运来了大量的地雷，隆美尔装甲军团的增援也就只限于人员和极小量的重武器。3 月间，意大利又从本国调来两个步兵师以增强其军队。

虽然其军队并未获得强大的增援，当隆美尔元帅因为健康的原因，奉希特勒之命在快到 9 月底回国休假时，他路过罗马以及稍后在柏林，似乎对其所部的防御力量仍深具信心，他从未考虑轴心军队主动进行任何撤退。相反，他和他的副手施图姆将军（Gen. Stumme）都满怀信心地宣称对预期中的英军攻击，将基于一种明确的攻击精神来进行防御作战，一旦有利机会来到，德军也将毫不犹豫转移攻势。事实上，施图姆将军甚至提及“毁灭第 8 军团并直趋亚历山大港”实际上应该可行。希特勒本人的判断反而比较慎重，不过他太强调德军在阿拉曼阵地的有利形势，以及在北非沙漠中的独特性，因为它很短而且南翼可免于被包围的危险。

相较于这些乐观论调，两位指挥官因为敌方的空中优势日益增大，所表示出的不安——也就不为人所注意。特别像戈林认为对德国空军的优势表示任何怀疑的定论都是对于他个人的一种侮辱。在这个紧要关头，凯塞林元帅在罗马却被迫承认，因为他有责任对北非前线提供空中支援，所以没有足够的军队依意大利人的要求对马耳他经常施以压力。依照卡瓦莱罗在 9 月间所写的日记，凯塞林曾经告诉他德国空军的人员已经疲惫不堪，并为“马耳他症”所苦恼。不过在 10 月 10 日，经过一些补充之后，凯塞林又和意大利人联合起来，重新开始对马耳他发动一系列有系统的空中攻击。几天之后，即发现所获的结果不及所受的损失；于是在戈林和希特勒本人的连续干涉之下，“中和”马耳他的新企图又被放弃。现在唯一的替代方案就是增强地中海内轴心运输船队的空中掩护。

因为这次攻击马耳他岛的失败，两位独裁者在10月20日，分别发表了对此事的意见：墨索里尼宣称他同意卡瓦莱罗的看法，假设各项准备已经完成，最好在6月对该岛发动登陆作战；而希特勒的态度还是像过去一样地强硬，他向他的亲信们宣称攻占一个如此要塞化的岛屿根本就不可能。

阿拉曼

到10月中旬，蒙哥马利已经集中其军队准备大举进攻，包括第30军（下辖英国、澳洲、新西兰、南非、印度师各1个），第13军（下辖1个装甲师和2个步兵师），第10军（下辖3个装甲师）。此外，还有2个装甲旅、2个自由法国旅、1个希腊旅，一共有15万人和坦克1114辆。隆美尔只有2个德国装甲师、2个意大利装甲师、3个德国步兵师和5个意大利步兵师来与他们抗衡，一共只有9.6万人和坦克500~600辆。10月9日，同盟国空军开始使用500架来自埃及和马耳他的轰炸机，对意大利南部以及轴心战线后方昔兰尼加的补给基地、港口、机场等作有系统的轰炸。

10月23日，第8军团对阿拉曼的轴心阵地发动期待已久的攻击，同时轴心国方面驶往北非的船只也受到毁灭性的打击。尽管敌军享有巨大的优势，尤其是在弹药方面，很快就决定沙漠这场战役的结果，轴心领袖们还是过了几天才对阿拉曼阵地防御能力的信心产生动摇。甚至在较早的时候，凯塞林公开宣称英国在北非发动攻势是基于政治理由而非基于军事理由，埃及的情况发生也很难因此发生重要的改变。当施图姆将军在会战的第一天就阵亡之后，隆美尔又赶回北非亲自指挥，他在10月26日报告，由于燃料日益缺乏，妨碍其装甲单位的行动。因为即使是防御战，也还是他手中最强有力的武器；次日他又报告在不断战斗和重大损失之后，情况正在变得日益紧急；但即使到此时，高层对于防御战的成功仍然深信不疑。

10月30日开始有疑虑产生，隆美尔报告假使英军保持更久的强大压力，军队的抵抗必将崩溃，之后——由于他的预备队早已用完——将无法阻止敌军全力向西推进。突然间，采取这种前进位置的阵地的所有毛病都暴露了：第一，不可能把足够的弹药送上前线，使阵地有任何坚守的希望；第二，不可能把足够的燃料送到那里，并迅速而机敏地撤退。由于这种不愉快现象的暴露，意大利的参谋总长和隆美尔一样，知道后方并无收容退后部队的阵地，所以唯一可做的事就是不顾一切危险坚守下去。但他对于前途并无任何信心，可从他的日记中看出："这就是陆军末日的结果……当前线崩溃时将发生任何事——那时领袖统率的陆军是否会被击败和摧毁？"

猛烈的战斗仍继续不停，但情况又似乎略有好转，所以到11月1日，在现场视察之后，凯塞林感到危机已被克服。同时，齐亚诺伯爵的日记上也记载着墨索里尼的精神颇佳，并认为北非"作战已获有利的发展"。但此种令人愉快的感觉很快被进一步不利的报告抹杀。在罗马的意大利最高统帅部于11月2日颁发一道命令要求"不惜任何代价"死守阿拉曼阵地。同一天下午，希特勒也感到有发无线电报嘉奖隆美尔并鼓励他坚守之必要。在电报开头的地方，希特勒表示他对于在北非的部队以及其伟大领袖具有完全的信心，然后宣称在这样的情况之下，"除了坚守不放弃一寸土地以外，没有其他的想法”。在郑重承诺将尽一切努力来提供必要的补给和装备之后，他用直接叮嘱的口气向那位元帅说：“强者击败较多兵力在历史上不乏前例。你可以告诉你的部队，不胜利，毋宁死！”

不过，在这封冗长的无线电报被接收、解码并送到隆美尔手中时，他已经决定——在 11 月 2 日 22 时——执行有秩序的撤退。经过长达 11 天的战斗，英军凭着取之不尽、用之不竭的弹药，对轴心阵地不断地进行大规模炮击，隆美尔决定不顾一再送达的命令，将他的军队完整地从阿拉曼撤出，而不是坚守以致遭到全军覆没的命运。

他自己曾对 11 月 3 日的情况加以描述：“我们的车辆以密集的队形向西运动，意大利步兵则徒步行军。”然而在 13 点 30 分，希特勒的无线电报自最高统帅部送到了。也许隆美尔误以为这封送来的电报，是对他在前夜通知希特勒决定撤退的电文的答复（那是一份直到撤退开始仍未发出的电文），于是隆美尔再度违背他自己的较佳判断，命令暂停撤退并继续战斗。但当他被迫再度和敌人脱离接触，且几乎不到 24 小时，他没有等待进一步的命令，即先向西撤退——这一次不再回头了。他后来这样写着说：“那两天（也许是指从 11 月 3 日下午到 11 月 4 日）决定了我们的命运，因为在这样短时间之内，我们几乎损失了 200 辆坦克——我们仅剩的装甲部队——以及大部分的意大利单位，因此，我们丧失了进行机动战斗撤退的可能。到此时，我们已经溃不成军，唯一能做的事情就是尽量躲避战斗。”

在隆美尔回复希特勒的无线电报中，显示出该军团仍处于相当乐观的看法里，因为，他仍然希望一场较机动化的战争进行着，配合以寸土必争的苦战，将继续使敌人承受惨重损失，并同时使轴心国不需放弃整个北非。不顾即将发生的状况可能越来越糟的暗示，隆美尔的报告在一位参谋以口头报告辅助下，火速地送往总部，使德国最高统帅部认为最坏也不过是撤退到利比亚与埃及之间的边界线。据信，似乎由意大利最高统帅部发出的相关电文确认，希特勒才批准隆美尔的撤退决定。不过，他的愤怒需要某些渠道宣泄，所以全都迁怒于两个国防军作战参谋，他们被——相当不平地——谴责，希特勒认为他们没有提早把隆美尔的撤退意图报告给他，以至于他来不及阻止。

因为据传忘了及时通知希特勒的疏失所承受的愤怒，以及全盘状况继续呈现的暧昧不明，使国防军最高统帅部似乎并未认清隆美尔从阿拉曼的撤退，足以对整个北非战场产生决定性的影响。重要的事情不是轴心部队再度撤退，而是这一次将永不回头。虽然已经使用一切可以动用的资源，但就某种限度而言，北非的战役还是具有殖民地战争的意味；但阿拉曼之战已经发展成为一种典型的物资之战，由于海上补给线的失败所造成的严重情况，没有指挥官的军事天才和部队的英勇努力可以补救。另一种不利因素是意大利的装备有无可救药的弱点，而东线增兵的速率正把德国少数仅剩的预备队逐渐吸收，遗留下来可以增援隆美尔的力量也是微乎其微：少数的坦克、少数的火炮、少数的飞机以及一两个营的军队，就是所有可用的兵力。意大利舰队的惨败也是使西方同盟国的情况变得更加有利的另一重要因素——意大利海军的重型舰只都到第勒尼安海（Tyrrhenian Sea）北部的港口中躲避空袭。蒙哥马利在10月23日（阿拉曼会战之前）所颁发的每日命令中宣称的，相当接近事实："即将开始的会战将是历史上的决定性会战之一。它将是战争的转折点！”

联军在北非登陆

但更大也更难挽回的决定亦正在地中海西部准备中。在“火炬”作战的准备期间——在某种疑虑已经清除后——将登陆地点从法属摩洛哥向地中海内延展，包括阿尔及利亚的东部港口在内。在克服法军微不足道的抵抗之后，目前的目标预定就是占领突尼斯，假如在年底以前可能完成的话；然后——在蒙哥马利的第 8 军团协同下——再摧毁在北非的轴心军队。因此，进攻丘吉尔所谓的“欧洲堡垒”南侧翼作战的跳板将被制造出来。尤其对于英国人而言，这些计划的成功将可以一劳永逸地解决他们在地中海方面的所有忧虑。他们在近东和中东的霸权将再度恢复，而对宝贵的石油矿藏的控制权将会恢复；同时，英国海外补给线的缩短意味着在海运吨位和船只泊地上获得一项非常重大的战略利益。

为了这个首次的大型登陆，各处都有非常完善的军事准备，并有系统地制造一支“第 5 纵队”，为了这个目的，遍及整个法属北非的美国领事馆人员有了大量的增加，结果法国人中间有许多都愿意和西方同盟国合作。到 10 月底，与许多法国的陆军高阶军官和高级行政官员密切的接触，使得随后实际登陆担任高级指挥官的美国陆军克拉克将军（Gen. Clark）能够进入北非，与法国殖民部队的主要军官们讨论登陆的计划。他们准备在紧要关头上撤除海岸防御，而让西方盟军可以在没有抵抗下进行登陆。到此时（从 10 月 20 日起），从美国和英国运兵前往北非的船团早已在海上行驶。整个作战的总司令是艾森豪威尔将军（Gen. Eisenhower）。

或许北非有一天能提供盟军一个横越地中海并攻击欧陆的有用跳板，这在德国早已一再地受到讨论，但是在 1940 年 6 月底对法国休战谈判时，对于确实掌握法属北非的意图并未获得成功，而在同年 12 月，为了想攻击直布罗陀，与佛朗哥（Franco）进行交涉，也未取得西班牙方面的同意。约在同时展开的，希望建立国防军与法国残余兵力密切军事合作的谈判，看来似乎有望，但却没有任何进展。他们现在相当无力，部分是由于希特勒难以消除的疑心，以及墨索里尼的妒意，使得提供足够大量的军事援助成为泡影。从 1941 年 12 月以来，德国人被迫接受现状，不论他们是否喜欢它，法属北非的防御仍完全由法国人控制。同时，并没有明确的保证，法国殖民地部队有能力对抗它们以前盟友的优势军力——或者愿意去做抵抗；出现的是一些控制任命，主要是意大利方面，其行动受限于停战协定，虽然法军毫不注意这些协定，但所幸有这些任命，仍有某种松散的接触。

6 月的局势引人注意，1942 年 9 月时亦是如此，贝当（Petain）元帅及他的总理赖伐尔（Laval），以及维希政府的其他官员向德国当局提议，认为应对在法属北非及西非的增强防御措施采取进一步的会谈。当然，法国政府采取这样的步骤，主要是希望战争能够尽可能地远离其所控制的领土——也许他们早已风闻西方同盟国的意图。虽然如此，德国因其利益——如同雷德尔元帅一再特别强调的——仍停留大致相同的观点，而且，可能直到现在才被发现，法国人的建议甚至并未依官式礼仪来进行回复。这甚至出现在国防军作战参谋长约德尔的身上，10 月 15 日，当他通知希特勒“英法盟军将在西非登陆的报告逐渐增多”时，并不知道法方的新动向，而他随后力求“法国政府应自本土派出更多部队前往北非，以增强当地防务”。希特勒再度拒绝这项请求，或许他觉得借着指出“意大利人对增援北非的所有法国部队都极不信任”，将足以解释他拒绝的合理性，而先前对法国外交使节的忽视也就是对其行为之表白；到此时，却仍忽视意大利人本身正在准备击退盟军在突尼斯登陆的事实。

国防军最高统帅部此时所拥有的情报是如此的空泛，举例来说，在几天之后（10 月 21 日）希特勒发给墨索里尼的电文中，甚至提也没提这件事。他只想到比利时和法国，或许还有挪威，当他表示希望“他们（英国人）在某处登陆时，我们可以在那里为他们准备一场真正的歼灭战加以款待”，又在同一天训令驻罗马的林特伦将军（von Rintelen）提醒意大利政府有关 7 月时他所提出的警告——3 个月后，他仍持相同论点——对突尼斯方面任何作战的迎击，仍以为尚未完成准备。这份电文中继续指出，另一方面，国防军最高统帅部认为预料中的登陆必定发生，可能在达喀尔（Dakar），或者同时也在摩洛哥的大西洋海岸上登陆，但在阿尔及利亚和突尼斯的海岸上发生类似作战的危险却很小，并引用昨天德国海军参谋本部发布的一般状况报告来支持其论点，直接地宣布：“敌人将不曾企图在阿尔及利亚和突尼斯海岸上登陆，因为受到空中和法国舰队攻击的危险实在太大。”两天后，当英军在阿拉曼发动攻击的第一份报告开始送来时，希特勒依他的看法表示“最大危险在地中海西部区域”，然而，就此而言，他一点也不曾想到西北非，然而——相当惊人地，或许因为昨夜对热那亚的空袭——他竟想到科西嘉（Corsica）岛。

不为高层的摇摆不定所动，国防军作战参谋处在一份经常性的“一般情况分析”中却独立坚定地指出：从敌人的观点上来看，法属北非是最有利的，同时也最像已知西方盟国准备攻击的地点。去掉那些无法命希特勒印象深刻而足以唤起另外特别关注的少数报告，这种判断的基础主要是一般政治、军事和战略考虑；事实上，此时缺乏一切“坏”的消息，所以这种“分析”就假定盟军登陆的企图不可能在1943年春季前实现。或许是这个原因，也或许因为希特勒早已拒绝此种看法，国防军作战参谋处长的这项判断遭到忽略并被搁置。

在另一方面，意大利人对于地中海的事务自然比德国人还要关切，从他们自己的情报单位发出之情报中，证实其所担心的敌人部队正对法属北非大举入侵；同时，他们深知这代表的不仅是对在北非的轴心兵力，同时也对他们本身的殖民帝国具有重大的威胁。9月底隆美尔在罗马稍作停留时，他亦表示类似的忧虑。由于受到这些情报的冲击和动摇，10月4日的会议中，墨索里尼指示军事首长要将的黎波里塔尼亚视为另一个阿拉曼，意大利应增强在非洲的兵力，并在盟军登陆前先行占领突尼斯。几天后，在10月9日，齐亚诺伯爵与意大利情报首长会谈后，在他的日记中写着：“一切情报和迹象暗示着英国人正准备在北非登陆。”

希特勒似乎对此事有所风闻，因为他现在一再地警告罗马当局不要对突尼斯采取任何不成熟的措施。他的警告一度有足够的分量来吓阻意大利最高统帅部，然而，意大利的最高统帅部如同国防军最高统帅部的作战处，以为盟军会在较晚的时候登陆。无论如何，它违背了自己较佳的判断——即使是墨索里尼的告诫——屈服在希特勒的看法下。事实上在德国人提出警告后，与林特伦将军的会谈中，卡瓦莱罗元帅只表示想对突尼斯的法国殖民部队未来动向加以了解，纵使他所言属实；总之，他的确表示，一旦失败，轴心国将“快速而独立地”采取行动。10 月 23 日，蒙哥马利已在阿拉曼部署就绪，卡瓦莱罗在日记中指出“敌人可能企图在非洲发动一次决定性的打击”，但他似乎不再更进一步地增强轴心国在突尼斯的防御，而在 11 月 1 日，在回答希特勒的电文时，墨索里尼不曾提及意大利人对于法属北非的忧虑。

当 10 月 31 日消息传来，说已有 21 艘商船抵达直布罗陀时，希特勒的坚持已见使情况更为恶化，甚至造成完全的误解。首先，德意双方都假定这不过是另一支企图增援马耳他的补给船团，即使当随后几天内，在阿拉曼爆发了激战，一份可靠报告带来消息，盟军在直布罗陀也集结了强大的海军兵力；稍后的电文中指出，一支大型船团已驶出直布罗陀港并进入地中海，但德国最高统帅部仍看不出任何理由来改变它的判断。或许是希特勒干预的缘故，直到 11 月 4 日，罗马当局才开始怀疑这可能是盟军在法属北非登陆的开始。在随后两天对情况作更进一步的密切观察后，墨索里尼本人在 11 月 6 日转而接受这种判断——结果发现希特勒仍拒绝与他持相同意见。事实上，在那一天希特勒经由戈林将他的看法传达给凯塞林：科西嘉或萨丁尼亚，或许是德尔纳和的黎波里，也就是说，远离西西里水域的海岸要点将会是目标——的确，假如有任何登陆作战员被加以规划。总之，法属北非——和意大利人一样，凯塞林本人认为那里是最可能的目标——的确未被讨论。希特勒的观点却恰巧受到德国海军参谋本部的支持。德国海军将领认为最可能的登陆作战目标为的黎波里，其次也许是意大利本土或其岛屿，但绝不是法属北非。尽管在这时，已经发现的船只不少于 190 艘，德国当局仍认为那惊人的大军，可能只是一支前往马耳他的巨型补给船团。到 11 月 7 日下午——虽然没有任何特定的理由——希特勒作出结论，这个“或许有 4~5 个师的大规模登陆作战”将指向的黎波里或班加西。因此，他训示林特伦将军先通知意大利最高统帅部应“尽一切可能防御那些地区，包括障碍物的设立”。

此时，首次的海军反击措施才正在准备中。盟军的大船团在大西洋上仍未被发现，部分是由于缺乏适当的空中侦察，部分是由于那个地区中的 U 艇正忙于攻击一支塞拉利昂（Sierra Leone）船团。现在在地中海西部的轴心国潜艇，包括 9 艘德国 U 艇和 20 艘意大利潜艇，都火速地集结去攻击同盟国的这支大舰队。意大利的舰队又再度不能出海参加此一行动，一方面是因为其轻型兵力仍在意大利与北非之间忙于护航工作；另一方面是由于它们缺乏油料和空中掩护。希特勒透过戈林向墨索里尼建议，应该颁发一项日令呼吁意大利海军要无愧于这个“英勇的时刻”，这显示出他完全不顾意大利同盟国的情况，他的建议因此毫无作用。德国第 2 航空舰队大部分仍驻在东部沙漠中，其主力正忙于支援隆美尔的作战。戈林向凯塞林发出相当强烈的呼吁，要他要求飞行员倾其全力，不分昼夜，不间断地攻击盟军的船团，并摧毁敌人和他们的护航舰，尤其是航空母舰；但凯塞林相当明白地回复，只有在西西里狭窄的海域中，他的飞行员才能有效地攻击。甚至在这样的情况下，他还是得不到任何的增援。

最后，国防军最高统帅部下令进入一种较高度的戒备状态，并以攻占尚未占领的法国领土为更进一步的对抗措施。采取这项行动并非如一般人所假设的是害怕盟军在法国地中海海岸上登陆，而是为了阻止法国部队加入敌方。

对于盟军的入侵法属北非，德国人未能采取更进一步的对抗措施，就连意大利人也没有采取行动，仅管他们对情况和盟军意图都有正确判断；在最后一分钟，也没有企图夺占突尼斯各大港，不过那的确是一项非常困难的任务。将一个步兵师调往西西里的命令，只不过是为了增强该岛的防御。同时，意大利人对法国人声称已准备就绪，在盟军登陆时会进行认真的抵抗，仍然表示极度怀疑。德国人似乎准备信赖维希政府在很久之前、不同环境下所作的诺言：法国将保卫在北非的领土，并对抗任何入侵者。

拂晓登陆和最初的对策

从 11 月 7 日中午起，到盟军当夜登陆止，中间还有 12 小时，希特勒在国防军最高统帅部首长凯特尔、国防军作战参谋长约德尔以及两人的副官们陪同下，乘坐火车从东普鲁士前往慕尼黑出席每年一度的国家社会党“精锐战士”纪念大会。在晚上 7 时整，当希特勒在专车上召开会议讨论情况时，约德尔又试图说明盟军在地中海西部的意图。在所有的各项报告中，只有最后那些较重要的报告才是可用的，他指出盟军为了想毁灭隆美尔的兵力，将企图在昔兰尼加的港口登陆，同时，盟军也可能企图夺回克里特岛，来确保地中海东部另一个要点，并切断隆美尔部队的补给线，间接地摧毁这支部队。最后，或许与这些目标之一有关，盟军可能只是运送增援和补给前往马耳他岛。

约德尔认为在的黎波里或西西里登陆是不可能的，至于攻击法属北非则更不可能。特别关于后面这一点，他的看法和自己的幕僚完全相左，他的看法所持的理由——这正是希特勒及意大利所乐见之——如果盟军这样做，最后将会把法国人赶入德国的怀抱。必须承认的是，这种情况判断实在很离谱。担任国防军最高统帅的希特勒大致对这些意见表示同意，虽然他觉得在西西里登陆的可能性极高；此外，他也认为预料中的攻击也会指向科西嘉，从那里敌人可以从最有利的阵地中，对意大利北部作致命的打击。

当某人——记录中没说是谁——通知会议，对同盟国海军行动作进一步研究时，就可明了其绝无意图在黑夜中通过西西里狭海，自信和过度信任的气氛才受到些许动摇。在白天——那是会议中另一件感到自信的事——德国空军将有能力阻止船团通过；基于类似的理由，盟军进攻义属大岛也被认为甚无可能。这剩下来的唯一可能正是他们直到最后一刻钟都拒绝考虑的地点：法属北非！在面临德国人不断反对下，墨索里尼却早已一直强调这种可能性，甚至或然性。

大概在次日凌晨 2 时，第一次报告抵达正开往慕尼黑的专车上：英美盟军已开始在法属北非各港口登陆。尽管事实上这种可能性早已存在，当消息传到时，对希特勒造成如此深刻的印象，以至于他 18 个月后在讨论即将对欧陆的入侵时仍回想这件事；尽管不是全然正确，凯特尔仍像往常一样地重复着专家的论调，甚至脱口而出宣称："我们根本不曾想过它。直到最后一天，我们才确定他们将通过（西西里狭海）……然后突然转向并准备登岸。"

在当天清晨，专车上的德国要人们再度聚会，讨论那晚带来的痛苦打击。同时，火车停在图林根（Thuringian）火车站的一条旁轨上。他们现在正从自满中苏醒，并且面对着这项冷酷的事实：西方同盟国再度获得战略主动，并且在一个非常棘手之处。显然，即将要作出远大的决策。

受到这个紧随在阿拉曼的新打击震撼，即使这批大官也不能忽视在这样的环境中，是否能保留一个在北非的立足点之冷酷问题。显然，这样重大的决定若无意大利参加也就不可能完成，因为那与他们的利害关系更为密切，如此的想法被一些仍在东普鲁士的国防军作战参谋处人员所接受，以及第一批报告的支持；但它却立刻被否决。这个迅速决定的主要原因，或许是了解到放弃北非会带来在政治上和战略上的严重不利；不过，即使就根本而书，眼前最重要的问题是如何应付盟军的此一新攻击，但却几乎被忽略了。在这种危险情况中，似乎只有法国人还可以有所作为，于是希特勒现在准备提出优厚的条件，虽然它们当中并没有任何真正的内容；总之，它们立即被送达维希政府，希望能鼓励法国人抵抗。当然，除了早已决定的在海上和空中采取之对抗措施外，将不再有更多的行动出现，因为在邻近地区中并无其他德国部队可以运用，而希特勒仍然觉得意大利人应该远离法属殖民地。

同样地，意大利人所想到的第一件事是，在这种情况下，只有法国人可以有所作为；因此，为了配合德国的计划，墨索里尼宣称他准备与维希缔结同盟。从卡瓦莱罗那时的日记中清楚地显示出，他对于这种政策抱持着怀疑的态度："法国舰队可在一小时之内从土伦（Toulon）出海……我实在不敢存此希望；但是，假使它这样做，就表示已经赢得战争。"这位意大利最高统帅部的首长，现在将注意力转移到他的幕僚在 4 个月前拟订的夺取突尼斯的计划，虽然现在这被当作一个先发制人的行动。但是，如同在马耳他的情况，很快地看出，不只是希特勒阻止事情继续而一再反对，卡瓦莱罗不必仔细思考就可拒绝这项计划，诚如他在日记中所写的，既无足够的船只又无足够的车辆，而这些短缺使这项计划变为完全不可能。但不久，与凯塞林谈话后，后者却即刻表示愿意提供援助，我们发现他在日记上这样写着："只有占领突尼斯才是拯救的黎波里塔尼亚的唯一途径。"毫无疑问他现在正考虑越过西西里狭海来夺取突尼斯；原先从利比亚西部经过陆路进攻的构想已被放弃——大概是因为感到人员和运输工具都同样严重缺乏。

希特勒准备11月9日在慕尼黑召开一次会议，并要求意法两国的外交部长赶来出席。到会议举行时，情况已经明显到足以令人看清，处在劣势的法国殖民地部队绝不可能进行任何认真抵抗。那些与西方同盟国合作的法国殖民地部队军官们在防御者中制造混乱；除此之外，主要是因为西方同盟国对登陆时间和地点尽可能进行极严格的保密，所以并未使他们事先得到通知。这些亲同盟国分子并不能成功地阻止抵抗行动，几乎在所有的登陆点上都有战斗；由于法国海军指挥官对这批阴谋者并不信任，所以在某些地区中抵抗的规模也就相当的巨大，在卡萨布兰卡和奥兰附近，法国的海岸炮台、海军单位和一部分陆军与较为优势的盟军在某些地区激战并持续了数日。战斗过程中，在卡萨布兰卡有1艘巡洋舰、6艘驱逐舰、7艘潜水艇先后被击沉或失去作战能力：在奥兰则有4艘驱逐舰、2艘潜水艇，全都是法国人的。法国守军一共阵亡了115人。不过，在阿尔及尔（Algiers）的抵抗在接到法军总司令达尔朗海军上将（Adm. Darlan）的命令而停止。由于私人的原因，11月8日下午他碰巧正在该城中，当大规模攻击的情况变得明朗时，他命令法国守军停火；不过直到11月10日中午，在用德国人不知道的密码向贝当元帅请示并获得批准后，他才成功地阻止了所有的战斗。

此时，在没有法国人的协助下，希特勒以自己的能力来处理目前局势的信心已逐渐增加。轴心国家在地中海西部的新战略基础是立刻在突尼斯建立一处桥头堡，占领整个法国，并在科西嘉登陆。不过，能用于突尼斯桥头堡的德国部队只有 3 个师，其中两个分散在法国占领区内，且并未完成战备，第三个尚在德国进行编组中。在当时，在他们到达前的好几个星期，轴心国所能集结的只是非常薄弱的兵力，主要的是南方战区总司令的直属部队，再加上一些摩托突击快艇和一些飞机的支援。另外，只有在突尼斯的法军已经被说服参加联合抵抗后，意大利部队才会开入。就这么一次，不需要担心运输问题，因为到比塞大（Bizerta）和突尼斯的海路，正如同戈林所指出的，“只是豹跳一步的距离”，而德国海军作战参谋处也认为利用这条短程海路是“一件容易的任务”。据信，在法国南部各港口将有充分的船只泊地可用。在这些措施可能向稍后为签订协定而自维希方面前来的赖伐尔要求前，大致上，全都已安排妥当。

这些就是 11 月 10 日在慕尼黑所发出的命令之背景。凯塞林元帅在名义上是墨索里尼的副手，除了第 2 航空舰队外，接掌着整个新战场。他所奉的命令是赶在敌人到达前，“在突尼斯建立一个桥头堡”。在此之后一日，集结了必要兵力，他将向西推进，一路收复北非各港口追击敌军，并将敌人赶回他们的船上。仍然在 1200 英里外为它的存亡而战的隆美尔军团，被告知今后通过地中海的补给线将不必担心，并要求隆美尔尽快并尽可能远地阻止英军的西进。而在这种情况下，希特勒甚至又急命应增强克里特岛的兵力，其紧急程度应与北非列于平等的情况。

在 1942 年的深秋，虽然一切都很困难，但这些计划和命令还是制造出轴心力量尚未崩溃，且其领袖们仍然充满了信心的假象。

眼前的发展似乎更肯定这种幻象。虽然其兵力非常薄弱，轴心军队还是很快地在突尼斯建立某种松散的防线，并希望拥有极大优势的盟军兵力遭到挫败。在此后几个月内盟军居然仍未能越雷池一步；至少在11月间，沿着这一条大为缩短的新航线，补给也能安全运到而无损失，尽管一个月的运量还赶不上英美盟军一天所接收的数量。

德国最高当局再度——像过去一样——倾向于高估这些初步战果，太执着自己的决心而不能在新的状况中掌握全局，并忽略未来预期中必将恶化的局势。在这段期间，希特勒领导风格的缺失再度变得显而易见：以少量的补给和装备执行他的命令，以获取他所设定的目标，但这并不够用。不多久，船只被击沉的数字就迅速升高，而补给数量随之减少，兵力平衡也对敌军越来越有利。甚至在这么短的海路上，也再度显示轴心海军的能力有限。最后，有一股顽强的意愿拒绝承认盟军登陆成功，仅纯粹将其视为一种战略调度，并伴随着稳定成长的空中优势，而这必将在不久的未来，使轴心国在北非的整个阵地因而为之动摇。

当然，在突尼斯建立桥头堡已经达成，因为就长远来看，这是帮助正在撤退的隆美尔唯一的希望，并使他的兵力安全撤回欧陆；他的部队越快由埃及边界撤到突尼斯，成功的机会将越大，但这正和希特勒的命令相违背。不惜一切成本赖在北非不走，实际上已毫无意义。结果到1943年5月中旬，北非的战争终于还是结束，轴心军均被击毁或被俘，包括许多战斗素质极佳的部队在内；同时这也使轴心方面丧失了在欧洲的地中海岸上继续击退盟军的一切希望。

大事记（七）1942 年 11 月—1943 年 2 月

战争部分（轴心方面）

1942 年

11 月 3 日：希特勒命令隆美尔在北非“不惜一切代价固守”。

11 月 5 日：意德兵力自北非开始撤退。

11 月 10 日：德军首次在突尼斯空降着陆。

11 月 11 日：德国占领法国南部（“安东”作战）。

11 月 24 日：希特勒禁止在斯大林格勒的德军以攻击突围，并承诺给予补给和援军。

11 月 27 日：曼施坦因元帅接掌顿河集团军的指挥权。

12 月 12 日：德军开始执行救援斯大林格勒被围德军的攻击。这项攻击在离目标 30 英里以外受阻。

12 月 31 日：德国特遣舰队攻击英国驶往摩尔曼斯克的运输船团失败。

1943 年

1 月 30 日：在摩尔曼斯克攻击失败后，雷德尔辞去德国海军总司令的职务。

2 月 1 日至 8 日：日军撤出瓜达尔卡纳尔岛。

2 月 2 日：被围困在斯大林格勒的德国第 6 军团残部投降。

2 月 21 日：德军在哈尔科夫发动逆袭。

政治部分（轴心方面）

1942 年

12 月 27 日：所谓的“斯摩棱斯克委员会”成立——就是人们稍后所知的“解放军”——由苏联将军弗拉索夫（Vlassov）领导。

1943 年

1 月 20 日：德日经济协定。

1 月 27 日：德国为总体战的进行颁布劳工动员命。

1 月 31 日：邓尼茨接任德国海军总司令。

2 月 5 日：意大利外相齐亚诺伯爵辞职。

2 月 18 日：在柏林体育场的演说中，戈培尔呼吁进行“总体战”。兄弟会散发传单，呼吁重建德国的荣耀，并进行对国家社会党的战争。

战争部分（同盟方面）

1942 年

11 月 7 日至 8 日：英美盟军登陆阿尔及尔、奥兰及摩洛哥。

11 月 12 日至 13 日：英军攻克托布鲁克。

11 月 12 日至 15 日：瓜达尔卡纳尔岛海战。

11 月 19 日：苏军在斯大林格勒反攻开始。

11 月 20 日：英国第 8 军攻克班加西。

11 月 23 日：德军在斯大林格勒被围。

11 月 30 日：苏苏在高加索发动攻势。

12 月 4 日：美国陆军第 9 航空军首次对那不勒斯发动攻击。

12 月 16 日：苏军攻势在齐尔—罗斯托夫一带越过顿河，并攻击意大利第 8 军团。

12 月 20 日至 21 日：蚊式机使用“奥伯依”（Oboe）长程雷达攻击德境目标。

1943 年

1 月 8 日：苏联向第 6 军团招降。

1 月 10 日：苏联开始清剿在斯大林格勒的第 6 军团。

1 月 13 日至 18 日：苏军建立与列宁格勒的陆上联系。

1 月 14 日：对洛里昂的德国 U 艇基地首次实施区域轰炸。

1 月 27 日：美国陆军第 8 航空军首次对德国进行白昼攻击（威廉港）。

1 月 30 日至 31 日：对汉堡的空袭中，首次使用英国 H. 2. S 雷达装备。

2 月 5 日至 9 日：苏军收复库尔斯克和别尔哥罗德。

2 月 14 日：苏军收复罗斯托夫。

政治部分（同盟方面）

1942 年

11 月 5 日：马达加斯加停火。

11 月 15 日：吉罗将军（General Giraud）被任为北非法军总司令。

12 月 2 日：费米（Fermi）在芝加哥发动第一具原子反应炉。

12 月 29 日：朱安将军（General Juin）继任吉罗将军成为北非军总司令。

1943 年

1 月 14 日至 24 日：卡萨布兰卡会议。罗丘呼吁“无条件投降”。决定登陆西西里。

1 月 21 日：击败德国 U 艇，在盟军战争目标中列为第一优先。

2 月 5 日：丘吉尔、艾森豪威尔、戴高乐、吉罗在阿尔及尔举行会议。

政治部分（中立国）

1942 年

11 月 12 日：维希法军停止在北非的抵抗。

11 月 27 日：法国舰队自沉于土伦。在法国都市中的法国陆军解散。

12 月 24 日：12 月 1 日起就担任法属北非民政长官的达尔朗将军被刺杀。

1943 年

1 月 29 日：土耳其总统在阿达纳会晤丘吉尔。

斯大林格勒（1942）

德军夏季攻势
初步的攻势
第一阶段：6 月 28 日—7 月 8 日
第二阶段：7 月 8 日—15 日
第三阶段：7 月 16 日—25 日
第四阶段：7 月 26 日—11 月
LVII Pz.
德军装甲军
XXIX
德军（步兵）
62
苏军（TK= 装甲，GD= 近卫）
布良斯克
奥廖尔
布良斯克方面军
利夫内
中央集团兵
库尔斯克
匈牙利第 2 军团
沃罗涅日
沃罗涅日方面军
斯沃博达
B 集团军
别尔哥罗德
哈尔科夫
克拉斯诺拉得
第聂伯罗
彼得罗夫斯克
第 1 装甲军团
意大利第 8 军团
顿河方面军
斯大林格勒方面军
伏尔加河
绥拉菲莫维奇
罗马尼亚
第 3 军团
米列罗沃
顿涅茨河
顿河
卡拉奇
斯大林格勒
东南方面军

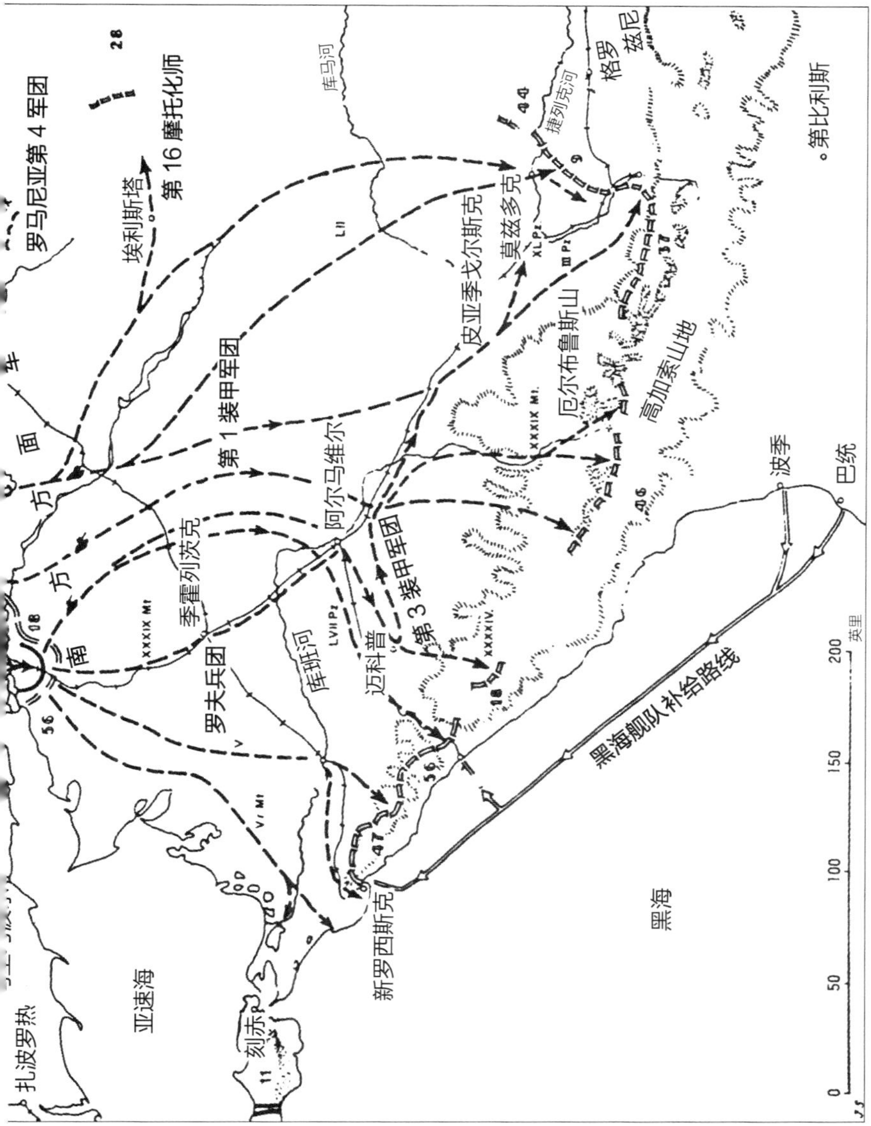
罗马尼亚第 4 军团
第 16 摩托化师
埃利斯塔
南方面军
第 1 装甲军团
库马河
皮亚季戈尔斯克
莫兹多克
捷列克河
格罗兹尼
第比利斯
厄尔布鲁斯山
高加索山地
阿尔马维尔
第 3 装甲军团
季霍列茨克
罗夫兵团
库班河
迈科普
新罗西斯克
黑海舰队补给路线
黑海
亚速海
扎波罗热
刻赤
波季
巴统
0
50
100
150
200
英里

斯大林格勒（1942）

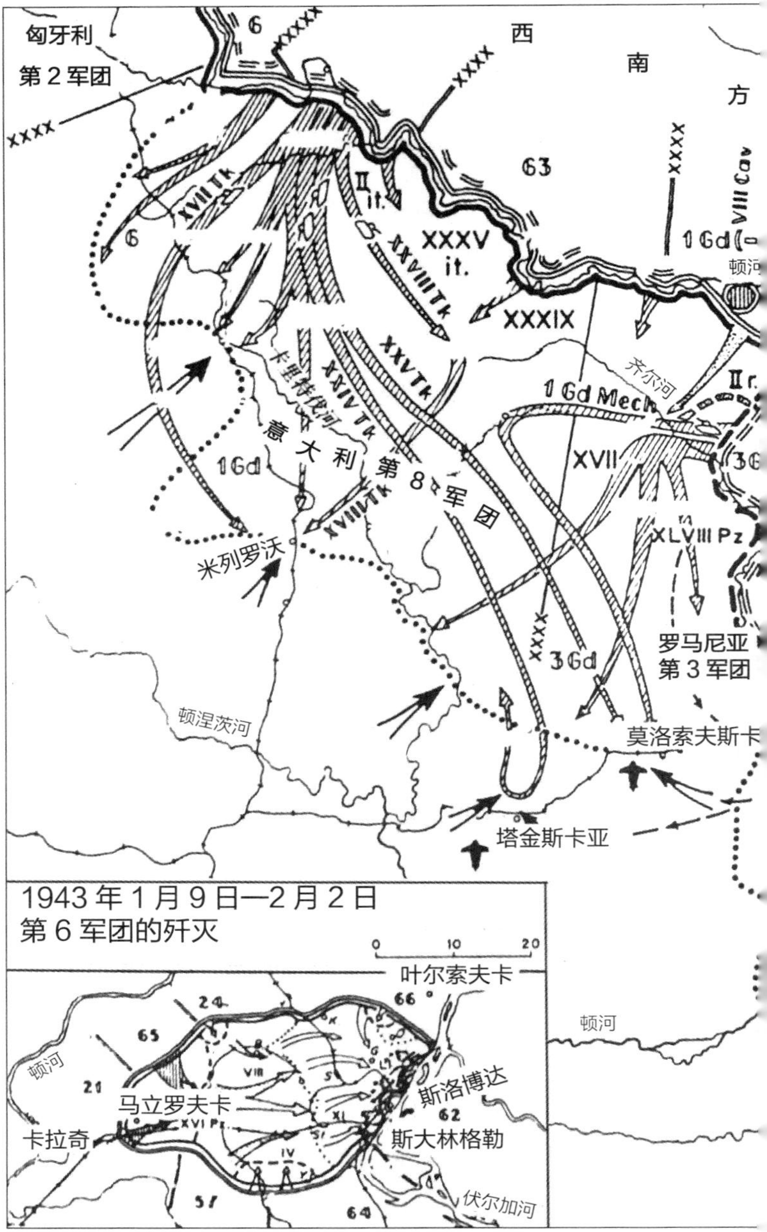

匈牙利
第 2 军团
西
南
方
顿河
齐尔河
意大利第 8 军团
卡里特瓦河
米列罗沃
罗马尼亚
第 3 军团
顿涅茨河
莫洛索夫斯卡
塔金斯卡亚
1943 年 1 月 9 日—2 月 2 日
第 6 军团的歼灭
叶尔索夫卡
顿河
顿河
马立罗夫卡
斯洛博达
卡拉奇
斯大林格勒
伏尔加河

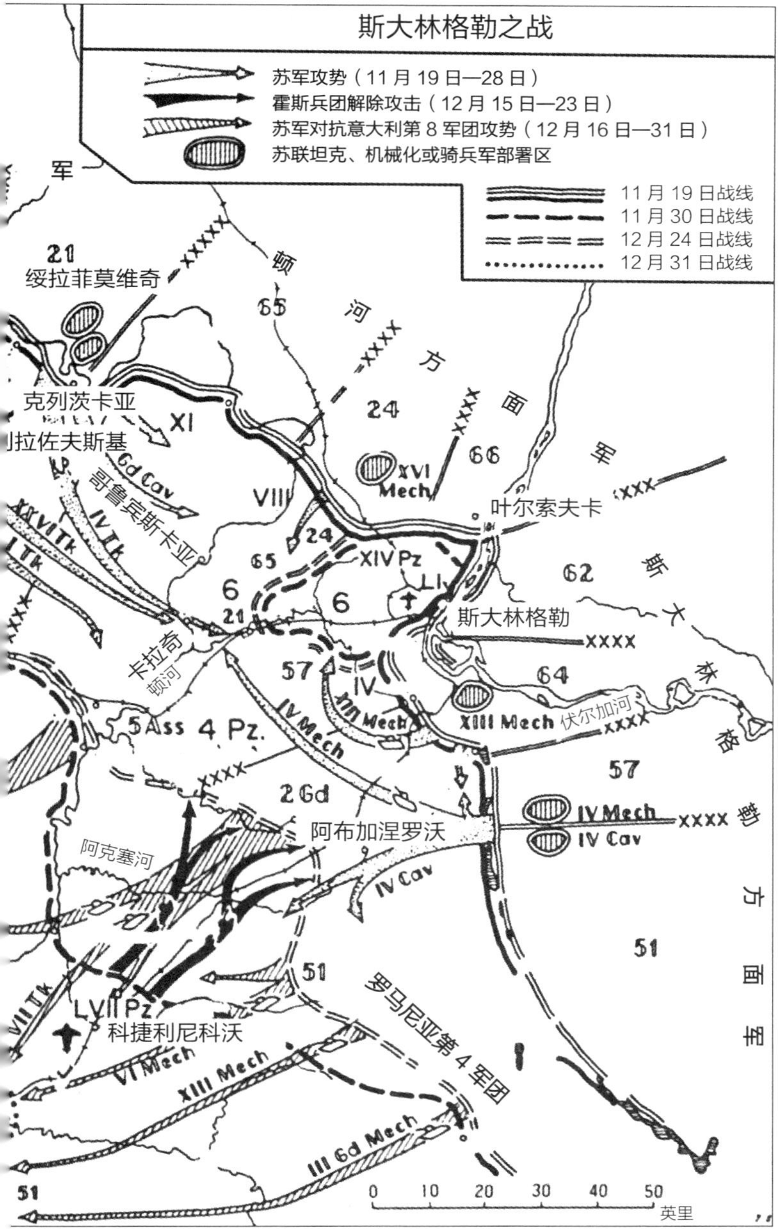
斯大林格勒之战
苏军攻势（11 月 19 日—28 日）
霍斯兵团解除攻击（12 月 15 日—23 日）
苏军对抗意大利第 8 军团攻势（12 月 16 日—31 日）
苏联坦克、机械化或骑兵军部署区
11 月 19 日战线
11 月 30 日战线
12 月 24 日战线
12 月 31 日战线
顿河方面军
绥拉菲莫维奇
克列茨卡亚
卡拉佐夫斯基
哥鲁宾斯卡亚
叶尔索夫卡
斯大林格勒
卡拉奇
顿河
伏尔加河
阿布加涅罗沃
阿克塞河
科捷利尼科沃
罗马尼亚第 4 军团
斯大林格勒方面军
英里

第六章　斯大林格勒之战（1942—1943）

瓦尔特·戈利茨先生

1942 年 11 月 19 日，苏联的装甲部队后面跟着大量的步兵，在冰天雪地的顿河大草原上，击溃了罗马尼亚第 3 军团，通常将这一天视为斯大林格勒之战（The Battle for Stalingrad）的开始。不管是对还是不对，在德苏双方的战争文献中，这一次会战早已有了一种传奇性的意味：它被视为第二次世界大战的转折点。正因为如此，所以它对于整个战争的重要性也就成为伴随而生的问题。

时间从 1942 年 11 月 19 日德国第 6 军团被包围开始，至 1943 年 2 月 2 日其残部投降为止。我们打算不先检讨以前的情况，而直接分析这次会战。实际上发生的事情可分成两个阶段：第一阶段是向斯大林格勒的前进；第二阶段是争夺城市控制权的战斗。

希特勒在 1941 年 11 月首次有了攻占这个伏尔加河上的工业及内陆水道中心的构想。这个计划与向南进攻高加索的计划相结合，如果天气许可，将以占领迈科普—格罗兹尼（Maykop–Grozny）油田为目的。1941 年 11 月 13 日，在奥尔沙（Orsha）所举行的一次会议中，陆军参谋总长哈尔德将军就这些建议与配属南方集团军的各军团司令交换意见。保卢斯将军（Gen. Paulus）当时是副参谋总长，因此他非常熟悉希特勒的这些构想。现在将军们向希特勒让步，他坚持认为对苏联的战争不应以纯战略的观点进行，而必须以政治、思想和经济的考量为基础。希特勒急于打击其“政治敌人”的思想、军事、经济中心，照他看来，其中第一个即为列宁格勒，那是布尔什维克主义的“发源地”；其次是拥有丰富的农业、矿产等资源的南苏和高加索地区。希特勒的计划是以思想上的考虑为基础，与参谋本部的观念相冲突，因为后者的思想还是沿袭传统的政治战略路线，并将敌方首都莫斯科的占领视为主要目标。身为国防军最高统帅的希特勒与陆军总部之间也有冲突存在；当对苏战役仍在进行时，只有在一场严重的内部危机后，这种冲突才能获得解决。事实上，整个 1941 年的征苏战役都被这种冲突所影响。

在 1941 年 12 月的莫斯科冬季会战中，已经充分显示出敌人的抵抗和继续战斗的决心并未崩溃。这是自开战以来，德国百胜雄师的前进第一次受到阻挡。到 1941 年 12 月为止，德军死亡、负伤、失踪的损失总数为 76.5415 万人，约为原来兵力 320 万人的 24%。

沿着整个正面再度发动攻势已经不可能。事实上，任何种类的攻击是否可能，抑或真的令人满意，都相当令人怀疑，于是有人主张最好用一系列的防御作战来消耗敌人（他们的人力和物力储备量还是一个未知数）。不过根据希特勒的脾气，以及他强烈地想先“击败”苏联再迫使英国屈膝的想法，担任国防军最高统帅的他决定再度发动攻势也就毫不足奇；至于再度发动攻势的地区，则以对苏联战争经济造成更严重损害，同时又能替德国本身战争经济开辟新物资来源的地区为原则。

除了苏联军事工业转换和重组所在地乌拉山（Ural Mts）外的

西伯利亚（Siberia）地区不予考虑外，其他重要的地区无疑意味着顿涅茨和顿河盆地、拥有大型坦克和火炮制造厂的伏尔加河上巨大铁路中心斯大林格勒，以及高加索油田。哈尔德将军建议如果再作进一步的攻势，仍应以莫斯科为目标，但他的建议不再对希特勒产生太大影响。在考虑向伏尔加河的全面攻势时，也有攻占萨拉托夫（Saratov）的必要，那是一个像莫斯科一样的重要铁路交点，苏军借此可以迅速地调动。从萨拉托夫也有铁路线通到外乌拉山的工业区，而同盟国从白海（White Sea）旁的阿干折及自伊朗和西伯利亚运入苏联的援助物资也要从这里转送前线。

但对希特勒而言，最重要的目标就是占领高加索及其油田，因为这能使德国缺乏燃料的情况获得改善。与此计划相关的还有其他更大而无当的构想——譬如说，可从高加索攻入近东，而在北非的隆美尔和德意陆军正占领埃及并夺取苏伊士运河，则可与之会合；尤其当日军在东南亚的作战已使英国受到重大的损失，这两方面的作战联合起来也许可以粉碎大英帝国的势力。

南方攻势

关于 1942 年夏季战役的元首命令第 41 号于 1942 年 4 月 5 日颁发，此时英国皇家空军轰炸机司令部也正准备对德国境内目标发动第一次大攻击。这份元首命令中列出两项目标：在北方，对于被围的列宁格勒最后应该加以攻占，并与德国同盟国芬兰完成地面会师。但这个试图攻占列宁格勒并和芬兰军会师的“北光”作战只是一种次要的考量，大目标则是在南方，即向高加索的突破。

在南方的攻击计划分为 4 个阶段。第 2 军团和第 4 装甲军团应向顿河上的沃罗涅日（Voronezh）突破；第6军团则从这个地区向哈尔科夫以西突破，并与第4装甲军团合作共同击毁顿河以西的敌军，而第4装甲军团将沿着顿河向南转来包围当地的敌军。随后，第4装甲军团和第6军团，在B集团军指挥之下，应与A集团军（第1装甲军团和第17军团）合作来包围斯大林格勒。B集团军应采取东南方向直趋顿河下流，而A集团军则应从阵地中向塔甘罗格—阿提摩弗斯克（Taganrog–Artemovsk）以东地区前进，越过下顿涅茨河向东北方前进。夏季攻势的第四阶段则向南进攻高加索。

就全局而言，这个作战的主攻兵力是南方集团军，而作战第一阶段的代号定为“蓝色”。1942年，赖歇瑙元帅在波尔塔瓦（Poltava）的指挥部中因心脏病突发被送回德国，并病逝于莱比锡（Leipzig），对这样一位能干又活跃的将领而言，可说是英年早逝。南方集团总司令由博克元帅继任，在莫斯科会战前，他一直都是中央集团军总司令。

必须记住的是，依照原定计划，这个攻击要以阶段来执行，因为需要超过一个集团军的兵力来执行，而且原先假定的强大预备队，事实上也根本不存在。

对于夏季攻势开始的先决条件就是解除在刻赤（Kerch）半岛和克里米亚的态势，在那里还有自冬季战役以来就在坚守的敌军，以及自冬季战役以来就在哈尔科夫附近大量突破防线的敌军尚待消灭。

攻占刻赤半岛及塞瓦斯托波尔（Sevastopol）坚强要塞的任务由曼施坦因将军的第11军团担任。这个任务在5月到6月执行，攻占塞瓦斯托波尔后，曼施坦因因此获得元帅的头衔。

1942 年 5 月中旬，苏联“西南方面军”总司令铁木辛哥元帅率领——依德方估计——20个步兵师、许多骑兵旅和15个装甲旅，攻向德军攻击准备地区的中央，并暂时在哈尔科夫地区中造成纵深突破。克莱斯特上将的第 1 装甲军团，保卢斯上将及其参谋长施密特（Schmidt）少将的第 6 军团，连同若干罗马尼亚、匈牙利、意大利和斯洛伐克部队，在空军第 4 航空舰队支援之下，对前进中的敌军侧翼发动逆袭，并中止了铁木辛哥的攻势。依照最高统帅部的报告，在这次反击中击毁了 20 个步兵师、7 个骑兵师和 14 个装甲旅，并俘虏苏军 24 万人。

哈尔科夫的春季战斗对保卢斯上将的作战极为重要，他在 1942 年 1 月接管第 6 军团的指挥权。保卢斯与南方集团军总司令博克元帅主张应立即反攻以中止苏军的突破，而陆军总部，该军团和集团军参谋长施密特将军和索登斯坦恩将军（Gen. von Sodenstern）则持不同的意见。但陆军总部，比如第 6 军团和集团军司令部的参谋群，也持不同看法。哈尔德总认为哈尔科夫春季会战是他最大的成功，因为他主张容许敌人攻向哈尔科夫，然后再由侧翼进行逆袭。保卢斯将哈尔科夫之战视为范例，认为在紧要关头上，陆军总部有时具有较佳的情况，因此判断全局往往优于个别的军团司令。

1942 年 6 月底，隆美尔元帅正在整顿他的“非洲装甲军团”（Panzer Army Africa）准备向阿拉曼阵地进攻；南方集团军，在博克元帅指挥下，也在苏联南部发动攻势。沿着长约 500 英里的前线，所展开的兵力有德国第 2、第 6、第 11 及第 17 军团，第 1 和第 4 装甲军团，由贾尼将军（Gen. Jany）所率领兵力尚未足额的匈牙利第 2 军团，意大利远征军和维特斯海姆兵团（Group

Wietersheim）。在库尔斯克以东，第 2 军团、第 4 装甲军团（霍斯上将）及匈牙利部队组成一个集团军，由魏克斯（Weichs）将军指挥。此时，博克的预备队共有 2 个德国步兵师和 6 个附庸师，其中有些仍正在进入阵地中。第 11 军团仍在克里米亚作战。

似乎噩运都有明显之征兆，在哈尔科夫之战以后就发生了一件不幸事件。6 月 19 日，第 23 装甲师（施图姆将军指挥的第 40 装甲军）的作战官在鹳式（Storch）联络机上被击落于德苏战线之间；不幸，他随身携带的有关该军攻势部署的命令也落入敌人手中。希特勒对此事大为震怒，把师长施图姆将军撤职，并交付军法审判。保密措施加强，希特勒一再宣布，任何军官所应知道的仅止于与其特殊任务有绝对关系者，任何人若违反了此项原则，将受到严厉惩罚。希特勒在这些问题方面的态度与仍在正式通用的传统作战方法完全相反。他对本身观点的坚持，意味着军团和集团军司令的视野会受到限制，判断也可能受到干扰；根据这种新决定，对于前线上的整个情况都不应关心，不应注意其他战场的状况，或是国内的情况。不久，这种事情开始产生作用，特别是在 11 月和 12 月。

1942 年 6 月 28 日，南方集团军的兵力展开攻击。在 7 月 4 日到 6 日，魏克斯的军团攻占沃罗涅日城的大部分，值得注意的是在这次作战中，敌人并未采用死守到底的典型苏联战术，而主动撤出沃罗涅日（只有该城北部的大学区例外）。这是由于斯大林已经颁发新的训令，要求部队采取更有弹性的战术，在必要时可以撤退以减少损失。在德国方面，不断变动的命令及希特勒一再的直接干预，显示出了国防军最高统帅和陆军间令人不安的不确定性。

最初，希特勒下令在这个作战的第一阶段内应攻占沃罗涅日，但博克清楚地表示这个单独作战是在浪费时间；最后希特勒让集团军总部决定是否攻占沃罗涅日。但当博克想利用机会扩张战果而改变他的看法时，希特勒却命令第 4 装甲军团的 1 个装甲军应转向东南。

因此，在第一阶段作战结束前，第 41 号命令中拟定的第二阶段作战由一个装甲军（第 40 装甲军）开始发动。在沃罗涅日的作战中，由于缺少了第 40 装甲军，也大受影响；此外，由于燃料的不足，使整个装甲军团的任务无法执行。换言之，在第 6 军团进攻下，阻止苏军撤退并越过顿河向东逃走，这种“半调子战略”（Strategy of half-measures）为整个夏季战役的特点。必须注意的是，这些在顿河上的作战也为将来在顿河与伏尔加河之间、高加索的作战巩固绵长的北侧翼。

1942 年 7 月 10 日，在南苏的德国兵力实施改组。原有的南方集团军现在分成 B 集团军（博克元帅）下辖第 6 军团、第 2 匈牙利军团、第 8 意大利军团，以及尚在组成中的第 3 匈牙利军团。新成立的 A 集团军，则由利斯特（List）元帅指挥，下辖第 17 军团，从 7 月 14 日起，所属的第 4 装甲军团和第 1 装甲军团，将执行对斯大林格勒的作战。依照第 41 号命令，这就是第三阶段作战，B 集团军应向下直趋顿河，与 A 集团军（利斯特）发动联合的钳形攻势，后者将从塔甘罗格—阿提摩弗斯克地区越过顿涅茨河和顿河的下游，而趋向斯大林格勒及伏尔加河。由于这个计划将两个军团送过顿涅茨河下游，会引起某种战术上的忧虑，于是又改变部署。A 集团军奉命向北前进，并于 7 月 14 日，在米列罗沃（Millerovo）附近与 B 集团军建立初步接触。因此，就放弃了对斯大林格勒进行钳形运动。

到此时敌人开始显出衰竭的迹象，但同时也显示出其撤退是有计划和有系统的。

1942 年 7 月 16 日，希特勒率领着最高统帅部和陆军参谋本部的主管作战人员，移驻波多利亚（Podolia，位于西乌克兰）的芬尼特沙（Vinnitza）附近的前进指挥部“狼穴”（Werwolf），它构筑在芬尼特沙—日托米尔（Shitomir）公路旁的针枞林区内。长久以来，希特勒就不满意博克元帅的作风，现在他被免职，而由魏克斯继任 B 集团军总司令。

此时，希特勒仍认真地相信苏联人已是强弩之末，他仍沉迷于去年秋天类似的错误看法，因此并未获得任何结论。甚至在最高统帅部从东普鲁士进驻波多利亚前，希特勒还在一再地干涉作战。7 月 13 日，他命令第 1 和第 4 装甲军团应与第 17 军团向罗斯托夫的方向进攻。这意味着至少暂停对斯大林格勒的攻击。

希特勒深信，正面向顿河上第 6 军团和第 40 装甲军退却的苏军“主力”，在其经由罗斯托夫退往高加索前，将被包围在顿河与顿涅茨河之间的地区，并在一场大会战中被歼灭。这完全是一厢情愿的想法。依照德国情报单位的报告，正巧在 7 月 13 日同一天，莫斯科会举行战争会议，并且已经决定将苏军撤到斯大林格勒、伏尔加河和高加索，以迫使德国人再打一次冬季战役。

次日，两个德国装甲军团正在顿涅茨河彼岸卡缅斯克（Kamensk）—沙赫京斯基（Shakhtinski）与上齐尔河（Upper Chir）之间的地区，他们因此正位于迅速进攻斯大林格勒的有利位置。但他们却奉命离开这个有利位置去参与一次事实上不可能达成的大包围会战。

由于原定计划的改变，现在决定只由第 6 军团这一支兵力执行对斯大林格勒的攻击。极有可能所谓“主要作战”——对高加索油田的征服——现在已经占据了希特勒的心灵。从命令上再度明显地看出其犹豫和不确定，第 4 装甲军团曾经一度停滞在顿河以南的桥头堡中。

1942 年 7 月 23 日，第 1 装甲军团和第 17 军团攻占罗斯托夫。假想中的“包围战”早已不再考虑，因为敌军早已朝高加索的途中全速撤退。

当第 6 军团正在越过齐尔河上游并指向在克里姆斯卡亚（Kremenskaya）的顿河湾时，希特勒清楚地表示出他的战略意图。1942 年 7 月 23 日的元首命令第 45 号，规定 A 集团军及罗夫集团军（下辖第 17 军团和第 3 罗马尼亚军团）应指向黑海边的巴统（Batum）。第 1 和第 4 装甲军团应攻占迈科普—格罗兹尼油田，然后攻抵第比利斯—巴库（Tiflis–Baku）之线——“老鼠”作战（Operation Mouse）。B 集团军奉命以第 6 军团攻占斯大林格勒，并准备以顿河作为一道防线——“齐格菲”（Operation Siegfried）。由曼施坦因元帅指挥的第 11 军团将送往北方进攻列宁格勒。尽管可用的兵力一再地负担过多的防务，还是有两个机动师被送回法国。

在苏联南部罗斯托夫—柴门杨斯卡亚（Tsymlyanskaya）——沃罗涅日地区中的两个集团军的前线早已长达 750 英里，但它们若真的抵达预定中的巴统—巴库—阿斯特拉罕（Astrakhan）—斯大林格勒—沃罗涅日之线，则德军南部战线将长达约 2500 英里——不顾不断减少的兵力以及补充的困难而加以固守，且燃料也经常缺乏；将两个机动师送回欧洲时，燃料在决策过程中的确扮演重要的角色，由于燃料的困境，这两个师能否用在作战的焦点上相当令人怀疑，但是，希特勒害怕盟军入侵法国北部以减轻苏军的压力，所以它们终究被送回法国。

元首命令第45号的发布，显示出1942年夏季攻势的奇异部署。原本预定在攻势开始时的一系列阶段性攻击现在已被放弃，变成由两个不同方向发动的攻势：向斯大林格勒和高加索——尽管事实上，最初这两个行动彼此之间毫无联系。例如，并非必须攻占斯大林格勒，才能占领高加索，反之亦然。

不过，希特勒仍然坚信苏军已经势穷力竭，仅管事实上，它们损失很少，德军捕获的俘虏也很少。苏军显然正在使用迟滞战术。希特勒也相信，占领了高加索油田，将对苏联的军需工业带来决定性的打击。

事实上，苏联方面的情形绝非如此。在苏联东部，外乌拉山地区和西伯利亚的军需工业巨大改组都已接近完成。坦克、火炮以及所谓的“斯大林管风琴”（Stalin Organs）——多管火箭，在产量上都正在增加。在52军地区中俘获1942年7月1日斯大林所颁发的命令，其中充满了严肃但慈爱的语气，并坦白承认苏联人在人力和领土的巨大损失，包括农业区和工业中心在内。然后才郑重地说——没有威胁和谴责——任何进一步的撤退就是苏联的灭亡。各方都同意此次命令的心理效果非常大，而随后苏联人为了巩固防御能力所采取的措施也是非常有力。第6军团参谋长施密特少将发现自1942年8月以后，苏军的抵抗一再增强，但在前几个星期时，撤退中的敌军常有溃散的趋势。

在德军方面，补给困难使他们再一次警觉到，德军兵力现在正在非常广大的地区中作战。因为缺乏适当的道路网，两个德国集团军的一切补给，完全要靠两条终点为哈尔科夫和斯大林诺（后者在之后又延长，超过了罗斯托夫）的铁路线来运输，那是一种浪费时间的作业，因为苏联的窄轨不能兼容于德国的宽轨。陆军军需总监部企图建立一种补给点系统，补给纵队由此点送出补给；但最高统帅部调动频繁，以老式调度将军团像营一样地到处调动，造成了新的混乱。整体而言，人员尚可就地取食，但弹药补给及更重要的燃料补给却日益困难，甚至连第 4 航空舰队都必须以仓促编成的补给纵队来支援前线。

元首命令第 45 号却仍然对于可用的德军兵力构成一个新焦点。3 个德国军团被用来征服高加索，而单独的第 6 军团则不仅要攻占斯大林格勒，还要准备用顿河前线来构筑一道防线。如此，希特勒的目标——斯大林格勒，将被放在这幅蓝图的中央，第 6 军团及其司令部将在那里。斯大林格勒的悲剧，第 6 军团的悲剧，揭开了漫长而复杂的序幕。

在 20 世纪初，斯大林格勒当时被称为察里津（Tsaritsyn），是一个人口不超过 5.5 万人的小城，但它作为石油、谷物、木材、羊毛、鱼、盐的集散中心，早就有相当的重要性。在更早的时期，察里津位于顿河、卡尔梅克（Kalmuck）草原与欧俄东部的两条大河之间的狭窄陆地相接攘处，也是对抗亚洲草原骑兵的防线起点。自从俄国革命之后，该城即以新俄国的全能统治者为名：约瑟夫·维萨里诺维奇·杜加什维利（Joseph Vissarionovich Djugashvili），也就是人们熟知的斯大林。1918 年的更名是纪念斯大林据守该城，以对抗顿河流域的哥萨克人酋长克拉斯诺夫（Krasnov）的史实。

因此，过去的察里津对斯大林来说，的确拥有特别的回忆。

对抗克拉斯诺夫的哥萨克部落之战斗，代表他的军事生产和个人名望的开始，纵使他被派往南方担任伏尔加谷物征收特别委员时，并没有担负军事任务。不过希特勒将该城对苏联人的心理和思想重要性加以高估，虽然在事实上，作为交通和生产中心的经济重要性的确已经大有增加。这个城位于一个平坦无树木的地区上，为深入的河谷所穿越，现在约有人口 50 万，并在伏尔加河两岸上延伸达 20 英里的宽度，南面为库颇罗斯诺亚（Kuperossnoya），北面为里诺克（Rynok）。它已经变成一个重要的经济中心，其中有工业化的郊区、铁路设施、工厂及行政大楼。它生产大量的牵引车、坦克和火炮，同时也是高加索石油的转运点。虽然它的重要性毫无疑问，不过，斯大林格勒被攻占和伏尔加河上航运的截断，并不（如同未来所显示的）意味着苏联战争经济及运输体系受到像希特勒所假定的那种程度之重大损害。

奉希特勒命令来攻占斯大林格勒的人是保卢斯将军，他知道伏尔加河上的战役将为他带来最高的军事荣誉，包括元帅的权杖在内，但也使他在内心上感到惴惴不安。保卢斯深知希特勒极为重视攻占并固守“这个伏尔加河边的要点”，且与攻占高加索油田息息相关。当赖歇瑙元帅担任第 6 军团司令时，保卢斯曾经是他的参谋长，而自 1940 年 9 月至 1942 年 1 月，他在陆军参谋本部中服役；他会参加 1941 年攻苏计划的拟订，以及 1942 年战役的第一次会议。

保卢斯是一个小公务员的儿子，依赖勤勉和决心才升到了高位。他被认为是受过高等教育且极为正直的参谋本部军官，其一切的决定都以彻底的准备和慎重的研究为基础。事实上，对一位有旺盛企图心又勇于负责的总司令而言，他是一位理想的参谋长，总之，就是一个像赖歇瑙元帅的人。据说有一次，希特勒曾经说过，他可以用第6军团去打破天堂的大门，赖歇瑙却回答说：“但不是用我当总司令！”

赖歇瑙刻意培养的优越感，是保卢斯所缺少的；事实上，之后在危机当中时，他会表示：“我不是赖歇瑙。”不过他自己的参谋长——施密特少将，一位汉堡市商人的儿子，却是一位理想的助手。施密特是一位活力充沛而又眼光锐利的军官，他从不害怕负责。不管有时人们的批评为何，这两个人皆能到最后阶段仍能在一起和谐地工作。他们都是参谋本部军官出身，都遵照德国国防军的传统，在政治圈以外接受教育；他们对于任何形式的政治行动都同样不感兴趣，好几个月以来，他们都是完全投入在自己的工作中，也就是南苏战役的规划。但他们的判断和行动又还是深受着希特勒所认为的领导策略准则的妨碍。

希特勒改变计划

1942年7月30日，在7月23日元首命令第45号发布后的一个星期，希特勒对于此种双钳战役计划作了最后一次的彻底修改。由霍斯将军指挥的第4装甲军团刚刚才在马内奇（Manych）河对岸夺取了一个桥头堡，并攻占了普罗列塔尔斯卡亚（Proletarskaya），同时向高加索前进中，现在又突然奉命改受B集团军指挥，并转由顿河以南通过卡尔梅克草原，与第6军团协同，向斯大林格勒和伏尔加河前进。形成焦点的最后企图已被放弃。

完成兵力的疏散后，中央集团军在8月11日也接到命令，将在攻击伏尔加和高加索的“齐格菲”及“老鼠”的决定性攻势作战发动时，开始所谓“旋风”（Whirlwind）作战；不过中央集团军现在正处于一种危急的情况中，因为苏军已进入第 9 军团和第 3 装甲军团的作战地区。8 月 19 日，英国及加拿大部队在迪耶普（Dieppe）采取登陆行动；虽然这件事引起希特勒极度关切，事实上，那只不过是一次大规模的威力搜索。8 月 22 日“旋风”作战被取消，这次攻击已经失败。次日，8 月 23 日，中央集团军报告苏军猛烈攻击，希特勒在 9 月 14 日下令发动“北光”（Northern Light）作战，即对列宁格勒的攻击。

依照参谋本部外国军队（东方）部的计算，在 8 月 15 日，苏军在前线共有 254 个步兵师、83 个步兵旅、13 个骑兵师和 68 个装甲旅，大约相当于德军 222 个师的战力。敌人的预备队估计为 73 个步兵师、66 个步兵旅、20 个骑兵师和 86 个装甲旅。

在伏尔加—顿河前线，第 4 装甲军团已将第 24 装甲军拨交第 6 军团，第 40 装甲军拨给 A 集团军，“大德意志师”拨交西线的军团；此外尚有一个拥有装甲和摩托化师各 1 的第 48 装甲军，拥有 2 个步兵师的第 4 军，及此时拥有 2 个师的第 6 罗马尼亚军；而将在大顿河湾执行主要双钳攻击（北和南）的第 6 军团，拥有第 14 装甲军、第 8 和第 17 军，以及第 24 装甲军和第 51 军。

因为经常不断地改组，对高加索的攻势又转用了大量的油料，所以直到 8 月 7 日德军才击败在大顿河湾中的苏军主力——约 12 个步兵师和 5 个装甲旅——并强渡顿河。同时，第 4 装甲军团也努力奋战——面对着顽强的敌军抵抗和燃料补给一再缺乏的困难——渡过了在卡尔梅克草原中的阿克塞（Aksay）河，并进入阿布加涅罗沃（Abganerovo），朝着斯大林格勒以南，在顿河上的克拉斯罗尔梅斯可（Krasnoarmeysk）方向前进。苏军的抵抗是如此强烈，使得第 6 军团暂时必须将另一个装甲师和一个步兵师拨交给霍斯。

由于两个德国攻击军团的实力都相当脆弱，苏军遂以构筑野战工事成功地增强了斯大林格勒的防御。德国方面的资料倾向于斯大林格勒是一个“要塞”，有内外两层防御圈，但事实上，这种说法完全是误解。防务的准备由托尔布欣少将（Maj. Gen. Tolbukhin）负责，他之后升任元帅，并攻占了布达佩斯和维也纳。

1942 年 8 月 19 日，保卢斯将军发现他自己终于站在了下令攻击该城的位置上。依照 B 集团军颁发的指令，将攻占顿河与伏尔加河之间的陆桥直到卡拉奇（Kalach）—斯大林格勒铁路线以北；一部分德军将与在斯大林格勒以西丘陵上的霍斯军团取得联系。对于伏尔加河上都市地区的占领暂时没有详细的指示，因为军团司令部还不知道敌军是否有足够的兵力对斯大林格勒进行长期的防御。

3 天以后，即 8 月 21 日，第 6 军团从维特雅齐（Vertyachi）的两侧渡过顿河；8 月 23 日黄昏，第 14 装甲军的单位于延伸的都会区北缘上的里诺克附近到达了伏尔加河。

次日，在芬尼特沙的最高统帅部里，已经感到胜利在望，希特勒与曼施坦因元帅讨论对“北光”作战的准备，曼施坦因亲眼看到希特勒对他的参谋总长哈尔德猛烈且令人惊讶的攻讦。

但在此以前，8 月 20 日，霍斯所指挥的第 4 装甲军团在抵达克拉斯罗尔梅斯可的丘陵前，已在坦都托佛（Tundutovo）火车站以东的高地上受阻。这块有苏联重兵防守的高地，支配着伏尔加河湾，也是斯大林格勒防线的南部要点。第 4 装甲军团的兵力太弱，以至于无法攻占克拉斯罗尔梅斯可和别克托夫卡（Beketovka）

之间的这些高地，而必须设法使其左翼与第6军团接触。凡此种种都证明了不可能照原定计划执行钳形攻击。9月3日，由霍斯指挥的德国和罗马尼亚部队成功地攻占了斯大林格勒西侧的伏尔加高地，然后继续指向伏尔加河，并于9月10日到达斯大林格勒以南在叶尔尚卡（Yelshanka）与库颇罗斯诺亚之间的伏尔加河流域。但已证明不可能攻占别克托夫卡，而这个地方以后也就变成苏军反攻起点之一。

在这些不安的星期中所作的许多判断，之后都被证明是正确的；甚至在大顿河湾中的攻击尚未开始前，保卢斯就与B集团军对于攻势日益延伸的侧翼应如何保护的问题展开了热烈的讨论。他指出北翼缺乏适当掩护，因为掩护侧翼所用的兵力，将必然使攻击兵力缩减。早在1942年8月16日，国防军最高统帅部的作战日志上就已指出，元首对斯大林可能重演1920年的“标准俄国攻击”感到不安。在那一年红军会攻越顿河而进入绥拉菲莫维奇（Serafimovich）地区并指向罗斯托夫，然后击败弗兰格尔将军（Gen. Wrangel）所率领的白军。

但希特勒的灵感与他参与后所得的结果通常有很大的差距；在这个特别的时刻，他的战略构想却完全不顾可用兵力的多寡。事实上，8月20日，苏军的确曾以相当可观的兵力越过顿河发动一次攻击，冲入第8意大利军团，后者正保护着第6军团的纵深北侧翼；在最初的几天内，这次攻击曾获得相当的成功。虽然不乏个别的英勇战例，例如：著名的萨伏伊（Savoy）骑兵团在伊斯布仙斯奇（Isbushensky）对苏联步兵和炮兵的攻击，但许多意大利单位的战斗价值都令人不满，直到德国第17军介入后，情况才得以恢复。

保卢斯将军与他的参谋长极度担心意大利地区的情况，而他们的确有理由如此担心。接替保卢斯充任陆军副参谋总长的布鲁门特里特将军（Gen. Blumentritt）此时正巧到第 6 军团前线视察，保卢斯为了使他明了其报告和有关北部防区的警告是如何地有根据，便要求布鲁门特里特视察意大利第 8 军团。如同保卢斯自己所记载的，依据希特勒的命令，这些行为正逾越他的职权。

由戈林在 1942 年 8 月 28 日所递交的一份报告中，可清楚地看出在芬尼特沙的德国最高统帅在那时仍然存有奇怪的幻想。依照戈林的说法，空军第 4 军团总司令里希特霍芬将军（Gen. von Richthofen）会亲自视察斯大林格勒地区，并认为在附近已无任何强大敌军兵力的存在；里希特霍芬也获得敌军缺乏任何统一指挥的印象。在那个时候，第 6 军团的北部兵力在科特鲁班（Kotluban）地区正遭遇困难，此时第 14 装甲军在里诺克附近的伏尔加河上坚守了非常危险的一个星期。德军兵力不够强大，以至于无法迅速扩张初步战果；不过就目前而言，以崔可夫（Gen. Chuikov）所指挥的第 62 军团（传奇的 62 军团）为主力的苏军也还不能发动大规模有计划的反攻。但苏联却并未放弃。

同一天，8 月 28 日，北方集团军报告一次苏军反攻，2 天以后，希特勒看到在高加索北缘上的 A 集团军正面临一场危机；在那里的攻击已经顿挫，其实并不足奇，但希特勒极感愤怒，遂直接召见利斯特元帅到芬尼特沙亲自向其解释。

在 9 月 1 日到 9 月 15 日，第 6 军团和第 4 装甲军团一步步地向前奋战，陷入了由斯大林格勒郊区、工厂、铁路设施构成的复杂地形中，损失日益重大。这场战斗持续了两个半月，而且越来越像第一次世界大战时艰苦的凡尔登消耗战。德军逐渐攻占了该城的大部分，但苏军在5英里长的市中心仍然坚守着伏尔加河岸的一部分，尤其是他们仍握有决定性的渡口——卡拉斯拉雅—斯洛博达（Krasnaya-Sloboda）。

此时，最高统帅部的作战处长约德尔将军获得批准至前线视察，发现利斯特元帅对情况的判断完全正确。他回来向希特勒据实报告，却受到希特勒的痛斥。希特勒召回了利斯特，并决定由他本人在芬尼特沙直接指挥A集团军的作战，希望能挽救这个代号为“老鼠”的“主要作战”。

当斯大林格勒之战仍胜负未决时，希特勒采取一种特别但又具代表性的宣传战略：向全世界宣布斯大林格勒战役为德国的一次伟大胜利。当希特勒于9月底返回柏林，发起1942年冬季救济运动时，宣称德国的攻势有四大目标：夺取苏联最后最大的谷物区、夺取苏联“最后残余”的煤矿、占领或切断苏联的石油补给、封锁作为苏联补给线的伏尔加河。当提到斯大林格勒时，希特勒宣称：“你们现在可以确信，没有人能将我们撵走！”

10月初，为了庆祝德国农民节，在柏林体育宫曾有盛大的集会，德国空军总司令兼帝国大元帅戈林很有信心地宣布今后一切都会好转，不再有任何理由害怕在东线将要来到的冬季战役。“这次我们已有心理准备。我们早已知道苏联的冬天是怎样的。”

在这次演说中，戈林也提到德国参谋本部因对东线的战争指导不断发生意见冲突，使得希特勒在1942年9月24日撤换哈尔德将军，并指派蔡茨勒将军为新的陆军参谋总长。戈林宣称这位国社党的参谋总长不过是其指挥官的“助手”而已，而他应感谢上帝，因为德国有大量的一流将领，任何不能勇敢应战、不够冷酷、不够坚强的人都将立刻被淘汰。

1942 年 11 月 8 日，希特勒本人在慕尼黑（Munich）罗文布劳（Lowenbrau）地下厅的 1923 年政变纪念日大会中发表演说，他又再度宣布已经夺获“这个重大的交通中心”，并宣称那是德国一次伟大的胜利。他坚称，之所以要攻占该地，是因为那可以截断 3000 万吨的苏联补给。

当这些狂言由德国的无线电传播到全世界后，希特勒的政治煽动家身份使其国防军最高统帅的身份备受压抑；事实上，这种情况对于随后的所有决定具有重大的影响，尽管他公开保证“我们拥有斯大林格勒”时，希特勒所说的话一半对一半不对。德军的确“拥有”了斯大林格勒，伏尔加河上的交通也遭到切断，这个城市中的一切军备生产已完全停止，但从另一方面来说，它们并未能完全据有该城，因为苏联第 62 军团仍在伏尔加河上死守住了一个桥头堡，而且它的兵力随着时间不断地增强。

一再被正式提及的是，在 1942 年前几个月这场战争的转折点时，德军所拥有的的确不少；但从另一角度来看，它们所拥有的并不十分确定。它们被牵制在伏尔加河上，但兵力却不足以适度地同时保护北翼科特鲁班地区和南翼克拉斯罗尔梅斯可—别克托夫卡地区的安全。A 集团军已经进入高加索的西北部，并且也已在迈科普—格罗兹尼地区攻占一两处小油田，以及在捷列克（Terek）河上建立了一个桥头堡，但它却不曾抵达巴统—第比利斯—巴库之线。在北非方面，隆美尔的装甲军团也不足以突破英军在阿拉曼的防线而向东直趋尼罗河。在本土方面，英国皇家空军轰炸机司令部在春季里会对吕贝克（Lubeck）、罗斯托克（Rostock）、科隆（Cologne）实施庞大的毁灭性轰炸，而且此种攻势仍有力地持续进行。越来越多有关德国城市受到“恐怖攻击”的报告出现。

1942 年 9 月 12 日，保卢斯将军前往芬尼特沙的最高统帅部述职。他指出德军在斯大林格勒前线的弱点，尤其是侧翼缺乏适当的掩护。他建议德军各师应与附庸国家的部队混合组成各旅来增强战力，并要求准备德国预备队，使它们在必要时可以加以干预。第 6 军团也一再地提出类似的要求和警告，9 月底，它们不断透过陆军总部派在第 6 军团的联络官门采尔少校（Maj. Menzel）作这样的反应；稍后每当有高级将领如欧席勒（Ochsner）将军、费尔吉贝尔（Fellgiebel）将军和施密特将军来视察时，也都会受到他们的请托。为了说明情况如何严重，保卢斯带着他的访客施密特将军，到北部前线去视察，敌人在那里越过顿河，并已经对第 376 师的战线作了一个深入的突穿，施密特本人可以全然了解现况。

不过，我们不应忽略一个重要的心理因素，虽然很难解释希特勒的奇怪个性竟不再呈现，事实上是希特勒一再成功地以一种相当独特的方式，使从前线到芬尼特沙来晋见他的军官们恢复信心，像保卢斯那种容易动摇的军人尤其易于受到希特勒的精神感召。此外，当然，直到此时为止，一切也都还算是相当顺利，在东线的德军已经一再克服危险的情况，德军官兵也曾不断证明他们远优于敌人，甚至在这个夏季战役中，德军已经完成了许多实际上不可能完成的任务。

保卢斯回到前线时，深信元首对于“伏尔加的钥匙”——斯大林格勒城非常重视。他在希特勒面前塑造了一种良好印象，认为他是一个可以信赖的人，并已决定在不久的将来，也就是斯大林格勒之战结束后，指派他担任最高统帅部的作战处长，甚至参谋总长。当施密特在 10 月间访问前线时，他会向保卢斯暗示不久就会将他升调其他的要职。接替他担任第 6 军团总司令的是第 51

军司令库尔茨巴赫（von Seydlitz Kurzbach）将军，另一个深获希特勒宠信的将领。保卢斯将军正好娶了一个出身名门的罗马尼亚淑女，这使他被指派为计划中伏尔加流域的德国—罗马尼亚顿河集团军的副司令，而总司令则是罗马尼亚元首安东内斯库元帅。

在被迫退休前，哈尔德将军仍倾全力想对他的在职同僚们作最后的贡献，他坚持斯大林格勒的楔形战线在军事上是不可能的，但希特勒却摒弃他的警告，并认为是迂腐之见和吹毛求疵。根据国防军最高统帅部作战处战争日志的一再记载，希特勒的确了解第 6 军团侧翼缺乏适当保护，成为一种危险，然而从他所拥有的知识中，仍无法作出任何结论。最迟到 9 月，德军最高指挥部必须决定真正想要的：向斯大林格勒或者向高加索前进。二者之间必须放弃一个，绝不可能两者兼顾；同时也必须将东线南部所有可能的预备队集中，以巩固该区最初的成功。但这些事没有一件做到。

在哈尔德将军离职前，战争日志上的最后记载中有一行是：斯大林格勒的攻击矛头正感到自己“逐渐损耗”。第 6 军团本身战况僵持，平均每个连兵力已经降到 60 人；1 个装甲师现在只有 60~80 辆坦克可以作战。到 9 月底，蔡茨勒将军建议取消对斯大林格勒的攻击，保卢斯也赞成采取这项步骤，同时他又要求 3 个新的步兵师。他所获得的唯一增援，只有特别空运前来协助市内吃力而成本高昂的巷战的 5 个工兵营。希特勒仍然坚持这场战役必须继续下去，直到将敌人彻底赶过伏尔加河为止。

不过，在 10 月和 11 月，两个罗马尼亚军团，杜米特雷斯库将军（Gen. Dumitrescu）的第 3 军团及康斯坦丁内斯库将军（Gen. Constantinescu）的第 4 军团，被送来增强第 6 军团的两翼，前者至北翼而后者至南翼；但这些军团完全由步兵和骑兵组成，它们没有重武器和有效的反坦克装备。第6军团派出第48装甲军，以担任北翼的第3罗马尼亚军团后方的预备队，但该军所属的单位——第14装甲师和第29摩托化师，却已在其他前线接战中。分派到这个军的兵力中，第2装甲师大约40辆坦克，且大部分都是轻坦克；第1罗马尼亚装甲师大约只有45辆捷克制的轻坦克，这的确不能代表一支非常强大的战斗兵力。

此时，斯大林格勒城内仍在进行艰苦的逐屋战斗，以及对一些大工厂的争夺战，包括捷尔任斯基（Dzerzhinsky）牵引车工厂，障碍（Barrikady）火炮厂和“红色十月”（Red October）炼钢厂等在内。

在芬尼特沙的指挥部中，希特勒终于决定放弃“北光”作战，也就是对列宁格勒的攻击。在10月间，有许多情报开始显示苏军在斯大林格勒两侧的伏尔加河和顿河以东及以北集中了强大的兵力。在斯大林格勒地区，苏军组成了两个“方面军”（相当于西方的集团军）。在南面为“斯大林格勒方面军”，由叶廖缅科将军（Gen. Yeremenko）指挥；在北面为“顿河方面军”，由罗科索夫斯基将军（Gen. Rokossovsky）指挥。不难看出敌人正计划一次钳形攻击。第6军团总司令及其参谋长都有这种共识，并提出适当的警告，但他们却受到命令限制而不能采取行动。

据我们所知——不过实际上所知的并不多——这些苏方作战由国防部第一副部长朱可夫将军统一指挥，协助他的是其代表瓦希列夫斯基将军（Gen. Vassilevsky）。他们二人又都是所谓STAVKA的成员，这个组织是由斯大林本人所领导的苏联最高统帅部。直到1942年11月止，苏联最高统帅部的副指挥官为沙波什尼科夫元帅（Marshal Shaposhnikov），他是沙皇时代的一位参谋军官。当沙波什尼科夫因为健康的理由而退休后，其位置就由朱可夫继任，后者是一位很高明的指挥官。不幸，苏联公开发表的文献对于决定是如何达成、计划是如何执行，或者苏联对德国敌人以及敌人的策略评价为何，都不曾给予任何清楚的解释。

到 10 月底，苏军的作战准备已经变得极明显。在最高统帅部进行的多次讨论中，希特勒对于苏军将攻击顿河方面的意大利部队感到相当忧虑，结果他发出了各种指示：在顿河前线的后方构筑防御阵地、苏军企图在顿河上架桥时要施以空中攻击、空袭顿河北岸可疑的集结区，以及把新成立的空军野战师送入该区域来支援轴心同盟国部队等等——也不管这些命令是否真能付诸实行。

同时，在埃及的英军已对隆美尔的部队发动攻势，而在 11 月初，隆美尔被迫撤退到利比亚—埃及边界。快到 10 月底时，蔡茨勒将军接获报告说，苏联正在大肆宣传即将对入侵者发动大规模作战，不过他不敢断定其中有多少是宣传，有多少是事实。在拉多加湖的大防御战后，曼施坦因于 10 月 25 日和 26 日在最高统帅部晋谒希特勒，并告诉他第 11 军团或许将被送入维捷布斯克（Vitebsk）地区。希特勒期待苏军将在中央地区大举进攻，假使他离开在芬尼特沙的前进指挥部，则曼施坦因将接管 A 集团军。关于下一年，希特勒似乎正考虑越过高加索并进入近东的追击。

就目前而言，B 集团军的辖区似乎有划分的必要，因为此时它已经控制着 7 个军团。在伏尔加—顿河方面的德国和罗马尼亚军团将组成一个“顿河集团军”，由罗马尼亚的元首安东内斯库元帅指挥。第 6 军团赞成这项措施，并认为至少提供了某些助益，希望安东内斯库受希特勒重视所产生的影响力，能够强到足以确定，两翼罗马尼亚军团的装备最后都将完备；然而，就目前而言，似乎没有任何效果——无视于罗马尼亚第 3 军团总司令杜米特雷斯库将军的警告，也不顾驻罗马尼亚德军代表团豪飞（Hauffe）将军的忠告。事实上，即使安东内斯库迫切的请求一无所成，对崔斯丘的警告已有些重视的保卢斯也注定要失望，因为原本计划成立的顿河集团军注定要留在构想阶段——现在局势变化极快并超出他们的控制之外。

所以——在 11 月的剧变发生前——总部设在顿涅茨河支流艾达尔河（Aidar）边的斯塔罗比尔斯克（Starobelsk）的 B 集团军暂时仍持制着 7 个军团；从右翼到左翼它们分别是：罗马尼亚第 4 军团、第 4 装甲军团、第 6 军团、罗马尼亚第 3 军团、意大利第 8 军团、匈牙利第 2 军团以及德国第 2 军团。在卡尔梅克大草原的最南面，只有 1 个单独的德国摩托化师驻在埃利斯塔（Elista）附近，以维持与 A 集团军的接触。B 集团军的预备队包括第 48 装甲军和一个位于意大利部队战线的后方单独步兵师。

1942 年 11 月中旬，保卢斯将军收到元首发来的电报，希望他麾下疲顿但值得信赖的第 6 军团，以及其英勇官兵能奋其余力，将斯大林格勒市区中的全部伏尔加河岸加以攻占。

此时，希特勒已经离开在芬尼特沙的前进指挥所并返回拉斯登堡（Rastenburg）的“狠穴”（Wolfsschanze），随即前往慕尼黑参加 11 月 8 日和 9 日的纳粹党周年庆。随后，他又回到在盐山（Obersalzberg）、贝格霍夫（Berghof）附近的行营。当他到达那里时，收到从地中海方面传来的坏消息：隆美尔的部队已经完全撤入利比亚。11 月 8 日，强大的英美盟军已经在摩洛哥、奥兰、阿尔及尔登陆；于是，占领全法国的“安东”（Anton）作战在 11 月

11 日发动，而意大利和德国的部队也匆忙地送往突尼斯。远离已经进入冬季的伏尔加大草原的斯大林格勒，现在似乎是次要的事情。然而在 11 月 19 日，陆军参谋总长从东普鲁士报告："元首早已期待着的"苏军攻势已经开始发动。

1942 年 11 月 19 日清晨 5 时，在猛烈的炮兵准备射击后，苏联第 21、第 65 步兵军团及第 5 坦克军团（依照德方估计为 2 个装甲军、2 个骑兵军，以及大约 40 个步兵师），从克列茨卡亚（Kletskaya）和绥拉菲莫维奇等桥头堡中跃出，向罗马尼亚第 3 军团进攻。在步兵密切支援下，强大的坦克兵力迅速地突破了罗马尼亚军的战线。这次攻击故意从第 6 军团左翼远端开始，使苏军装甲兵力能深入罗马尼亚军团后方冰雪遍地的大草原中，到了夜间，苏军矛头已在突破口后方大约 37 英里的齐尔河上游。

B 集团军的预备队——第 48 装甲军，立即被动用，但它并无任何决定性的效益。这个军正受到在贝格霍夫的希特勒经由 B 集团军所指定的各项新战斗任务，而被各种不同的命令所冲击，不久就发现自己的油料已经发生困难，到了 11 月 21 日，在孤立而无效的数次反攻中，大约损失其八九十辆坦克中的一半。

11 月 20 日，苏联第 51 及第 57 步兵军团从别克托夫卡地区进入斯大林格勒以南，来攻击罗马尼亚第 4 军团，后者已经证明出无法承受此种兵力的攻击。

希特勒在这段危急的日子中。首先采取的措施就是更换将领。克莱斯特将军奉命指挥 A 集团军，曼施坦因元帅则以第 11 军团指挥部的参谋群来组成顿河集团军，并接管在伏尔加河与顿河地区的德国及罗马尼亚部队。但曼施坦因碰巧正离开他的司令部前往视察中央集团军的前线，天气使他无法搭机巡视，且苏联游击队曾经两次在铁轨上布雷以阻止他的火车通行，所以此时他实际上已完全与情况脱节。直到 11 月 24 日，他才到达魏克斯将军在斯塔罗比尔斯克的司令部，而决策已经下达。

在开始对斯大林格勒一连串漫长的战斗进行认真的研究前，真实状况已被战后出版的、那些光强调有关德国反抗运动触及的事务之记录所混淆。这些记录也带给我们有关斯大林格勒的传奇，特别是在其中显示出：一旦在伏尔加河方面的危险合围变得明显时，保卢斯将军应会立即撤出他的部队——如同 1914 年波兰秋季大战役期间，利茨曼（Litzmann）将军和波亚德尔（von Scheffer Boyadel）将军在布拉克雷立尼（Brczeziny）所做的——以避免危险的合围。更有甚者，认为保卢斯将军将表现得“像约克（Yorck）元帅”一样［德文本英译者注：约克伯爵，即瓦滕堡（Wartenburg, 1759—1830），一位率军被迫对抗俄国的普鲁士贵族，确定法国彻底战败后，借由陶罗根（Tauroggen）协定，使普鲁士军保持中立。而广受大众接受的一步却几乎使他遭到军法审判。他被卡利什（Kalisch）条约所救，该条约使德国加入盟国阵容以对抗法国］。

这项自主的行动稍后将会发出信息给被免职的博克将军身旁群集的策划者，以推翻希特勒政权。

让我们将传奇搁置一旁。当普鲁士预备军（Auxiliary Corps）指挥官率领破败的大军团（Grande Armée）时，约克伯爵与保卢斯在斯大林格勒的处境不同。但是，让我们印象深刻的是，无论是保卢斯或他的参谋长施密特少将，丝毫都无任何政治意图。在当时的情况下，即使有任何政治上的动作意图，在敌人不断的压力下，想要从事这些行为也是绝对不可能的。

让我们不以先入为主的观念来面对真实情况，再认真地问自己关于11月那段日子中，保卢斯和施密特究竟对整体情况了解多少，又在何种情况下导致他们的决定。只有当我们已经下了这种功夫，才有资格问他们的作为是否正确无误。

从11月19日到21日，保卢斯和施密特在其设在顿河边哥鲁宾斯卡亚（Golubinskaya）的司令部中，这段期间他们从未想到自己的部队将可能受到包围。他们都假定集团军对任何此类突发事件一定有对策，而对抗苏军突破所采取的反击部署命令将使情况好转。毕竟，在这次战役之前，东线战场的危险情况就出现过多次，这一点不应该被遗忘。德国军事指挥官们已惯于感到自信。第4装甲军团司令部抱持类似的观点。

11月19日黄昏时，B集团军命令第6军团停止在斯大林格勒的一切攻势作战，将机动单位集中，由其左翼后方的第14装甲军［胡贝将军（Gen. Hube）］指挥，并向顿河以西发动反攻。

直到11月21日，在哥鲁宾斯卡亚的这2个人才了解情况相当地严重。苏联坦克本来朝卡拉奇前进，在那里遇到抵抗而导致它们转向，正出现在距离军团司令部只有几英里远的地方；但更糟的是，北方攻击群的其他苏军坦克攻占在卡拉奇的顿河桥梁，并切断了第6军团的补给线。中午时，司令部移到斯大林格勒以西的古门拉克（Gumrak）火车站，同时，总司令和他的参谋长前往顿河边的尼会齐尔斯卡亚（Nizhne-Chirskaya）去监督顿河防线的巩固。

他们现在所面临的问题，与其说是应该做什么，不如说是可以做什么。除非能非常迅速地建立一道南方的防线，否则该军团就会受到来自后方的攻击并有被毁灭的危险。纵使有任何向南的突破，以便与正在向前推进的第 4 装甲军团部分部队恢复接触，其先决条件也是如此。不过，直到第 6 军团在顿河西岸上作战的单位（第 11 军和第 14 装甲军）已经渡过东岸之前，任何突围的攻击都不成问题；换言之，必定不在 11 月 26 日之前。在任何准备突围的攻击前，此时能做的事情显然就是构成一个“防备森严的阵地”（hedgehog）来争取时间。

11 月 21 日下午，施密特少将与 B 集团军参谋长索登斯坦恩通话，告之命他担心的罗马尼亚第 3 军团情况，局势已经不可收拾。索登斯坦恩不能给予任何援助，因此坦白地向这位少将说：“你必须就你所拥有的兵力倾全力以对。”

保卢斯现在与斯塔罗比尔斯克的集团军总部取得联系，并建议第 6 军团应该撤到顿河—齐尔河之间的腱状阵地。B 集团军也正打算批准此项行动，但在 11 月 21 日夜间，却收到陆军总部有关第 6 军团的特别指示，其要点为必须不惜一切成本死守斯大林格勒和伏尔加河防线，同时，应在顿河以西集中强大兵力以准备反攻。它又强调正在采取大规模的对抗措施，进一步的指示随后就来。

相当明显，必须构成一个“防备森严的阵地”，除非第 6 军团将担负从后方被摧毁的风险；即使为了可以成功地放弃原先阵地，也必须作出适当的准备。同时，第 6 军团将必须从空中加以补给。不过，所有有关的德国空军将领——第 4 航空舰队司令里希特霍芬将军，在斯大林格勒的第 8 航空军指挥官菲比希（Fiebig）少将，以及第 9 高炮师师长皮克特（Pickert）少将——一致认为不可能长时间维持空运，因为运输机没有足够的运量来执行这项任务。

此时，保卢斯和他的参谋长主要关心的问题是救出人员和保持自身作战自由，而非守住阵地。第 4 装甲军团司令霍斯将军在前往B集团军总部的途中，于11月22日清晨到达尼会齐尔斯卡亚，他对自己单位的命运只有一种非常粗略的概念，这些单位中，第4军［杰尼克（Jaenicke）将军］已经撤回第6军团，而罗马尼亚部队的大部分正经由卡尔梅克大草原向科捷利尼科沃（Kotelnikovski）方向溃退。

第6军团的被围

在这一天从西北和东南方来的强大苏联装甲单位已在马立罗夫卡（Marinovka）—卡拉奇地区中的第6军团西南方会师，在那里德军只有拼凑的防御。现在第6军团已经受到包围，而且很明显，除非能够迅速采取有效的措施，否则包围就可能发展成为灾难。下午2时，保卢斯和他的参谋长从尼会齐尔斯卡亚飞往设在古门拉克车站的新司令部，而当地已在苏联开始形成的包围圈内。在顿河西岸上的阵地已无法据守，所以不顾陆军总部的命令，在那里苦战的第11军［斯特雷克（Strecker）将军］和第14装甲军都已由陆军总部下令撤回东岸。在南方战线上，第4军仍在继续激战，而北方战线上的第51军和第8军所要应付的只是实力不大的攻击。

11月22日下午，当保卢斯和施密特仍在尝试一切的努力时，陆军总部的新命令又来了，是坚决要求第6军团必须守住现有位置以等待进一步的通知。在此时，保卢斯就向他的参谋长说，“我们还有时间来得及作决定，让我们每个人独自去思考，一个小时后再来交换意见。”

一小时后，两人再度会面时，发现彼此已经分别地得到同一结论：整个第 6 军团应企图向西南突围而出，但必须要有准备的时间——至少要到 11 月 26 日。

保卢斯现在又与他的军长们商量，发现他们的意见也完全相同——每个人都主张突围。在下午，保卢斯和第 51 军的军长克日巴哈讨论，后者对于情况尤感惊慌，他要求立即采取行动，而不必先与集团军或陆军总部商量。

无疑地，由于近代长距离通信工具的发达，使得陆军总部便于直接干预前方的作战，同样地，前方指挥官也可以遇事请示，如此将影响到主动精神及行动自由。毛奇曾经说过，如果一位指挥官的身后有一根电报线，那会是不幸之至。想不到他的话真成了预言。

关于保卢斯将军，我们必须牢记，他是一位非常有良知的人，此外他又深知最高当局对于伏尔加河上整个作战的重视程度，因此在这样的环境中要采取主动，他则认为时机似乎尚未成熟。而他并未被告知整个局势，尤其是对南方 A 集团军的情况，也并无良好的认识。

在同一天（11 月 22 日）夜间，希特勒又直接向第 6 军团发出无线电报，要点仍是相同："固守，元首希望……"但对于应该如何去守却并未给予任何特殊指示。当天夜里，保卢斯对情况再度提出报告，并把自己的意见作了五点综述：第一，在冬季的大草原上，若无预备阵地，能否维持一个"防备森严的阵地"实在颇有疑问；第二，他所有的兵力已经不够据守一个够大的区域；第三，补给情况早已告急，继续空运似不可能；第四，所有各军军长都一致赞成向西南突围；第五，他要求立即行动的自由。这个报告同时向 B 集团军及陆军总部提出。

在之后 36 小时之内，在古门拉克不曾收到元首大本营的任何指示。可能是因为在 11 月 20 日的夜间，希特勒正乘坐专车从盐山前往莱比锡，再从那里坐飞机前往东普鲁士的“狼穴”指挥部。

在此时，保卢斯几度要求 B 集团军总部给予行动自由。B 集团军总司令魏克斯和他的参谋长索登斯坦恩都同意保卢斯的见解，但他们却不敢擅专，而希望能先获得陆军总部的同意。不过在发给蔡茨勒的电报中，魏克斯宣称他完全支持第 6 军团的意见，并补充说他相信空运补给根本不可能。

保卢斯和施密特认为，若能在 11 月 24 日获得允许突围的命令，他们可以在 11 月 27 日发动真正的突围。接着，古门拉克方面，是由斯塔罗比尔斯克方面听说曼施坦因正在替第 6 军团作突围的准备，要注意的是，曼施坦因在当时几乎还享有一种近乎神话的威名。

当希特勒于 11 月 23 日到达他的“狼穴”指挥部时，新任参谋总长蔡茨勒将军就来替第 6 军团求情。事实上，他在那天夜间的例行会报中，说明他完全支持保卢斯和施密特的意见，他宣称孤注一掷，并使整个军团——陆军总部估计为 40 万人——被围实在是一种罪行。会议后，蔡茨勒用电话告诉在斯塔罗比尔斯克的索登斯坦恩将军，他相信自己已经说服希特勒，允许第 6 军团突围的命令将可于明日颁发。

此时，第 6 军团内已经发生一件个人主动的抗命事件。11 月 23 日，席德里兹将军命令所属各军的一部分，撤出在叶尔索夫卡（Yersovka）地区中有良好准备的冬季阵地，退到 5 英里之后，但他却没有将意图事先告诉第 6 军团司令部。这个撤退有着戏剧化的过程：席德里兹烧去了他本人的行李，部队也销毁一切多余的物资，或他们自认为是多余的东西。这件事的悲剧面是敌人猛烈的追击，当第 94 步兵师在撤退时几乎完全被摧毁。

直到 11 月 24 日，席德里兹才把经过告诉军团参谋长施密特，并且解释其意图是希望能使保卢斯较易于决定突围。这种行为简直近似叛变，假使保卢斯不是这样温和而且宽容部下的长官，席德里兹必将交付军法审判。希特勒在 11 月 24 日的命令却是把周界的东北两边，交给席德里兹负责，当然希特勒并不知道这一段插曲。保卢斯还是把命令照转给他，由此可知保卢斯的确是一位忠厚长者。

此时在顿河方面以及正在发展中的南线仍不停地激战，保卢斯和施密特在古门拉克焦急地等侯 B 集团军的消息，而在斯塔罗比尔斯克的 B 集团军总部，也正同样地焦急等侯蔡茨勒的电话。大约在 11 月 24 日 10 时，索登斯坦恩终于打电话向陆军总部催问，但他所获得的答复是，该集团军还要再等……

依照施密特少将所作的笔记，8 时 38 分，一项命令从陆军总部直接传到古门拉克，对于“防备森严的阵地”之构成给予详细的指示，对斯大林格勒及伏尔加河岸必须不惜成本地坚守。同时又告诉第 6 军团已经有强大兵力（第 4 装甲军团）正准备前来解围，以求反败为胜。解围的作战定于 12 月初发动，在此以前，空军第 4 航空舰队将负责对第 6 军团空运补给。

那一天上午，远在“狼穴”指挥部中，帝国大元帅戈林透过他的参谋长耶顺内克将军宣称，德国空军可以负责维持被围的第 6 军团补给。不顾第 4 航空舰队的警告，而作出这种保证——的确，整个德国空军都投入在确保突尼斯桥头堡的补给上——可用的运输机没有足够的数量，来执行如此大规模的空运行动。

当初决定攻占斯大林格勒，“威望战略”（Prestige Strategy）即早已扮演重要角色，现在又加上戈林个人威望政策的作祟。他深知自己和空军在希特勒眼中的情况早已一落千丈，所以他认为这是一个东山再起的好机会；同时希特勒也因为对斯大林格勒作了许多的宣传，正感到骑虎难下。在如此环境中，戈林毫不负责的大话也就受到欢迎——由于这种种的因素交相为用，蔡茨勒将军感到无可奈何。

此时，情况已经如此严重，在斯塔罗比尔斯克的B集团军遂考虑应否不等待上级的指示，即先行允许第6军团突围。但是通信单位却报告已收听到元首大本营直接发给第6军团的命令，集团军总部只好放弃这样的考虑。

在斯塔罗比尔斯克的B集团军总部和在古门拉克的第6军团司令部，都不知道国防军最高统帅部或陆军总部，可以从何处抽调兵力来执行这种对抗措施。希特勒一向认为指挥官的视野应尽量保持狭窄，这种政策现在也就开始产生恶果。在考虑到1942年11月的精神层面时，必须记着当时元首兼统帅的希特勒仍然还是被大家看作一个“奇迹”的人，而且无论如何，直到此时为止，希特勒的想法的确也往往被证明是正确的。同时，保卢斯对于新任陆军参谋长蔡茨勒也颇具信心——这也没有错，毫无疑问地，他还记得在春季哈尔科夫之战时，陆军总部的确曾经表现出转败为胜的本领。

保卢斯本人最关心的问题，就是救出正面临毁灭威胁的军团，但从他在陆军总部充任副参谋总长时起，就已深知希特勒对于伏尔加战役的重视。现在即将出任顿河集团军总司令的曼施坦因，也就是保卢斯的未来顶头上司，也拍发一份无线电报来，主张应守住斯大林格勒及伏尔加战线，在此时，保卢斯当然不曾违抗曼施坦因的指挥；同时，保卢斯也深知希特勒的个性，假使他自由行动，在几个钟头之内，他就会被撤职，在这种最紧急的情况中，他的人员更加地无所适从。他对其参谋长说，他毫不犹豫地愿意为其人员牺牲性命，但他却看不出意义在哪里。

事后判断总是很容易，许多人都认为保卢斯在当时如果能自己作主，可能早已经解决了这个问题；但若这样做，则可能破坏高级司令部的全盘计划，甚至造成“无政府”状态。因此，除非他能了解全面情况，否则他绝不曾轻举妄动。

无论如何，第 6 军团现在已经遭到包围。4 个军、1 个装甲军、14 个步兵师、3 个摩托化师、3 个装甲师、1 个罗马尼亚步兵师和 1 个罗马尼亚骑兵师，以及无数个其他的单位，特殊单位和不同兵种的命运都已受到威胁。在书面上，第 6 军团的总人数约 33 万人，但实际上更少——近乎 30 万人。其中有些单位和人员没有被围，例如留在齐尔河上各装甲师和摩托化师的补给单位，以及请假的人员、训练单位、警戒部队、补给和通信单位等，总计约 8 万人。所以，被围的一共约 22 万人，连同坦克 100 辆、火炮 1800 门、各种车辆 1 万辆在内。

在前往设立在新切尔卡斯克（Novocherkassk）的新总部时，曼施坦因于 11 月 24 日在斯塔罗比尔斯克出现，希望能对于全盘情况获得较佳的了解。决定性的阶段早已过去，曼施坦因只能倾全力来适应一个并非他创造的情况——实际上，对于其发展他已不能发挥任何影响作用。他私下对人说，当保卢斯在 11 月 19 日要求行动自由时，陆军总部未能应允实属错误；同时，他也认为保卢斯要求希特勒允许他突围，实在犯了一种心理上的错误，他应该负起领导其军团突围的责任。但在其回忆录中，他又坦白承认若在 11 月间企图突围，甘冒的危险将比困守待援还要更大。

11 月 25 日的国防军作战参谋处的战争日志上，记载元首对第 6 军团的情况深具“信心”，不过对于空运能否每天供应 700 吨补给却明白地表示怀疑。空军第 4 航空舰队只有能用的运输机 298 架，而这样的空运似乎需要 500 架才够。

第 6 军团的情况其实并非绝望，但一切成败却寄托在下述两个因素上：适当的空运补给和救援作战发动的时机。

最初，第 6 军团要求每天应有 700 吨的补给，包括口粮、弹药和燃料在内，但之后又降低为最少需要量为每天 500 吨。戈林、耶顺内克和空运总监莫力克将军（Gen. Morzik），却一致认为组织一个每天 300 吨的空运行动是可行的。但即使如此，也还有几项先决条件，而那是目前未能办到的：足够的运输机；在包围圈外要有两个大型地面组织［最近的 2 个机场，塔金斯卡亚（Tazinskaya）和莫洛索夫斯卡亚（Morosovskaya）］，分别距离包围圈 150 和 125 英里，相当不合适；在包围圈内至少要有 4 个安全的着陆场。除此之外，苏联冬季气候的极度恶劣也必须加以考虑。很明显，戈林的保证若非是不负责的胡吹，就是他的计算实在错得太离谱。实际上，对第 6 军团的空运补给量平均每天仅达 104.7 吨。在 12 月的紧急阶段中，曾经有一天几乎飞入了 300 吨，但那却是一次稀有的例外。事实上，德国空军正面临着一种不可能的任务，为了达成任务，他们已经付出了 488 架飞机及 1000 名空勤人员的高昂成本，那些人员都是空军的精华，在损失后就只好用飞行学校的教官来补充。不过这种牺牲却也并非完全无益，也许斯大林格勒空运的最大成就就是撤出了 4.2 万名伤员，以及大批受过各种高度训练的专门人才。

曼施坦因最后在 11 月 27 日才到达他在新切尔卡斯克的总司令部，在那里简直无可用之兵，甚至集团军总部的警卫都是由哥萨克志愿军的 1 个营来担任。就目前而言，新总司令的所有资本就是他的英名和能力，此外还有一个司令部，但却没有任何生力军。

在他前往新总部前，曾经发出一份无线电报给保卢斯——已见前述——向他保证将尽全力挽救他脱险；现在一切就要看第 6 军团能否遵照元首的命令扼守伏尔加河和北面防线，而同时又能集中足够强大的兵力，向西南替自己至少暂时“切开”一条补给线。

由于现在改由顿河集团军指挥，而且又暂时被围，第 6 军团遂和某些其他更重大的事件也发生了关系：利用第 4 装甲军团和两个罗马尼亚军团的残部在顿河和齐尔河上建立一道新防线；此外还要保护 A 集团军的补给线——也许即为其撤退线，因为目前希特勒正固执地将它孤立地留在高加索的外围。曼施坦因曾经宣称第 6 军团使他最为头痛，但却并非唯一。举例来说，由于敌人已经正确地认清目前第 6 军团已经丧失行动自由，所以可以趁机集中一切机动装甲兵力，以试图突破德军防线，并直趋顿河上的罗斯托夫，这也无异于形成一种“超级斯大林格勒”的威胁——将整个 A 集团军包围在库班河（Kuban）与捷列克河之间的地区中。

曼施坦因本人不能飞入包围圈来亲自视察斯大林格勒的情况，因为顿河—齐尔河方面的情况是如此岌岌可危，令他感到实在不能离开集团军总部。但到 11 月底，他却已先后派他的参谋长舒尔茨少将（Gen. Schulz）和作战处长巴斯上校（Col. Busse）前往视察，保卢斯和施密特都明白地向他们表示斯大林格勒阵地不可能久守；巴斯也告诉施密特说，曼施坦因的意见完全相同。但到目前为止，尚无一人能够劝诱希特勒改变观点。

现在第 6 军团的最后命运就依赖在救援的作战上，开始于 1942 年 12 月 12 日。为了发动此项作战，曼施坦因有着由霍利特将军（Gen. Hollidt）所指挥的兵力，那是由 B 集团军派出的，包括 3 个步兵师和 2 个空军野战师；第 48 装甲军，现已改组为 2 个师；从 A 集团军抽出的第 57 装甲军，包括着损失惨重的第 23 装甲师，以及最近从法国调来的第 6 装甲师，它总算是足额，并拥有 160 辆装甲车辆。第 17 装甲师也已配属给这个军，但却已太迟。第 57 装甲军和重组后的第 4 罗马尼亚军团（包括 2 个微弱的军）则被置于第 4 装甲军团指挥下。

霍利特兵团奉命首先阻止苏军在大顿河湾内对齐尔河上的攻击，再用行动来救援第 6 军团；这种指示始终就不曾付诸实施，因为这些兵力在整个时期中都被永无休止的防御牵制着无法动弹。霍斯的第 4 装甲军团则从科捷利尼科沃地区中的卡尔梅克大草原上前进，以从东南方救援第 6 军团。

救援和突围的作战虽然准备同时进行，但却是两件事。前者称为“冬季风暴”（Winter Storm）作战，由霍斯负责指挥，在 12 月 12 日开始。后者的代号则为“雷鸣”（Thunderclap）作战。

“冬季风暴”作战的目的是与第 6 军团重建接触，而后者也应使用一支装甲突破兵力与霍斯里应外合。同时，第 6 军团仍应守住其在伏尔加和顿河之间舌形地区中的原有阵地。“雷鸣”作战的设计则是第 6 军团应逐渐脱离战斗，等到霍斯兵力已够接近时即准备全力突围。

在霍斯与第 6 军团之间隔着广大的苏联兵力，包括有第 51 军团、第 2 近卫军团、1 个装甲军、1 个机械化军、3 个摩托化军、1

个骑兵军、2 个步兵师和 1 个装甲旅。敌军已经特别增强俯瞰卡尔波弗卡—拉柯提诺（Karpovka–Rakotino）地区的高地上兵力，因为那可能是德军选择作突围攻击之点。此外，在 12 月 16 日到 18 日，苏军在环绕周界许多不同的点上也在作牵制性的攻击。

此时，第 6 军团已经准备一支突破兵力，由胡贝将军指挥，大概有 50~80 辆坦克，与“冬季风暴”作战相配合；但燃料情况却非常恶劣，空运的效力太差，使这支装甲兵力的燃料甚至不够行驶 20 英里的距离。也就是说霍斯的兵力必须进到接近布什诺夫卡（Businovka）村的高地上，这支突围兵力才能开始行动。此外，霍斯必须替被围部队提供各种不能由空中运入的补给，其中尤其重要的是燃料。

紧急阶段

12 月 19 日，紧急阶段已日益接近，面对数量占着优势的苏军，几经苦战，霍斯的装甲矛头才勉强达到米希可夫（Mishkovo）地区，那里距离第 6 军团所扼守的周界还有 40 英里。

曼施坦因认为是应该命令第 6 军团实施里应外合的时候了，所以在当天晚上 6 时，第 6 军团接到指示，应尽可能迅速作装甲突破兵力并开始行动。曼施坦因在命令中指出可能需要马上开始“雷鸣”作战，因此必须立即作一切准备，但还是必须等候明令才准发动。因为在下午 2 时 35 分，曼施坦因已经向蔡茨勒要求准许整个第 6 军团作突围的企图。

在这些紧急的阶段中，保卢斯和施密特感觉他们对于正在进行的一些事情并不曾获得适当的认识。从 12 月 19 日下午 5 时 50

分到晚上 6 时 30 分，与顿河集团军所进行的电传打字机谈话记录中透露出曼施坦因的意图。保卢斯报告他燃料只足够使其坦克行驶 12 英里，再长就没办法；晚上 6 时 15 分，曼施坦因透过其参谋长告诉他全盘情况并无改变。保卢斯询问是否可以为“雷鸣”作战开始做心理准备，曼施坦因勉强回答：“等今夜接触时再说。”

在晚上 8 时 40 分到 9 时之间，集团军和军团的参谋长再度互相讨论情况。施密特解释当向南突破时又想同时守住这个“堡垒”，事实上绝不可能；假使希望第 6 军团仍据守斯大林格勒，则必须等到第 57 装甲军到达布什诺夫卡地区始能采取行动。舒尔茨回答说他对于这一点完全了解。

很明显，保卢斯和施密特——事实上，也包括曼施坦因本人在内——都认为只有“雷鸣”作战，即整个军团全部突围，才是唯一可能的解决方式，但希特勒无论如何都不肯表示同意。第 6 军团估计，为了作有系统的重组，从其他周边防线逐渐撤离，以及采取必要谋略以欺骗敌人，大约需要 5 天的时间，才能使第 6 军团达到执行“雷鸣”作战的位置。大约需要先飞入 1000 吨额外的补给，包括弹药、燃料、粮食等在内，而那些飞机在回程时也就可以把 8000 余名重伤人员顺便带出围城。不过明显，若无曼施坦因的明白指示，保卢斯和施密特将不准备自动执行“雷鸣”作战；反之，虽然带些猜测意味，但也同样明显，曼施坦因在此时也感觉到他不可能违背陆军总部的意愿而主动下令执行“雷鸣”作战（也许是因为在顿河—齐尔河上和高加索方面的异常微妙情况）。

电传打字机的谈话记录指出，在 12 月 20 日以及之后的几天内，对于情况的讨论仍在继续进行。施密特指出若能立即继之以“雷鸣”作战，则“冬季风暴”作战就仍有可能，但舒尔茨却只能回答说陆军总部仍未应允突围行动。

曼施坦因的注意力现在又受到另外一个灾难的分散：在北面，敌人已经突破意大利第 8 军团在顿河上的战线。12 月 22 日，曼施坦因不得不请求陆军总部允许暂从“冬季风暴”作战方面抽调第 23 装甲师，以便用在顿河战线上来恢复一些情况。

12 月 23 日下午，曼施坦因用电传打字机再度询问保卢斯，如果最近几天能够飞入额外的燃料和补给，他是否仍能执行“雷鸣”作战。由于假定已无其他选择之余地，保卢斯遂回答说，“从这里固然不能判断未来的发展，但我却认为越早尝试突围越佳”。他并且问是否可以认为这次谈话就是发动“雷鸣”作战的授权？曼施坦因却回答说：“我尚未处于此种授权的情况……但我却想知道，你是否认为你能够杀开一条血路以与霍斯会合？”保卢斯回答：“除此之外也没别的办法可行。”

1942 年圣诞节前夕，舒尔茨将军与施密特将军在下午 5 时 5 分到下午 5 时 15 分之间又取得联系。舒尔茨告诉施密特说，虽然陆军总部对第 6 军团，仍未作成决定，但曼施坦因元帅却已指示他告诉第 6 军团应决心认定“雷鸣”作战为唯一的解决。无论如何，必须有较好的天气，才能将必要的额外补给送达，他也已进一步要求给予相当的紧急增援。

但到了圣诞节，最后的希望终于完全破灭。因为意大利部队在顿河上的缺口必须补起，而苏军在顿河集团军左侧面上又作了一个新的深入突破，曼施坦因发觉自己根本没有适当的预备队，而被迫必须重组兵力，第 6 装甲师必须用在这个新战斗地区中，使得援救第 6 军团的希望也就随之而幻灭。第 6 军团之所以被放在这么次要的情况上，首先应归罪于构想不佳的夏季战役，其次则为 11 月间最高统帅所作的过分乐观决定，现在由于德军南线的改组，（为了掩护 A 集团军从高加索向罗斯托夫的撤退）遂注定了最终命运。尽管保卢斯将军对于一般情况知道的很少，但却不难看出这种趋势。

对于某些后世的史学家而言，唯一还需要回答的问题即为在 1942 年 12 月间，当保卢斯明知伏尔加河上的阵地已无法再守，空运也不再可能使其获得适当的补给时，是否应采取主动使其军团突出重围？他应否不顾及曼施坦因（那是他素来敬佩的），不考虑其行动对其他邻近部队的影响，也不考虑元首大本营的一切决定，而采取行动呢？

有一件事却可以断言：企图突围的决定必须动员其人员的最后力量和精神决心。他们一定深知所面临的极大危险，但不曾感觉到自己已被击败，尤其不曾感觉到他们已经被“出卖”了。而且很可能——根据一种古老的军事传统——对于原有的补给存量往往会被低估，也许会发现弹药甚或燃料的囤积，而那却是司令部不一定知道的；当然，决定性因素还是燃料的缺乏。还有某些不幸的事情也可以断言：大部分的重装备，以及伤员，都必须留在后面。最后，那也不是一件有绝对把握的事情——在冬季向大草原上企图突围——这实在是一种非常冒险的行动。事实上，无人可以断言突围的企图是否能够成功，这些残兵败将能否再勉强形成一条新的后方战线？他们在开放的大草原上能否不被强大的苏联装甲兵力砍成碎片？不过在这样的情况中，假使指挥官是赖歇瑙元帅或莫德尔元帅，他们一定会倾其全力来救出他们的部队；但一个像保卢斯那样正直忠厚的人，却似乎很难有这样的责任感。他的考虑未免太多，所以自然下不了决心。

第 6 军团的命运也就在 1942 年 12 月 25 日注定。斯大林格勒的牺牲常被人认为是无用的，这种看法并不正确，有一段时间，第 6 军团曾经牵制苏军大单位达 143 个之多，甚至到结束时，也还牵制 50~60 个这样的单位。由于英勇和坚决的抵抗——那曾经赢得敌人的最大尊敬——这些人员迫使苏联集中强大兵力来对付他们，而无法直趋德军后方的战略目标，因此对于整个东线战场的德国军事行动作了一种极有价值的贡献。

关于第 6 军团在环绕着斯大林格勒废墟和日益缩小的周边防御上如何浴血苦战，终至完全被歼灭的悲惨故事已经被一讲再讲，不过依照现有的文学作风，德国作家都着重于悲剧的描写，而忽视了大多数的军人——从将校到士兵——在毫无希望的情况中，如何克尽厥职、坚持到底的史实。

年底时，胡贝将军从围城中飞出，前往元首大本营对情况亲自提出报告，希特勒仍向他保证陆军总部正准备从西面发动大规模的新救援攻势，而几乎已经完全中断的空运也即将再度恢复且加以扩大；在斯大林格勒的人员可以期待在 2 月下半月获得营救。所有这些行动的先决条件即为重建南面战线，并从高加索撤出 A 集团军。只要第 6 军团仍坚守斯大林格勒，失败的威胁仍有希望转变成德国大捷。

曼施坦因在良心上处于一种非常痛苦的状况。就目前而言，他必须期望被围的第 6 军团坚守下去，甚至还得命令它这样做，但至少这样做可使保卢斯免除其最后责任。在这样的情况中，保卢斯也克尽厥职到最后为止。在获得全体军长的一致同意后，保卢斯拒绝了苏军在 1943 年 1 月 8 日所发出的招降要求，苏军遂于 1 月 22 日发动总攻击。此时他的上司曼施坦因建议他应“准备结束”；换言之，即允许已不能再战斗的单位投降，但保卢斯却表示拒绝，实际上，到此时曼施坦因已经不再那么依赖第6军团的苦撑。

1月31日，苏军将德军占领区切成两段，这也是结束的开始。当苏军进到斯大林格勒城红场、第6军团最后司令部的门前时，刚刚升任元帅的保卢斯和他的参谋长施密特少将一同向苏军投降。2月2日，指挥北区中第11军残部的斯特雷克将军也已投降。一共有1位元帅、24位将军和其他官兵共约9万人做了苏军的俘虏——那不过是另外一种死法而已。直到最后一分钟，希特勒仍禁止任何原因的投降，他感到保卢斯行为失当，而认为他应该自杀。

斯大林格勒之战一再被人称为东线战场的决定性会战，甚至是整个第二次世界大战的决定性会战，但若略作冷静思考，即可知道斯大林格勒之战在历史中不应获得如此崇高的情况。不久以后，在2月中旬第3次哈尔科夫会战中，德军曾表现出其战斗精神并未丧失，在这次会战中，曼施坦因使用了这次战役中最卓越的绝招，从后发动一个反攻，封住了苏军的突破。后因1943年夏季攻势——代号为“卫城”（Citadel）——失败，并继之以库尔斯克和别尔哥罗德会战之后，东线战场的主动权才终于为敌人所获得，而且直到战争结束，他们都能继续把握主动而使德军再无反击之机会。

不过，斯大林格勒之战的确是第二次世界大战中的一个转折点，并且是一种心理性和政治性的转折点。苏军在斯大林格勒的胜利使其信心大为增强；反之，卫星国和中立国对于希特勒领导能力的信心却开始发生怀疑，尤以墨索里尼为最。斯大林格勒之战的国外政治影响非常巨大，尽管直到将来此种影响才被人充分认清。

这次失败对德国人民的心理影响更为深远。自从斯大林格勒惨败之后，德国人民对于元首“天才”的迷信遂开始降低。从此时开始，参谋本部中途有某些青年军官认为希特勒对战争的指导不仅变得毫无意识，而且也不光荣，于是他们开始发动反希特勒的行动。自从斯大林格勒之战起，直到今天为止，德国人开始对于任何形式的领导都表示怀疑，而且对于军人的一切原则，例如荣誉、服从、人性尊严、自我牺牲等，也都有不信任之感，那显然是由于受到希特勒滥用而激起的反感。但客观来说，这些理想在当时并非罪恶，在今天也更不是。

因为这些持久的影响作用，斯大林格勒之战遂不仅为德国的一次军事失败，且已经变成一项政治性的事件。在 1942 年的夏季攻势中，希特勒误将宣传、政治和战略混为一体，他终于替自己的错误付出了代价——整个日耳曼民族也随之遭殃。

大事记（八）1943年3月—1943年12月

战争部分（轴心方面）

3月5日：德国陆军总部对“今后数月战争指导”颁发第5号作战命令。

3月16日到20日：最大的一次护航战斗。42艘德国潜艇击沉同盟国船只21艘，总吨数14.0942万吨，但U艇仅损失1艘。

3月25日：日本宣布第三期作战计划——防御。

3月28日：德军从突尼斯马里特防线撤退。

4月15日：希特勒下达“卫城”作战的命令。

4月18日：日本联合舰队总司令山本五十六因座机被击落而丧命。

5月5日：6艘德国潜艇在攻击1支护航船团时被击沉，另有4艘负重伤。

5月13日：突尼斯集团军投降。北非战役结束。

5月24日：在几次惨重失败之后，德国潜艇部队总司令命令暂停攻击大西洋中的船团。

6月至8月：大西洋之战第六阶段。

6月25日：确定“卫城”作战的发动日期为7月5日。

7月5日：“卫城”作战开始，此为德军在东线的最后一次攻击。

7月15日：“卫城”作战停止。

8月18日：空军参谋总长耶顺内克自杀。

8月25日：在比斯开湾第一次使用导引炸弹。

9月10日：德军占领罗马。

9月20日至22日：德军首次使用音响归向鱼雷对付护航盟军船团的战舰。

9月24日：德军撤出斯摩棱斯克。

9月30日：日军防线撤到马里亚纳及西加罗林群岛。

1943年9月至1944年5月：大西洋战役第七阶段。

10月3日：德军登陆科斯，展开多德卡尼斯群岛的再征服。

10月9日：德军撤出库班桥头堡。

11月14日至16日：第一艘“沃尔特”试验潜艇开始使用。

11月16日：德军攻克莱罗斯岛。

11月22日：攻克萨摩斯岛。

12月2日：最后一艘潜艇货运船从日本到达法国。

12月5日：希特勒命令给予Me-262型机的生产最高优先。

12月7日：最后一支北大西洋U艇群在不断地失败后解散。

12月25日至26日：德国战舰“沙恩霍斯特”在北极海中沉没。

政治部分（轴心方面）

3月13日：反抗分子把定时炸弹放在希特勒座机上，但未爆炸。

3月26日：哥艾德勒博士发表德国将领的秘密文件说明转变之需要。

4月19日：武装亲卫队包围华沙犹太人地区。

5月6日：犹太人在华沙起义，5万人被杀。

7月19日：希特勒与墨索里尼在费尔特雷会晤。

7月24日至25日：意大利政变，巴多格里奥接掌政权，墨索里尼被捕。

9月8日：意大利宣布投降。

9月12日：德国伞兵在大萨索山救出墨索里尼。

9月18日：墨索里尼建立意大利法西斯共和国。

12月2日：德国青少年应召从事战争任务。

战争部分（同盟方面）

3月2日：美国第5航空军在俾斯麦海击败日本的护航船团。

3月5日至6日：英国皇家空军对鲁尔区发动新攻势。

3月26日：科曼多斯基群岛附近发生海战。

3月末至12月：开始使用护航航舰、长程轰炸机及支援舰队保护船团。

4月7日：英国第8军团与突尼斯的美军取得联系。

5月16日：英国皇家空军轰炸机司令部攻击默讷水坝和埃德尔水坝。

5月17日至26日：第一支盟军船团通过地中海。

5月24日：英国皇家空军对德投弹量达到10万吨。

6月5日：美军对斯佩齐亚进行大规模空中攻击。

6月21日至22日：英国皇家空军在英国与北非之间作穿梭攻击。

6月30日：美军部队登陆所罗门群岛的伦多瓦岛和新乔治亚岛。

7月9日至10日：盟军在西西里登陆。

7月19日：联军第一次空袭罗马。

7月24日至8月3日：3000架轰炸机轰炸汉堡。

8月1日：美国第9航空军空袭普洛耶什蒂。

8月5日：苏军收复奥廖尔和别尔哥罗德。

8月17日：美军空袭施韦因富特；西西里战斗结束。

8月17日至18日：英国皇家空军空袭佩内明德。

9月3日：英军在卡拉布里亚登陆。

9月9日：盟军在萨勒诺登陆。

9月13日：英军登陆科斯；法军登陆科西嘉。

9月17日：苏军收复布良斯克。

1943年9月：盟军第一次从意大利基地进行战略空袭。

10月6日：苏军突破涅韦尔。

10月14日：美军空袭施韦因富特的轴承工厂，228架轰炸机当中，被击落了60架。

10月23日：苏军突破下第聂伯河。

11月1日：克里米亚被苏军的第聂伯河攻势所切断。

11月5日：美军舰载机空袭拉包尔。

11月6日：苏军收复基辅。

11月20日：美军在吉尔伯特群岛、塔拉瓦及马金岛登陆。

11月28日：英军通过意大利的桑格罗河。

12月：美国陆军第8航空军创下轰炸德国领土3546架次的纪录。

政治部分（西方同盟）

3月1日：大西洋护航会议召开。

3月6日：斯大林自上尊号为元帅。

5月12日到25日：“三叉戟”会议。

5月15日：自1919年便成立的共产国际解散。

6月10日：德军战斗机机场和工厂取代U艇，成为盟军首要轰炸目标。

7月12日至13日：“自由德国民族委员会”在莫斯科成立。

7月16日：罗丘二人号召意大利人民起义。

8月11日至24日：魁北克会议。

8月25日：蒙巴顿任东南亚总司令。

9月3日：意大利签降约。

10月13日：意大利向德国宣战。

10月18日至30日：莫斯科会议。

11月22日至26日：“六分仪”会议在开罗举行。

11月28日至12月1日：德黑兰会议，决定诺曼底登陆将在1944年5月展开。

12月3日至6日：第二次开罗会议，决定自中国大陆基地轰炸日本本土。

12月12日：苏联与捷克流亡政府签约。

大西洋之战（1943）

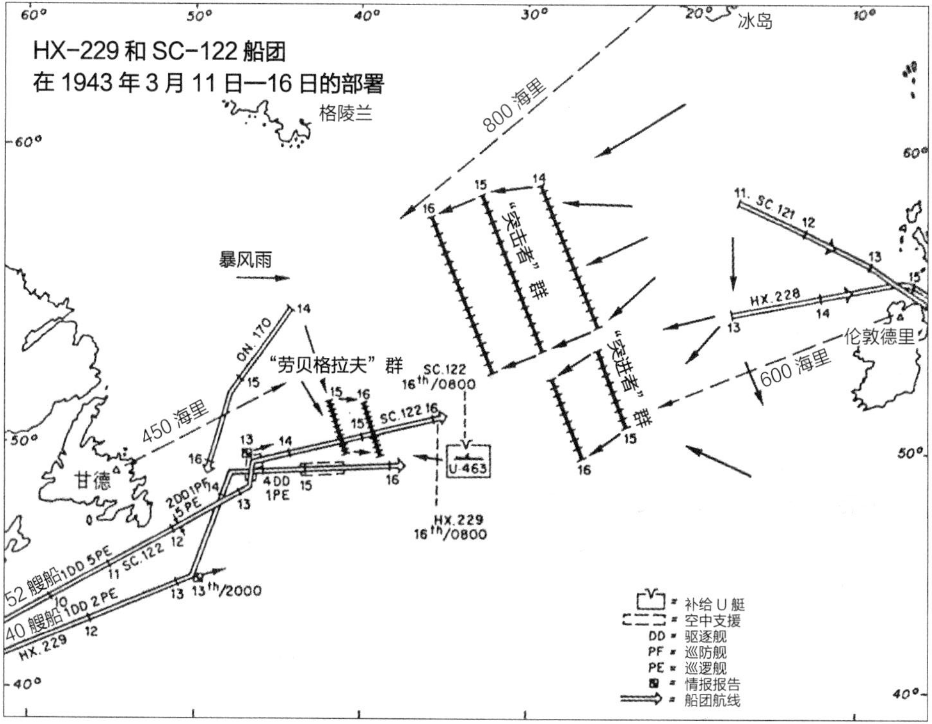

HX-229 和 SC-122 船团
在 1943 年 3 月 11 日—16 日的部署
格陵兰
冰岛
800 海里
600 海里
450 海里
伦敦德里
甘德
暴风雨
“突击者”群
“突进者”群
“劳贝格拉夫”群
SC.121
HX.228
ON.170
SC.122
SC.122 16th/0800
HX.229 16th/0800
U-463
13th/2000
52 艘船 1DD 5PE
40 艘船 1DD 2PE
HX.229
2DD 1PF 5PE
4DD 1PE
补给 U 艇
空中支援
DD = 驱逐舰
PF = 巡防舰
PE = 巡逻舰
情报报告
船团航线

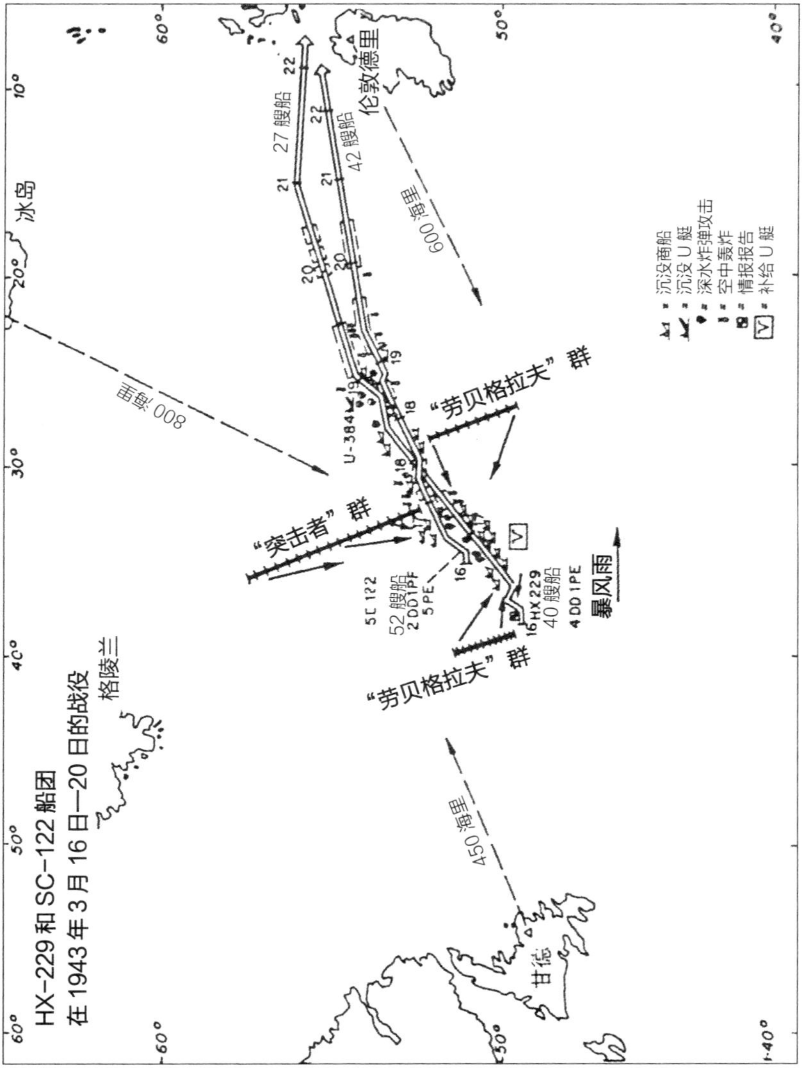
HX-229和SC-122船团
在1943年3月16日—20日的战役
冰岛
格陵兰
伦敦德里
甘德
800海里
600海里
450海里
27艘船
42艘船
"突击者"群
"劳贝格拉夫"群
"劳贝格拉夫"群
U-384
SC 122
52艘船
2DD1PF
5PE
HX 229
40艘船
4DD1PE
暴风雨
沉没商船
沉没U艇
深水炸弹攻击
空中轰炸
情报报告
补给U艇

大西洋之战（1943）

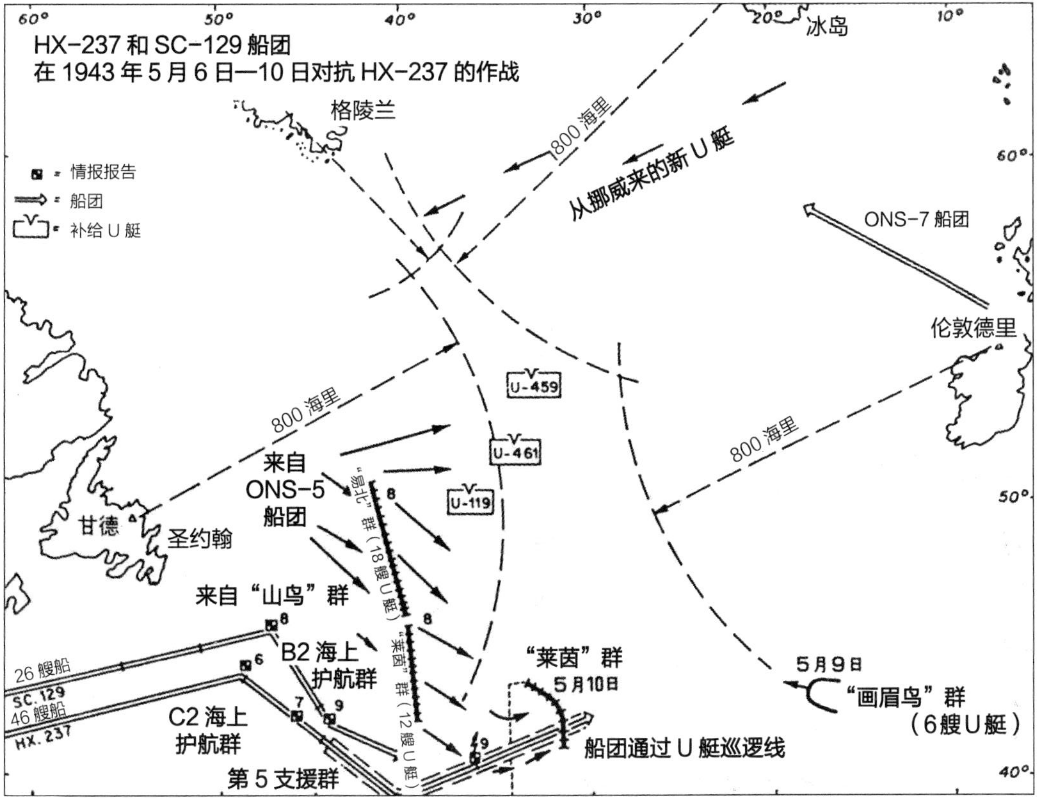
HX-237 和 SC-129 船团
在 1943 年 5 月 6 日—10 日对抗 HX-237 的作战
60°
50°
40°
30°
20°
10°
= 情报报告
= 船团
= 补给 U 艇
冰岛
格陵兰
800 海里
从挪威来的新 U 艇
ONS-7 船团
伦敦德里
U-459
U-461
U-119
800 海里
800 海里
来自
ONS-5
船团
甘德
圣约翰
“易北”群（18 艘 U 艇）
来自“山鸟”群
“莱茵”群（12 艘 U 艇）
B2 海上
护航群
26 艘船
SC.129
46 艘船
HX.237
C2 海上
护航群
第 5 支援群
“莱茵”群
5 月 10 日
船团通过 U 艇巡逻线
5 月 9 日
“画眉鸟”群
（6 艘 U 艇）

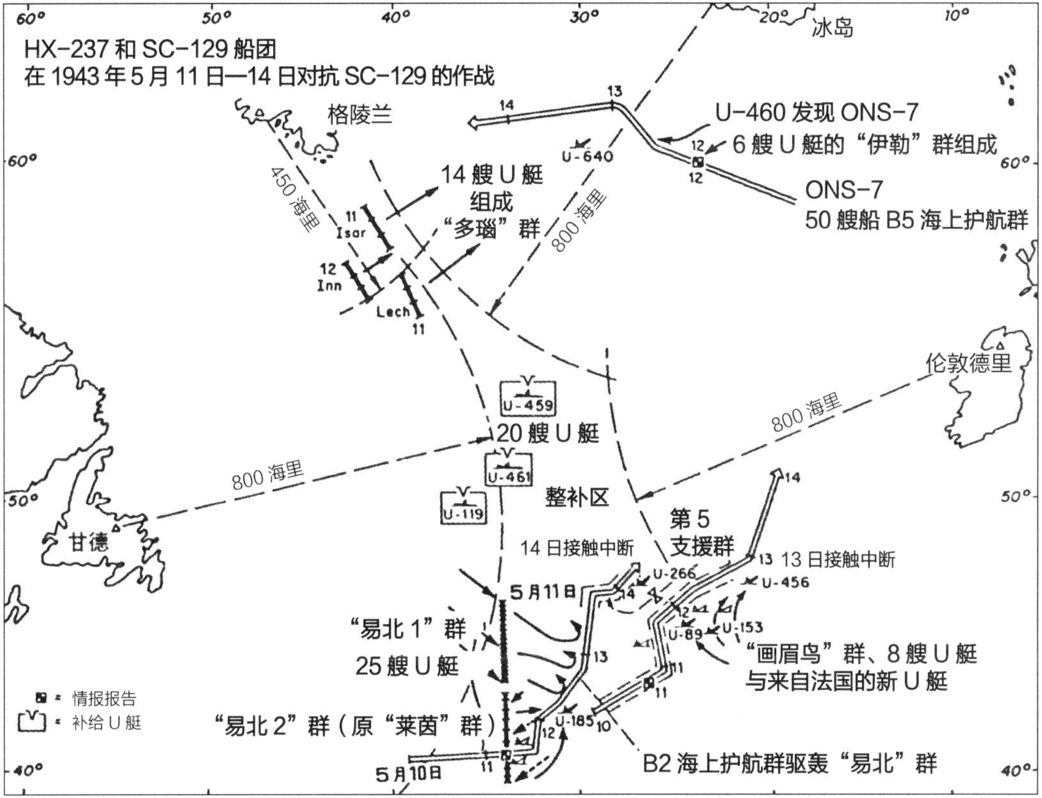

HX-237 和 SC-129 船团
在 1943 年 5 月 11 日—14 日对抗 SC-129 的作战
冰岛
格陵兰
伦敦德里
甘德
U-460 发现 ONS-7
6 艘 U 艇的“伊勒”群组成
ONS-7
50 艘船 B5 海上护航群
14 艘 U 艇
组成
“多瑙”群
Isar
Inn
Lech
U-640
450 海里
800 海里
20 艘 U 艇
U-459
U-461
U-119
整补区
第 5
支援群
14 日接触中断
13 日接触中断
U-266
U-456
U-153
U-89
U-185
5 月 11 日
5 月 10 日
“易北 1”群
25 艘 U 艇
“易北 2”群（原“莱茵”群）
“画眉鸟”群、8 艘 U 艇
与来自法国的新 U 艇
B2 海上护航群驱袭“易北”群
情报报告
补给 U 艇

第七章　大西洋之战

尤根·罗佛博士

到 1943 年开始时，西方同盟国几乎在所有前线上都已获得战略主动。1942 年 6 月对科隆、埃森（Essen）和不来梅第一次的“千机空袭”（1000–bomber raids）已经非常清楚地显示出，德国空军并不期望能与英美空中武力的攻势能力相抗衡。同时，由于在中途岛之战中损失了航空母舰，日本人丧失了其最有效的武器，遂从 1942 年 8 月起，被迫采取守势。而在 1942 年最后的几个月，阿拉曼之战及盟军登陆北非，使地中海方面出现对西方同盟国有利的转机；斯大林格勒之战，也使东线出现对苏联有利的转机。但在所有会战中最长的一场——大西洋之战（The Battle of the Atlantic），尚未达到最高潮。

英国的主要补给线于此正濒临危险，在这个最重要的补给战争中——由于挪威和法国的占领，使英国被隔绝于欧陆之外——德国以海空军攻击英国沿岸船舶，在通往英国的各航道上布雷，空袭英国的港口，并对欧洲水域和海洋上的盟国和中立国的船舶施以海空攻击。德国进行这场战争最有效的工具就是 U 艇，虽然有时以战舰、巡洋舰、辅助巡洋舰、长程轰炸机及意大利潜艇加以支援，但在长达近69个月的时间中，这种武器（U艇）担任了大西洋之战的主力。

德国海军与补给战争

战前德国海军界对于这个补给战争应如何进行存在着各种不同的意见，直到1938年秋季，德国海军部才成立了一个计划委员会，专门研究对英国的海上作战问题。先前，由于1935年英德海军协定所限定的兵力比例，以及顾及战争的大量物资需求，使得对英国的海上作战，实际上已是不可能。但当时德国潜艇部队的指挥官邓尼茨上校（Captain Donitz）在很早的时候就已获得结论，在发展潜艇兵力时，他会初步评估对英国补给作战的可能性。一旦战争发生，英国将立即采用护航组织，因为在第一次世界大战时，此种组织曾经对航运提供极有效的保护。在这个事后被证明无误的假设下，邓尼茨早在1935年就开始试验后来被称为“群”或“狼群”（Wolf-pack）的战术，并认为对抗敌方集中的船只和护航兵力，唯一的办法就是对一个U艇“群”进行严密的战术控制。在决心采取这种战术之后，邓尼茨遂要求在英德海军协定许可下，进行尽可能大的潜艇建造计划，而在这种计划的架构下，尽量建造中型潜艇（7型），依他看，这型似乎最适合攻击护航舰队；但德国海军总部（Oberkommando der Marine，OKM）却认为在任何未来的战争中，U艇可能仍必须单独作战，所以宁愿建造拥有相当可观的炮火威力，并能在海上长时间停留的较大型潜艇，这种观念也就是说，这些潜艇将能在远距离水域对敌方船只进行一场巡洋舰式的战争。由于在战前邓尼茨和海军总部意见的不一致，导致潜艇建造计划为之延缓。

战前德国U艇的建造（1939年9月1日）

建造	1935	1936	1937	1938	1939	总计	订造中
第1型（大型）	2					2	
第2型（小型）	20	4	4	2	2	32	
第7型（中型）	4	6	9	2	4	25	35
第9型（大型）			6	4	3	13	19
第10型（布雷）							4
第11型（巡洋U艇）							4
共计	26	10	19	8	9	72	62
已完工	14	21	1	9	12	57	

（注：“建造”系指自船只安放龙骨开始，至于何时完工只能依赖其工程进度，所以，“已完工”一栏数字可能大于同年度“共计”栏之数字。）

计划委员会的研究使海军总部采用两种可能的方式对英国进行海上作战。第一是由潜艇和袖珍战舰执行对英国商船的攻击，此种计划的优点就是可以相当迅速地加以执行，但在唯一的战场下，攻击成功的机会并不算太高。第二个计划为建造一支大舰队，那是成本较高而且需要较长的时间来进行的，但至少可以带给德国一支具有真实战斗力的均衡海军，使其不仅能对同时在许多地方执行保护航运任务致使兵力分散的英国商船，也能对英国舰队作战。

希特勒向德国海军总司令雷德尔元帅保证，在1946年以前尚不需要这样的舰队，所以他决定采取较偏爱的第二计划，或称为

“Z 计划”（Z Plan），并采取立即实施的措施。希特勒下令立即建造 6 艘超级战舰、3 艘战斗巡洋舰、6 艘轻巡洋舰和适当数量的轻型舰艇。此外，除了已完成或正在建造中的 72 艘潜艇之外：这个计划要求建造 27 艘巡航潜艇（U-cruisers）、47 艘大型 U 艇（9 型）、75 艘中型 U 艇（7 型）、28 艘小型 U 艇（2 型）。

作为德国 U 艇部队司令，邓尼茨不赞成这些计划。他想英国人不曾坐视如此巨大造舰计划的完成——他担心在完成前就爆发战争，在那样的情形下，德国将既没有自己的舰队又没有适当数量的 U 艇。基于一次在 1938—1939 年冬季所进行的图上演习，邓尼茨获得结论：假使德国在对抗敌人护航舰队的补给战争中，希望有任何赢得真正成功的机会，将至少需要 300 艘远洋 U 艇，其中约有 100 艘需经常留在实际作战的地区中。他仍然感到 7 型（即中型潜艇）最适合这个目的，他建议它应与其他各型潜艇维持 7.5∶2.5 的建造比例。但直到 1939 年夏季所作的多次模拟对抗敌军护航舰队的作战演习确实证明了他的观点，他才成功地说服了海军总部。不过，在相关行动尚未采取前，战争果然爆发，而他发现德国海军对执行将面临的攻击英国补给线战争相当缺乏准备。计划中的战舰和巡洋舰都尚未完成，到那时为止，德国海军由 3 艘袖珍战舰和 57 艘 U 艇组成，但只有 2 艘袖珍战舰和 23 艘潜艇可以立刻在大西洋中作战。

1939 年到 1942 年的大西洋之战
——在不列颠水域中的个别作战

在大西洋之战的第一阶段（1939 年 9 月到 1940 年 3 月），那些已经完成战备的德国潜艇在直布罗陀和赫布里底（Hebrides）群岛之间的北大西洋东部内个别作战，其攻击重点放在英吉利海峡和比斯开湾以西的地区，那里是同盟国大西洋航线开始会合的地方。在战争期中第一年的秋季和冬季中，曾经3次企图将战前所发展的战术观念加以实施，用一群由陆上的一个战略指挥部加以控制的U艇来攻击敌人的护航舰队，并由其中1艘U艇中的一位战术指挥官来直接指挥；至于3次都失败的原因是，不论何时，作战地区中的U艇数量都显不足，少数新加入服役的U艇只够弥补损失，并使大西洋中能够作战的潜艇数量尽量稳定在20艘左右。但是，除了1939年9月的强大第一波以外，其他时候实际留在海上的很少能超过第一波的三分之一，因为当遇到损坏时，留在船坞中修护的时间实在太长，这是因为分配给潜艇修护工作的船坞工人不足之故。又因为必须作环绕不列颠的长程航行，很少有多于6艘或8艘U艇同时留在作战地区，通常只在3~5艘，有时甚至更少。尽管不乏优异的个别成就，但以这样少的U艇根本不可能获得真正的成功，尤其是潜艇的活动受到国际法的限制，而这种限制之后才逐渐解除。此外，鱼雷也常常失效。

在大西洋之战的第一阶段中，这些U艇的作战成功地击沉船只148艘，总计67.813万吨（GRT）。在某几个月内，袖珍战舰“德意志”号（Deutschland）和“施佩上将”号会在南、北大西洋中支援作战，击沉了同盟国船只5.7051万吨；小型潜艇使用鱼雷和水雷来对付离开不列颠东岸的船只，共26.7443万吨被击沉；驱逐舰所布的雷区也击毁22.6989万吨；在1939年11月和12月，德国空军所布放的水雷和投掷的炸弹亦有6.4596万吨的成绩。

在1940年4月，为了使大西洋和北海内一切可用的U艇在对挪威的入侵时合力作战，对英国补给线的作战必须暂停。这些 U 艇的作战完全失败。它们曾对敌方战舰、巡洋舰和部队运输舰发动多次攻击，尽管在本土被训示要大胆、要有决心，但由于鱼雷上所装的深度保持机构（Depth-keeping Mechanism）未能精确地产生作用，又因为这种新式武器在战时状况的试验工作不够，磁性引信机构也丧失效力，因而导致失败。这些鱼雷失败的因素所产生暂时的不确定性，导致命令和抗命频频出现，造成了混乱，并使潜艇部队官兵们的信心受到打击，邓尼茨很难重建他们的战斗精神和意志。为了燃起他们的热情所作的努力，因 6 月和 7 月初的战况而有了一些效果；那是在参加 5 月的挪威作战后，必须入港大修而被迫暂停活动后。德国 U 艇抵达英吉利海峡和比斯开湾以西的作战地区，发现了大量可以攻击的目标，同盟国的护航兵力因为从法国大陆上的部队撤退之需要而受到限制，因而一般同盟国船只并没有获得适当的保护，结果，几乎使所有的 U 艇返航时无不战绩辉煌。欧洲军事情况的全盘发展，以及在法国大西洋海岸上有获得新 U 艇基地的希望，的确使在 U 艇部队服役的官兵士气大大提高，以至于当他们进入大西洋之战的第二阶段（从 1940 年 7 月到 1941 年 3 月至 5 月）时，士气相当高昂。

北海峡的狼群作战

现在情况已有相当的改变。就目前而言，U 艇可用的数量并无任何迅速增加的希望，事实上，甚至必须暂时接受裁减——为了抽调 U 艇去参加预计自 1941 年春季，新建潜艇服役数量的大幅需求，而举行的大规模人员训练计划。不过，U 艇可用数量的减少可由它们到达新作战地区的时间大量缩短来加以补偿——归功于在法国大西洋海岸上新基地的取得。同样地，维护和大修的时间也因而缩短，所以每艘U艇的出勤率都相对地大大提高，德国的U艇作战因这件事而更加有利。从1940年7月起，因为害怕空中攻击的威胁，英国人被迫命令所有来往船只都变更航程至爱尔兰与苏格兰之间的北海峡（North Channel），在那里必然会产生船只拥塞，而U艇既能以密切队形又能以较开阔队形作战，通常很快就可以找到良好目标，用完它们的鱼雷之后打道回府。1940年的夏秋季中，对德国U艇攻击英国护航舰队的作战也提供了特别有利的机会，因为强大的驱逐舰兵力必须准备应付德军对本土的入侵威胁。不过，德国对于此种非常有利的情况仍不能充分地利用，由于缺乏有效的长程空中侦察，不能在较遥远的大西洋上，发现载运重要补给到英国的船团，好让潜艇有24~48小时的时间来集中兵力，在船团尚未进入北海峡前加以拦截。少数可用的U艇通常在某个阶段，在这个作战地区中只有10艘不到，其中两艘又必须占据作战地区以西较远的位置来担任“气象观测船”——特别考虑到它们有限的视界，其实很难完全封锁那个缺口。假使1艘U艇能够事先发现敌方的护航舰队并发出追踪报告（Shadowing Report）和导引信号召来其他的潜艇，那应该算得上是运气好。护航战斗很少真的发生，但英国人因此而承受了高吨位损失，如果在这几个月内，能以有效的长程空中侦察和较多的U艇，成果必然更为可观。德国人为了补救U艇的缺乏，会企图利用意大利的潜艇，9月间会将它们的基地从地中海移到波尔多（Bordeaux），但结果并未成功。在试验的几个月期间，可用的意大利潜艇的确比德国还多，但意大利潜艇发现敌方的护航舰队时，并没有采取任何狼群的作战，这主要是因为它们惯于在地中海这种十分不同的战术状况下作战，而且其人员并未受过如此严密控制和机动化的作战训练。所以邓尼茨放弃建立战术合作的企图，而从 12 月 5 日起，让意大利人在一种大致相同的架构下以他们自己的方式作战，事实上，他们的某些潜艇的确得到显著的成功。

1941 年 1 月初，配备着长程的福克·伍尔夫兀鹰式（Focke-Wulf Condor）飞机第 40 轰炸机联队的第一大队，被分派战术协调的任务，这是改善 U 艇战术的新机会。不过，这种长程飞机可用的数量却太少，因此，一天只可能作一两次远达北海峡的侦察飞行。数艘 U 艇被引到能发现驶出船团的地点并立刻加以攻击，通常要花相当多的时间；此外，作战受到不确定航向的飞机的严重妨碍。同时，英国的护航制度也已经成功地度过了最弱的阶段，因为入侵威胁的解除，已将船团中的护航舰由英吉利海峡抽调以供其他地区的勤务；此外，因为接收了 50 艘美国的旧驱逐舰，以及在英国和加拿大建造的新型反潜护航舰开始服役，能够从事护航任务的舰数已经增加；同时，海岸司令部的巡逻也有显著的增加，使得 U 艇越来越远离沿岸水域。结果使 1941 年 2 月和 3 月的 U 艇作战不像 1940 年秋季作战那样地成功。不久，情势变得明朗起来，各处 U 艇效力均降低，事实上也并非由于冬季恶劣天气的时间太长。3 个月内不曾损失 1 艘 U 艇，在 3 月间却突然损失 5 艘，其中包括 3 位最杰出的艇长在内，U 艇部队司令遂明白任何接近北海峡的更进一步作战将不再有利，所以 U 艇被迫将他们的阵地再向西移。

因此，大西洋之战的第二阶段终告结束。诚如下表，这阶段的战役极为成功，不仅对 U 艇部队，同时对其他参战的兵力也是如此，其中包括在各处的辅助巡洋舰，在北及中大西洋内的战舰和巡洋舰群，以及在不列颠以西及远到直布罗陀诸水域上作战的长程飞机。此外，在各方面获得的战果，受到德国空军及轻型水面船只在不列颠岛屿周围的布雷和对船只的攻击（54.7886 万吨），以及意大利人在地中海内的成果（6.852 万吨）所加强。

大西洋之战第二阶段盟国和中立国船只损失

时间	德国 U 艇	意大利 潜艇	辅助 巡洋舰	重型 水面舰只	长程 轰炸机
1940 年 7 月	38–194922		11–67494		
1940 年 8 月	54–283386	2–13593	11–61767		2–8973
1940 年 9 月	52–265737	3–7669	8–65386		
1940 年 10 月	61–344513	4–15591	4–30539		2–6420
1940 年 11 月	34–173995	1–4866	9–74923	8–60332	7–34806
1940 年 12 月	39–229501	7–27976	5–25904	3–20971	1–4360
1941 年 1 月	17–98702	7–41150	20–78484	3–18783	15–61068
1941 年 2 月	42–207649	3–14705	1–7031	16–76752	22–79955
1941 年 3 月	44–243622	2–7863	4–28707	17–79838	3–12307
船只	381	29	73	47	52
总吨数	2042027	133413	440235	256496	207889

北大西洋的联合武力作战

在大西洋之战的第三阶段（1941 年 4 月到 12 月），战役的主力越来越明显地由 U 艇部队承担。辅助巡洋舰现在开始遭受第一批损失，每艘船的战果和航行时间开始下降，尤其是重型水面舰只对北大西洋航运的作战随着战斗巡洋舰“沙恩霍斯特”号（Scharnhorst）和“格奈森瑙”号（Gneisenau）、重巡洋舰“希佩尔上将”号（Admiral Hipper）号和袖珍战舰“舍尔上将”号（Admiral Scheer）3 月的回航，“俾斯麦”（Bismarck）和“尤金亲王”（Prinz Eugen）舰群在 5 月的失败，以及英国海军搜索群在 6 月对散布在各处的补给船团和油轮进行扫荡而终告结束。同时，使用长程飞机攻击英国船只也遭遇由英国商船上以弹射器起飞的战斗机，英国也增设了高射炮，9 月间，第一艘辅助航空母舰则出现在直布罗陀航线上。由于防御的改进，轻型水面船只、飞机以及环绕英吉利三岛的布雷也得到较少的战果（205.6152 万吨），虽然这种下降可由德国和意大利在地中海方面增加的战果弥补一些，特别是在巴尔干和克里特岛战役期间（4800.1153 万吨），及当日本在 12 月投入战争时，同盟国在远东方面惨重的船只损失（403.1673 万吨）。

1941 年初，一批大型 U 艇（9 型）开始服役，到 2 月底其中 3 艘被派往弗里敦（Freetown）地区。在以个别 U 艇作业的 2 项早期实验中，证明这些舰艇可以用水面船只加以补给。同年 4 月再派出 4 艘。这第一波“南方 U 艇”（South U-boats）的航行，系利用辅助巡逻舰和补给船补充燃料和鱼雷，算是整个战争中最成功的潜艇作战。

大西洋海战第三阶段盟国和中立国船只损失（1941 年）

月份	德国 U 艇	意大利 潜艇	辅助 巡洋舰	重型 水面舰只	长程 轰炸机
4 月	46—260414	3—18502	7—56885		10—35502
5 月	63—349620	4—25918	3—15002		4—25121
6 月	60—305734	6—20376	4—17759		4—7762
7 月	17—61471	7—43851	1—5792		
8 月	22—67638	2—9902	3—21378		2—7189
9 月	54—208822	1—434	2—8734		
10 月	33—176059				4—4103
11 月	18—85028				
12 月	12—67603				
船只	325	23	20		24
总吨数	1582389	118533	125550		79677

在南方得到的好战果有助于掩盖有关当时北大西洋航线的改变。3 月 26 日，原先布置在北海峡前端相当狭窄地区中的 U 艇巡逻线，移到冰岛以南和以西的地区。英国的护航路线尽可能往北移，以便得到英国皇家空军海岸司令部驻冰岛兵力所提供的保护；此外，英国皇家海军部现在开始尽量分散横越北大西洋中部的航线。由于英国人采取这个战术，U 艇在数量上虽然逐渐增加，实际上可用的还是太少，不足以有效地涵盖所有的航线，特别当英国人开始使用无线电方向定位器（D/F Service）来标定和回避已知的 U 艇航线而逐渐取得优势时。到 5 月底，可用的护航船只数量大增，英国人遂成功地保护沿着整个北大西洋航路的船团。海上加油的技术尚未有充分发展，护航舰在航程中因而必须调换好几次，即使如此，仍严重妨碍 U 艇的攻击，特别当部分的护航船只

已经装备尚显原始的第一批雷达。

5月8日，在尽力改进标定敌方船团的技术上，邓尼茨开始试用一种较广搜寻范围的战术，来代替原先较固定的巡逻线，但这个新战术只产生了零星的战果。6月21日，在长期耐心守候却毫无所获后，指挥官决定将可用的U艇更松散地分布在北大西洋一个广大的地区，希望能使船团难以避免U艇的巡逻线。几天后，的确引起了一场对大船团的战斗，但在敌人有充分的时间来增强保护之前，将U艇迅速地由远方导引到可攻击目标的范围内，仍然十分困难。因此，这种形式的作战仍然不令人满意。

到此时，德国空军第40轰炸机群的兀鹰式飞机已变得较有作战经验，它们的领航和追踪技术也有了相当的进步，所以从7月中旬起，德国空军与U艇部队进行战术合作，在直布罗陀到不列颠之间的航线展开了新攻击，而该航线也完全位于空军的航程内。自5月底，意大利潜艇在该区域南段获得一些战果。几乎在每个星期发现船团后——经由西班牙南部情报人员，以及空中侦察或U艇的全力协助——就曾有6~12艘U艇前去攻击它们。然而，这些船团通常有强大的保护（例如：HG-73船团有10艘护航舰，而非平常的4或5艘），而且只有极少数极有经验的艇长才能在空中接触再丧失之下，还能将他们的U艇驶入攻击位置上。之后才知道对于这些攻击所得到的战果，由于不了解这一条航线上几乎全是小船（从1000吨到3000吨）而过度高估。总之，在7、8月间发现北大西洋中的U艇作战效率已经降到了最低点，看起来几乎是防者已经击败攻者；尤其像南方的成果，早先在那里的U艇作战的确极为成功，却因为船只在德国遵守的泛美安全区内行驶，而很难再获如此战果。

在这个阶段，德国潜艇数量也首次获得重大增加。8月间除了在直布罗陀航线上作战的各群以外，又组成一个新的“北集团”（North Group）。当这个集团已经增到15~17艘的实力时，邓尼茨遂命令它们扫荡从冰岛起向格陵兰—纽芬兰方向的地区，结果在费尔韦尔角（Cape Farewell）附近发现了敌方SC–42号船团，并发生了一次空前的护航战。在总数63艘船只中一共击沉了20艘，仅因大雾突起，才使这支船团幸免于被全部歼灭。这次成功鼓励邓尼茨再作进一步的尝试，从下个星期起到11月初为止，德国潜艇分为连续4波，越过北大西洋作战，它们固然获得相当成功，却不曾再像对SC–42号那么战绩辉煌。

美国的介入

在这些作战继续进行时，德国潜艇曾与美国军舰发生一些非常严重的意外事件。罗斯福的政策是除了不正式参战外，美国应使用一切手段来帮助英国。根据这种政策，在1940年9月已经作了以驱逐舰对海军基地的交换，1941年3月又开始实施租借法案。美国海军在实际不参战的条件下，用一切的手段来减轻英国皇家海军的负担。为了使美国海军出现在西北大西洋中有合法根据，西半球的界限——即泛美安全区——现在又向东推进。4月18日达到西经30度，6月14日又进到西经26度。美国军舰奉命在此线以西监视所发现的一切轴心船只，并要不断报告船只位置。7月7日，美国部队在冰岛登陆以接防原驻该岛的英军。7月15日，冰岛水域被划入西半球之内，于是美国派重兵以鲸鱼湾（Hvalfjordur）为基地来监视丹麦海峡——过去德国重要军舰都是从这里进入大西洋。此外同盟国船只可以加入美国到冰岛的补给船团，它们也使用英国船团越过大西洋的同一条航线。

在这样的情况下，7 月和 8 月之所以不曾发生严重意外事件，原因有二：德国潜艇的主力此时正在直布罗陀航线上作战，还有希特勒曾有手谕严令避免与美国人冲突。美国把驱逐舰给了英国人，虽然挂着英国旗，与美国船却很难分别，邓尼茨只好下令除自卫外，禁止攻击任何驱逐舰，虽然那是 U 艇的最大克星。8 月间罗斯福与丘吉尔举行大西洋会议，同意自 9 月中旬起，由美国人保护快速的英国 HX 和 OZ 两种船团至西经 26 度以西。9 月 4 日由于“格里尔”（Greer）意外事件的发生，遂给予罗斯福口实，进而命令美国军舰攻击轴心国家的船只。在 9 月底和 10 月初，由于 U 艇都返回基地，暂时相安无事，直到 10 月 17 日又有严重的事件发生。加入船团护航战斗超过 36 小时的美国驱逐舰“克尔利”号（Kearny）被 U–568 以鱼雷击沉，稍后，U–552 以鱼雷击沉在 HX–156 船团中护航的美国驱逐舰“鲁本 · 詹姆士”号（Reuben James）。德美之间虽尚未宣战，但实际上已经进入战争状况。

接着由于地中海方面情况紧急，不得不将大量 U 艇调往直布罗陀海域集结，意外事件遂又暂时避免。12 月日本人突袭珍珠港，这对德国当局而言也是一次完全的奇袭。邓尼茨虽欲从直布罗陀地区抽调兵力再来加强北大西洋之战，一时间却很难办到。

邓尼茨使用潜艇兵力

邓尼茨认为使用 U 艇的最高准则就是尽可能多地击沉敌人的吨数，因为在这方面敌方较为有利；又因为时间对敌人有利，其造船能力也正在不断增长。直到 1941 年 12 月底，德国仍只有 90 艘潜艇，距离邓尼茨最低 300 艘的理想还是太远，所以他认为不应追求任何其他的目标；他主张对潜艇应作“经济”地使用，即应用在某些有利的点上，使之能在最短时间之下击沉庞大的吨数。

不过，德国海军参谋本部却认为，偶而也有使用潜艇执行其他任务的必要，例如作一种战略牵制，保护突破封锁线的船只，等等。希特勒有时也会根据直觉发出一些命令，照邓尼茨看来，那都是无谓的浪费。而在这个时候，大西洋中却正迫切地需要 U 艇。

尽管在大西洋之战的第四阶段，情况又再度变得相当有利，但由于把三分之一以上的兵力保留在地中海及北面水域中（12 月底为 90 艘中的 30 艘；1942 年 3 月底为 115 艘中的 39 艘），遂使所击沉的吨数明显减少，将大量兵力从第一线抽回而用于次要的目标上的确是一种错误。当然，留在地中海和北面水域中的 U 艇是可以牵制若干同盟国水面军舰，此外亦可用来增强护航实力；不过，只要用相当少量的潜艇也同样有能力做到，甚至还能利用水面船只和飞机，而不必浪费宝贵的 U 艇。

北美及中美附近的个别作战

德国对美国宣战过了 5 个星期后，才有第一艘潜艇到达美洲海岸附近。第一次攻击只使用了 5 艘潜艇，这些潜艇在相当广大的地区中各自为战，因为美国人对于反潜战完全缺乏经验，而且德国的沿岸船只几乎仍像平时一样地行驶，所以成绩良好。邓尼茨遂立刻决定将一切可用的 U 艇都送入这个“处女地区”，尽管航程相当遥远，但对于U艇作战而言，却是最合乎经济原则。

在1月和2月中，所使用者主要为较大的9型U艇，它们首先在哈特拉斯角（Cape Hatteras）地区中作战，再进入加勒比海，当回到德国时，每艘潜艇的击沉船数为3~9艘不等。中型的8型U艇，由于航程有限，只能在纽芬兰和哈利法克斯（Halifax）附近水域中作战，但因此处常有大雾和风暴，英国的防御也较强、较有经验，所以是一个比较不利的猎场。不过，中型U艇的机械官不久后就找到方法来增大燃料储量，遂延伸了它们的航程，同时也采用最经济的航速来往于作战地区和基地间以节省燃料。于是到2月底，这些U艇就已经在纽约附近出现，3月间到达哈特拉斯角，4月间甚至已到达佛罗里达海峡。3月底首次使用U油轮，使得在加勒比海、安的列斯群岛（Antilles）和墨西哥湾的作战都大感便利。

这些潜水油轮在1940年春季开始建造，现在恰好派上用场，这应归功于邓尼茨的远见。一般U油轮可以装载燃料600吨，可使12艘7型U艇在海上活动多出4个星期，又可使5艘9型U艇多出8个星期。如此，7型U艇便能在安的列斯地区和西非洲沿岸作战，若加油两次，甚至能进入加勒比海；至于9型U艇在大西洋中的航程几乎已经不再有任何限制。这种U油轮的使用，使U艇虽然还要经过相当长距离的航行才能到达作战地区，却可以保证在海上时间有一半是真正留在作战地区中。

尽管从哈利法克斯到特立尼达（Trinidad），德国的作战U艇不过8~15艘，但美国的防御系统却出乎意料地反应迟缓。过了好几个月，美国才开始在沿岸地区管制灯火，那些商船船长才知道他们之间用无线电聊天，无异于自动向德国潜艇提供有价值的资料。直到4月底，美国人才接受英国人的忠告，开始成立护航组织。5月中旬以后，此种措施即开始显示作用，德国潜艇的效力遂大受影响。

5月23日，邓尼茨必须从美国海岸水域中撤退U艇，不过他仍然相信基本情况并无改变，所以准备在下一个新月期再沿着美国全部海岸线发动新的攻击。不过此时他又命令在美国沿岸水域中布雷，这暗示了潜艇作战的机会已经逐渐地减少。

U艇在大西洋的战绩（1942年1月到8月）

（击沉的船数和总吨数）

月份	美国东海岸	墨西哥湾	加勒比海	安的列斯群岛	北大西洋	中大西洋	意大利
1月	23 — 142320				25 — 128718		1 — 5473
2月	31 — 199695		18 — 88981	5 — 18938	15 — 95617		4 — 23670
3月	48 — 274295		3 — 20131	11 — 55563	8 — 26430	9 — 52857	12 — 74120
4月	43 — 250813		7 — 49396	7 — 40564	3 — 15744	2 — 11534	3 — 16990
5月	34 — 137960	26 — 150277	29 — 117319	19 — 85946	15 — 82879		3 — 18833
6月	29 — 132341	18 — 83444	39 — 177625	18 — 113369	18 — 91355		6 — 23865

续　表

月份	美国东海岸	墨西哥湾	加勒比海	安的列斯群岛	北大西洋	中大西洋	意大利
7月	21 — 112910	15 — 48991	12 — 60544	11 — 29685	8 — 56932	15 — 96416	
8月			20 — 109087	21 — 110911	38 — 202189	16 — 72826	5 — 27762

沿着美国东岸的成绩固已降低，但由于一支强大的9型兵力于5、6月中在加勒比海内获得特殊卓越的成功，也就产生补偿作用。但在7月，美国又把护航系统扩展到加勒比海地区，8月时更把所有各种不同的航线合并成为一种“相互连锁的护航系统”。即使如此，某些德国U艇还是能够推进到对这些航线的攻击距离内，因为那主要是由轻型军舰来护航。但海岸空中巡逻的发展，终于开始使U艇在这些水域中的活动日益困难，而必须撤到特立尼达地区及其以东。由于许多条航线的会合造成了有利条件，在此维持的时间特别长久，远超过任何人的预料。

若从击沉的绝对数字上来看，则德国潜艇对同盟国补给作战的最成功阶段现在已成过去。不过敌人在这个阶段中所受到的损失特别重大，因为在沉船中大油轮所占的百分比特别高。结果美国为了使军事需要至少能大致满足，不得不对国内石油消费量采取严格的配给制。其他巨大损失也增加了同盟国的困难：

（a）日本人占领东南亚后所造成的损失（44.4736万吨）。

（b）日本人对同盟国补给线的攻击（51.9736万吨）。

（c）德国辅助巡洋舰的攻击（13.9135 万吨）。

（d）德意联合兵力在地中海的攻击（11.5291 万吨）。

（e）德国人对摩尔曼斯克航线的攻击（30.7831 万吨）。

（f）不顾不断增强的防御，在英国沿岸水域中持续的海中、空中和布雷作战（18.4783 万吨）。

在 1942 年这一年内，所有一切的盟军计划都深受船只吨数严重缺乏的影响，而其最光明的前途也因此受到阻碍。

北大西洋中战斗的再起

早在 1942 年春季，对于北大西洋中的航线即偶有攻击。这些作战，以及无线电窃听所获得的情报，指出同盟国的船团显然再度使用大圆（Great Circle）航线。事实上，当英国人认清 U 艇已经不再有系统地攻击他们的船团时，就开始再度使用大圆航线，因为那可以缩短不少的时间。这种情况似乎又使邓尼茨对其兵力有了较佳利用的机会，他集中一部分兵力，派他们沿着大圆从北海到纽芬兰去搜索那个地区，假使遭遇敌人，在迅速用完鱼雷后即可返国，否则就在纽芬兰以南由 1 艘 U 油轮补充燃料后，再继续前往美洲海岸水域。

5 月 11 日，甚至这第一个“群”尚未完全组成时，即发现一支船团，遂于第一夜就击沉了 7 艘船只。当 6 艘 U 艇在第二次作战后，于 5 月 25 日到达加油位置时，美国沿海的情况已经变得非常不利，邓尼茨遂决定让它们朝东继续沿这些航线作战。它们一连发现 3 支船团向西行驶，并击沉了 5 艘。这些经验加上在直布罗陀到弗利敦之间航线上的 3 次作战结果，显示出此种作战的前途大好，U 艇艇长返回基地所作的报告也已经证实了这一点。

邓尼茨对于那些艇长们的亲自报告非常重视，并且在听取报告后，双方还得非常坦诚地作一番检讨，这样才可使他不至于和前线的实际情况脱节，另一方面也使他与司令部幕僚人员，以及使艇上官兵与其他 U 艇官兵打成一片。

7 月初，又有第二个“狼群”在北海峡以西约 600 英里处以同样的方式作战。它向西搜索敌人的船团，在补充燃料和补给后，再依情况向美国东海岸或加勒比海行驶。但到 7 月中旬，很明显地知道任何沿美国海岸的作战，甚至在新月期，都不再有利；邓尼茨遂感到犹豫不决，便在 7 月 19 日命令将攻击重点再移回北大西洋航线上。由于 U 艇数量日有增加，他也就可以组织新的“狼群”到北海峡西面去作战。

基于最近作战的经验，并为了在被容许的情况下对 U 艇兵力作出最有效和最经济的运用，邓尼茨对于大西洋之战的第五阶段（1942 年 8 月到 1943 年 5 月）又作了新的规划：从德法两国派出 U 艇，在北大西洋东边组成“狼群”，然后再让它们向西去搜寻敌人。如果发现有船团向西驶来，就横越大西洋加以追击。在百慕大的东北有 1 艘 U 油轮常驻那里替其加油，补充燃料后要在纽芬兰地区组成一条新巡逻线，并能与向东行驶的船团保持接触。等到在大西洋东边结束作战后，尚有燃料的 U 艇再组成新群另行作战，至于燃料和鱼雷都用尽或受伤的 U 艇则重返回法国基地。雷德尔及德国海军参谋本部认为只有向东满载行驶的船团值得攻击，邓尼茨却不同意此种意见，因为如果采取这种观点，每艘 U 艇的效力将大幅地降低。

用这种概括的时间表为基础，只是为了适应天气的变化和各区域的情况，而仍然保持着充分的弹性，现在就开始以 3 个半月为一个循环，成绩好坏参半，那得要看天气和敌方护航船只的实力而定。这种作战时常长达 4 天、6 天，甚至 8 天不等，中间只有短暂的休息，官兵们都紧张万分，这需要高度的训练和决心，但他们之中却有许多人都是新手。一旦接获发现船团的情报，进攻的潜艇就要不顾风向和天气的障碍，而达到足够接近的位置，并且不管船团采取何种闪避的行动，都要在黑暗的掩护下浮出水面发动攻击。不过有时在攻击即将开始前，敌方却突然改变航向，因此往往白忙了一场；或许是由于护航兵力的机警，把 U 艇赶开使接触再度丧失，整个作战遂又必须重头来过。此外，由于敌方空中掩护兵力的到达或大雾突起（这在纽芬兰外海是常事），也会使得功败垂成。

英国人不久即知道德国人已再度对船团发动有系统地攻击，但他们的反应却远不如邓尼茨所预料的那样迅速。同盟国最大的困难有二：一是船只的缺乏使其必须尽可能缩短来回的时间；二是护航兵力的不足。后者的数量虽然也在增加，但却不够快，平均 50 艘商船的船团至少要有 7 艘护航军舰；又因为缺乏油轮和海上加油的设备，从纽约到北海峡，护航兵力在中途必须换班 2~3 次。在这些困难未能解决前，同盟国的船团只好沿着大圆航线航行，并只能以小战术闪避行动来躲避 U 艇的攻击。

当沿着北大西洋航线作战的 U 艇只有一个群（12~18 艘）时，同盟国尚能勉强应付，之后 U 艇数量逐渐增加，到 10 月中旬增到 40 艘；此外，无线电窃听的技术也大有进步，使邓尼茨能够根据敌方的通信将 U 艇送到理想的位置。结果在 9 月和 10 月的两个月内，攻击的次数相当频繁，使同盟国受到相当重大的损失。不过，同盟国的护航兵力现在逐渐装备雷达，使其战力获得某种程度的增加。

U 艇在遥远水域中的使用

当 7 型 U 艇正在集中以攻击敌人的船团时，也必须替较大的 9 型 U 艇寻找一个新的作战区域，因为它们体型大易于被护航船只击中，比较不适合对船团的作战。假使任何特殊地区因为同盟国的防御措施变得较不利时，邓尼茨就会根据“经济投资”的原则，把作战焦点转移到其他地区。他当然希望新地区防御较弱，也有相当大量的船只往来，不过由于对期望的情况极缺乏情报，大致而言这是一种尝试。有时这种试验会获得意想不到的成功，例如在 9 月会派两艘 U 艇进入圣劳伦斯河（St. Lawrence River）；另外，这种试验也可能完全失败，例如 10 月间进入几内亚湾（Gulf of Guinea）的两艘 U 艇。在秋季中，U 艇指挥官们仍认为在特立尼达以东地区，具有最有利的作战条件；此外，由于 10 月间盟军在弗利敦地区已经采取护航措施，U 艇的成绩遂一落千丈。

对于这些“处女地区”之开拓有关的政治、战略、战术等问题，国防军最高统帅部、海军参谋本部，以及邓尼茨本人也有不同的意见，且往往引起不愉快的争执。下面就是在这个阶段中的两个例证。

1942 年春季，巴西不仅将其境内基地供美国海空军使用，也开始武装起商船。所以当 5 月 28 日，德国正式宣布巴西飞机已经轰炸德国 U 艇时，德国海军总部即于次日要求国防军最高统帅部，允许将所有巴西船只一律视为敌船，并加以无限制地攻击；同时它也命令邓尼茨拟订一项用U艇奇袭巴西海岸的计划，一旦巴西宣战就立即对之执行。但希特勒却不愿意消极等待，他认为德国必须主动对巴西宣战，并同时发动强大的U艇攻击，邓尼茨遂拟订计划，并准备在1942年8月3日到8月8日执行：10艘U艇，在1艘U油轮支援下，将突然渗入桑托斯（Santos）、里约热内卢（Rio de Janeiro）、巴伊亚（Bahia）、累西腓（Recife）等港口，击毁所能发现的一切船只，然后在港口布雷后，再继续进攻沿岸的商船。由于敌方几乎毫无防御，邓尼茨认为一定能大有斩获。希特勒于6月17日批准这个计划，但德国外交部却表示反对，因为它认为此举将会引起其他南美洲中立国家的强烈反感，6月29日，希特勒遂收回成命，早已出发的U艇只好改往加勒比海地区。

在7月间，巴西飞机攻击U艇的报道又一再地传来，而其对商船的武装也已有更进一步的证据，为了报复，U-507艇遂奉命在巴西沿岸“自由行事”。在8月15日到19日，这艘U艇击沉了6艘商船。就政治而言，此举并不聪明，因为它给了巴西一个良好的宣战借口；于是，在8月28日，巴西政府对德宣战，这使德国在南美国家眼中的情况大受损失。假使照邓尼茨的原定计划执行，所造成的政治后果非但不会如此恶劣，甚至可以击沉大量的吨数，而这样1艘U艇的作战，收获却几乎是毫无意义。

现在开普敦（Cape Town）似乎对于“处女”战场的奇袭作战，提供了非常有利的机会。邓尼茨认为U艇要经过6000英里的航程才能到达这个作战地区，所以在途中若有机会应尽量顺便击沉同盟国的船只，才可符合“经济”原则；但德国海军参谋本部却认为如果沿途攻击对方的船只，会使最重要的奇袭因素提前受到破坏，因为开普敦为到埃及补给线的焦点，奇袭因素是特别地重要。同时，他们对于这种U艇作战的战略效果，是根据其与地中海及东线战局的关系来判断，而邓尼茨所重视的则是尽可能地迅速击沉最大的吨数，至于在何处击沉，他却认为那是次要的问题。

这种争执以一种妥协的方式结束，而对于此一特殊情况也的确不利：派往开普敦地区的U艇在途中可以攻击大型军舰及运兵船，但不得攻击其他的船只。这样就使它们被迫放弃许多有利机会，何况它们还是遭遇很多的运兵船，而不得不发动攻击，结果照样把一切的奇袭因素完全断送。其实，事实上，奇袭因素并不如想象中那样重要，由于南非附近的防御反应迟缓又不适当，才能容许U艇的第一次作战获得相当成功，之后又改用较大的9型U艇，成绩因而更好。

“火炬”作战对U艇战的影响

11月8日，盟军在北非登陆使德国当局受到一次奇袭。11月的第一个星期里，在直布罗陀发现不寻常的大量军舰和商船集中，但一切征兆指出那似乎只是盟军准备护送大批补给商船前往马耳他岛而已。基于这种解释，遂有217艘意大利潜艇和8艘U艇被派往地中海西部，除了10月间已派往地中海的4艘U艇外，11月4日又有6艘U艇奉命前往地中海补充已损失的U艇。正当此时，同盟国的SL–125船团又将所有可用潜艇的注意力都吸引到摩洛哥和直布罗陀以西，在7天的战斗中，一共击沉了其中的12艘船只。而在此同时，庞大阵容的盟军入侵船团却几乎完全不曾被发现（虽有一两次报告但都被当作不正确的解释）。

当盟军登陆消息传来后，邓尼茨立即命令在比斯开湾与佛得角（Cape Verde）之间所有可用的U艇尽快集中在摩洛哥海岸附近；与海军总部讨论后，所有在北大西洋中尚有充分燃料的U艇也奉命向直布罗陀地区集中。当11月11日，第一批U艇到达卡萨布兰卡附近时，发现同盟国的海空军已作严密的防御部署，只有两位艇长勉强使他们的U艇穿透到费达拉碇泊所（Fedala Roads），并在那里击沉4艘运兵船；但此时港口已经为盟军所占领，其余的船只纷纷入港，所以等到U艇增援抵达时，已经找不到攻击目标。

11月4日，名为海豚的U艇群通过直布罗陀海峡，其轻易通过的程度令人感到惊讶，它们与来自意大利港口的U艇相会合，攻击停在阿尔及尔和奥兰等地的盟军船只，以及第一批回航船团。从北大西洋赶回的U艇于11月12日到达，这些U艇的艇长中，有一两位的经验特别丰富，所以在攻击军舰和商船时都很有收获，不过敌方超强的空中巡逻和高效率的海军防御，却迫使其他的U艇不得不一再潜入水中以策安全。由于损失日益重大，作战日益困难，迫使邓尼茨在10月18日和21日两度下令那些U艇向西撤退；尽管海军总部指示在摩洛哥和直布罗陀以西应有20艘U艇作战，并且抽调大西洋兵力进入地中海，事实上却已经毫无意义。

此时，邓尼茨又接获报告，得知留在大西洋内的U艇（燃料储量较有限者）作战颇为成功，并与ONS–144船团保持接触。他立即判断这是因为同盟国不得不集中护航兵力以保护入侵舰队，所以大西洋方面才会防务空虚，这也成为U艇在美英之间航路上作战的最有利时间，他认为这样的机会必须立即利用；但海军总部对于他一再的请求还是下不了决心，因为海军总部认为对驶往北非船的攻击更为重要。结果在11月26日，作了第一个折中案：

邓尼茨被允许以剩余的兵力去进行其理想中的作战。但由于兵力太少，地区太大，情报又不可靠，因此除了碰碰机会，不可能有太大的成果。

1942 年冬季的护航战

经过几个星期的搜索，虽然曾击沉一两艘独行的船只，却未能与任何船团取得联系。到 12 月 23 日，德国海军总部才取消将 U 艇留在直布罗陀地区中的命令；此种政策只是徒然使 U 艇在 11 月下半月当中几乎从北大西洋内失踪了，加上天气恶劣使海上加油极为困难，所以直到 12 月初，才从法德两国基地派遣 U 艇，在北大西洋中组成新的攻击群。此时，同盟军在这个区域中的暂时弱势已经成为过去，德国人的第一次作战并未能获得成功。

直到 12 月底，情况始有改善。不过由于多数 U 艇都已把鱼雷用完而必须返回基地，所以当新年开始时，留在作战地区中的一个群只有 13 艘 U 艇。这个数量当然不够，尤其是英国人又再度采取将航线扩大及于整个北大西洋的战术。

这种战术之所以可能采用，是因为同盟国护航军舰的数量正在不断地增加，海上加油的技术也有改进，所以护航兵力的运用较以往更为有效及合理。邓尼茨最初认为未能发现敌踪是由于天气恶劣的原因，但到 1 月中旬，他才认清英国人已经恢复其原有战术——为什么在当中如此冗长的阶段里，英国人不曾使用这种战术，是德国人始终搞不清楚的一点。邓尼茨希望到 1 月底他的兵力增强后，就能应付此种变局；事实上到 1 月 22 日，他就已经可以组成 3 个群，其 U 艇分别为 7 艘、17 艘和 18 艘。不幸的是，巨大的风暴又破坏了他的计划，尽管许多U艇都在搜寻，仍有两支船团溜过来而未被发现。

几天以后，德国U-456艇于正要进入大西洋之际，偶然发现同盟国的HX-224号船团，在大风暴之中监视了3天，才勉强作了一次成功的攻击。从海中救起的一名敌兵，接受讯问时不小心透露了一些情报，于是它立即用无线电送给邓尼茨，遂使其能集中20艘U艇去攻击SC-118号船团。尽管盟军护航兵力作了苦战，仍被击沉了12艘；不过U艇也毁了两艘、重伤了两艘。

这次会战后，从法德两国前来的增援也已经到达。2月底又有2次新的作战，但由于海浪太大，成绩并不理想。盟军巡逻飞机的无线电无意间泄露出OZ-166号船团的位置，德国人遂派一个潜艇群追击超过1000英里的距离，终于击沉了14艘。德军之所以能同时进行3次作战，是因为两艘U油轮的参与——从2月21日到3月5日，从事海上加油的潜艇不下27艘之多。

在冬季中，大西洋较遥远地区的U艇作战次数已经大大减少。到1943年1月底，只有在巴西海岸附近比以往的潜艇略为增加；事实上，邓尼茨认为那还是一个比较有利的地区，所以另外派了一支兵力前往，它们在亚速尔群岛（Azores）附近遭遇到TM-1号船团，它正在从特立尼达前往直布罗陀的途中，结果9艘油轮被击沉了7艘，因为这些油轮在沉没前会为不同的U艇所击中，所以德国人的战报免不了夸大其成功。邓尼茨遂认为亚速尔群岛地区也许是一个有利的作战地区。不过等到这支兵力增加到14艘U艇时，经过几个星期的搜索，却仍一无所获，原因是在敌方有空中掩护的地区外，要发现船团乃极为困难，因它有极大的空间来躲避。此外，在直布罗陀瓶颈地区的机动作战也不再有利，因为敌方装备着雷达的空中巡逻兵力，在那里已经非常强大及活跃了。

大西洋之战的高潮和转折点（1943 年春季）——德国人对情况的判断

德国人在冬季战役中的经验指出，虽然 U 艇对同盟国护航船团的作战情况日益困难，但若有足够数量的 U 艇，仍应有得到成功的可能。此时，邓尼茨已接替雷德尔出任德国海军总司令，所以决定加强 U 艇建造计划来应付此种情况。由于他已跃居此情况，再加上希特勒的信任，邓尼茨不久即顺利地获得必要的人力和物力。但他的自信是否具有合理的基础呢?

吨位之战是一种单调的竞赛，一方面是 U 艇所击沉的数字，另一方面是同盟国造船场的造船能力。依照德国海军参谋本部在 1942 年夏季所作的估计，后者在 1942 年约为 700 万吨。实际上，英国、美国和大英国协一共建造了 718.2 万吨的船只，可见此种估计非常精确。想要减少敌人所能运用的船舶容量，一个月至少得击沉 610 万吨。1943 年初，德方估计同盟国在 1942 年全年中的船只损失为 1166.7 万吨，但这个数字不免失之过高，实际上仅为 769.9 万吨，所以每月 60 万吨的目标实际上只超过了 4.16 万吨，而并非如假想中的 40 万吨。德国人估计在 1943 年内，同盟国可造新船 1080 万吨（实际数字为 1238.4 万吨），所以要想不让敌人可用船只容量有任何增加，则平均每月应击沉 90 万吨。但这个数字还是低于德国人自以为在 1942 年已经达到的数字。由于 U 艇的损失百分比和个别作战效力，自从 1942 年夏季以来就殊少改变，而能用来对北大西洋航路作战的 U 艇数量正在迅速增加，所以认为吨位之战在将来仍有成功希望，似乎尚称合理。

尽管对情况的一般估计有利，邓尼茨却并非不曾认清未来的潜在危险，主因是同盟国在反潜战方面的技术进步。显然，这种进步必须立刻加以对抗，不过那并非易事，因为只有在实际行动中才能发现对方已有的新技术成就。受到严格训练的U艇指挥官，对于敌人在行为上任何改变的细节都详加观察，并提出报告，这些报告经过了集中处理和研究，作为德国科学家和技术家发展对抗措施时的基础。

U艇部队的最大麻烦即为空中巡逻的飞机，利用雷达来发现U艇的位置。甚而在1942年的初夏，当U艇在比斯开湾夜间浮出海面巡航时，它们时常发现本身已经受到敌方巡逻机探照灯的照射，还可能受到意外的轰炸。之后U艇装设一种简单的“梅托克斯”（Metox）接收器，那能够接收英国人所使用ASV Ⅱ型雷达的脉冲（其波长169厘米），这样也就使盟军的空中攻击受到防碍。到了10月初，所有U艇都已装设，遂都能对抗对于敌方飞机和军舰的雷达。不过，到1943年2月，从U艇的报告中发现敌人已在使用某种新的侦察工具，而那却是“梅托克斯”所不能应付的。

又因为德国空军分配用来保护U艇的少数Ju–88型飞机，素质远比英国战斗机低劣，同盟国的此种新发现也就显得威胁更大。为了采取一种对抗措施，U艇只好装置威力较大的高射炮，但仍然不能应付盟军的四发动机重轰炸机。

这些轰炸机的航程在1942年中不断延伸，U艇在大西洋中的活动范围也就日益缩小，能用来攻击敌方船团的时间遂越来越短。敌方空中巡逻航程增长，并装有新的雷达，所以德国U艇的巡逻线极易于为敌机所发现，敌方的船团便更易于躲避；因此，德方只有增加 U 艇数量和延长巡逻线来对抗。为了尽可能迅速增加 U 艇的数量，邓尼茨决定在北大西洋航路上使用新的 9 型 U 艇。从技术的观点上来看，一种新的 FAT 鱼雷（能够成之字形前进）和一种新型磁力鱼雷发射器的引用，也足以使鱼雷攻击的效率大为增强。

同盟国的作战和战术问题

为了对抗德国 U 艇在美国水域中的攻势和同盟国船只的严重损失，以及北大西洋之战的再度趋于激烈，同盟国于 1942 年夏季在英国成立一个反 U 艇作战委员会。除了有关各部的部长、参谋首长、美国代表等以外，尚有一批科学家应邀参加，并由丘吉尔亲自主持。在该委员会于 11 月间召开第一次会议时，丘吉尔宣布其成立目的为加强反潜战，并建立统一的领导和统一的原则，以及决定需要的人力物力。

对于英国人而言，大家都早已知道 U 艇是最危险的敌人，但应如何应付此种威胁，意见却并非一致。甚至英国的海军领袖们，也经过了很久的时间，才完全相信护航制度为应付 U 艇威胁的最佳方法；而且到 1942 年底，护航制度的功效已经毫无疑问地被证明了，英国皇家海军和空军的人员对于此种防御性的任务，仍然感到很乏味，因为可能要出 10 次、20 次，甚至 50 次任务，才有遭遇敌人一次的机会——也可能永远不曾遭遇！所以他们，尤其是空军人员，都会一再地要求取消这种“无谓的消耗”，好让他们用比较具有攻击性的手段去打击敌人的 U 艇。

1943 年 2 月初，英国皇家空军中将斯莱瑟（Sir John Slessor）接任海岸司令部司令，他立即要求英国皇家空军的作业研究人员，分析从 1942 年 6 月到 1943 年的统计资料。结果证明出来，在这个阶段内从事护航的飞机，平均飞行 24 小时即可发现一次 U 艇，而从事于所谓攻势任务的飞机，则平均要飞行 164 小时才能发现一次。自从 1942 年 10 月之后，这个机会就更小，要有 312 小时的飞行才有一次机会，这当然是由于德国 U 艇已经装有“梅托克斯”之故。

以上的分析结果明白地证明：只有护航制度为对抗 U 艇的最佳方法。不过，由于对每一支船团所能配给的护航军舰数量还是太少，所以用护航手段来对抗潜艇，当然有着战术上的限制。举例来说，假使一位护航指挥官害怕会一再受到 U 艇的攻击，那么他就不敢让军舰去穷追敌人的 U 艇，直到将其击沉为止，他只能把对方的 U 艇赶开了就罢手，因为他必须赶紧集中其微弱的兵力来保护那样多的商船，否则就会让敌人有机可乘。有许多 U 艇之所以能够死里逃生，主要原因就是由于护航兵力不敢穷追，而必须迅速赶回保护船团。

这种情况遂使英国人想到一种补救办法：成立一种“支援库”；它包括一些无特定任务，可以自由独立行动的反潜军舰。它们可以接替有护航任务的兵力去向已经被发现的敌人 U 艇实行穷追，一直到击沉为止。这当然需要较多的军舰，到 1942 年 9 月，英国人才有足够多的船只来试验此种新观念。这支兵力由英国最有经验的反潜专家沃克上校（Capt. Walker）指挥。但不久由于在北非发动“火炬”作战，需要很多的军舰，此种计划只好暂时搁置——丘吉尔对此深感遗憾，因为这种观念是由他首先提出的。

不过护航船只的实际数量固然重要，有经验的人员还更为重要。从事实上看来，像沃克上校那样的反潜兵力指挥官，再加上一批优秀的人员，成绩往往超过平均数字很多，就是一种很好的证明。

英国皇家空军在对抗 U 艇威胁时，所扮演的究竟是何种角色？这个问题会引起很激烈的争论。在英国除了舰队航空兵力以外，其他所有航空单位都是属于皇家空军，在其下有一个海岸司令部（Coastal Command）专司海上巡逻的任务。1941 年 4 月，经过冗长讨论，为了作战的目的，海岸司令部暂归海军部节制，但这种关系却是透过其司令个人。海空军各单位之间的战术合作有赖于密切的协调，它们的指挥所甚至都是采取联合的形式。

不过，海岸部队在英国皇家空军之内，却是一个最年轻也最弱的单位，所以在补给优先上所享有的情况，远在轰炸司令部（Bomber Command）之后，因而对于长程（Long-range）和超长程（Very long-range）飞机的分配问题产生了很多的摩擦。为了填补在大西洋中央的空隙，海岸司令部必须有这样的飞机，而轰炸机司令部则意欲垄断，不愿与其分享，最后往往需要政府当局出来作最后的裁决。

可用于大西洋护航的飞机（1943 年 2 月）

基地位置	超长程	长程	中程	短程	共计
苏格兰及北爱尔兰	9	60			69
冰岛	9	11	12	24	56
格陵兰		2	8	4	14
纽芬兰及拉布拉多		34	24	70	128
百慕大		12			12
美国东岸		70	100	144	314

续 表

基地位置	超长程	长程	中程	短程	共计
墨西哥湾和加勒比海		42	132	126	300
巴西		20	20	12	52
直布罗陀和摩洛哥		43	20	42	105
西非		18		20	38
南非				32	32
总计	18	312	316	474	1120

在美国方面，问题则更为复杂，因为其航空兵力当时还是在陆军控制之下，并正企图得到第 3 军种的正式情况，同时也采取了下述的口号："一切能飞的东西都属于空军。"在 1942 年的紧急情况中，美国陆军航空军会以可用的人力和物力组成了一批反潜单位，但是关于使用的方法却经过了漫长讨论后仍无定论。美国海军赞成护航制度，并希望空中掩护越远越好，但美国空军却不表同意，它们认为护航是一种浪费而无效的工作，主张采取一种较有攻击精神的作战，其口号是："寻找！攻击！击沉！"这种冲突直到 1943 年 7 月 9 日才用一种交换的方式获得解决：所有一切反潜空中巡逻单位都由海军统一指挥；但为补偿起见，美国海军应从其生产总量所分得的比例相等之飞机割让给空军。

由于大西洋之战所产生的严重困难，遂使如何克服 U 艇威胁的问题成为卡萨布兰卡会议中主要议题之一。这次会议认为，战胜德国 U 艇，是进行一切更进一步大规模作战的必要先决条件，所以在目前，盟军战争努力的重点应摆在这一方面。其意义即为应予商船和护航军舰建造上的优先，尽管在未来对欧洲和日本的作战都非常迫切地需要登陆船只；同时，应使用一切手段阻止德国 U 艇数量的增加。这也就是说，除了已经直接参加大西洋之战的飞机以外，英国的战略轰炸机兵力，以及美国的第 8 航空军，都应用来阻碍德国 U 艇的增建这项计划。

英国海军部早已要求对比斯开湾周围的德国 U 艇基地实施大规模的轰炸，但英国皇家空军轰炸司令部却表示反对，认为那足以分散它们的实力，因为其主要目标还是对德国本土进行轰炸作战。此外，轰炸司令部司令哈里斯（Horris）上将也认为这种攻击很难得到决定性的效果，因为德国 U 艇在基地中都有坚强的保护，飞机很难将其炸毁，同时这样的轰炸也会使附近法国居民受到池鱼之殃，所以他主张轰炸德国 U 艇建造场所在地的德国港口，美国海军军令部长金也认为这种轰炸的成功可能最大；此外他又主张可以轰炸生产 U 艇辅助装备的若干城镇。在 1942 年内，英国轰炸司令部对于这两种目标已经出击过 7000 架次，投下 1.1 万吨炸弹，即约为其总量的 20%。由于情况日益严重，所以在 1943 年 1 月 21 日，不仅已把德国 U 艇制造工业列为轰炸目标中的第一优先，而且对于法国港口的顾虑也都已弃之不顾。1 月 14 日，英国轰炸机第一次大规模攻击洛里昂（Lorient），到 2 月中旬已经飞行过 2000 架次。所有这些攻击的直接效果都非常有限，没有 1 艘德国 U 艇曾经被击毁或受伤，不过受攻击的城市却损失惨重，遂使生产的速度受到了若干影响。

下表所列为美英两国空军对德国 U 艇基地及建造地区的攻击比较数字：

对 U 艇基地和造船厂的轰炸（1943 年）

	比斯开湾			德国造航厂		
月份	飞机出击架次	高爆弹吨数	飞机损失	飞机出击架次	高爆弹吨数	飞机损失
1 月	666	744	31	167	317	13
2 月	1744	2184	30	1119	1550	46
3 月	646	1250	6	539	981	15
4 月	148	544	9	1041	1572	59
5 月	364	707	22	548	1152	35
共计	3568	5429	98	3414	5572	168
		+3074 吨燃烧弹			+4173 吨燃烧弹	

此时另有一个重要问题也在同盟国阵营中引起多次讨论：许多人都认为中央管制的缺乏，曾经使同盟国在大西洋之战中吃了很大的亏。德国 U 艇的攻击有集中的指挥和管制，但防御方面却是政出多门。专就英国而言，这个问题要算已大致获得解决，因为其海空军单位不仅有密切的合作，更有分区性的联合指挥所。但在大西洋的那一边，则有许多美国和加拿大的海空军单位，彼此互不相谋，几乎毫无妥协可言。斯莱瑟爵士曾经说过，如果这样还能有所成就，真要算是奇迹。因为如此，同盟国有识之士早在 1942 年初就已经主张指派一位总司令主管整个大西洋的作战；此外也有人赞成美国陆军部长史汀生的建议，认为飞行单位至少应有统一指挥。不过尽管这种理想非常有利，但对于国家间和军种间的嫉妒与偏见却还是很难克服。

不过由于金的主张，在 3 月 1 日所召开的大西洋护航会议，对于北大西洋的护航工作还是能够成功地划定责任范围。这次会议决定把作战控制的转移线（原本是在西经25度到35度），自4月1日起移到西经47度，此线之西由加拿大新成立的“西北大西洋司令部”负责一切船团的控制和保护。至于美国兵力则完全撤出北大西洋，但从美洲到直布罗陀和摩洛哥，以及从加勒比海到不列颠的一切航路则都由美国人负保护之责。同时对于超长程、长程飞机和航空母舰的分配也作了新的安排，高频率方向指导网也已经建立和扩展。但是在这些改组完成之前，大西洋之战即已达到戏剧化的高潮。

大西洋之战的高潮（1943年3月前3个星期）

2月的下半月，有大量德国新U艇驶入大西洋，所以尽管刚刚结束了3次航路攻击战，仍然有3个U艇群能够立即使用。3月5日，至少50艘德国U艇在北大西洋中，分成若干条伸长的巡逻线作战；虽然同盟国飞机会一再发现这些巡逻线的分段处并加以攻击，却不知道德方兵力部署的全部情况。邓尼茨非常了解可能会被发现，所以使情况尽量保持流动，同时各U艇也尽量使用“梅托克斯”以避免雷达的发现。此时从西到东，大西洋正受到巨大风暴的扫荡，大多数的U艇作战都受到妨碍。不过，德国的无线电窃听对于同盟国船只的动向仍能得到若干有价值的暗示，所以还是能够发动几次非常有希望的作战。在之后几星期内，对于所有的快速HX船团，以及几乎所有的慢速SC船团都会加以攻击——有时会获得相当巨大的成功。

3月20日，这一段最成功的作战算是告一段落。依照U艇指挥官的报告，一共击沉敌船 32 艘，共计 18.6 万吨，另有 9 艘船受重伤。使邓尼茨特别高兴的是，尽管天气恶劣，在 38 艘 U 艇中能与敌人接触的，仍然高达 75% 的比例。有 19 艘 U 艇能再度攻击，且其中有 7 艘都是第一次上阵。最后共只损失 1 艘 U 艇，尤其令人欣慰。现在的工作显然即为应如何充分扩张有利情况。

从同盟国的观点来看，情况又是怎样的呢？他们的两支船团都已于 3 月 22 日进入北海峡。一共 100 艘船离开纽约，却只有 69 艘到达，其中 21 艘（共 14.0842 万吨）已被德国 U 艇击沉，其余则都受到重伤，不是沉在大风暴中，就是被迫驶返美国。不仅如此，之前的两支船团还损失了 18 艘。在 2 月的最后 10 天内，沉了 28 艘船，共 18.365 万吨；在 3 月的前 10 天内，沉了 41 艘船，共计 22.9949 万吨，在接下来的 10 天内，又再沉了 44 艘，共计 28.2009 万吨。3 月的损失甚至已经超过前一年的 11 月。尤其令同盟国当局感到惊惧的是，去年 11 月有 70 艘船在被击沉时都是单独航行，而结队航行的船却仅损失 37 艘；但在本年 3 月的前 20 天中，一共击沉的船只，85 艘中就有 67 艘是在护航船团之内，包括在北大西洋航线上的 41 艘在内。

这样高的损失若再继续下去又该怎么办呢？由于德国 U 艇数量日增，攻击也就越难躲避。假使一支船团经常要受到 6 艘、8 艘，甚至 12 艘的损失，商船船员的士气也就无法支持下去。尽管在过去 3 年半的战争中，护航制度一直都是同盟国大西洋战略的骨干，现在却可能有完全放弃之必要。在 1943 年 3 月的前 20 天中，德国 U 艇几乎可以说有希望切断新旧世界之间的联系。

3 月 21 日到 4 月 20 日

当柏林以一种愉快的心情研究这种情况时，伦敦也在不同的心情之下研究此同一情况；但情况突然间的变化，却使任何人都感到莫名其妙。

许多战后的文章都认为情况的突变，主要是受到一种新型雷达的影响，但若仔细观察则可看出此种说法未尽其然。决定大西洋之战最后胜负的是许多因素的组合，新型雷达只不过是其中之一。

大西洋护航会议的立即实际结果，即为美国海军组成了第一个支援群，并把它用在北大西洋航路上。这是 3 月初的事情，包括 1 艘护航航空母舰和 4 艘驱逐舰。最初由于天气恶劣，使母舰上的飞机无法起飞；由于航空母舰位置在船团中央，而驱逐舰也是护航兵力的一部分，不是居于独立的情况，所以战术机动性受到很大的阻碍。经过了两次失败的经验，美国人才终于认清了英国人所主张的独立支援群的优点，并且开始采取同样的战术。

英国人虽早已知道这种战术有利，却没有多余的军舰来组成支援群。直到 1943 年春季，由于对摩尔曼斯克航线的放弃，才有额外的船只可以利用。他们一共组成了 5 个支援群，连同美国的共有 6 个。

1943 年 5 月 1 日的 U 艇分布区域

可服役 U 艇位置	7B / C 型	7D 布雷 U 舰	9B / C 型	9D 型	14 型 U 油轮	共计
在西方	124	3	48	10	8	193

续　表

可服役U艇位置	7B / C 型	7D 布雷U舰	9B / C 型	9D 型	14 型U油轮	共计
海中的数目	81	2	32	10	5	130
北大西洋航线上的数目	79	2	17		3	101

（编者注："海中的数目"包括大西洋以外的水域，在"西方"包括在大西洋及港内，但不包括南地中海区域。）

3 月下旬，这些支援群开始显出其功效，使德国 U 艇的作战增加了不少困难；同时英美两国科学家所进行的作业研究也使反潜战的效率提高不少。尽管如此，大西洋之战仍未决定出胜负，在 4 月底时，德国 U 艇在海洋中作战的数字达到了最高峰。

支援群的出现虽使德国 U 艇的作战大受妨碍，但也可能使足够的 U 艇与敌方船团保持接触，尤其当附近没有航空母舰时更能如此。利用极大的耐心、战术技巧和突然的集中，再加上一点好运气，经过几天的活动，还是可能勉强进入发射位置。并且当几艘 U 艇同时攻击时，往往可使防御分裂，而获得相当的成功。在没有长程飞机掩护的地区中，这样的作战更加易于成功；所以同盟国现在的目的，就是要提供适当数量的超长程飞机以填补这些空中空隙。

在 3 月间同盟国船只损失增大之后，罗斯福总统遂下令改变对解放者 Ⅰ 型（Liberator Ⅰ）飞机的分配方式。调查显示已分配给美国海军的此型飞机共 112 架，其中 70 架正在太平洋中作战，而在冰岛以西的北大西洋中连 1 架都没有。基于此项调查，从美国陆军、海军和英国皇家空军轰炸部队中，一共抽出了 225 架解放者，并将它们都改用于北大西洋中。如此使得超长程飞机从3月底的20架增到4月中旬的41架，到5月间就大约保持在70架左右的数字，这些飞机在反潜作战中发挥了很大的效力。5月6日，邓尼茨在战争日志中作了下述的记录：

（一）敌方的雷达从空中和水面船只上给予德国U艇极大的妨碍，也使得敌人有机会可以事先发现德国U艇的位置，设法加以躲避。U艇的最大优点本来就是不易被发现，现在这种优点却已面临丧失的威胁。

（二）敌方飞机在整个大西洋地区中，几乎都可以提供船团空中掩护；现在虽尚有少许空隙存在，但不多久，利用陆上基地和航空母舰上的飞机，便可以全部填满它们。

（三）敌军对于潜航的U艇已经发展了新的侦察和攻击方法，包括威力较大的深水炸弹在内。

（四）敌方护航军舰的数量正在不断增加，这也会使U艇的作战日感困难。

（五）总而言之，U艇作战会比过去更为艰苦，因此应作一切的努力来改进U艇装备的武器，希望这样能使作战变得比较顺利。

5月24日，邓尼茨又在战争日志中，对于最近的战况作了概述和评论：

在过去几天环境的变化，已经指出U艇战正进入紧急的关头，以及采取彻底对抗措施之必要性。2月间在大西洋中损失U艇14艘，3月13艘，4月12艘，到5月22日为止，这个月的损失总数已达31艘，此外还有两艘大致上也已经损失。

假使在击沉的吨数方面能有一定比例的成功，即使是最重大的损失也都尚能接受；但是在5月间每击沉1万吨就要损失1艘U艇，而不久以前却是10万吨才损失1艘；因此在5月间我们的损失已经达到难以忍受的程度。

对于此种高度损失的造成，敌方空军扮演一种决定性的角色。这是由于陆上基地和航舰基地飞机的使用都已增加，再加上敌人雷达已经进步之故。

我们最近受到了巨大损失，加上作战的失败，德国U艇已经迫切需要采取彻底措施，例如一些能改进装备的攻击和防御武器。

这是邓尼茨所能获得的唯一结论，于是他命令暂停在北大西洋中对护航船团的作战。少数有极大燃料容量的U艇仍留在这个地区中，以伪装成有强大U艇群仍留在附近的印象。至于其他可用的U艇，事实上都已撤到亚速尔群岛以西的地区。

结论——德国潜艇失败的原因

对于1943年3月20日到5月24日的作战，若加以较精密的分析，即可以显示同盟国的胜利，并非由于某种武器或技术，而是许多因素的组合。这些因素中最重要者如下：

（一）无线电测位网发展，尽管德国人时常改变波长，但所有的通信都会被敌人听到而泄露U艇的位置。北大西洋中的空中侦察日益加强，那些飞机所装备的新型雷达是德国U艇无法对抗的。同盟国对于德国U艇的位置已经能获得相当正确的情报，并根据它来调换航线。不过德国人对无线电窃听也有高度的效率，所以U艇对于敌方船团的调换航线也常能采取对抗措施。

（二）护航军舰上都装有高频率测向仪器，使同盟国海空军可以把一心想和船团保持接触的德国U艇赶开。

（三）在护航军舰和飞机上的雷达，使其在能见度极低的情况下，还是能够清楚看见利用黑暗掩护而在水面上来袭的U艇；U艇上却没有这种工具。

（四）支援群的使用。这不仅使U艇不易进入攻击位置，在发现之后也可以穷追不舍，直到将其击沉时为止。

（五）在支援群中有航空母舰出现，再加上超长程飞机的增多，使大西洋的危险"空中空隙"获得了填补。如此使U艇的活动更加受限。

（六）许多新式武器的使用，也使同盟国的反潜战效率大为提高。

（七）作业研究小组对于各种资料进行深入的分析，使许多重要的战术和战略问题获得多方有价值的新解决。

同盟国的胜利并非仅只依赖数量的增加，虽然其在1943年用于反潜战的军舰和飞机比过去多，但实际上也只有6个支援群，其中包括2~3艘航空母舰，另外再配合40架解放者飞机，此外就是12个护航群；所以其胜利的关键还是各种因素的结合。同盟国终于赢得了大西洋之战，而这个胜利也是第二次世界大战中最重要的转折点之一。

为什么 U 艇战仍继续进行

对于同盟国而言，北大西洋的胜利并不代表 U 艇战的结束。在精神物质条件日益恶劣的情况下，德国 U 艇仍继续苦斗达两年之久，直到战争结束时才停止。战后经常有人问，为什么 U 艇战不在 1943 年夏季停止？在战争的后两年内，U 艇问题会一再成为德国领导圈内的讨论中心，也曾经根据情况的改变而一再作成新的决定。这里所要讨论的只是在 1943 年夏季不停止 U 艇战的决定是否合理。

要回答这个问题，首先必须了解邓尼茨及其幕僚在当时所依据的是什么样的资料，以及他们对于情况和未来发展采取何种看法。

邓尼茨在 5 月 31 日向希特勒提出的报告中，认为主要的问题，是敌人空中掩护的增强以及一种新雷达的使用，所以他对于情况的判断是说“我们的技术落后了，必须从这一方面去寻求解决”。换言之，德国 U 艇必须设法对抗敌人的雷达，并装备一种能击败其死敌（飞机和驱逐舰）的武器。

第一个问题最难解决，但到 10 月间装了新的仪器，德国 U 艇损失遂有显著之降低。德国 U 艇上装置的高射炮，对付航空母舰上的飞机是一种很有效的办法；至于对驱逐舰也已经发展一种新式的音响鱼雷。有了这些新武器，邓尼茨遂认为到夏季终了时，他应该能够再发动新的作战，并有相当的成功希望。

不过此时又有人对于这种吨位之战表示根本上的怀疑。海军作战处的专家指出，截至 1943 年 5 月 30 日为止，同盟国大约损失了 3000 万吨的船只，但却已经建造 1550 万吨的新船来补充；实际数字对德国更为不利，击沉者仅 2150 万吨，而补充者则为

1650万吨。不管怎样，邓尼茨仍然认为同盟国还是需要补充极大的损失，德国人则应倾全力不能让其成功。船只的缺乏仍为一种重要的瓶颈，使同盟国未能发动大规模的两栖作战。

邓尼茨认为即使已经不可能赢得吨位之战，补给之战却仍应继续，因为它可以牵制相当可观的敌军兵力。最后，德国人已在建造及发展新型U艇，这带来了新的希望。像快速的21型U艇和沃尔特（Walter）U艇很可能发生革命性的改变，当时估计1944年夏季时，即可有大量的21型U艇准备投入战争。所以在目前这个阶段中，必须继续维持U艇的活动，否则就会和敌人的防御及战术的发展完全脱节。

此时，同盟国又正在要求无条件投降，这也给予德国人一种死里求生的刺激动力；于是邓尼茨在1943年夏秋之间作出决定：U艇战必须继续加紧进行。

当然邓尼茨完全明白，要继续奋斗必须作最大的努力。U艇的数量必须迅速增加，所以他不仅开始进行空前巨大的U艇建造计划，同时也不顾某些保守派的反对，采取一种分段的建造方法，因为只有这个方法，才能在相当短的时间之内，完成足够大量的U艇。

今天看来，我们是否可以认为邓尼茨在1943年夏季所作的决定是正确的呢？从同盟国方面许多军政领袖所发表的言论中，我们可以知道邓尼茨对于吨位之战的概括观念的确是“正确”的；举例来说，英国官方的海军历史学家罗斯基尔上校（Capt. Roskill）曾经说过邓尼茨的想法是绝对正确。换言之，胜负的关键就在于击沉和新建两种数字的对比上。

到1943年，邓尼茨才开始对于他是否有机会赢得吨位之战感到些许怀疑，尽管如此，经过慎重的考虑和讨论，他仍然决定继续作战。他在作决定之前不仅把问题的正反两面都已经加以衡量，而且对于战略、政治情况以及战术要求都会作概括的估计。

邓尼茨的结论是：即使U艇已经不能够赢得吨位之战，但除了U艇以外，仍然没有任何的武器能够如此有效地阻止和延缓盟军实现其侵入法国的计划。从同盟国方面的文献中，我们可以发现，确定发动侵入战日期的决定性因素，即为船只容量问题；假使在1943年到1944年的冬季里，德国人能够重新大举发动U艇战，很可能会使盟军无法在1944年6月攻入法国。从1943年夏季看来，德国人在近期之内就能对同盟国的船团，再度展开成功的作战，似乎并非不合理的希望。

U艇战的持续可以牵制敌方大量的兵力，也是不争的事实，若不这么做，同盟国的这些兵力就会用来轰炸德国的本土，或攻击德国的海上交通。以下的数字就可以作为一种证明：

1943年4月，当同盟国的反潜艇努力达到最高峰时，以大不列颠为基地的飞机（主要为4个发动机者），对于护航和反潜艇任务一共飞行了6314架次。到了1945年4月，由于德国只有少量U艇作战，所以一共只飞行了1459架次。

因此事后看来，邓尼茨在1943年夏季决定继续U艇作战是不错的。尽管想在1943年到1944年的冬季6个月中，重新发动大规模潜艇战的希望未能实现，但这种发展却是事先所无法预知的。

在第二次世界大战中，对于德国U艇而言，最大的悲剧是在1939年到1942年，由于实力不够强大，以至于不能符合寄托在它们身上的期望。直到1943年春季，德国U艇数量才首次达到邓尼茨在1939年夏季认为必要的数字。假使在1939年，他有这样多的 U 艇，也许已经赢得吨位之战，到 1943 年，时间早已太迟了。同盟国的反潜防御已经变得如此强大和有效，其造船场也终于赢得了吨位之战。如此也就奠定了对德国总体胜利的基础。

大事记（九）1944年1月—1944年5月

战争部分（轴心方面）

1月21日：对英国发动“小闪击战”。

1月28日：切尔卡瑟包围战开始。

2月：第一艘装有“呼吸管”的德国U艇驶入大西洋。

2月4日：日军在缅甸发动攻势。盟军部队空运补给被截断。

2月14日至18日：在北大西洋中，最后一次以空中侦察导引的U艇群作战。

2月22日：克里沃罗格失陷。

2月23日：切尔卡瑟包围战结束。

3月8日：日本攻击缅甸英帕尔转运站。

3月13日：赫尔松失陷。

4月17日：日军在中国发动抢夺空军基地的作战。

5月3日：日军开始对西新几内亚、帕劳、马里亚纳防御采用A号计划。

5月5日至12日：德军撤出塞瓦斯托波尔和赫尔松。自4月起，15万人由海上及空中撤出。

5月20日：希特勒命令中央集团军总司令“不惜一切代价”死守。

政治部分（轴心方面）

2月11日：德国反抗运动计划以定时炸弹谋刺希特勒和希姆莱，因希特勒未如预期出现而放弃。

3月9日：计划在一次局势会议中枪击希特勒。

3月19日：德军占领匈牙利的战略要点。

3月21日：芬兰拒绝苏联和平建议。

4月12日：芬兰拒绝苏联之和平条件。

5月15日：隆美尔等计划拘捕希特勒。

5月30日：鲍曼（Bormann）鼓励对盟军飞行员施以私刑。

战争部分（同盟方面）

1月4日：苏军在萨尔内越过1939年的波兰国界。

1月20日：苏军攻占诺夫哥罗德。

1月22日：盟军在意大利德军后方登陆。

1月31日：美军在马绍尔群岛的夸贾林岛登陆。

2月15日：盟军毁卡西诺山上的修道院。

2月15日：纽西兰部队在新爱尔兰登陆。

2月17日：美国舰载机对特鲁克群岛进行空袭。

2月18日至19日：美军两师在埃尼威托克登陆。

3月4日：苏军在乌克兰发动攻势。

3月5日：温盖特在缅甸发动敌后作战。

3月15日至16日：轰炸机司令部对斯图加特进行大规模空袭。

3月22日至23日：英轰炸机司令部猛袭法兰克福。

3 月 30 日至 4 月 1 日：美军进攻帕劳、雅浦及沃莱艾等岛。

4 月 8 日：苏军向克里米亚发动反攻。

4 月 10 日：苏军收复敖德萨。

4 月 19 日：英美航空母舰空袭苏门答腊。

4 月 22 日：美军在荷兰迪亚登陆。

4 月 30 日：盟军对洛耶什蒂油田作有系统的空袭。

5 月 12 日：美国空军开始攻击德国人工石油炼制厂。

5 月 18 日：盟军在卡西诺山达成突破。

5 月 22 日：美国第 5 军团与安齐奥滩头建立联系。

政治部分（同盟方面）

1 月：改变“大君主”及“铁砧”作战计划。

2 月 8 日：“大君主”计划最后定案。

2 月 14 日：艾森豪威尔将军正式被任命为盟军统帅。

4 月 15 日：盟军战略轰炸，以运输和铁路目标为第一优先。

5 月 16 日：艾森豪威尔确定 D 日。

诺曼底（1944）

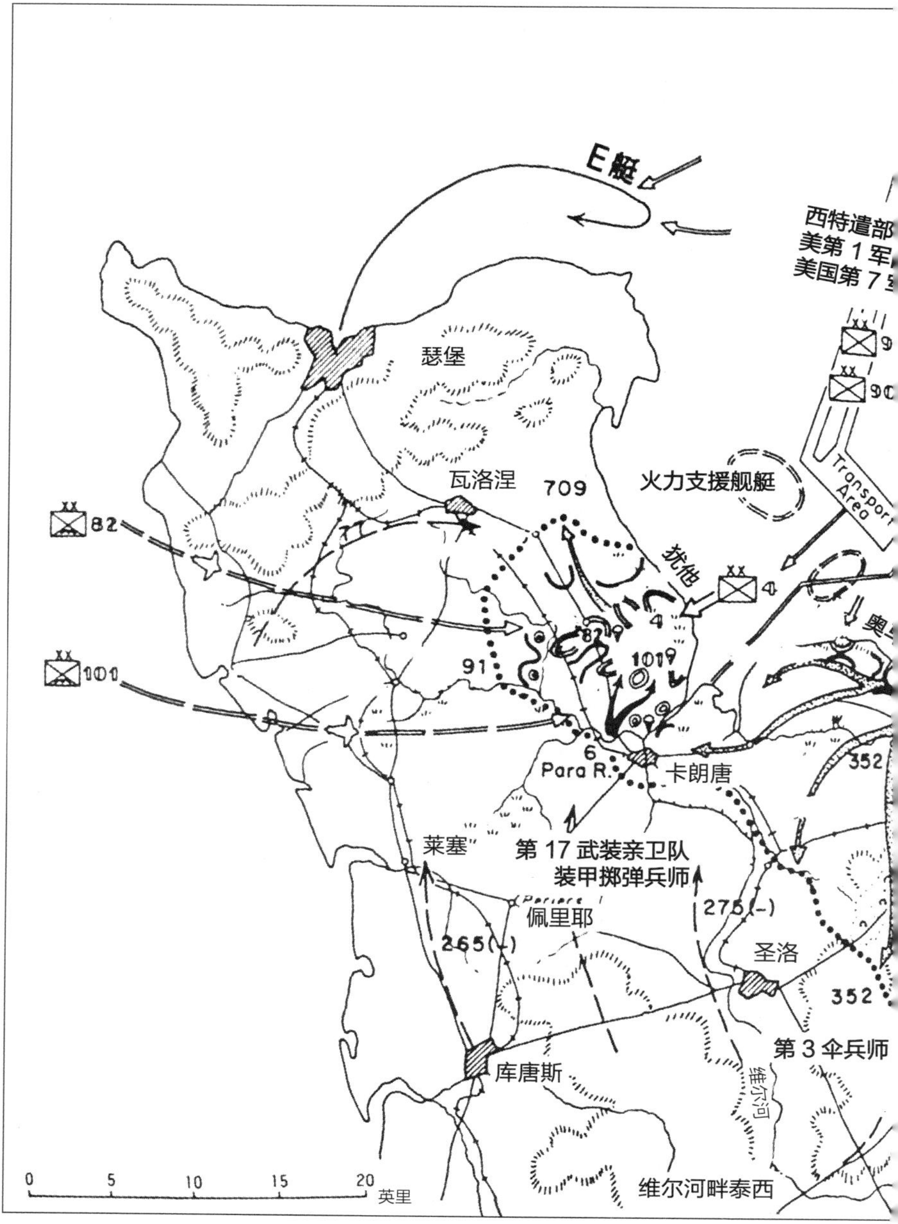

E艇
西特遣部
美第1军
美国第7
瑟堡
瓦洛涅
709
火力支援舰艇
Transport Area
82
扰他
4
101
91
6
Para R.
卡朗唐
352
莱塞
第17武装亲卫队
装甲掷弹兵师
佩里耶
265(-)
275(-)
圣洛
352
第3伞兵师
库唐斯
维尔河
维尔河畔泰西
0
5
10
15
20
英里

海神作战
1944 年 6 月 6—12 日
6 月 6 日 0 时阵地
6 月 6 日德军反攻
6 月 6—12 日盟军攻势
德军援兵
6 月 12 日阵地
第 21 军团
东特遣部队
英第 2 军团
英第 1 军
英第
30 军
Trans-
port
Area
49
7
51
50
3 C
3
6
T艇
E艇
勒阿弗尔
火力
支援
舰艇
特鲁维尔
黄
金
朱
诺
宝
剑
716
711
巴
约
第 21 装甲师
卡昂
蒂伊
装甲教导师
第 2 武装亲卫队装甲师
利雪
奥恩河
15

诺曼底（1944）

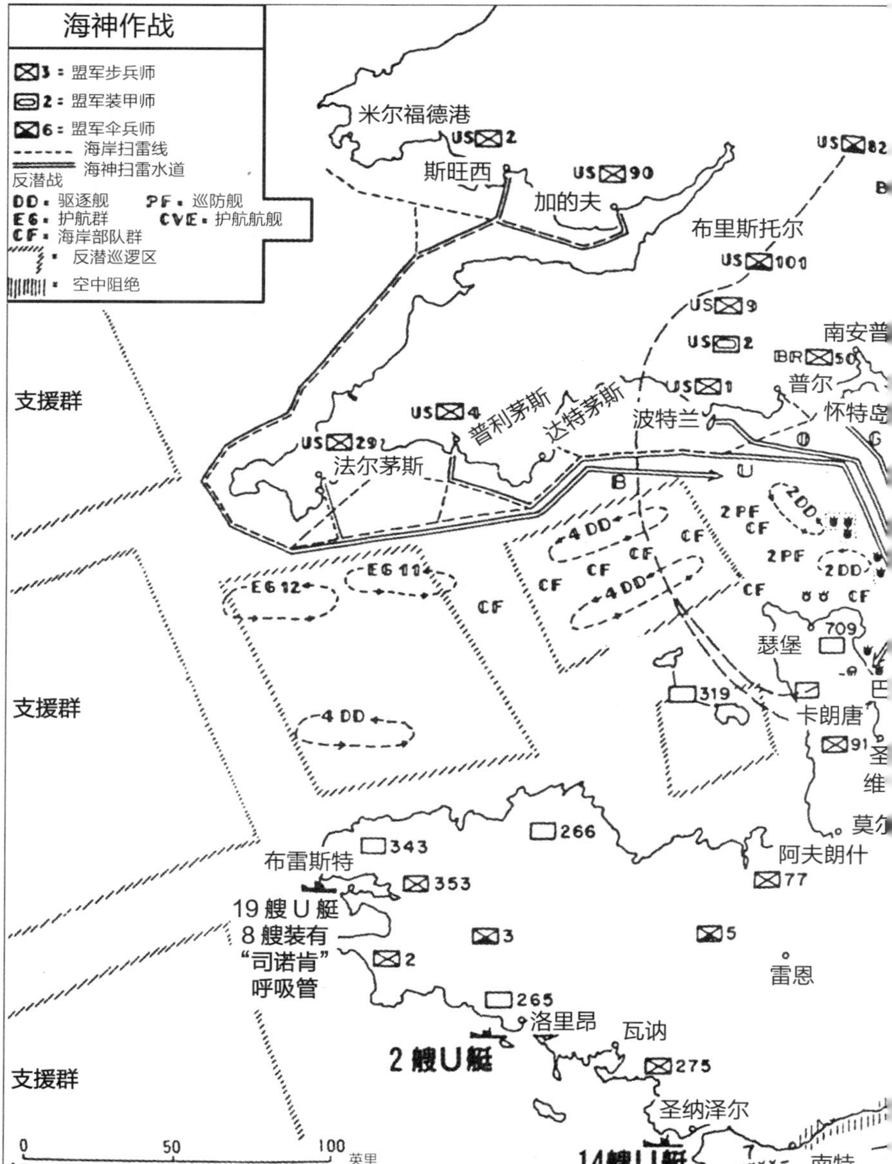

海神作战
3：盟军步兵师
2：盟军装甲师
6：盟军伞兵师
海岸扫雷线
海神扫雷水道
反潜战
DD：驱逐舰
PF：巡防舰
EG：护航群
CVE：护航航舰
CF：海岸部队群
反潜巡逻区
空中阻绝
米尔福德港
US 2
斯旺西
US 90
加的夫
US 82
布里斯托尔
US 101
US 9
US 2
南安普
BR 50
普尔
US 1
怀特岛
波特兰
达特茅斯
普利茅斯
US 4
US 29
法尔茅斯
支援群
EG 12
EG 11
CF
4 DD
2 PF
2 DD
瑟堡
709
319
卡朗唐
91
支援群
4 DD
343
266
布雷斯特
353
19艘U艇
8艘装有
“司诺肯”
呼吸管
3
2
5
阿夫朗什
77
雷恩
265
洛里昂
瓦讷
2艘U艇
275
圣纳泽尔
支援群
14艘U艇
南特
0
50
100
英里

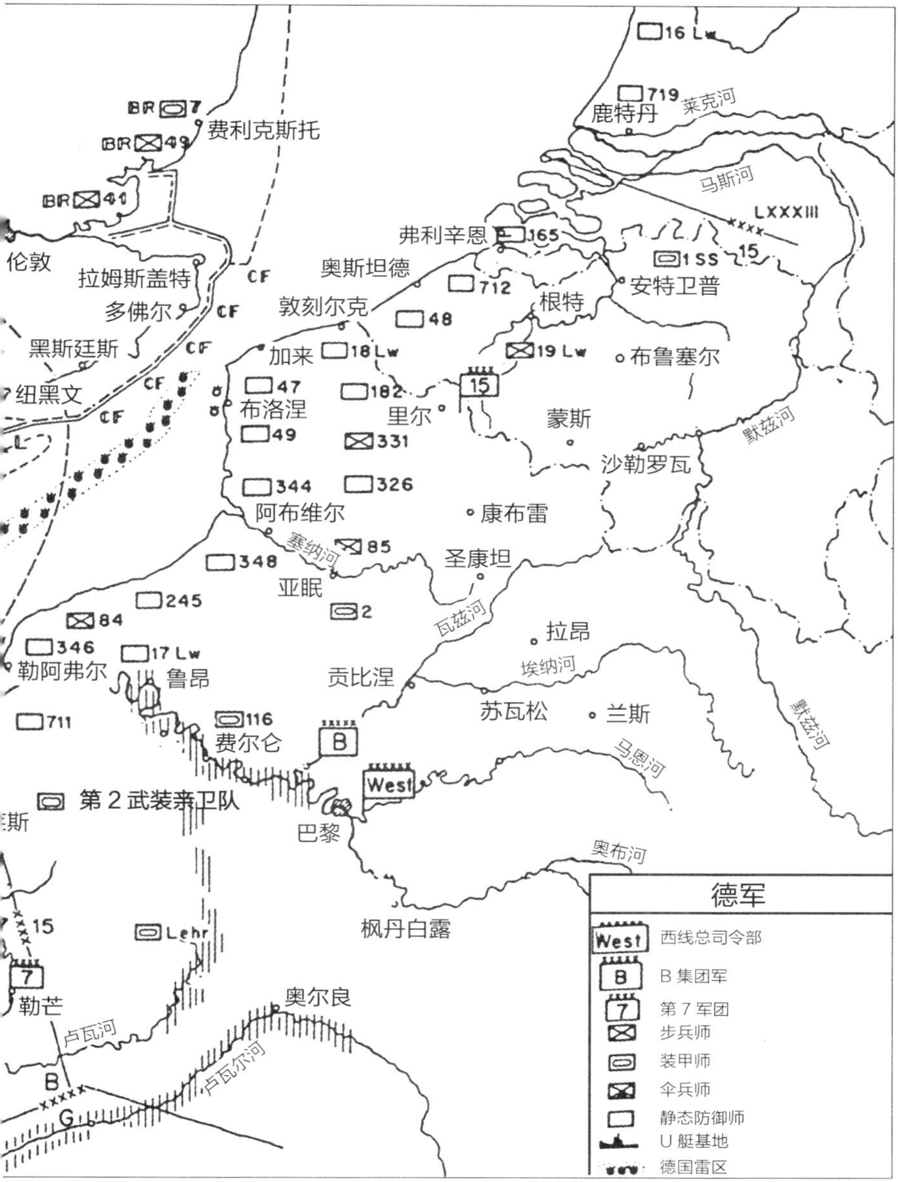

16 Lw
719
莱克河
鹿特丹
BR 7
费利克斯托
BR 49
BR 41
马斯河
LXXXIII
弗利辛恩
165
15
1 SS
伦敦
拉姆斯盖特
奥斯坦德
CF
712
安特卫普
根特
多佛尔
敦刻尔克
48
黑斯廷斯
加来
18 Lw
19 Lw
布鲁塞尔
纽黑文
47
182
15
布洛涅
里尔
蒙斯
49
331
默兹河
沙勒罗瓦
344
326
阿布维尔
康布雷
塞纳河
85
348
圣康坦
亚眠
245
2
瓦兹河
84
拉昂
346
17 Lw
勒阿弗尔
鲁昂
贡比涅
埃纳河
711
116
苏瓦松
兰斯
默兹河
费尔仑
B
马恩河
West
第2武装亲卫队
巴黎
奥布河
枫丹白露
15
Lehr
7
勒芒
奥尔良
卢瓦河
卢瓦尔河
B
G
德军
西线总司令部
B集团军
第7军团
步兵师
装甲师
伞兵师
静态防御师
U艇基地
德国雷区

第八章　入侵诺曼底（1944）

费德里希·鲁格将军

德国位于欧洲强国间的中央位置，再加上它沦为欧洲战场悲剧角色的悠久历史，使得德国人对于陆地战争和陆权问题的所有情势都有深刻认识。就结果而言，在德国的政治和军事思想中，对于海权及海军作战的战略含义，大部分会遭到忽视和不充分的考量。几乎被人忘记的是，在七年战争和拿破仑战争时，普鲁士之所以幸存，只因为它是英国的盟国。1900 年之后，德国人开始建立一支强大的海军，它渐渐具有某种程度的舰队意识，但不是海洋意识。从 1914 年到 1918 年，几百万人在陆上广大战场上的战斗，再度掩盖了海上的战事，特别是置德国于死地的封锁。德国的海岸从未被威胁，海岸防御措施及方法只有在佛兰德斯那段不过 30 英里长的海岸上受过考验，它经常受到英国海军的轰击，而且还有几次突袭。达达尼尔（Dardanelles）海峡的防御也使德国人获得若干经验，在那里德国部队曾与土耳其陆海军合作。

根据《凡尔赛条约》，德国武装部队被限制为陆军 10 万人和一个小型的海军；既不准有飞机也不准有潜艇。另一次对英国的战争似乎是无法想象的，所有的军事准备以建立对抗陆上攻击最低限度的防御为中心。海军派出人员操作剩余的海岸炮台，但对两栖作战的可能性却很少关心，因为没有人认为会在德国大约 600 英里长，且大都属于波罗的海的海岸线上进行任何登陆作战——只有通过丹麦海峡才能抵达那里；其余在北海的部分，则受到岛屿、流沙和恶劣天气的保护。

德国西欧海岸防御的发展（1940—1941）

当 1940 年春季战役时，情势发生了改变，德国控制的领土增加为 3 倍，海岸线的长度亦增加到 3500 英里左右（小岛除外），其中大部分都暴露在海上直接攻击下。那时，英国实力还太弱，无法发动任何大规模作战，但德国人却仍然必须保护在法国西部的新潜艇基地、为“海狮作战”而集结的船只和货船所在的港口，而路线都沿着他们刚攻占的海岸航行，以对抗来自空中及海上的突袭和攻击。在陆上，就必须在主要港口周围，尤其是潜艇基地，建立海岸炮及高射炮阵地，沿着海岸线则建立中型炮台。这个计划需要大量的劳力和物资，并必须以数年完成。1918 年后的完全解除武装，使得他们几乎没有任何库存的武器，特别是较重型的海军火炮，因此，很多炮位由波罗的海、北海移到从挪威北部到法国西南部间的海岸。为了保护参加横渡至英国的“海狮作战”部队，工作从英吉利海峡最狭窄的部分开始。一共建立了下述 4 座海军炮台：

大库尔浮斯特（Grosser Kurfurst）：4 门在格里内角（Cape Gris Nez）的 280 毫米火炮。

菲德烈奥古斯特（Friedrich August）：3 门在维姆勒（Wimereux）附近的 305 毫米火炮。

林德曼（Lindemann）：3 门在桑加特（Sangatte）西方的 406 毫米火炮。

托特（Todt）：5 门在格里内角南方的 381 毫米火炮。

此外，某些口径大到 280 毫米陆军的海岸炮被安置在这里，还有更多的较小型火炮。很巧地，所谓“大西洋长城”（Atlantic Wall）的照片，大部分都在这个区域中拍摄。

希特勒对于其他两个大计划给予优先。他总以为英国人将尝试在挪威重获一个立足点，因此便命令在那里建造坚强的要塞。到了 1944 年，纳尔维克—哈尔斯塔（Narvik–Harstad）地区的内外防线由大约 40 座炮台所组成，其中有 7 座为口径达 406 毫米的重炮。卑尔根（Bergen）港及其接近路线上，由 7 座拥有 21 门口径 210~280 毫米火炮的重型炮台，8 座拥有 34 门口径 127~155 毫米火炮的中型炮台，以及 18 座拥有 66 门口径 88~155 毫米火炮的轻型炮台所掩护。在挪威有一共 350 座拥有 88~381 毫米火炮的海防炮台。

这的确不能阻止希特勒对于海峡群岛（Channel Islands）开始一项 8 年的要塞化计划；每个月将有 9 万吨物资运往那些岛屿，并有 3.2 万工人搬到那里。到了 1944 年，他们已经完成了 11 座拥有口径 210~305 毫米的重炮 38 门之炮台；尽管有几处被规划，飞机场却并未完成。从海峡群岛的位置上来看，这完全浪费大陆上的防御工事、潜艇掩体，以及以后的 V–1 设施所需要的人力和物力资源。所以这些防御计划必须更加适度：平均每座主要基地有两座重型炮台和 3 座中型炮台，而较小的港口则有两座中型炮台。

这样计划的主要部分远超过海军的实力，所以，在 1940 年夏季，成立了陆军的海防炮兵。在 1 年之内，171 座炮台完成战备，其中 98 座在挪威，另有 62 座也正在那里建造。这听起来似乎不错，但实际上效力却有限，因为许多炮都是老旧且无防护，而临时征集的人员并未受过射击海上目标的训练。

1941—1942

侵苏的失败再加上美国的参战，引发全新而危险的情况。打击西方同盟国的最佳方法仍为 U 艇战，主要都是从比斯开湾的基地发动，每月会造成 50 万 ~75 万吨的船只损失。陆军和空军的大部分在东线作战，人力和物资的消耗极为巨大；在西线，只留下 33 个步兵师，多数在整训中，此外尚有微弱的海空军（除了潜艇外）。国防军最高统帅曾在 1942 年 3 月 23 日颁发有关海岸指挥权的元首命令第 40 号，关于情势的记载部分，则表示所有的欧洲海岸都危险地暴露在盟军登陆的威胁下，即使是有限的目标，也足以严重地影响德国的计划。所有国防军部队将由一位指挥官负全责，对防御行动和反攻进行充分的准备；所有的部队，甚至在占领区中的德国民政长官，皆应听从他的指挥，而这项任命还表示："不过，如果可能的话，至少在实际登陆前，必须造成敌军攻击的崩溃。"两年后，在看到隆美尔元帅用这个方法来协调作战，竭尽全力却只获得部分的成功之后，元首命令第 40 号接着下令改善所有沿着海岸线的要塞和据点，并对海岸地区作统一的划分（至少这从未在法国实施）；它也以指定海岸地区的负责人，应遵守的优先级，以及海军和空军的任务为结束。不过它的确不曾在文中指出盟军可能选择进行登陆作战的地点。

1941 年 12 月底，英国突击队成功地对挪威的小型基地发动突袭，这或许是这些命令的直接动机；它们的重要性于 1942 年 3 月 28 日，对卢瓦尔河口（Loire R.）的圣纳泽尔（St. Nazaire）港口设施进行更大规模突袭更加凸显。盟军的行动敏捷而勇敢，并获得相当成果；但对于防御者而言，这具有启发性，因为它显示了他们的弱点。圣纳泽尔获得的经验，大大地帮助他们在 1942 年 8 月 19 日时，击退对迪耶普城镇及港口攻击的盟军行动。这次突袭几乎完全失败，而这对海岸防御的改进提供了更有价值的启示。

从圣纳泽尔和迪耶普突袭中所获得的最主要教训是，要是有一场大规模登陆作战，盟军将不曾直接攻击某一大港，而会在开阔的滩头上登陆，并尝试由后方攻占港口。对于敌人第一次登陆抵抗的方式，意见并不一致，稍后加以说明。无论如何，主要港口的最低限度防御必须首先完成，以确保它们在突袭时的安全。

在 1942 年 7 月 20 日所作的一项情势评估中，德国海军表示盟军可能会在法国西北部登陆，以摧毁布雷斯特（Brest）、洛里昂（Lorient）、圣纳泽尔等地的 U 艇基地为有限目标，也可能会先在塞纳湾占领一个临时桥头堡。于是对于 U 艇基地将采取更好的防护措施。

同盟国的计划

由于防御尚未完成，在法国的德军兵力有限，且又缺乏训练和准备，无疑地将使盟军在 1942 年，即使只以相当微弱的兵力，也可在法国获取一个桥头堡。实际上，美国希望对科唐坦半岛（Cotentin Peninsula）或类似地点进行一次有限的作战，即“大槌”

作战（Operation Sledgelammer），然后在1943年春季，在利哈佛（Le Havre）与滨海布洛涅（Boulogne-sur-Mer）之间的地区，以6个师的兵力进行一次大规模的作战。不过，英国人反对在法国本部进行一场有限的战争，于是美国人终于同意入侵北非，尽管这必然会使越过海峡进攻陆欧的努力，得延到1944年春季始能付诸实行。

1942年11月在北非的登陆成功。1943年5月，在突尼斯的所有轴心军全都结束抵抗。依照1943年1月卡萨布兰卡会议中同意的计划，盟军于7月在西西里岛登陆。在那次会议中所作的结论是：一年内不发动越过海峡的进攻。因为到9月中旬，能在英国完成战备的不曾超过24个英国和美国师，却要对抗法国境内的44个德国师。在这次会议并未对那次攻击设定任何日期，到了1943年5月，英美参谋首长联席会议在华盛顿开会时，首次将日期定为1944年5月1日，“当作在欧陆上获取立足点的作战攻击日，从那里可以发动更进一步的攻势作战”。

德国在1943年的措施

对德国人而言，盟军入侵北非算是一次战略奇袭，他们损失了一个精锐的军团、一个有价值的阵地和相当大量的物资。盟军在7月于西西里登陆，接着9月间又在萨勒诺（Salerno）登陆，借着在欧洲开辟第二战场和使意大利退出战争，来加速德军在人力和物力上的损耗。德国人不仅没有掌握时机，也不够尽力于准备法国的防御，以获取相当的战略利益。某些德国高级指挥官了解情势的危险，并尝试对他们所拥有的那些不适当军力作最佳的运用，但几乎没有足够的合作和决心，来对所有可能途径作出充分的利用。

西线战场总司令兼 D 集团军总司令伦德施泰特元帅是这个地区的最高指挥官，根据第 40 号命令，他负有协调一切军事及党政努力的责任。依照其幕僚的判断，入侵舰队将会采取最短的航线越过海峡，而将危险地区缩小为其东部，大约是从索姆河口到斯海尔德河口，所以，在这两个地点间已经集中了大量的步兵师，而在加来—滨海布洛涅地段也有强大的海防重炮台。往西看，特别是塞纳湾西部，所展开的防御兵力非常地薄弱；在最佳的登陆滩头上，一个薄弱的师要防守 30 英里以上的防线，很长的一段距离内却只有一个瞭望哨，中间空无一物，后面也只有极少的兵力。在布列塔尼（Brittany），兵力更为薄弱，且较少良好的登陆滩头，几乎全都是岩岸，而且暴露在西风之下。

甚至在重炮台的建筑上，海峡以西的海岸比其他地区都还要落后。在海峡群岛上有过多的重炮，但在比斯开湾的 5 个主要基地却只有两座重炮台。在吉伦特（Gironde）河口的第 2 座仍在构筑中，瑟堡只有 1 座 240 毫米的炮台，利哈佛没有重炮，只有 1 座 170 毫米的炮台。在瑟堡之西的格雷维尔（Greville）和利哈佛以北的奥克特维尔（Octeville），各有一座 3 门 380 毫米重炮的炮台在构筑中，但因为开工太迟，以至于到了 1944 年 6 月仍尚未完成，虽然不具决定性，但它们仍应该很有用处。

整体来说，似乎对于这种恶化的情势只能加以接受，而缺乏一种寻找可能的改进方法之警觉。由于缺乏一个整合的计划，以对所有可使防御战力提升至最大的方法及工具作充分的利用，情况于是更加恶化。11 月 3 日，希特勒颁发元首命令第 51 号，坦白承认在苏联方面的损失，以及在西线日益增大的入侵威胁。它指出法国对于战争的继续所具有之重要性，并认为敌人有可能在丹麦登陆，接着说："因此，我已经决定要增强西线的防御，特别是在我们能向英国发动长程战争的地方，因为那里就是敌人必将攻击的地方。"这是希特勒的老习惯，在主题之外又插入一段衍生的结论："……固定的武器应大量集中在危险的海岸地区中之主要防御地点……假使敌人强行登陆……反攻将能阻止滩头的扩大，并会将敌军赶下海去……"然后，就是有关在人力和物力上防卫部队的细节指示，以及有关空军、海军和武装亲卫队的命令。简言之，第 51 号命令以更急迫的语气重复第 40 号命令，而地区则限于从丹麦到法兰西之间的海岸，至于挪威在命令中拨交给被要求"在北方水域部署大量 U 艇"，并暂时以较弱的 U 艇部队部署于大西洋的海军。

这些命令中伴随着一项新的制度。当它们被发布时，在意大利北部任 B 集团总司令的隆美尔元帅奉命视察西北欧的防务，从丹麦开始，然后遍及阿图瓦（Artois）、科唐坦、荷兰、布列塔尼等地区；他将对其战备状况提出报告并提出可能的改进方案。为了执行此项任务，他保留 B 集团军总部的参谋群，但该集团军兵力略为精简，并被指定成为一个担任"特别任务的集团军"。

入侵的地点和时间

在 D 日之前，德国各高级司令部，对于入侵的时间和地点意见并不一致。情报单位被盟军无线电所欺骗，以为在英国东南部，越过多佛尔海峡（Straits of Dover）面对着加来（Pas-de-Calais）

的地区中，有一个也是虚构美国第 14 军团及现有的英国第 4 军团驻防于此。德国海军对滨海布洛涅—加来对岸地区显著的集结并没有比德国陆军重视，因为他们知道大规模运输船团的航向，在海上可以很容易地改变。大部分司令部预期这项攻击的地区将能得到以英国南部为基地的几千架战斗机支援，也就是在斯海尔德河与东布列塔尼之间的海岸。就战斗机的保护而言，丹麦离英格兰太远，而且其西岸太开阔，以至于不能享有西风之利。经由斯卡格拉克（Skagerak）可抵达防御森严的东岸，在建立两座重炮台（380 毫米火炮）并布下浓密的雷区后，那里似乎相当安全。

国防军最高统帅部一直相信这次入侵将越过多佛尔海峡，甚至在塞纳湾登陆后的前几个星期内，这个意见依然没有改变。D 集团军（伦德施泰特）则认为会在索姆河两岸的滩头上，那里既对海上不设防，同时也是绝佳的登陆地点。隆美尔元帅最初支持索姆河的观念，但不久就因为有较佳的防护而改认为是塞纳湾。在 4 月到 5 月，同盟国空军攻击所有通往诺曼底（Normandy）的桥梁和铁路线，以及摧毁了大部分目标的战术活动，也强烈地暗示出塞纳湾的可能性。此外，相对于利哈佛东方水域中浓密的雷区，盟军对这个地区并不加以布雷。斯海尔德河地区最初似乎有此可能，但也遭到严密布雷，而且其内陆地区几乎完全未遭同盟国空军的攻击。

实际上，同盟国方面在几乎两年的研究后，选定了在维尔（Vire）河与奥恩（Orne）河之间的地区——因为那里滩头良好，与已知的德国陆军预备队和战斗机场距离较远，其地形利于建造机场，而且到瑟堡的大港也很近。1943 年 2 月，联合指挥部第一次提出此项建议。

德国人预料入侵将于高水位之前1~2个小时的涨潮时展开，大约在拂晓之前2小时，在一个不太暗的夜间，且当然是在风平浪静时。盟军的实际需求则多少有点不同：在高水位之前的3小时（才能看见滩头上的障碍物），在拂晓后1小时（才有时间从海上和空中进行先期的轰击），加上前夜的月光，故使空降部队能正确地在其目标附近降落。至于日期方面，则这项攻击被预期在3月底以前，只要天气及其他条件适合时，就都有可能。每天下午，德国部队被告知登陆是否为非常可能，有可能、可能或不可能。

隆美尔开始他的视察

1943年12月的上半月，隆美尔元帅率领着由三军专家组成的小型参谋群，视察了丹麦的防务，或许可以说是在那里根本缺乏防御的情形之下；而为何他奉命先从那里开始，则从未有所解释。他获得一些有价值的经验，不过也使他于12月20日以前尚不能在法国展开工作，而时间却是如此重要。在法国，如同在丹麦的印象一样，只是规模更大而已。要点如下："陆军兵力对于猛烈的防御只能勉强胜任，空军和海军都非常脆弱。除大港外，并无统一的防御计划，甚至并未采取一切必要的措施。在许多细节上，三军并无充分地协调，对于炮兵在海岸防御的使用原则上也并未达成协议：陆军主张炮兵应部署在海岸的后方进行间接射击；海军则主张在海岸作直接射击。步兵不具机动性，因为缺乏摩托化的运输工具。陆地和水中则没有足够的地雷和水雷。对于如何防御自己的地区，几乎每个指挥官都有自己的想法，但却不是十分清楚。"

1943 年到 1944 年的西线德军

到了 1943 年晚秋时节，在西线一共有德军 49 个师，但其在性质、人员、物资和战斗价值上却有重大的差异。自从 1940 年以来，就有某些步兵师留驻法国，替东线或南线训练补充兵，其核心是由经验丰富的军官和士官所组成的，但他们中间已有许多人负过伤，并不完全适合现役。在西线上的补充人员不是太小就是太老，德国陆军的平均年龄为 31.5 岁，也就是说，比 1943 年的美国陆军要老 6 年。事实上，一个师的平均年龄甚至高达 37 岁。健康的情形更坏，患有特种疾病的人（主要是胃病）都集中在一个静态师内。

“当地”或“静态”师驻防在海岸上，以兼顾训练和防守滩头。并非每个师都有 3 个团，每个团都有 3 个营，有些师只有 2 个团外加 1 个营；另外的虽有 3 个团，但其中 2 个团都只有 2 个营。有某些营——大部分驻在布列塔尼——由哥萨克人或鞑靼人所编成；而在吉隆德以南还有一些印度人。海峡群岛驻有加强的第 319 步兵师、一些坦克、一个高射炮旅和海军海岸炮兵，共有 4 万人。

在更内陆的地区中，总有很多损失惨重而正在休息的师；其他则正在编组。装甲师的数量随着东线战场的战况而变动。在 1944 年 3 月，留在法国的只有一个充分机动化的装甲师，即第 21 装甲师。从那个时候起到 6 月初止，西线德军兵力又迅速地增加到 58 个师，其中 10 个为装甲师（包括第 17 武装亲卫队装甲掷弹兵师在内）。

1943 年到 1944 年西线空军

相当奇怪的是，有两类步兵师是空军的一部分，即所谓“空军野战师”（Luftwaffenfeld Divisionen）和伞兵师。前者在 1942 年利用空军过剩地面人员组成，用来补充苏联战役中的严重损失。这种师人员优秀，装备精良，但大部分军官和士兵也是来自德国空军，缺乏机动作战的训练和经验。在苏联，他们曾遭受惨重损失而一无所成，将他们编入现有的步兵单位当作一种补充单位可能更好，但戈林却认为他们是空军的一部分，而不肯将他们拨交出去。

伞兵也是同样的情形：他们是精锐部队，与武装亲卫队立于平等地位，强劲、训练有素、装备精良、适合地面战斗，也并没有再度空降使用过。1944 年春季，德国空军的第 3 防空军被解除了区域防空的静态任务，送往训练营接受短期的机动战训练。其中 4 个团中有 3 个驻在索姆河地区的海岸附近，另外 1 个则在巴约（Bayeux）附近，而且几乎每日改变驻地。

德国空军在西线有 20 万~30 万地面及机场人员；不过飞机实力太低，以至于必须放弃靠近海岸的机场而移往法国的内地。在 1943 年的下半年和 1944 年，会试图恢复对英国的空中攻击。1944 年 1 月，“对英轰炸指挥部”（Angriffsführer England）拥有飞机 524 架（约 90% 为双发动机轰炸机）可供运用，其中有 462 架可供作战之用。从 1 月 21 日到 5 月 29 日，他们对英国发动 29 次攻击，其中有 14 次专以伦敦为目标，平均每次出动 200 架飞机，损失颇高而成果极小，英国人称它是“娃娃闪击”（Baby Blitz）。最后几次攻击在 1944 年 5 月底执行，分别用了 66 架、65 架和 51 架飞机。

攻击部队的实力已经降到181架（实际只有107架可用）。

1943年到1944年西线海军

就攻击的目的而言，海军是3个军种最弱的一个。1943年，德国人所用的潜艇，随着同盟国方面的技术发展而变得过时，因而潜艇战已经失败。当它们在水面上航行时，会被装备雷达的敌机和敌船所标定；在水下时，只要被敌方特别组成的反潜部队以改良后的声纳标定后，即会因为速度太慢而导致无法脱离。“呼吸管”（Snorkel）正安装在现有的潜艇上，使其能以柴油主机潜航，这使来自雷达方面的危险降到最低，但只有当一种潜航速度已经大增的新型潜艇出现（由6节到17节）时，作战才有再度成功的希望。有两种新型潜艇（21型和23型）正在设计室和船坞中赶造，但在1944年到1945年的冬季前，第一批还不能完工。此时，海军在西线共有大约100艘旧式潜艇、8艘驱逐舰和大型鱼雷艇、5艘小型鱼雷艇和30艘摩托化鱼雷艇，以及大约500艘扫雷艇及战斗力较小的巡逻艇。

在岸上，海军人员管理各大港周围的海防及防空炮台，以及海岸上大部分的雷达站。它有良好的通信系统和一些训练良好的运输营。此外，在荷兰、比利时和法国东南部还有一些海军训练营，可以接替陆军单位的驻防任务。

在岸上的一切海军人员，凡不管理炮位者，皆组成了对空降着陆或突袭担负区域防御的“警戒单位”。在理论上，每个人都有接近战斗的训练和装备，但很少有时间训练，武器则更缺乏。

防御计划

毫无疑问地，以可用的方法很难达成成功的防御。很明显，装甲师由于拥有巨大的机动性和打击力，所以是最强的武器，胜负结果将大致依它们的使用而定。所有高阶指挥官同意，在理论上最好于敌人到达滩头或之前就将其攻击粉碎。不过伦德施泰特、索登斯坦恩（驻法国南部第 19 军团司令，为参谋本部最佳计划人才之一）、施韦朋堡（Schweppenburg，自 1943 年底担任西线装甲部队总司令）都不相信有此可能。他们要执行的计划是使用海岸附近的火炮火力，以尽可能地使接近中的登陆舰队受到重大损害，并以驻扎在那里相当单薄的警戒兵力来扰乱实际的登陆。那些必定会攻占滩头的敌军将遭到地区预备队的反攻，预料敌人也会击败这项抵抗，然后将被集中的摩托化兵力赶下海去。

伦德施泰特预测这次入侵会战的决定性部分是在滩头附近，施韦朋堡则计划应在更远的内陆，并以他的装甲师掩蔽在诺曼底南部和巴黎周围的森林中。索登斯坦恩了解同盟国压倒性的空军决定性之影响，在 1943 年计划一项“有趣的变动”。他主张将盟军引诱到塞纳河与卢瓦尔河之间，巴黎西北的地区中。在那里，德国装甲兵力准备冲出并关闭这个陷阱。

隆美尔从一种不同的角度来研究这个问题。他对于装甲兵力的机动作战具有极丰富的经验。他也有最新的——与其他的将领相较——与大幅改进的盟国坦克，特别是与他们的反坦克武器交手的经验，而且他知道在没有适当空军掩护下作战的意义为何。他的确不认为夜间的战术运动是不可能的，但他认为那太慢以至于没有决定性，特别是夏季的夜间实在太短。此外，如同看清了战争的军事层面一样，他也看清了战争的政治层面。他知道并无获胜的希望，却希望战争能有一个尚能忍受的结束。在西线上任何形式的滩头阵地将意味着第三战场，因为即使盟军在与德国装甲部队的战斗中遭到惨败，还是不可能再度将其赶下海去。他确信以它们的优势，迟早都会突破，对东线也会产生灾难性的后果。

所以他寻找一种能在滩头上击败这次登陆的方法，并赢得一个可供政治利用的喘息机会。视察丹麦防务时，在不忽略装甲部队的战力下，他计划利用并整合3个军种所能提供的一切来进行防御。他计划用四周布满雷区的防御据点组成一个大约3英里宽的反登陆地带。它们由步兵扼守，并有较多和较佳的炮兵，而装甲师则驻防这个地带的后方，如此一来，其先卫单位的火炮也能轰击滩头；这样，当步兵受到攻击时，立刻就可获得装甲兵的支援。隆美尔对于步兵和装甲兵的密切协同深信不疑，在受攻击地区两翼上的师可以构成预备队，利用法国良好的道路，以能迅速调度。

水中的前进防御

此种防御系统的缺点是纵深太小。所以隆美尔计划将防线向海中延伸，在浅水中装置障碍物，在较深的水域布放各种水雷以弥补这个缺点。水底障碍物包括坦克陷阱、朝海斜插的木椿、四面体、铁轨和地雷，如果可能的话，甚至还有铁的“开罐器”，都是设计来破坏敌人的登陆艇。障碍物装置从正好在高水位线以下的地方开始，将来等到劳工和物资更充足时再向海中延伸。由于塞纳湾中高水位与低水位之间的巨大落差（超过20英尺），此项计划的执行得需要大量的劳工和物资，到 1944 年 6 月，距离完工还有一大段距离。尽管如此在 D 日时登陆艇损失的极大部分，仍是由此种障碍物所造成。

从 1943 年 8 月到 1944 年 1 月，滨海布洛涅和瑟堡之间的水域中，一共布放了 16 个（水）雷区，稍为偏南的地方，在海峡中央还有一条布雷线，那是 1942 年布放的，可能不再有作用。此后在塞纳湾中就不曾布放一颗水雷，尽管 B 集团和海军西线集团（Navy Group West）都不断要求用水雷来增强防御。其原因并非由于缺乏物资或布雷艇，主要是因为缺乏高效率的指挥结构，以及对于可能入侵地点的意见分歧。

海军曾经发展一种供浅水区用的简单又有效的水雷——KMA（Coastal Mine A），但第一批几千颗都被布放在迪耶普地区和吉伦特河以南，那完全不合隆美尔的意愿；虽然可使用摩托鱼雷艇，及特别是前几年已执行多次这类布雷作战的小型快速扫雷艇（R 艇），海军西线集团仍计划用鱼雷艇和大型扫雷艇来布放系留雷。大型船只在前往利哈佛装载水雷的途中受到敌方空军、海军及水雷的攻击而损失惨重。首次出击计划在 D 日前一夜执行，但由于天气恶劣而取消。海军西线集团在“闪电阻塞”（Blitzsperreh）的代号下，准备一旦发现攻击即将来临，以所有可用的船只来布放一个雷区系统。B 集团军对于这个令人起疑的措施表示抗议，但徒劳无功。这些雷区的大部分在 D 日才布成，但如同预期中的，没有一颗在最需要它们的攻击区内，因为敌人比布雷艇还要早到。所以隆美尔防御计划中一个非常重要的部分不曾执行；由稍后所显示的，假使在塞纳湾多了几百颗水雷，可能对盟军造成相当的损失和可观的延迟。

陆上的防御加强

最初，隆美尔只有视察权，他只能提供建议而不能下令。就地区而言，部队很热切地接受他的意见，但较高级的司令部则不，以致在那样的紧急情况中发生难以承担的延误。隆美尔遂向希特勒要求指挥权，并结辖第 7 军团（从卢瓦尔河到奥恩河）、第 15 军团（从奥恩河到斯海尔德河）和第 88 军（在荷兰）。他直属于伦德施泰特元帅之下，但他视察其他地区防务的任命仍然不变。西线装甲兵司令施韦朋堡也是直属于伦德施泰特，与隆美尔的情况平行，负责法国西南部和南部的 G 集团军总司令布拉斯科维茨上将（Gen. Blaskowitz）也是如此。伦德施泰特与隆美尔都不能命令空军第 3 航空舰队总司令施佩勒（Sperrle）元帅和海军西线集团司令克兰克将军（Adm. Krancke），同时在尚未向国防军最高统帅部请示前，不准移动任何装甲师或其他的师。使困难度更大的是所谓“战斗区”（Kampfgebiet），也就是 B 集团军及防守海岸各军团所能管辖的地区，向内陆的纵深不超过 20 英里；所有在内陆的部队由一位驻在巴黎的军事总督管理，而他又同时受国防军最高统帅部和伦德施泰特的指挥。

隆美尔试图以全力来克服所有的阻碍，他很快就使据点的构筑和地雷的布放方面有很好的进度。增加地雷的供应量需要相当时间，所以他的工兵们设计了一种简单的机械装置，将重炮弹改为地雷，并由现成的材料制造出代用性的地雷。到 1943 年底，在法国境内已经埋置了 170 万颗地雷；在 1944 年，超过 400 万颗被埋设，其目标为 5000 万颗以上。

将更多的炮安置在海岸上，并使所有的炮兵都有抵御炸弹的掩体，是一件迟缓的工作。海军在1943年冬季贡献了最后的库存——2个210毫米炮台和2个150毫米炮台。这又由第15和第7军团所平分，结果有一个210毫米炮台位置是在加来附近，在那里它几乎毫无用处，另一个则设在科唐坦半岛东岸的马尔考夫（Marcouf），那也是唯一能够真正对入侵部队开火射击的重炮台。用来保护大炮的装甲无从得到，由于海峡群岛、潜艇掩体、飞弹基地的需要，水泥的供应面临短缺。结果，到5月底时，许多陆军的海岸炮台缺乏掩体，而撤往较内陆有掩蔽的阵地中。那些掩体，特别是由海军所设计的，相当经得起轰击。伪装的假炮位吸引了很多的盟军空中攻击，并帮助真炮位得以存活。到D日为止，大量的空中攻击只在加来地区击毁了8门炮，在塞纳—索姆地区击毁了5门，在诺曼底地区击毁了3门。

为了防止滑翔机的着陆，在"隆美尔地带"中的开阔地区上都埋有木椿。隆美尔对于在内陆深处的空降着陆并不太害怕，且认为可以阻止其到达滩头，与自海上登陆的部队会合。

D日前夕的情况

这些措施等于大幅增强西线的防御实力，尽管是晚了许久才开始进行，由于种种原因，在第7军团地区又额外地多延了几个星期，而那里也正是入侵所攻击的地方。到5月底，第84军估计其构筑计划大致已完成了一半。在科唐坦半岛东岸上，据点和抵抗巢的间隔约为875码；在奥恩河与维尔河之间的地区则为1300码。在第352步兵师地区中，只有15%的掩体可以防炸。这些防御工事在战斗中还是有很好的表现，并阻止美军在第一天攻占一个深入的桥头堡。假使这工作能早 2~3 个月开始，情势将大不相同。

隆美尔试图对集结在英格兰南部的入侵部队采取某种攻势作战，但徒劳无功。德国空军所发动的 29 次攻击中，有 14 次以伦敦为目标，其他的攻击只有少数指向南岸上部队搭载的港口。他要求在朴次茅斯（Portsmonth）和南安普敦（Southampton）地区空投压力水雷，如同他要求以 V–1 飞弹攻击已知的敌军，但都被国防军最高统帅部驳回。发射装置已准备就绪，但希特勒希望等到能维持某种火力分量时再用。

海军的过时 U 艇已经没有任何作为，于是它们派遣驱逐舰、大型鱼雷艇和摩托鱼雷快艇来从事攻击。当攻击 1 艘加拿大驱逐舰时，有 2 艘大型鱼雷艇被击沉。摩托鱼雷艇会奇袭一次登陆演习，击沉了 2 艘登陆舰，并击伤了另 1 艘，造成惨重的生命损失。这些摩托鱼雷艇未来可以在海峡中布放相当大量的水雷。

快到 4 月底时，空中侦察发现在朴次茅斯—南安普敦地区集结了大量的船只、登陆艇和军舰，估计约有载运 3 个师的容量，在普利茅斯（Polymouth）—布里克瑟姆（Brixham）地区约有两师半的容量，在法尔茅斯（Falmouth）约有 1 个师的容量。最后一次可靠的摄影是在 5 月 24 日，也证实了 4 月间所摄照片的无误；德国人估计在整个英格兰南部已集结的船只至少可载 16 个师的兵力，此外，也已经发现了号称“桑椹”（Muberries）的人工港，被摄影后，判断是一种“大型的登陆台”。在 D 日以前的两个星期内，没有一架侦察机能够穿透。

在黑暗的防御情况中，唯一的一线光明就是从 1944 年 3 月以后，装甲师和优秀的师在数量上已稍有增加。在年初时一共只有

823 辆坦克、突击炮和自走式战防炮；到 4 月底增到 1600 辆；5 月底时又急速增为 2000 辆，尚不包括法制和苏制的武器。在 D 日那一天，西线有 9 个装甲师，外加 1 个摩托化师（第 17 武装亲卫队装甲掷弹兵师），另有 2 个伞兵师和 1 个伞兵团也已完成战斗，高射炮兵军也已编组成立。但在伦德施泰特元帅所指挥下的 58 个师之内，仍有 33 个是静态或预备师，缺乏机动性，而只能适用于有限的任务。

依照原则上已获希特勒批准的全盘计划，隆美尔尝试增加目前或往后在“隆美尔地带”的师数，但他却只获得部分的成功。第 352 步兵师移到海岸上，并接管维尔河与奥恩河之间正面的西半部；第 91 空降师（缺乏重武器）则移到科唐坦半岛；高射炮兵军的 1 个团则前往巴约地区。

伞兵和装甲兵的情形则大不相同。2 个伞兵师仍留在布列塔尼的北部，只有第 6 伞兵团驻在科唐坦半岛的西南部。国防军最高统帅部决定将 3 个装甲师（第 9、第 11 和第 2 武装亲卫队）送往法国南部；另外 3 个由 B 集团军加以战术控制，但其训练还是由施韦朋堡负责（第 2、第 21 和第 116）；其余的 4 个师（第 1 武装亲卫队、第 12 武装亲卫队、装甲教导、第 17 武装亲卫队装甲掷弹兵）则组成一个“战略”预备队，还是由施韦朋堡指导。这是一种不可能产生作用的折中办法，尤其在现有的指挥结构中；更何况隆美尔与施韦朋堡的意见也不一致。施韦朋堡会亲自向国防军最高统帅部要求采取其把装甲师控制在后方的观念，且明显地已被采纳，隆美尔计划的另一个重要支柱因而又受到了破坏。

甚至在 B 集团军战术控制之下的 3 个装甲师，其驻地也还是受到国防军最高统帅部的指定。第 2 装甲师在索姆河上，第 116 装甲师在塞纳河下游的北面，第21装甲师在奥恩河上；所以只有第21装甲师是位于隆美尔所预料敌军打击将会落下的地区中。他要求把装甲教导师（Panzerlehr）和第3高射炮军调到奥恩河与维尔河之间，第12武装亲卫队装甲师则摆在横跨维尔河的位置上，另外再把1个火箭发射旅调驻奥恩河之西；如此一来，它们就都可以恰好驻在对抗侵入的适当位置上，并且还能留下7个装甲师以组成施韦朋堡的机动突击兵团，但这一切都不曾获得批准。从隆美尔的计划上，可以证明他对于盟军的攻击地点比任何人都有更良好的预测，但是他的要求却未获批准，于是在1944年6月5日，他离开设在巴黎西北面40英里的塞纳河拉罗舍居伊翁（La Roche Guyon）的集团军总部，前往贝希特斯加登晋谒希特勒，以便亲自向他解释一切。西风吹拂，低云使空中侦察和空降着陆几乎都不可能，因此在德国方面，根本无人认为在最近两三天之内敌人会入侵。

盟军的攻击

在海峡的那一边，气象专家能获得较好的天气资料，并使盟军最高统帅可以有较可靠的预测来作为决定的基础。6月3日，所有的部队都已上船，D日是预定为6月5日，但在6月4日清晨预测显示次日云量增多，将使空军不能作有效的行动，艾森豪威尔将军遂决定暂缓24小时发动攻击。星期日（6月4日）夜间，气象专家认为海峡地区天气条件勉强可以达到标准，一直到星期四（6月8日）上午为止。根据此种预测，艾森豪威尔将军决定在6月6日发动作战，否则至少要延到6月19日。这在军事史上要算是真正伟大的决定之一。

艾森豪威尔不必请示任何人，三言两语就发动了这个庞大的侵入武器。盟军的指挥组织很简单，每一阶层都责任分明，而且比德军优秀得多。一般说来，同盟军作战往往是最复杂、最不好运用的，所以花了相当长的时间才替“大君主”作战（Operation Overlord）找到了最好的组织形式和适当的人选；过去的经验也颇有贡献。2 月 13 日，艾森豪威尔就任盟军统帅，史密斯将军（W. Bedell Smith）被派为他的参谋长，在他下面有 3 位总司令。蒙哥马利为第 21 集团军总司令，负责地面作战的计划与执行，直到统帅部迁到法国时为止（约在 D+90 日以后）；空军由赖马罗里（T. Leigh–Mallory）指挥，海军由拉姆齐（Bertram Ramsay）指挥。他们都是英国人。

这种实际的组织使各阶层的合作都大感便利。像这样庞大的作战，摩擦自然是难免的，但要解决这些问题，最高统帅的个人性格与军事效率同等重要。就这一方面来说，盟军当局选择了艾森豪威尔将军可以说是非常幸运。

在英国已经集结了 38 个师准备参加“大君主”作战。预定 90 天内，要攻占卢瓦尔河以北和塞纳河以西的法国地区，直到巴黎为止。在法国地中海的海岸上还准备进行一个配合的作战，虽然规模较小，但因为缺乏登陆船只，故一直延到 8 月中旬才执行。

在 D 日那一天，有 5 个突击师要上岸；从西到东，2 个美国师分别在犹他（Utah）和奥马哈（Omaha）滩头上登陆，作为布莱德雷（Omar Bradley）将军所指挥的美国第 1 军团的前锋。1 个英国师在黄金（Gold）滩头上，1 个加拿大师在朱诺（Juno）滩头上，1 个英国师在宝剑（Sword）滩头上分别登陆，这 3 个师为登普西

（Gen. Dempsey）的英国第 2 军团的先卫单位。在 5 个师以外又还有装甲和高射炮单位，以及几个营的突击队。两个美国空降师将首先投在科唐坦半岛，直接在犹他滩头后方的地区中，另外一个英国空降师则投在卡昂（Caen）以下的奥恩河东岸上。6 天之内，将另有 7 个师登陆，之后的 6 天中，又还要增加 5 个师和一些装甲营和旅。同盟国空军有重轰炸机 3500 架、中型及轻轰炸机 2300 架、战斗机 5000 架；为执行空降作战，另有部队运输机将近 1400 架、滑翔机 3300 架。

一支庞大的舰队现在开始从各港口的碇泊所中驶出，越过那片 356 年前西班牙无敌舰队曾经行驶过的海面。4266 艘登陆艇分成 5 个双行纵队集中在 2 区，位置在朴次茅斯东南面约 30 英里。它们以平行的航线沿着已经扫清水雷的水道驶往 5 个突击区；另外还有许多拖船和其他辅助船只跟着前进，保护的军舰不下 72 艘之多（扫雷艇的除外），组织如下述：

6 艘战舰；

两艘配备 15 英寸炮的低舷装甲舰（Monitors）；

两艘巡洋舰；

119 艘驱逐舰及护航驱逐舰；

113 艘各式轻型军舰；

80 艘巡逻艇；

360 艘摩托快艇。

在前几个星期中，同盟国空军每天都要向德国出动轰炸机 5500 架次，并由 5000 架战斗机随护。同时，它们把攻击目标改为生产航空燃料的工厂，结果使产量锐减。4 月为 17.5 万吨，5 月为 15.6 万吨，而 6 月仅为 5.3 万吨。此种发展对于德国空军的反应能力产生了决定性的影响。

在D日的前夜，一批又一批的大编队机群在静寂无声的船队上空飞过，那是载运1.3万名伞兵飞往法国的运轮机。英国人首先接触法国的地面，时间是上午2时，美国人只迟了几分钟。同时，1100架英国和加拿大的夜间轰炸机攻击从利哈佛到瑟堡之间的海岸炮台，接着在第一波登陆艇达到滩头之前半小时，又有大约1000架美国重轰炸机对海岸目标作拂晓攻击。于是海军接着上场，它们的30艘大型军舰和100艘驱逐舰及炮艇也分别开火，以求毁灭剩余的防御设施。整体而言，这样大规模轰击的结果很令人失望，凡有水泥掩体完全保护的火炮几乎都未受到损毁，甚至较小型的炮位和部队掩蔽室也都未全毁。据调查，在侵入地区中的炮位被毁者并未超过总数的14%。

25支扫雷艇分队的工作做得很彻底，没有1艘船会为水雷所伤。扫雷是一种缓慢的工作，所以早在6月5日就已经开始，它们一共要扫清10条水道，并用浮标作成记号，以便侵入船队可以顺利通过。有两支扫雷艇队的工作范围相当逼近法国海岸，甚至用肉眼都可以看见岸上的房屋；但德军方面却并无任何反应。

并无任何资料足以证明岸上的德军瞭望哨曾经发现这些扫雷艇，至少它们不曾向高级司令部提出任何报告。在6月5日，德军不曾企图作任何空中侦察，而由于天气的恶劣，第7军团不曾戒备；基于同一理由，海军西线集团不仅取消原先准备进行的布雷行动，甚至连一切的巡逻也全都暂停。6月5日夜间，西线总部和第15军团会收听到英国广播公司（BBC）的广播，那显然是命令法国地下组织准备行动，于是第15军团命令其所部保持高度戒备，但西线总部、B集团军总部、第7军团部都不曾采取任何步骤。6月6日清晨，第91空降师的师长恰好参加第7军团在雷恩（Rennes）举行的图上演习之后回来，中途即被从天而降的伞兵杀死。

美国伞兵着陆的地区太宽广——长15英里，宽25英里——因此兵力太分散而难以集中，甚至对科唐坦半岛内陆地区的少数德国部队也无法克服；由于未能达成主要任务，遂从南面切断科唐坦半岛，一共花了两天的时间才与已在滩头登陆的兵力取得联系。英国伞兵很精确地降落在奥恩河下游的东面，几小时之内即成功攻占了目标——奥恩河和卡昂运河上的桥梁。

空降和轰击惊醒了在海岸上的德军，当第一波登陆艇在上午6时30分到上午8时整到达滩头时，在多处皆受到顽强的抵抗。不过，在最西端的犹他滩头方面，犯了一些错误，兵力登陆的地点比原定偏南了1英里远，反而因祸得福，找到了一个比原定攻击区还要脆弱的点。在维尔河之东的奥马哈滩头是岸上防御最佳的部分，有良好训练的第352师在两个月之前接管了此地，这是盟军情报所不曾发现的改变。在D日，这里的滩头阵地仍然极浅，而且与东面的英加军滩头之间隔断；水底障碍物造成很大的损失，至少有相当的损害；许多坦克为水中和陆上的地雷所炸毁。不过尽管局部抵抗很成功，仍然已有大量的突击部队上岸，因为德军在沿海的单薄防线之后并无预备队，也无重炮可以对付在近接射程轰击德军据点的火箭船和驱逐舰。

德军的对抗措施

由于指挥结构的问题，德军高级司令部的反应非常迟缓。第

15 军团早在上午 2 时 45 分即已要求出动第 12 武装亲卫队装甲师，在 B 集团军总部中，虽然隆美尔不在，但参谋长斯派达尔将军却能完全代理并积极地采取行动，他立即命令西线装甲兵团（施韦朋堡）把这个师送到利雪（Lisieux）两侧，即约在海岸后 15 英里之处。但在上午 9 时 40 分，西线总部却取消了此项命令，因为国防军最高统帅部尚未同意，对于装甲教导师也迄未作任何决定，它在第 12 武装亲卫队装甲师的南面，距离海岸约 70 英里。到下午 2 时 32 分，国防军最高统帅部才准第 12 武装亲卫队装甲师加入第 7 军团，到下午 3 时 7 分，又把这两个师置于第 1 武装亲卫队装甲军之下；但是，它们实在距离战场太远以至于无法当日攻击。不出所料，空中攻击和道路及桥梁的损坏使其行动受到严重妨碍，而在进入战斗之前，即已受到相当的损失。到 6 月 7 日很晚的时候，第 12 武装亲卫队装甲师的单位才开始到达战斗位置，但在 6 月 9 日以前，这两个师都还不能发动反攻。而同时，盟军已经有大量的人力和物资都上了岸，并准备给德国装甲兵力来一个“热烈招待”。

在 D 日只有第 21 装甲师能够参加战斗。最初，它是开往奥恩河以东的位置去攻击英国的空降部队，但因为该师对隆美尔的命令阳奉阴违，其大部分的驻地都太偏向内陆，所以准备出击的时间远比 B 集团军总部所期待的为长。在它尚未准备就绪之前，奥恩河以西的情况已经急剧恶化，指挥第 84 军的马尔克斯将军（Gen. Marcks）遂命令第 21 装甲师向奥恩河以西进攻，这必须通过卡昂镇，也就要花多一点时间并受到相当损失。尽管如此，该师在下午还是发动了攻击并在里瓦贝拉（Riva Bella）附近接近海岸。但因为英军使用滑翔机把部队送到奥恩河的两岸上，遂被迫撤回，于是这回算是功败垂成。

另外一支手边可用的预备队是第352师的915加强步兵团，又称为“梅叶战斗群”（Battle Grocp Meyer），也未能得到成功。它驻在巴约之南，在上午4时即已接奉第84军的命令，并送往卡朗唐（Carentan）地区，因为据报有大量敌军在那里空降着陆，结果却是虚惊一场。假使能如隆美尔所要求的，把第12武装亲卫队装甲师放在这个地区内，第84军也就不曾有后顾之忧了。结果是第915团向西走了20英里，一部分是步兵，一部分则利用脚踏车和法国人的“老爷”卡车；而此时英军即正沿着北面的海岸登陆，并在利维耶尔（Riviere）突破了单薄的防线，那是在巴约东北约10英里之处。梅叶战斗群遂又奉命赶回来，到下午很晚的时候才气急败坏地投入战斗，原本应在上午即可将全部兵力投入，并且还可以在较接近滩头的地方将敌军逐退。

对于受到重压的防御部队，德国的空军和海军都未给予任何有效的援助。第3航空军团在名义上有900架飞机，事实上能用的仅为500架，盟军的空中攻击也使其受到重大的损失，所以在D日一共只飞行了319架次。德军战斗轰炸机曾经12次尝试到达滩头，但均受到拦截，而不得不在中途丢下炸弹。双方空军实力比例为1∶50，成功的机会实在极为渺茫。

空军总部曾经计划在盟军侵入之后把下列的增援送往西线：

19个战斗机联队（每大队足额兵力为27架飞机和9架预备机）；

2个战斗轰炸机联队；

5个轰炸机联队；

8个夜间轰炸机联队；

2个接近侦察机联队。

此外，再加上一切必要的作战人员。但是盟军的强大空军在D日下午以前阻止了德国空军的一切活动，之后也继续使其受到相当的阻碍。有22架战斗机在晚上8时从科隆飞往巴黎附近的机场，在恶劣天气和昏暗天色之中遭遇盟军战斗机，结果只有两架达到目的地，其他全部损失，次日这22架飞机中就只剩下1架可用了。到6月10日，第3航空军团只有飞机1300架（756架可用），尽管作了一切的努力，数量仍是日益减少。同一天，在德国只有408架日间及夜间战斗机（可用者264架），另外还有175架落伍的双座机（可用者100架），但它们根本无力对抗同盟国的长程战斗机。

在D日上午，德国海军派了4艘老式的鱼雷艇从利哈佛出发去攻击侵入舰队，并向两艘战舰发射鱼雷，但只击沉了1艘挪威驱逐舰。由于众寡悬殊，于是只好自动退回，在比斯开湾中的大型驱逐舰也企图冲入海峡，但在6月9日的夜间战斗中被击沉了两艘，其余的也都无功而返。至于德国U艇在最初3个具有决定的日子里都全不曾达到海峡。

3天后的情况

D日，盟军在所有5个攻击区中都构成了大小和深度不相同的滩头阵地，但在任何一点上都不曾达到预定目标线，德军的防御并非完全不成功，下列数字即为证明：

	D日目标	实际登陆	6月18日	7月3日	7月29日
人员（单位：万人）	10.7	8.7	62.9	92.9	156.6
车辆（单位：万辆）	1.4	0.7	9.5	17.7	33.3
物资（单位：万吨）	1.45	0.35	21.8	58.6	160.3

以奥马哈滩头而论，照计划D日应有2400吨物资上岸，但实际上100吨都不到。总计人员缺少20%，车辆缺少50%，物资则缺少70%以上，之后弹药仍继续感到严重缺乏，德军对于这样的弱点却未能加以利用。主要原因有二：一是盟军享有制空权，也有良好指导的海军火力；二是德军的预备队位置太靠后，而不能迅速填充第一线后方所留下来的真空地带。

隆美尔在6月6日很晚的时候才回到集团军总部，随即要求从第15军团抽调团级战斗群送往东面的滩头上，接着再抽调所有在加来地区守第一线的步兵师。但除了1个师（第346师），其他均被国防军最高统帅部拒绝，因为后者仍认为盟军不会在那一方面作大规模的登陆，一星期后隆美尔再度要求，还是未获得批准。直到6月下旬，才有某些师终被放出。

隆美尔同时也要求从海峡岛屿上抽调第319步兵师，从布列塔尼抽调一部分兵力，以及驻在法国中南部的4个装甲师，因为若无极强大的兵力，也就无法阻止盟军从滩头阵地向外突出，这些要求都被断然拒绝，直到几个星期后，终于获得批准，但即已经太迟。结果在头3天，只有第1武装亲卫队装甲军（包括2个装甲师）和第364步兵师（来自塞纳河右岸）曾经到达战场。盟军的实力迅速增大，到了6月10日已经占据一个有良好防御的连续滩头阵地，其深度足以保护登陆滩头不受德军炮火的攻击，而且还可以有足够空间提供修建战斗机跑道之用。6月11日，美军攻下卡朗唐，并打开了在奥马哈和犹他两处兵力之间的主要道路；由于增援迟迟不到，德军无法阻止此种情况。在6月7日和8日的装甲反攻都只是有限的进步，虽然付出很大的成本，德军想在内陆维持一条完整的战线却已极感困难；在海岸地带中还有一些据点仍在坚守中，但也无法加以援救。与隆美尔的想法一致，施韦朋堡决定暂取守势，等到可以重新集中3个装甲师，再加上由布列塔尼调来的第2伞兵军，再发动一个大规模攻势以求将敌军滩头阵地切为两段。但在6月10日夜间，英国空军的轰炸机即完全毁灭了许威本的司令部，他的参谋长和官兵多人都被炸死，他自己也受了伤，而其幕僚组织几天都不能行动。第1武装亲卫队装甲军的军长迪特里希（Sepp Dietrich）暂代他的职务，但反攻却必须延期。第三战场已成事实，而第三帝国的命运也已经注定。

德军防御失败的主因是缺乏一套简单明确的计划和一位有经验的指挥官。由于盟军享有压倒性优势，德军在其他战场上也都受到了重大的压力，因而对其能否完全击败在诺曼底的登陆的确颇有疑问。不过从美军在奥马哈滩头上所遭遇的困难，以及第21装甲师在D日下午的进展上看来，隆美尔的计划未必没有成功的可能。

在以后的几星期内，德国空军会在塞纳湾空投大约1600颗水雷，使盟军大伤脑筋，至少损失了43艘船只。假使德国海军当时能作适时的布雷，必定可使盟军在D日中增加不少困难，耽搁很多时间。假使有两个装甲师、第3高射炮军和一些其他增援兵力在攻击区中，德军也就有良好的机会把盟军的最初成功局限在几个分隔的浅滩头阵地上。如果是如此，结果将会难以预料。

对希特勒的阴谋

西线的失败已迫在眉睫，东线也同时受到重大的顿挫，一部分联合起来想推翻希特勒的德国爱国之士，知道想要使同胞避免完全崩溃的灾难，时间已经所剩不多了。这些人包括外交家、以前各政党的领袖、贵族、劳工领袖、高级文武官员，他们全都看透了希特勒，遂准备联合起来推翻独裁和结束战争。在西线方面，隆美尔元帅、比利时军事总督法肯豪森（von Falkenhausen）上将、法国军事总督斯图普纳格尔（von Stulpnagel）将军、B 集团军参谋长斯派达尔将军均属于这个集团，此外还有一些重要的参谋和预备军官在内。他们曾把内情告诉伦德施泰特元帅，后者表示完全同意，而只向隆美尔说："你还年轻，人民都拥戴你，你可以放手一搏。"第一步，必须推翻希特勒。隆美尔主张拘捕他再交付法庭审判，其他的人则主张干脆杀掉他；他们主张由文人而非军人来组成一个临时政府，尽管同盟国要求他们无条件投降，但他们希望同盟国能作冷静的政治考虑，同时他们亦将自动撤出被占领的西方国家，以方便谈判的进行。

隆美尔毫无保留地投身于此种阴谋，他知道前途困难重重，为了替纳粹党赎罪，同盟国的条件必定非常苛刻；但他知道若继续战争则只是便宜了共产党，反而使西方文明深受其害。所以从那时起，他扮演着一种极困难的双重角色，一方面竭尽其力来指挥军事行动，以求能保持一个谈判的情况；另一方面同时等待适当的机会，以对付刚愎自用的希特勒。

瑟堡之战

在占稳了滩头阵地之后，盟军的全盘计划首先向南进到卢瓦尔河上，再向东旋转到塞纳河上的巴黎，如此才可以拥有足够的空间以便进行对德国本身的作战。它们计划制造一种假象，使德国人以为它们是想在滩头东侧卡昂地区中突破，但实际上却是西侧科唐坦半岛的南部。它们估计要 90 天的时间才能越过塞纳河到达巴黎。

虽然在黄金和奥马哈两个滩头上都已分别建造了人工港，每一个都有一天处理 6000 吨补给的容量，但还是有尽快攻占一个大港之必要，能有两个自然更好，因为每天要卸下 5.4 万吨的物资。原有的计划是预定在 D+8 日攻陷瑟堡，在 D+35 日攻陷布雷斯特，但这已是不可能，因为切断科唐坦半岛并攻占瑟堡的作战在 6 月 14 日以前还不能够发动。

就德国方面而言，猜想瑟堡是首要目标之一并不困难，落入其手中的一些美军命令更可以作为证明。由于充分了解一个大港对于盟军增建兵力的重要，隆美尔主张集中兵力以保护科唐坦半岛和瑟堡；但希特勒和国防军最高统帅部却认为主要的危险是在卡昂地区中，而下令把装甲师的主力集中在那里，一共有 520 辆坦克和 43 个步兵营，而在其他所有地区中却只有 63 个步兵营和 70 辆坦克，这样的力量不足以阻止美国第 7 军从 6 月 14 日到 18 日越过半岛的前进。德国第 7 军团计划尽可能将单位向南调，但由于希特勒一再命令禁止部队后移，也就无法办到。最后它们全被切断，只有第 77 步兵师的一个战斗群在 6 月 19 日突出。

在到达科唐坦半岛西岸之后，美国第 7 军转向北进，而第 8

军则面向南方以应付可能来临的任何反攻。在德国方面，能干的第 84 军军长马尔克斯将军在前线附近被美国战斗机击毙，接替他的人为法莫巴赫将军（Gen. Fahrmbacher），他本在布列塔尼指挥第 25 军；德军没有反攻的可能，因为增援和补给都来得太慢而损失又太重，铁路几乎完全瘫痪，公路则在敌方空军不时地攻击下，一切部队的行动比在正常条件之下需要多几倍的时间。

当侵入战已经声势浩大时，希特勒才取消东线已经计划要在科韦利（Kovel）发动的攻击，并将第 2 武装亲卫队装甲军调往西线；不用说，那将得花上几个星期的时间才能到达诺曼底，同时，苏军已经发动大规模的夏季攻势，第 2 武装亲卫队装甲军因此两方都没有赶上。像往常一样，希特勒顽固地否定一切行动自由，并发出死守每一寸土地的命令。

由于两位元帅的紧急要求，希特勒来到西线（这是 1940 年以来的第一次），并在苏瓦松（Soissons）附近和他们会晤，时间是 6 月 17 日，地点是一所于 1940 年建造的混凝土地下室，那本是准备用来作发动侵英作战的指挥部。他严厉批评地区指挥官的措施，并严命必须不惜任何代价以守住瑟堡“要塞”。在伦德施泰特作了一个简短的引言之后，隆美尔接着就对情况作公正而不隐瞒的检讨，预测瑟堡几乎只能守一天，并要求对作战给予较大的弹性，并从海岸其他部分抽调预备队。希特勒避免直接作答，而高谈前一天已对英国开始发射的 V-1 飞弹所具有的决定性效力，隆美尔遂对政治情况作出直率的判断，并促请希特勒结束战争。希特勒立即结束这次会谈，并告诉他：“你不必关心战争的进展，只需注意你自己的战线。”

希特勒本已同意接见某些前线指挥官，但随即在几小时后离开法国，其所持的理由是一颗 V–1 飞弹机件失灵，飞回来在他的地下室附近爆炸。他命令这两位元帅在 6 月 29 日上午到贝希特斯加登向他报告。他们在那里等到夜间，才被允许晋见，并且不准讨论情况，只能恭听他高谈此种新“奇迹武器”，及因这些武器而可能产生的一些迅速决定。

到此时，苏军从 6 月 20 日以来发动的攻势，已经使大部分德军东线溃败。瑟堡早已落入美军手中，在科唐坦半岛上被切断的 4 个师的残部都已变成俘虏。在此暗淡情况中唯一足以称道的事情，即为那个港口的破坏，远超过盟军估量的程度，但瑟堡城本身以及居民必需性的设施即只受到很小的损毁。美国人对这个港的判断是：“瑟堡港的爆破算是一个杰作，毫无疑问，那是有史以来最完全、最深入、计划最佳的爆破。”

围困滩头阵地的企图

正当美军切断科唐坦半岛，并开始北向瑟堡前进时，突然从东北有一股狂风吹入海峡，在那个季节中是一种完全反常的现象。自 6 月 19 日吹到 23 日，把 800 艘船都吹上了岸，大多数都是登陆艇，在奥马哈滩头的人工港也被破坏（但在黄金滩头的另外一座，则因有天然的保护而无恙，并使用到冬季），最糟的是，所有卸载的行动完全中断达 4 天之久。

不过，德军对于这个机会却不曾加以利用，一方面是因为其对于盟军受到的损失并无充分的认识；另一方面是因增援一直都来得太慢。驻在西南面约 100 英里的布列塔尼第 77 步兵师，有一个团级战斗群曾经花了 3 天时间坐火车，但只行进了 30 英里，人员和物资也受到相当的损失，然后还要徒步行军 3~5 天才能到达战区。那些属于第 265 师的战斗群，沿着道路用 5 天时间走了 180 英里进入正面，但他们的重武器和装备用火车载运则是 7 天才走了 100 英里，而之后还要再继续沿着公路前进。

国防军最高统帅部对第 15 军团的任何一个单位仍然都不肯放手，但在 6 月 20 日却命令集中 6 个装甲师向巴约的方向发动反攻，以求将敌方的滩头切成两段，在奥恩河以东的英军阵地也应同时予以攻陷。从运输情况上来看，这种计划显然太过乐观，这 6 个师既不可能迅速集中（第 1 武装亲卫队、第 9 武装亲卫队、第 10 武装亲卫队 3 个师尚未到达，装甲教导和第 12 武装亲卫队 2 个师尚在前线，必须等到步兵师去代替它们才能抽出），足够的弹药（需要 1.4 万吨）也无法运到。6 月 28 日，以第 5 装甲军团司令身份的施韦朋堡将军，带着一个新的参谋组织，接管从德罗姆河（Drome River）到奥恩河以东海岸之间的正面，所辖的兵力为第 47、第 1 武装亲卫队、第 2 武装亲卫队 3 个装甲军和第 86 步兵军，后者是要从法国西南部第 1 军团中调来。第 7 军团则据守从德罗姆河向西的战线，其兵力为第 2 伞兵军、第 84 军的残部，以及其他可能来到的增援。

英军在 6 月 25 日和 6 月 26 日所发动的攻击，是计划绕过卡昂向南进攻，如此也就扰乱了德军抽调和集中装甲兵力的计划。6 月 29 日上午，一个美军的局部反攻钉住了第 2 装甲师的兵力，结果在同一天遂使施韦朋堡只能用第 2 武装亲卫队装甲军（第 9 武装亲卫队和第 10 武装亲卫队）来进行攻击。在对奥东（Odon）河上的英军桥头堡略获初步成功之后，当夜即停顿不前。6 月 28 日，多尔曼上将（Gen. Dollmann）因心脏病逝世，由武装亲卫队上将豪泽尔（SS Gen. Hauser）接替了他的遗职（第 7 军团司令）。

在 6 月 29 日贝希特斯加登毫无结论的会晤之后，国防军最高总部下令取消一切的攻击，改为任一处都采取守势。豪泽尔和施韦朋堡都建议 B 集团军撤离卡昂“口袋”，在该镇以南构筑一条较短的防线，那不仅较易于防守，也可在海军炮火的射程之外。这些海军炮火向内陆所能到达的距离远超过预料之外，因为现在已无任何东西可以阻止大型军舰驶到靠近海岸的位置。德国空军会把若干压力水雷误投在陆地上，那些水雷已被盟军捡到而加以研究，并且发现这种水雷虽然无法扫除，但当船只用极低速度行驶时，就不曾产生作用；诚然被迫用慢速行驶时很令人厌烦，但总比被炸好。

隆美尔支持那两位军团司令的要求，伦德施泰特也予以批准，并于 7 月 1 日送达国防军最高统帅部。国防军最高统帅部很快地批驳这些建议，并且希特勒重申其不惜成本坚守每一寸土地的命令。次日，伦德施泰特和施韦朋堡被免职，由克鲁格元帅接任西线总司令（原来大家都以为是由隆美尔升任）和由埃贝巴赫将军（Gen. Eberbach）接任第 5 装甲军团司令。这两位都是有经验的第一流指挥官，不过克鲁格从 1941 年到 1943 年一直都在苏联作战，其间因为一次严重车祸而请病假，现在，他在希特勒大本营中停留了两个星期之后就来到法国，内心不禁充满了一种奇怪而不切实际的乐观想法，有许多人只要和希特勒相处一段时间，就会受其魔力的影响；又因为国防军最高统帅部和克鲁格的幕僚对于盟军的实力作了过于乐观的估计，更足以产生增强作用。7 月 3 日，西线总司令的报告，认为已登陆的敌军为 22.5 万 ~25 万人，车辆约 4.3 万辆。但实际数字却是人员 92.9 万名，车辆 17.7 万辆，物资 58.6 万吨。

海军对情况所作的补救企图

6月15日，盟军对利哈佛作了一次重大的空中攻击，使4艘剩余的鱼雷艇、10艘摩托鱼雷艇、15艘扫雷艇及巡逻艇丧失行动能力，此外还击伤了许多小船。盟军轰炸机在白天里密集编队，以相当低的高度来袭，但完全不曾受到扰乱，因为岸上的高射炮兵受到第3航空军团的严令，在任何情况之下都不得向敌机开火，理由是同一夜里德国空军计划攻击侵入舰队，并以利哈佛为集合地。2天以后，敌方轰炸机在滨海布洛涅港又会击毁若干轻型船只，其余的摩托鱼雷艇虽会多次执行攻击，但基本上很难达到较大型的敌船，因为盟军对于侵入地区的侧面皆以许多炮艇和摩托鱼雷艇加以保护，装有回转机械装置的长程鱼雷大概曾经击沉2艘驱逐舰，击伤1艘巡洋舰和1艘修理船。

从6月中旬起德国潜艇开始进入塞纳湾。43艘U艇驶出挪威和比斯开湾的基地，奉命前往海峡中央及塞纳湾去攻击敌方的船只。其中有12艘因为机械故障或为深水炸弹所伤而中途折返，10艘在尚未达到作战地区即已沉没，8艘在那里被毁，只有13艘完成任务之后返回基地。它们曾击沉了7艘军舰（从护航驱逐舰到反潜浅水船只）、2艘LST（坦克登陆舰）、1艘LCI（步兵登陆艇）和13艘运输船共5.5万吨。此外又曾击伤1艘轻巡洋舰及6艘运输船，共4.9万吨。

强大而非常不规则的潮流使海峡内的作战极感困难。7月7日，U-763艇在30小时之内不断受到敌方声纳和深水炸弹的威胁，终于完全迷失方向，最后发现已经驶到了朴次茅斯附近，幸亏尚未被敌人发现，赶紧又逃回基地。

在7月5日到7月6日，德国人首次使用单人鱼雷，击沉了两艘扫雷艇，之后又击沉了一些其他的船只。总而言之，由于还算新奇，最初成绩是不错的，但不久以后，英国人就找到了对策，德国人的损失遂日益增大，成功率反而大不如前。从D日起的一个月内，被德军击毁或击伤的盟军船只共为261艘，而因天气毁伤者反有606艘之多。

军事与政治危机

到前线视察一番之后，克鲁格元帅立即认清有关战斗艰苦和盟军优势的报道绝非虚报。英军于7月10日攻克卡昂，突破第16空军野战师的阵地，这个师对这类的战斗太缺乏经验，这个攻击停止在该镇之南；接着美国又开始攻击圣洛（St. Lo）。在这些攻击之前通常都有1000多架轰炸机先行轰炸，把德军的阵地炸得七零八落，人员和物资的损失极为巨大，补充既稀少又赶不上。从6月6日到7月23日，德军损失军官2722人、士兵11.0357万人，但补充的数字只有1.0078万人。盟军在同一时间之内的损失估计为11.7万人，但却都已获得完全补充。

见到此种情况，隆美尔元帅透过西线总司令把一份非常严重的情况判断送呈希特勒。他说明盟军的优势和德军兵力的迅速消耗，并预测盟军最多在两三个星期内就会突出，而作成了结论："我们的人员英勇战斗，但这种不平等的奋斗即将到达终点。我必须要求你对这样的情况立即作出必要的结论。我感到基于一位集团军总司令的责任，我必须直言无隐。"这个报告是想使希特勒恢复理智的最后企图。假使仍不生效——那也是意料中的事——隆美尔即可以问心无愧地去推翻那位独裁者。像许多高级军事指挥官一样，他发现自己处于一种极端的矛盾之中：他曾经向希特勒宣誓效忠，如今却日益认清希特勒是一个罪人和狂徒；他知道同盟国要求无条件投降，而他也感觉到自己应向德国人民和欧洲负责。按照惯例，高级指挥官在战争中是孤立的，在这样的情况中，总找不到满意的解决方式，每个人都必须根据其良知和知识来对这些道义问题自求解答。在侵入战的同时，他们内心也在发生激烈的争斗，此二者具有密切的相互关系，所以在分析德国的军事行动时必须经常予以注意。

7 月 17 日，隆美尔在前线视察几个部队，当他听到美军进攻圣洛的消息，立即赶回总部；中途受到 2 架战斗机的追击，汽车翻覆，司机死亡，隆美尔头部重伤但没有死，不过当 7 月 20 日施陶芬贝格上校（Col. Stauffenberg）企图刺杀希特勒，并发动政变未成时，隆美尔却完全丧失行动能力。最初的报道是说希特勒已死。在巴黎，陆军单位毫无困难地拘捕了秘密警察，几个装甲师的师长准备响应，甚至某些武装亲卫队指挥官也都可能会参加；不过，克鲁格元帅却犹豫不决，他不曾采取决定性的步骤，出面领导西线方面起义，对他而言也的确有困难，他不像隆美尔那样出名和受人拥戴，隆美尔也许算是希特勒最强大、最危险的敌人。机会终于丧失，秘密警察又被释放，军事总督斯图普纳格尔将军企图自杀未成，最后被判处死刑；那时克鲁格尚未被怀疑，于是由他兼任 B 集团军总司令。一个结束战争的机会已经过去，希特勒变得更专制，战斗也继续不停；隆美尔争取到的时间由于指挥的改变和独裁者的干涉也流于完全的浪费。

在卡昂西南作了一个佯攻之后，蒙哥马利于 7 月 18 日向东南方向发动一个大规模的攻击，盟军总部虽认为目的在于完全突破，但实际上的意义却仅为一次局部消耗战：尽量毁灭德军战斗力但不使滩头的“东堡”受到危害——那是蒙哥马利对卡昂周围阵地的称呼。尽管英国1000架和美国1500架重轰炸机所作的空中准备攻击达到了空前的巨大规模，但盟军的地面攻击很快就陷在隆美尔设计的纵深防御地带中；此种防御地带的组织如下：第一线步兵必须吸收最初的震荡，其受到后方坦克的支援；然后是一列有战防炮的据点，并由在掩蔽阵地中的强大炮兵作为后盾；接着又续有另一列据点，是以剩余的装甲兵力在几英里之后作为机动预备队。1.2万吨炸弹不曾炸毁这种艰巨的障碍物。英军虽能扩大在卡昂周围的桥头堡，但并不能突破，而且损失了大量的坦克，下雨产生的泥泞使坦克更难行动，直到7月20日，蒙哥马利遂命令装甲师退出战斗。

突出

美军虽已于7月18日攻克圣洛，但恶劣天气迫使他们必须要再过几天才能发动从滩头阵地中突出的最后攻势。7月25日终于发动，先是进行强烈的空中攻击，那几乎将德军的防御工事完全毁灭，在这个地区中防御工事不像在卡昂地区中那样纵深。最初布莱德雷只能作缓慢、踏实的进展，不久其前进即开始获得动量；侦察机、战斗轰炸机、装甲兵和步兵之间都有极佳的合作；美国人利用坦克来铲除树篱，使其在这个地区中获得了德国人始料未及的机动性。7月28日他们攻下了库唐斯（Coutances），切断了第7军团的一部分，30日又攻克阿夫朗什（Avranches），并于次日向布列塔尼突出。在英军攻击停止后，克鲁格即把第 2 和第 116 这两个装甲师从奥恩河上调向维尔河上，但他们却到得太迟。空军第 3 军团虽然集中少数轰炸机以轰炸在阿夫朗什的桥梁，但还是未能切断美军前进的主要道路。美国第 8 军在第 3 军团司令巴顿将军驱策之下，3 天之内就有 7 个师通过了这个瓶颈，他们呈扇形向布列塔尼涌入，8 月 4 日攻克雷恩，并在同一天到达比斯开湾上的瓦讷（Vannes），遂切断了这个半岛。向布雷斯特前进的美军，因为在迪南（Dinan）扫荡德军困守的据点而不曾绕道通过，结果损失了一天的时间，等到他们在 8 月 7 日到达那个重要港口前时，德军已经勉强将沿着海岸的分散兵力尽可能地集中到这个城市内，遂击退了美军的第一次攻击，并一直守到 9 月 18 日为止，使得盟军不能照计划在 D+35 日开始使用该港。在 8 月和 9 月中，水底油管（Pluto）从怀特（Wight）岛一直通到了瑟堡，盟军的后勤困难于是获得了一部分改善。之后有 4 条油管通到瑟堡和 16 条油管通到滨海布洛涅。

其他的美军先向东南地区，再向东攻击，并于 8 月 7 日接近勒芒（Le Mans），由于在地面上享有优良机动性，再加上空中优势，美军已经居于包围德军残部的最佳情况。克鲁格与其军团司令们计划退到一条较短的防线，大致是从塞纳河到约讷河（Yonne）再到瑞士边界，并用其剩余的机动单位作猛烈的后卫战，以滞迟盟军的前进。从军事观点上来看，这是最好的办法；但希特勒，自从受到谋刺之后，态度变得更不可理喻——拒绝考虑此种计划，并命令集合所有装甲师向莫尔坦（Mortain）—阿夫朗什方向发动一个集中的攻击，以求切断已经突出的美军。他承诺有几百架战斗机来提供支援，但当 8 月 7 日发动反攻时却无任何一架的踪影。

当天清晨，由于晓雾的掩蔽，第2武装亲卫队装甲师进展得很顺利，攻下了莫尔坦并进到朝阿夫朗什约一半的距离，第116装甲师、第2装甲师、装甲教导师的残部也随后跟进；其他的师则忙于保护德军楔形的侧面。几小时后，天气已经清明，德军的前进于是完全为对方空军所阻止。在美军强大压力之下，第2武装亲卫队装甲师只好退回到起点，但英军却正从北面开始进攻，以配合南面的美军。希特勒依然命令继续进攻，并禁止任何撤退；因此10天的艰苦战斗之后，第5装甲军团和第7军团的残部几乎完全被盟军包围在法莱斯（Falaise）口袋之中。克鲁格未经希特勒许可即下令撤退，装甲兵力的残部冲开了一条狭窄的走廊，而使相当数量的人员得以逃出，但死伤众多，大部分装备和至少4.5万名战俘却都留在原地。于是莫德尔元帅代替了克鲁格，而后者奉命返回德国时，由于畏罪在途中自杀。

8月18日，盟军在几处越过塞纳河。8月25日，并从肖尔铁茨将军（von Choltitz）手中完整无恙地接收了巴黎城，后者拒绝服从希特勒的命令，没有把这个名城付之一炬。一直都没行动过的第15军团也无法组成一条新防线，随着全面局势而溃败。侵入战的结果是盟军大获全胜，德军至少损失了40万人和大量的物资。对于西方交战国而言，进入德国心脏的道路似乎已经畅通无阻。

地中海的附属表演

在1943年3月8日的魁北克会议中，原则上接受了“大君主”计划人员的建议：对法国地中海海岸应作一个分散敌军注意力的助攻。基本观念是牵制德军在那一方面的兵力，并攻占马赛

（Marseilles）和土伦（Toulon）等大港以改善后勤情况。在 1943 年 11 月的德黑兰会议中，斯大林对于此种补充作战表示极大的兴趣，很显然他是希望盟军把兵力用在这一方面，否则这些兵力即可能会用在意大利东北部或巴尔干，也就有可能赶在苏军的前面先到达奥地利或南斯拉夫。因为政治理由，丘吉尔很希望向东进攻，但他却不能使罗斯福听信他的意见，遂决定进行“铁砧”（Anvil）作战——在法国南部登陆，不过在准备过程中即已发现由于登陆船艇的缺乏，根本不可能与“大君主”作战同时发动。最后终于把 D 日定为 8 月 15 日，第一线兵力定为美军的 3 个师和法军的 4 个师（大部分从意大利方面抽调），用 5000 架飞机、800 艘军舰和 1300 艘其他种类船只来支援，后面接着还有 3 个师的美军，一共将有 45 万人登陆。

德国的第 19 军团（扣除装甲兵力）只用 7 个步兵师（4 个是静态的）就要防守 300 多英里的海岸线，其中大约有 200 架飞机，但简直没有海军。在后方到处都是抵抗战士，所以德军还必须使用相当的兵力来保护交通线。

在“铁砧”的两栖部分之前，照例是来自空中和海上的巨型轰击，并在海岸地带的后方投掷 2000 名伞兵；来自 9 艘航空母舰的海军飞机提供直接空中支援。这些准备非常有效，所以当美国第 6 军在土伦和戛纳（Cannes）之间登陆时，几乎没有遭遇任何抵抗。美军迅速向内陆挺进，而不让德军有建立完整防线的机会，德军由于众寡悬殊也立即撤退，只有土伦和马赛的守军例外。法军于 8 月 22 日攻下土伦，又于 8 月 28 日攻下马赛，但港口设施却已遭到彻底的破坏。

留下大量的物资和 2.4 万名战俘，德国第 19 军团逃出了重围，退到贝尔福（Belfort）以西再作顽强的抵抗。事实证明“铁砧”作战在时间和地点上都是作了错误的选择；若用这些兵力来攻取比斯开湾上的港口或打开斯海尔德河，则对于盟军的补给将可有较大的贡献。在法国南部的那几个师的德军，大可任其自生自灭，其对于战局早已经不足以产生任何影响，结果将其逐退了，这些兵力反能用于防卫德国西南部，而增强了对盟军的阻力。

结 论

当盟军占领布列塔尼、到达卢瓦尔河、进入巴黎和越过下塞纳河时，比预定时间还快一些。开始时因德军抵抗和风暴而丧失的时间都已经弥补，现在它们已经处于进攻德国本土的情况。不过有一重要例外——其后勤却赶不上大批人员和车辆的迅速前进，因为大部分的补给还是要从滩头上卸货。2 个人工港已经毁去了一个，瑟堡的攻占太迟也破坏得太厉害。布雷斯特仍在德军的手中，而比斯开湾上其他较大的港口也是如此。

由于不可能获得足够的补给，以在莱茵河发动全面攻势，美军只好减缓速度前进；英军进至安特卫普，实际上已经切断在佛兰德斯地区中的德国第 15 军团，但未能立即发动攻击，于是德军有时间在斯海尔德河南岸构筑一个滩头阵地，如此也能将第 15 军团的大部分运过该河，再用来防守德国的国界。英国人企图用空降部队攻占阿纳姆（Arnhem），在苦战之后仍然失败，于是到安特卫普的水道和通往荷兰（连同其港口）的道路也都没有打通；德国人有了喘息的机会，并在荷兰与瑞士之间建立了一道不易攻破的防线。侵入战遂结束。

统一的指挥、空中优势、海权、技术优势和大多数阶层的良好合作，保证盟军在侵入战中获得胜利。但在某些阶段中的缺乏弹性，以及未能确实建立后勤基础，又还是阻碍了他们乘胜赢得整个战争。

在德国方面，希特勒一厢情愿的想法和对于作战的干涉，以及不健全的指挥结构、最高军事阶层的缺乏合作、空军和海军实力的日益削弱，加之以陆军实力的负荷过重，都是导致失败的主因，德国人英勇、机智、牺牲、服从的多项优点还是不足以抵补这些缺陷。但有一个人却可能改变这次侵入战的结果，对于这有史以来第一次伟大“三栖”（Triphibian）防御作战找到了一种战略，并尝试把 3 个军种所能贡献的一切力量综合成为一个整体。假使隆美尔的计划能够实现，无人敢断言结果将会是如何。

英国军事专家李德 · 哈特上尉说：“也许德国人唯一的希望即在于一开始时就阻止盟军的侵入，假使他们继续等待，则其意图中的反攻也将必然会被同盟国的压倒优势空军所击破。”《欧洲争夺战》一书的著作者威尔莫特（Chester Wilmot）的意见也大致相同，他说：“以气质而论，隆美尔是一个用临时拼凑方式寻求解决的人，在会战中他是有较躁进的倾向，但对于盟军侵入技术的精密研究，以及下令采取的实际对抗措施，都足以显示他在计划和组织的领域中的确具有超人的能力，但他的同事们或他的敌人们对于此一事实似乎都殊少认识。对于同盟国而言，隆美尔未能提早 6 个月开始他的工作，那真可以说是万幸；此外他的计划也不曾获得上级的热烈赞赏和部下的彻底执行。如果不是如此，那么侵入战的问题将会变得更艰巨更危险。”

大事记（十）1944年6月—1944年8月

战争部分（轴心方面）

1944年6月至1945年5月：大西洋海战的第八阶段。

6月4日：德军撤出罗马。

6月12日：开始用V武器轰炸伦敦。

6月21日：第1000颗V-1射向伦敦。

6月26日：瑟堡要塞向盟军投降。

6月28日：第一艘快速电动U艇（21型）开始使用。

7月12日：德军撤出维尔纳。

7月17日：隆美尔元帅负伤。

8月4日：德军撤出佛罗伦萨。

8月6日至7月：德军在莫尔坦—阿夫朗什反攻失败。

8月30日：德军放弃普洛耶什蒂油田。

政治部分（轴心方面）

7月18日：东条内阁辞职，由小矶国昭组织新阁。

7月20日：施陶芬贝格谋刺希特勒未成。

8月1日：曼纳海姆出任芬兰新总统。

8月5日至6日：希特勒与安东内斯库最后一次会议。

8月17日：凯特尔元帅会晤曼纳海姆，以避免芬兰脱离轴心同盟。

8 月 23 日：罗马尼亚政变。

8 月 25 日：保加利亚退出轴心组织。

战争部分（同盟方面）

6 月 6 日：D 日。盟军开始侵入法国北部。

6 月 10 日：苏军对卡累利阿前线发动攻势。

6 月 15 日：美军登陆塞班岛。

6 月 19 日至 20 日：菲律宾群岛海空大战。在中央集团军后方，大规模苏联游击队破坏行动开始。

6 月 22 日：苏军开始对中央集团军发动大规模攻势。

6 月 30 日至 7 月 1 日：皇家空军首次以面积轰炸攻击支援卡昂附近盟军。

7 月 3 日：苏军克复明斯克。

7 月 13 日：苏军向北乌克兰及北方集团军进攻。

7 月 17 日：在诺曼底首次使用燃烧弹。

7 月 21 日：美军登陆关岛。

7 月 24 日：美军登陆马里亚纳群岛的天宁岛。

7 月 31 日：盟军在阿夫朗什获得突破。

8 月 1 日：华沙起义。

8 月 7 日：英苏之间对德国开始穿梭轰炸。

8 月 13 日至 20 日：法莱斯之战。

8 月 15 日：盟军在法国南部登陆。

8 月 20 日：苏军对南乌克兰集团军发动攻势。

8 月 21 日：盟军进入佛罗伦萨。

8 月 24 日至 25 日：法军光复巴黎。

政治部分（同盟方面）

6 月 9 日：意大利政府改组。

6 月 17 日：冰岛宣布成立共和国。

7 月 1 日至 22 日：布雷顿森林会议。

7 月 11 日：美国承认戴高乐的民族解放委员会。

7 月 21 日：波兰民族解放委员会成立。

8 月 2 日：苏联承认波兰共产党政权。

8 月 2 日：土耳其与德国断绝邦交。

8 月 12 日：丘吉尔与铁托会晤。

8 月 21 日至 10 月 9 日：敦巴顿橡树园会议。

8 月 25 日：罗马尼亚对德国宣战。

白俄罗斯（1944）

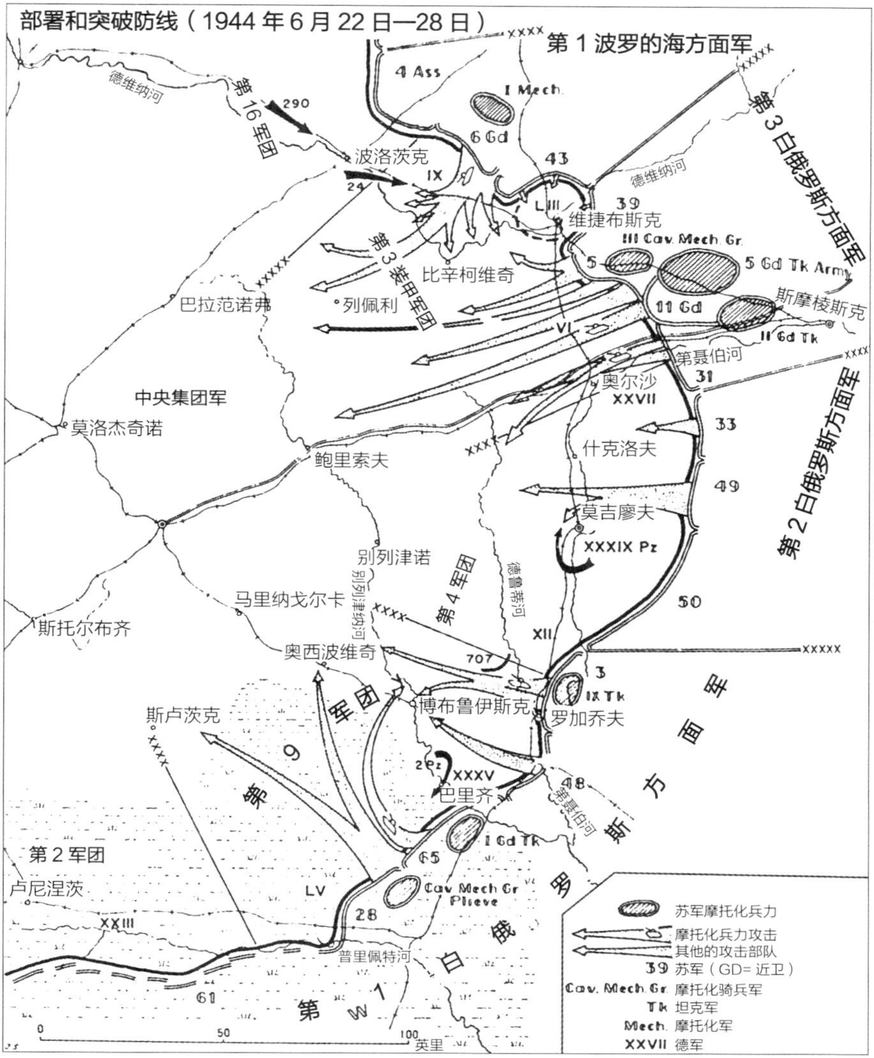
部署和突破防线（1944年6月22日—28日）
第1波罗的海方面军
第3白俄罗斯方面军
第2白俄罗斯方面军
第1白俄罗斯方面军
第16军团
第3装甲军团
第4军团
第9军团
第2军团
中央集团军
4 Ass
I Mech
6 Gd
43
39
LIII
IX
290
24
III Cav. Mech. Gr.
5
5 Gd Tk Army
11 Gd
II Gd Tk
31
33
49
50
VI
XXVII
XXXIX Pz
XII
707
3
IX Tk
2 Pz
XXXV
48
1 Gd Tk
65
LV
28
Cav Mech Gr Plieve
XXIII
61
德维纳河
波洛茨克
维捷布斯克
比辛柯维奇
列佩利
巴拉范诺弗
斯摩棱斯克
第聂伯河
奥尔沙
什克洛夫
莫吉廖夫
莫洛杰奇诺
鲍里索夫
别列津诺
别列津纳河
德鲁蒂河
马里纳戈尔卡
斯托尔布齐
奥西波维奇
博布鲁伊斯克
罗加乔夫
斯卢茨克
巴里齐
卢尼涅茨
普里佩特河
0
50
100
英里
苏军摩托化兵力
摩托化兵力攻击
其他的攻击部队
39 苏军（GD= 近卫）
Cav. Mech. Gr. 摩托化骑兵军
Tk 坦克军
Mech. 摩托化军
XXVII 德军

白俄罗斯（1944）

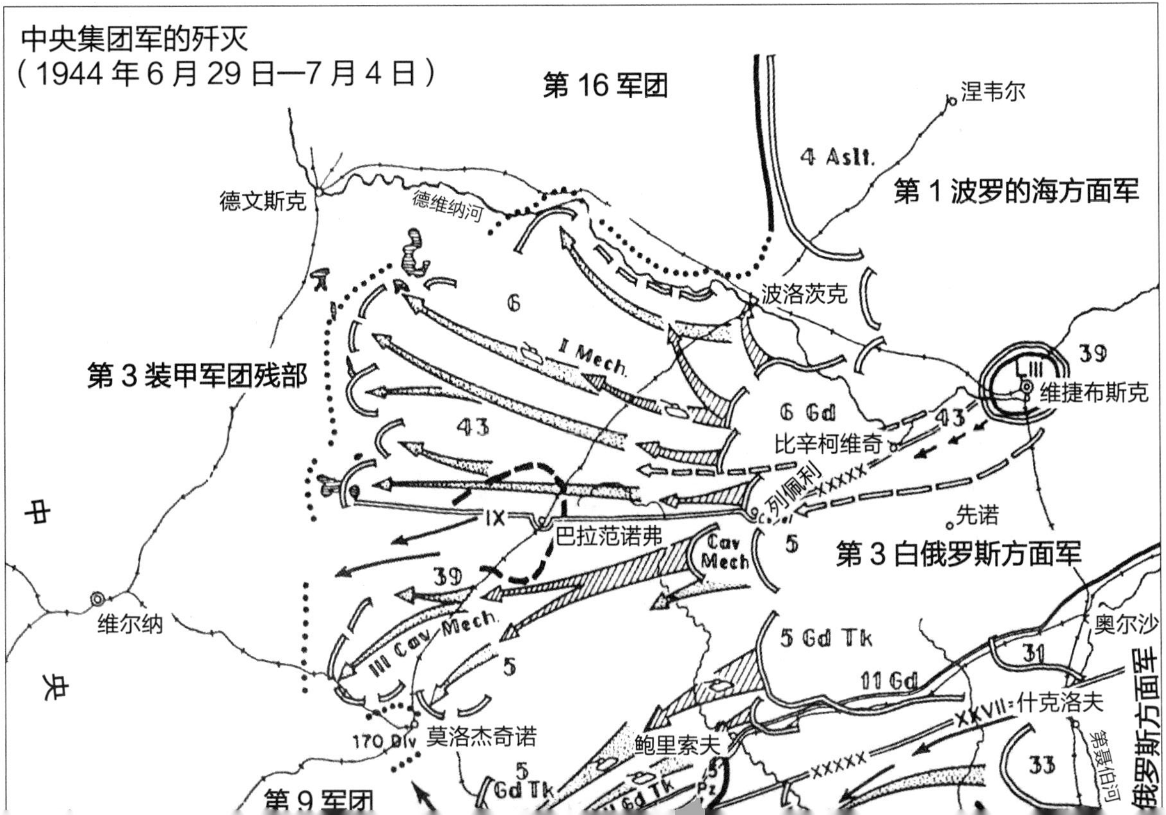

中央集团军的歼灭
（1944 年 6 月 29 日—7 月 4 日）
第 16 军团
涅韦尔
4 Aslt.
第 1 波罗的海方面军
德文斯克
德维纳河
波洛茨克
6
I Mech.
第 3 装甲军团残部
39
LIII
维捷布斯克
6 Gd
43
比辛柯维奇
列佩利
XXXXX
先诺
IX
巴拉范诺弗
Cav
Mech
5
第 3 白俄罗斯方面军
中
央
维尔纳
39
III Cav Mech
5
5 Gd Tk
奥尔沙
31
11 Gd
XXVII
什克洛夫
170 Div
莫洛杰奇诺
鲍里索夫
5
Gd Tk
5
Pz
XXXXX
33
第聂伯河
第 9 军团

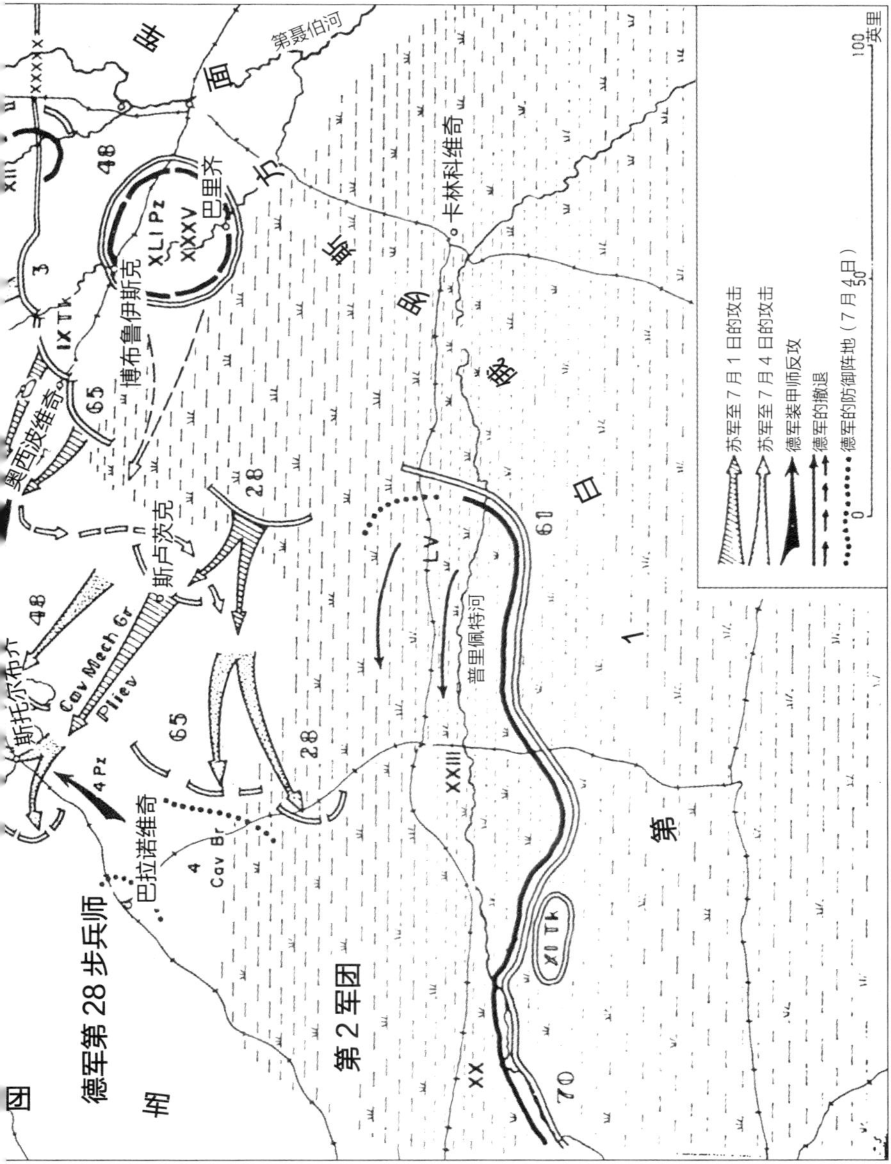
德军第28步兵师
第2军团
巴拉诺维奇
4 Cav Br
4 Pz
Cav Mech Gr Pliev
斯卢茨克
奥西波维奇
博布鲁伊斯克
XLI Pz
XXXV
巴里齐
IX Tk
卡林科维奇
第聂伯河
普里佩特河
LV
XXIII
XX
48
65
28
3
61
70
1
苏军至7月1日的攻击
苏军至7月4日的攻击
德军装甲师反攻
德军的撤退
德军的防御阵地（7月4日）
0
50
100
英里

第九章　中央集团军的崩溃（1944）

赫尔曼·加肯霍兹教授

在德黑兰会议时，西方同盟国领袖曾对斯大林承诺，盟军至迟应会在 1944 年 5 月 1 日以前在法国西北部登陆，斯大林也保证苏军同一时间将发动大攻势来作为呼应。就算对德国的决定性会战马上就要进行，仅仅因为政治原因，苏联也绝不敢后人而势必参加；无论如何，苏军也绝对不让他们于 1943 年 7 月已经在奥廖尔（Orel）获得的主动权从手中溜走，情况日益变得对他们有利，所以对于即将来临的冬季会战早已经深具信心；事实上，大部分是由于德国人已作的决定，或是未能作成的决定，情况的发展早已经变得比德黑兰会议时所能预测的更为有利。

因为盟军已在意大利登陆，同时盟军侵入法国的威胁迫在眼前，因此德国人现在必须面临在几个战场上同时作战的处境；诚然，其能用的兵力半数以上仍然留在东线战场上，但其余的兵力，因为必须多方面保卫“欧洲堡垒”，也就完全受到牵制，而不能作任何弹性的调动。在 1943 年的下半年，尽管东线方面正受到占尽优势的敌人逼迫，仍然不得不抽调单位来增援由国防军最高统帅部所指挥的意大利、巴尔干、法兰西战场；至于陆军总部所管的范围就只限于东线战场，遂只能凭借剩余的兵力尽力而为。在这样的环境之下，情况的紧急在所难免，自从 1943 年秋季苏军发动攻势之日起，情况日趋严重；苏军攻势除了受到泥泞阻碍曾经略事中断外，在 600 英里宽的正面上几乎从未停过，并会赢得具有重大战术价值的胜利，以 11 月 6 日收复基辅城为其顶点。

自从 1943 年 12 月底苏军发动冬季攻势以来，从克里米亚到列宁格勒，整个德军的战线再度发生动摇。苏军的作战焦点显然是在南面——收复乌克兰，连同其经济资源在内——实为一种有利的目标。不过在 1944 年 1 月中旬，在北面又形成一个第二焦点，苏军突破列宁格勒的包围圈之后向南延伸，迫使北方集团军撤向一条预先准备的防线，那是从波洛茨克（Polotsk）经过奥波奇卡（Opotchka）与奥斯特罗夫（Ostrov），沿着楚德湖（Lake Peipus）而达到在纳尔瓦（Narva）的桥头堡。此时莫德尔元帅正暂代屈希勒尔元帅（F. M. von Kuchler）充任北方集团军总司令。他是一个比较有魄力的人，所以尽管希特勒不同意任何的撤退，但德军从 2 月 18 日开始，仍能依照预定计划完成撤退的工作。

由克莱斯特元帅所指挥的 A 集团军，以及曼施坦因元帅所指挥的南面集团军，在乌克兰的位置一直延展到第聂伯河湾，但由于苏军从基辅地区进攻，所以立即受到严重的威胁。尽管部队遭到难以忍受的压迫，也无预备队可用，希特勒仍拒绝接受一切合理的建议；这些建议包括撤出克里米亚和第聂伯河突出地，而主张作一种猛烈的后卫战。直到 1944 年 2 月底，这两个集团军仍勉强守住一条由赫尔松（Kherson）到芬尼特沙（Vinnitza）的防线。从这里到普里佩特（Pripet）沼泽之间有一个深的缺口，其中有布罗地（Brody）、卢茨克（Lutsk）、科韦利（Kovel）等地都被当作孤立的据点来加以扼守。尽管从任何每日的情况地图上，一眼就可以看出曼施坦因的南面集团军左翼显然已面临着包围的威胁，希特勒仍然决定德军留在克里米亚的附近，后者早已被切断；同时他又命令沿着全线都应继续抵抗，现在几乎已经变成整个的由东到西。于是在3月间，无可避免的事情终于发生：苏军集中兵力的攻击，击碎了曼施坦因的残兵，把他们节节逼回喀尔巴阡山脉；而从北面，苏军也已经突入摩尔达维亚（Moldavia）和比萨拉比亚（Bessarabia）。

在这种情况下，希特勒于1944年4月2日颁发一道新命令，他在命令中对于未来的作战给予以下的指示："苏军在东线南区的攻势已成强弩之末，苏军兵力已经消耗和分散，现在是阻止其前进的最好时机，为了达到此目标，我决定采取下述各种措施……"其中包括仍留在克里米亚，并死守现有的防线在内。事实上，由于泥泞季节的开始（那一年来得比较迟），德军已经获得一个喘息机会，并大致稳住了一条新的防线。在喀尔巴阡与黑海之间的地段由南乌克兰集团军负责（即为原有的A集团军）；而在喀尔巴阡以北则由北乌克兰集团军负责（即为原有的南面集团军）。大量的罗马尼亚部队在南乌克兰集团军中负责一部分防线。克莱斯特和曼施坦因都是具有独立判断的人，很不为希特勒所喜，遂同被免职。而改由舍尔纳将军（Gen. Schorner）接掌南乌克兰集团军，莫德尔元帅接掌北乌克兰集团军，后者是从北方集团军方面转调过来的。虽未公开承认，但希特勒的命令却已显示出1943年到1944年冬季战役的结果。苏军已经突破列宁格勒的包围，收复乌克兰，前进到罗马尼亚北部的巴尔干门前和加里西亚（Galicia）东部的中欧门前。尽管希特勒执意不肯撤退，但在克里米亚的德军仍于

1944 年 5 月 11 日向苏军投降。

若与南北两面相比较，则东线中段在冬季中的战事就似乎并无任何巨大重要性。在一连串的防御战斗中，由布什元帅指挥的中央集团军，自从 1943 年秋季退到“豹”（Panther）防线之后，就能一直勉强守住其阵地不动。其所据守的这一条线是在第聂伯河东岸上，介于斯塔里比夏夫（Stari-Bishov）与奥尔沙（Orsha）之间；苏军会一再企图攻占第聂伯河与德维纳河（Dvina）之间的地带，但都被击退。这个突出地的南北两侧都感受威胁，尤以南面为最；由于南面集团军的撤退，所以从 1944 年初，又必须在普里佩特沼泽中建立一条单薄的侧面防线。当苏军趋向科韦利，威胁中央集团军通过布雷斯特的后方交通线时，中央集团军总司令遂主动决定将一切可用的预备队都集中于科韦利，甚至因此将使向东的正面受到减弱的影响亦在所不惜。1944 年 4 月 5 日，这些兵力在第 56 装甲军军长霍斯巴赫将军（Gen. Hossbach）的指挥之下，使已遭围困的科韦利据点转危为安。此后，它们还继续向图尔亚（Turya）地区挺进，并与北乌克兰集团军（即过去的南面集团军）的左翼再度建立联系。

快到 4 月底时，春季的泥泞加上苏军本身所需要的休息，使整个东线战场有了一段宁静的时间；尽管那是一种假象，但从黑海和芬兰湾，德军至少又再度维持一条完整的正面。早在 1943 年 11 月 7 日，国防军最高统帅部的作战处长约德尔将军就已认为苏军虽获有许多成功，但对于德军却并不足以产生“直接致命”的效果，现在看来，他的说法似乎已被证实。不过这种弯弯曲曲的新防线，加上不当的防御兵力，一旦碰到苏军真正发动具有决心的大攻势时，它将毫无疑问地崩溃。东线德军由于希特勒的顽固思想，在人力和物力上早已遭受极大的损失，所以地面的损失倒并非最重要的问题，真正严重的问题是德军已无可用之兵。各单位的战斗力都已降低，而到达极危险的程度，到了1943年底，东线的200个师之中，已经有30个被撤销番号，留下来的师大部分也是有名无实，许多师的缺额已超过编制数字的一半，虽然会企图补充这些单位的人力和物力，但连想要让苦战不休的步兵换一个班的预备队都不够，只有装甲师还勉强可以从前线撤出来给予休息和整补。

1944年春季，德军的战线仍然深入敌人领土之内，假使能够采取彻底拉直和缩短的措施，并放弃一切不重要且浪费大量人力的突出地，就可以抽出相当的兵力组成预备队，也可以有机动的余地。1944年初，约德尔本人会劝希特勒把东线在黑海与波罗的海之间缩到最短的限度，即从敖德萨到里加。他希望能把抽出的兵力组成一个“中央预备队”，大约为20个师，由国防军最高统帅部直接控制，这支兵力可以同时应付东西两面的潜在威胁。希特勒拒绝考虑这种建议，在那个时候，他仍决心守住克里米亚和第聂伯河突出地；同时为了芬兰，他也不愿意在波罗的海方面放弃土地，此外，他也需要利用波罗的海来作为新型U艇的练习场。但即使在冬季战役之后，除非被逼迫，他也不愿意放弃任何一寸所征服的土地，而且他根本拒绝承认苏军已经享有优势兵力，所以他在4月2日的命令中还是严令据守其所划定的战线。他拒绝同意把中央集团军从一个危险地区中撤退，尽管南北2个侧面早已受到非常严重的威胁，同时他也不允许南乌克兰集团军撤至多瑙河口到喀尔巴阡之间的较短防线上，尽管那还是能够对巴尔干提供适当的掩护。

假使说希特勒还是一个有理性的人，则他在这些问题上的坚持，就的确使人感到无法理解，因为在当前的情况中，他应该能够料想到苏军即将发动新的大攻势，而且在时间上很可能会和英美盟军在西线的行动相配合。冬季战役的结果已使大量的苏军集中在乌克兰西部，照希特勒看，苏军的夏季大攻势很可能将会从那里发动，而他的军事顾问也都同意此种看法。利用这个地区作跳板，苏军可以向西南攻入喀尔巴阡山区，然后找到出路向华沙前进，这样也就使德军东线的中央和北翼都受到迂回。

此种对敌情的判断足以暗示整个德国军事情况已非常危险，于是所有一切可以动用的德军预备队全都集中在加里西亚，以应付敌军的威胁，包括大部分的装甲师在内。这种步骤也就使得其他地区中的兵力变得更为单薄。

预计苏军的第一个重大打击将落在北乌克兰集团军的头上，莫德尔元帅的看法也是如此，而在陆军总部中，那些参谋人员也确信又是“一个焦点来对付另一个焦点”。不过，显然，如果苏军发动攻势是想获得决定性的战果，也许就不曾选择德军防线上的最坚强部分。另外一个非常必要而明显的结论是：假使其他集团军都已经不再保留任何预备队，则至少应允许其设法去应付这种危险的情况；事实上却恰好相反，尽管已经没有预备队，还是照样奉命不惜一切成本死守防线，不得退后一步。

如果说东线德军在 1944 年夏季遭受惨重失败的主因即为下述两点，似乎并不为过：一是对于敌方意图作了片面的猜测；二是对于兵力运用作了过分硬化的支配。全线绷得太紧，预备队的位置也摆错了地方；同时，各集团军又被禁止采取机动防御的战术。在这样的环境中，1944 年夏季，中央集团军的惨败和崩溃也就一点都不奇怪，在一连串的惨败中，这是第一次也是最厉害的一次。

整体而言，在 1943 年到 1944 年的冬季中，中央集团军的作战算是相当成功的，它们击退了苏军的一切进攻，并守住了脆弱的正面，经过这些战斗，官兵都感到信心日增，但他们却忽视了在这个阶段中，苏军的主力是用在南北两翼上，所以这个中央地段只是占着次要的情况。尽管如此，他们仍然认为像这样的攻击是可以应付的，自从 1943 年秋季以来，所遭遇的都是这一类的攻击，自然而然地忘记了敌人可能还会使用其他的方式。所有过去的苏军攻击都是连续对着不同的部分发动，所以该集团军总司令，也就能从不感受威胁的地区中抽调预备队，以增援情况紧急之点。

当科韦利、布雷斯特地区发生困难，这种成功的战术也作了最后一次使用。当时该总司令曾经不顾正面（东向）上的危险，而把预备队集中在西南的深入侧面上，他一共只有 45 个师，却抽出了 8 个师，包括第 2 装甲师在内；结果，后方交通线的威胁终于解除，而且不仅解救了科韦利的围困，也还能与北乌克兰集团军左翼、第 4 装甲军团，重建接触。虽然这种结果足以证明此种决定和冒险是合理的，但当时正面上的兵力空虚还是一种无可否认的事实。第 9 军团、第 4 军团和第 3 装甲军团，共以 32 个师的兵力，必须守住将近 450 英里长的一条正面；此外，由于希特勒命令必须构成所谓“坚强据点”（Strong Points），在这个正面上的作战遂受到更进一步的妨碍，因为这些据点要钉死相当多的兵力，所以从一开始起即足以妨碍机动。希特勒对于这些据点特别感到关切，凡是其中的指挥官都必须向他特别宣誓，若无明白的许可则绝不能放弃这些据点，换言之，若不被允许，就必须死守到底；同时，他们也获得授权，可以要求所有恰好在附近的其他战斗单位都帮忙防守这些据点。事实上这些所谓“坚强”据点也并不那样坚强，时常是七拼八凑的材料构筑成的。希特勒相信此种“坚强据点”战术，当敌军突破时可以牵制住大量的兵力，敌人的补给线也会受到严重的威胁，于是其攻势的冲力就会被减弱。博布鲁伊斯克（Bobruisk）、莫吉廖夫（Mogilev）、奥尔沙和维捷布斯克（Vitebsk）都被宣布为前线地区中的“坚强据点”，每一个都已指派一个师负责扼守，只有维捷布斯克例外，因为其被认为太重要了，所以一共指派了3个师负责防守。

军团司令们曾指出一旦敌军突破，如果把相当多的兵力这样死钉着，则已被撕开的防线将会变得更为脆弱，即使能作有秩序的撤退，要想重建一道完整的防线也会感到很困难。尤其是第3装甲团的司令——莱因哈特（Reinhardt）将军，曾经指出他一共只有10个师，如果把其中3个师钉死在维捷布斯克，除非能有新的增援，否则无法在该镇以西构成一条新的防线；因此依他看，整个正面的利益是应该高于那些“坚强据点”的利益；但这些话都是白说，集团军总司令布什元帅根本就不接受他的观点，而迷信希特勒的理论，认为那些所谓“坚强据点”的确有它们的价值，并且坚持必须忠实执行希特勒的命令。这项命令指出：“坚强据点”可以牵制如此大量的敌军兵力，所以即使把几个师分配给它们，也还是不致于减弱整个防线的防御力量。

由于每一个师差不多都要负责防守15英里长的地段，所以中央集团军的防线兵力已经几乎单薄到不能再单薄，早在1944年4月，有关的各军团司令即建议战斗指示必须更改。有两种方法可以从突出地撤到较短的防线上，只需较少的兵力就可以加以据守：一种是小解决——撤到第4军团所构筑的第聂伯河阵地上，它较容易防守，以对抗敌人的装甲兵力，必要时，可以用维捷布斯克以西之“虎”阵地上的第 3 装甲军团，从奥尔沙向北延伸到波洛茨克；另一种是大解决——撤到沿别列津纳河（Beresina）的弓弦阵地上，那可使博布鲁伊斯克到波洛茨克之线大约减少 150 英里。

最好是在苏军开始进攻之前不久就执行一种预先准备的撤退，如此敌军的攻势就会扑空，而必须被迫花费相当时间去重新调度兵力。中央集团军早已开始巩固其在别列津纳河上的阵地，若能抽出相当的兵力，则对于第 4 军团后方地区中的苏联游击队活动，便可以作较有效的处理，这也是一个非常重要之点，因为游击队的活动正在加强，如果德军向别列津纳河两侧森林地区撤退，它们可能构成重大的威胁。

1944 年 5 月 20 日，布什元帅前往元首大本营作一般情况的报告，尤其他强调能用的兵力和所负责防守正面的长度是大不成比例，为了补救这种情况，他建议应准许作有秩序的撤退以缩短战线。他的建议被希特勒不加考虑就予以驳斥，希特勒刻意影响布什元帅的思想，便很讽刺地说他从来不曾想到布什也会像其他的将领一样，眼睛向后看。在德国将领中，布什元帅的确是希特勒的忠实信徒，他一向深信希特勒和国社党的“历史任务”，像这样盲目效忠的德国将领并不多，所以他一向受到希特勒的另眼看待。希特勒说了这样一句话，使得布什在心理上受到很大的刺激，为了不让希特勒对他的忠贞感到丝毫疑惑，布什往后就更特别用行动来表示忠心，他对于希特勒的一切命令都毫无异议地接受，不只不表示任何的反对，也不考虑部下的所有意见，只是盲目地强制执行——即使内心里也认为不妥，他还是绝不作任何的表示。

1944 年 5 月 24 日，他向他的军团司令们训话，基于“希特勒不可动摇的意志”，该集团军的正面必须不惜一切成本加以防御；他同时又说，希特勒禁止在后方准备任何防线以供撤退，所以现在必须坚持将工兵单位集中在主要战斗地区内，以增强现有的阵地。5 月 23 日，希特勒已颁发一道特殊命令，强调必须不惜一切成本守住防线的原则。在中央集团军总部中，多数人员仍认为这种命令的执行是可能的，因为直到此时，其正面似乎还没有任何严重危机出现的征兆。概括来说，敌方兵力部署的全貌似乎指明仍然集中在东加里西亚的北乌克兰集团军和中央集团 2 个内翼周围。

自从 5 月初起，陆军总部即已计划在北乌克兰集团军左翼后方成立一个预备军团。陆军参谋总长蔡茨勒将军在 5 月 5 日宣称：“当预计敌军就要大举进攻时，我们也应该作一点应付准备”。但整整一个月内，这个问题还是没有解决，最后仍一事无成；但是到 5 月 29 日，陆军总部却把在科韦利地区的第 56 装甲军移交给北乌克兰集团军总部指挥，这种措施是基于下述的假定：敌军将在加里西亚地区发动大规模攻势，所以应把一切可用的预备部队都集中在这一个集团军之内，但此种措施却使中央集团军的兵力受到非常严重的减弱，一下就使它几乎丧失全部的装甲兵力和总部直属部队的三分之一，包括特种突击炮旅在内。中央集团军总司令立即指出这样将使他不可能再采用过去行之有效的战术，为了恢复科韦利、布雷斯特地区的情况，他已经抽调正面上的兵力，但那只是一种应急的临时措施，不能让它变成永久性的安排。

1944 年 6 月 4 日的敌情报告指出“敌人随时都可调动相当可观的预备队，以增强面对中央集团军正面的兵力”。即使敌军的意图是发动固守阵地或作一种牵制性的进攻（当时德国方面的看法大致都是如此），情况也还是够危险，因为中央集团军的预备队一共只有 2 个师，分属于第 4 军团和第 3 装甲军团。这是第一次的危险警告，陆军总部不应予以忽视，尤其在以后几天之内，“敌情报告”变得更为困难。从 6 月 10 日起，报告指出已有非常强大的苏军兵力向中央集团军的正面上集中，重点如下述：一是面对在别列津纳河两侧的第 9 军团，以对博布鲁伊斯克发动包围攻击为目的；二是在莫吉廖夫以东，并沿着在奥尔沙的补给线，面对着第 4 军团；三是面对着在维捷布斯克两侧的第 3 装甲军团。

从这些准备的范围上看来，敌军似乎想要大举进攻，而不仅是牵制性的情况；此外，敌方又突然集中大量的空军，差不多有 4500 架飞机已到达前线的附近。一切的情况都指出苏军想要彻底铲除这个向东突出的地区，尤其他们早已知道这个地区的防御兵力非常单薄。对情况作了一种冷静和客观的判断之后，中央集团军总部认为如果敌军大举进攻，以如此绵长的正面，加上缺乏适当的预备队，实在很难应付。但如何应付危局却不在集团军总部的职权之内，而主要是德国最高统帅部的责任。

6 月 14 日，陆军总部举行会议，各集团及各军团的参谋长都参加，只有中央集团军提出明显的证据，足以显示强大的敌军正沿着其正面集中，其他各集团军（甚至于连北乌克兰集团军也不例外）都不曾发现如此明显的征兆，显然敌军准备要在正面邻近发动攻势。不过，尽管此时苏军的准备已至为明显，仍然不能改变希特勒和陆军总部的顽固头脑，他们仍然相信苏军夏季攻势的重点是在加里西亚，任何对中央集团军的作战都还是属于引导性和次要性的行动。对于中央集团军发出的警告，唯一的指示就是第 20 装甲师于 6 月 14 日，将移驻第 9 军团后方的博布鲁伊斯克。

甚至在6月20日，国防军最高统帅的首长凯特尔元帅，在一次对全面情况所作的讲演中，仍然认为除非西方同盟国已经获得较大的成功（此时盟军已在诺曼底登陆），否则苏军将不会大举进攻。而且无论如何，他们的作战重点还是认定是在南面，而不在中央集团军的正面上。这些看法所产生的结果就是统帅部对于中央集团军已发现的危险情况根本不曾作任何的决定，既不给予增援，以便让它能对苏军的巨大挑战作较有效的应付，又不予以行动自由，好让它能采取机动防御战术，并于必要时撤退到比较短的防线上。

所以绝不能责备中央集团军总部不曾对统帅部提出适当的警报，或不曾对正在发展中的危险积极地采取对策，其所有一切的报告、要求和建议都是收到千篇一律的刻板答复：东线的全盘情况不容许对现有的命令或现有的部署作任何改变。有人认为这位集团军总司令对于自己的建议，态度若能比较认真，也许可以获得较有利的反应，这种看法实在大有问题，诚然，布什元帅对于希特勒是唯命是从，但即使换一位个性比较强硬的人来担负这个总司令的职务，他能否改变希特勒的顽固思想也还是毫无把握。而且在当时，国防军最高统帅部和陆军总部也是受到希特勒的支配，根本不可能作出任何违反其意志的决定。

统帅部的缺乏远见和拒绝一切应付威胁的建议，使得集团军总部中的人员感到心灰意冷，如今，他们除了坐待情况的发展以外，又还有什么可做的呢？甚至于在责任范围之内的事情，例如比较机动防御性战术的准备，也都懒得去做了。当情况变得日益紧急时，他们实际上已放弃了任何领导的可能性，由于已有“元首”的严格命令在，要集团军总司令自己负责采取主动，事实上根本不可能。不过集团军总部却仍然相信一旦情况发生时，统帅部会给予必要的行动自由；此外，其部队在防御战中所表现的英勇战斗精神，也似乎还可以信赖，这在过去已有充分的证明。不过，他们对于苏军未来攻势的冲力和目标却都作了过低的估计，原因是那些德国指挥官，并没有机会了解苏军在领导、组织、装备等方面的进步。

白俄罗斯之战

"白俄罗斯之战"（Battle of White Russia）的序曲是苏联游击队（民兵）所作的大规模行动，此时他们在中央集团军后方地区中的实力估计约为 24 万人。在 6 月 19 日的夜间对于明斯克以西一切铁路交通设施曾发生 1.05 万次爆破事件，另外有 3500 颗炸弹被德军发现并拆除。虽然造成的损毁并非不可修复，但这样突如其来的行动足以显示，这些游击队是一种具有良好组织和集中领导的兵力，它们使一切补给运输停顿达 24 小时之久，在某些点上甚至时间可能更长。此种广泛的破坏行动与苏军已经完成的作战部署，之间的联系极为明显而不容忽视，应该明白地看出苏军即将发动一次大攻势。

这个"解放白俄罗斯的攻势"在苏联的战争文献中，被称为 1944 年的"第 5 次打击"，由朱可夫元帅指挥。照苏联的说法，朱可夫是"最高统帅部的代表"，与参谋总长法希里斯基元帅（Marshal Vassilevsky）共同负责协调各方面军的作战。方面军大致相当于德国的集团军。这次作战中共有 4 个方面军：第 1 白俄罗斯方面军，总司令为罗科索夫斯基（Gen. Rokossovsky）；第 2 白俄罗斯方面军，总司令为萨哈罗夫（Gen. Sakharov）；第 3 白俄罗斯方面军，总司令为齐莱柯夫斯基（Gen. Cherniakovsky）；第 1 波罗的海方面军，总司令为巴格拉米扬（Gen. Bagramyan）。其兵力的部署则有如下述：

（a）面对第 9 军团：第 1 白俄罗斯方面军右翼，共 23 个步兵师和 7 个装甲师，在别列津纳河以南，面对着第 41 装甲军；另有 27 个步兵师和 6 个坦克部队，在罗加乔夫（Rogachev）以北，面对着第 35 军。

（b）面对第 4 军团：第 2 白俄罗斯方面军，共 16 个步兵师和 2 个装甲师，在从拉斯纳（Ryassna）到莫吉廖夫的公路两边，面对着第 39 装甲军；第 3 白俄罗斯方面军，共 25 个步兵师和 11 个装甲师，沿着莫斯科到明斯克之间的公路，面对着第 217 军。

（c）面对第 3 装甲军团：第 3 白俄罗斯方面军的左翼，共 18 个步兵师和 9 个装甲师，在维捷布斯克的东南，面对着第 6 军；第一波罗的海方面军，共 29 个步兵师和 8 个装甲师，在维捷布斯克以西，面对着第 9 军。

在攻击正面两翼上集中强大的兵力，足以明白显示苏军统帅部的目的，是想要首先达到其在 1943 年到 1944 年冬季战役中所未能达到的目标；它现在希望凭数量优势取胜，并且同时想对进一步的作战创造必要的条件。举例来说，在北面，第 3 白俄罗斯方面军和第 1 波罗的海方面军，准备合作攻占德维纳河与第聂伯河之间的狭窄地带，连同其在维捷布斯克和奥尔沙的两个奠基石在内，再向西进攻：第 1 波罗的海方面军趋向列佩利（Lepel），第 3 白俄罗斯方面军趋向鲍里索夫（Borisov）。在南面，第 1 白俄罗斯方面军将向博布鲁伊斯克作向心的攻击，使其与德军防线隔离，并打开进入普里佩特沼泽以北地区的门户。若与两翼兵力作比较，在中央的第2白俄罗斯方面军则显得相当弱小，其任务为对第聂伯河东岸上的德军作正面攻击，迫使其退至西岸，然后从莫吉廖夫进向别列津诺（Beresino）。别列津纳之线可以算是苏军攻势的第一阶段作战目标。超越此一线后，第二阶段的目标必然为收复重要的省会明斯克，此后的攻势也许就会趋向莫洛杰奇诺（Molodechno）和巴拉诺维奇（Baranovichi）。至于这些作战将如何进行，还是要看整个情况发展而定，所以苏军是否早已计划将包围德国第4军团作为对明斯克向心进攻中的一部分，也就只能存而不论。苏军当然无法确知德军对其攻势将采取怎么样的对策。

概括言之，苏军的部署大致都和中央集团军在攻势发动之前所作的判断符合，而且不仅限于第一波罗的海方面军在维捷布斯克东北所作的强大集中；与北方集团军所作的判断也一致，它是假定第一波罗的海方面军将会向西以波洛茨克为目标。由于在维捷布斯克以西的德军防线极为单薄，甚至几乎没有预备队，不久后第3装甲军团就面临着非常严重的危机。

苏军攻势的发动是在1944年6月22日，也就是“红胡子”作战的3周年纪念日。第一天，其攻击仅限于德国第3装甲军团在维捷布斯克两侧所扼守的正面线，再逐渐向南发展；次日包括着第4军团的部分，第3天就到达第9军团的地段。苏军攻击采取分段发动的方式，可能是为了要集中使用空军，尽管时间的差距并不大，却促使德国人产生误解。因为采取这样的攻击方式，将使德军将领们至少在最初一两天内仍然相信这是一种牵制性的攻击。结果，集团军总部又和陆军总部作了许多徒然浪费时间的讨论，而使得极为紧要的决定受到了致命延误。

从一开始的战斗即显示苏军是在寻求决战，不仅是在炮兵、地面攻击飞机和装甲等方面皆享有压倒性优势，所采取的新战术也使德军官兵受到了奇袭；其特点之一即为大量使用飞机以支援地面部队。当苏军开始攻击时，德国第6航空舰队一共只有40架战斗机能立即出动，苏军几乎享有完全的制空权，他们用空军对德军炮兵阵地作低飞的攻击，因为他们知道德军步兵数量微弱，炮兵经常是防御的骨干。苏军使用空军也使德军在战场上的行动受尽妨碍，而大量战斗机的出现，也使德国人不能对苏军后方进行空中侦察。苏军首先作重大的炮击，连续达几小时之久，接着就是密集的大量步兵，在装甲兵支援之下，趋前进攻。当苏军突破了德军的主要防线之后，立即开始在其后朝每个不同的方向发展，其他的步兵单位于炮兵伴随之下，大量扫荡被围困中的残余德军；在步兵攻击时，较大的装甲部队都被控制在后面，当步兵在德军防线上撕开巨大缺口之后，才向前运动。苏军装甲兵是组成特种机动单位，专供远距离目标作战之用。在这一方面，地形也特别有利于苏军，因为两侧的地形都便于快速机动单位的行动，北面有沿着斯摩棱斯克—奥尔沙—明斯克公路的宽广平原地带，南面有沿着普里佩特北面边缘的类似地带。总之，在德军防线中央后方的别列津纳河两侧都是不易通过的大片森林，它将德军的行动限制在少数狭窄的走廊上。

德军正面的毁灭

受到希特勒命令的束缚，德军被钉死在一条固定的防线上，苏军的优势人力和物力，以及攻击战术的冲力因为都能更充分地发挥功效。从对德国第 3 装甲军团发动攻势之日起，这种情况即已至为明显，甚至早在 6 月 22 日，德军即已感到困难，不久就迅速发展成为危机。第 3 白俄罗斯方面军成功地对维捷布斯克西南的第 6 军防线作了深入的穿透，而 95 师奉命去填塞空隙；在该镇的西北面，伸展过度的第 9 军防线也在奥波尔（Obol）河的侧面为第一波罗的海方面军所撕开。除了第 95 师的一个团级战斗群以外，即无其他的预备队。同一天苏军也对第 4 军团作试探性攻击，但被击退。面对第 9 军团的敌人则尚无行动。

6 月 23 日，攻势向第 4 军团方面延伸，同时苏军也开始对第 9 军团作试探攻击。在第 4 军团的正面上，第 2 白俄罗斯方面军已经进入第 39 装甲军在莫吉廖夫以东所据守的防线，而第 3 白俄罗斯方面军的矛头也在公路之北达到同样的目标。第 14 师的一部分已经被用在那里，至于该师主力则已从奥尔沙向北送往第 3 装甲军团的右翼上。于是，在集团军左翼上充任预备队的两个师现在都已动用。代理第 4 军团司令的蒂佩尔斯基希（von Tippelskirch）将军建议应允许该军团撤回到第聂伯河的阵地上，这样才能组成新的预备队，但布什元帅却说：“当主要防线仍完整无恙时，任何自动放弃某一部分的建议均不在考虑之列。”第 3 装甲军团在维捷布斯克两侧的情况日益危急，苏军已经把前一天的进入扩大成突破。第 6 军已向南被逐退过鲁齐沙（Luchessa）河，第 9 军也已向西被逐退过德维纳河。当第 3 白俄罗斯方面军的一部分已在维捷布斯克以南越过鲁齐沙河以后，第 53 军的 4 个师也就面临着被包围的威胁，陆军总部遂允许其撤到该城镇边缘上的位置；其中一个师向西南攻击，以维持通过奥斯托罗夫诺（Ostrovno）的交通线畅通，其他 3 个师却奉命变成维捷布斯克“坚强据点”的守军，也不再受第 3 装甲军团的调度。

6 月 24 日清晨，布什元帅和陆军参谋总长蔡茨勒将军在明斯克的集团军总部中举行会议。布什指出由情况的发展，已能够认清该集团军的实力不足以达成预期的任务，尤其对维捷布斯克地区更是如此。而缺乏预备队，使得第 3 装甲军团地区中的情况也不可能恢复，所以布什宣称，对于该军团而言，“唯一可能的解决”即为把它撤入“虎”线，那是在维捷布斯克西南的一道防线，并放弃维捷布斯克这个所谓的“坚强据点”。此外，他也要求增援，包括一个装甲师在内。蔡茨勒表示同意，并允诺设法说服希特勒接受建议。

这些有关对抗措施的讨论，似乎仅限于第 3 装甲军团和维捷布斯克，但在当天上午，苏军已开始对第 9 军团的阵地发动巨大的攻击。布什一如既往地认为没有讨论集团军全盘情况之必要，蔡茨勒则可能已经想到与希特勒必会大起冲突，而大有多一事不如少一事的想法。

前一天，即 6 月 23 日，陆军总部即获得结论，认为中央集团军的兵力实在不够应付当前的情况，同时也认为改变作战命令要比派遣增援更为容易，也提到把第 4 军团撤过第聂伯河的问题。事后看来，1944 年 6 月 24 日上午，也许即为救出中央集团军的最后机会。不过，即使所有的军事指挥官都能同意，结果可能仍属枉然，因为事后证明希特勒不曾接受他们的判断，而同意发出必要的命令。

事实上，当蔡茨勒于 6 月 24 日从明斯克返回陆军总部时，并未能说服希特勒接受布什建议的撤退。他仅同意将第 212 师送往列佩利，将第 5 装甲师送往鲍里索夫。关于维捷布斯克，他拒绝作任何改变，甚至于还向第 3 装甲军团司令莱因哈特下一道手谕，不准撤退维捷布斯克的一兵一卒，那仍然是一个必须死守的坚强据点。当天下午，布什用电话直接向希特勒再度要求放弃维捷布斯克，但仍遭断然拒绝。希特勒说“因为政治原因，必须不惜一切成本死守维捷布斯克”（他所指的政治原因即为芬兰有退出战争的可能）。为了支持他的理论，希特勒引科韦利为例，他说在那里曾经只有 4000 人便牵制苏军 10 个师达 3 星期之久，最后还补充说，至少要用 1 个师去防守维捷布斯克。于是结束了争论。6 月 25 日黄昏时，希特勒正式宣布“第 206 师应据守维捷布斯克，直到其他单位来换防时为止”。

此时，第 3 装甲军团的情况变得更为困难，到了 6 月 24 日已经发展成为了危机。渡过了鲁齐沙河的苏军现在向西北散开，切断在奥斯托罗夫诺的第 53 军后方交通线，同时迫使第 6 和第 9 军团的内翼更向后退，造成它们之间的缺口宽达约 25 英里。第 53 军现在才接到命令，只留第 206 师在维捷布斯克死守，其余的兵力可以向西南突围，这些命令来得太迟以至于无法执行。诚如莱因哈特将军早在 1944 年 4 月就已说过的，“把第 53 军钉死在希特勒的维捷布斯克要塞上”，不仅是一切有关的部队遭殃，第 3 装甲军团的整个作战也将深受其害。

苏军于 6 月 24 日继续对第 4 军团的正面进行攻击，并成功地把莫吉廖夫以东德军防线上的裂口扩大，一直突破到第聂伯河上支援防线为止。在同一天内，第 3 白俄罗斯方面军沿着公路的进展暂被阻止，但第 4 军团的左翼必须后退到奥尔希湖（Oreshi Lake）之线以与第 3 装甲军团的右翼保持接触，后者即为在波古希夫斯克（Bogushevsk）两侧战斗的第 6 军。蒂佩尔斯基希将军现在非常担心其左翼的安全，的确颇有理由，所以他一再要求准许在第 4 军团中尚未受到攻击的单位，迅速撤回到第聂伯河防线。

经过一天的发展，集团军总部和陆军总部都对此项建议表示同意，夜间情况会报时遂向希特勒提出，但还是遭到希特勒的拒绝。第 4 军团所接到的命令还是要第 12 军和第 39 装甲军的北翼维持原有的位置。蒂佩尔斯基希企图说服集团军总部取消这项命令，他认为那简直毫无意义，而且这也不仅是他个人的意见；布什元帅则认为那既然是“元首”的命令，他就必须服从。在这种情况中，蒂佩尔斯基希遂诉之于自己的良知而决定个人负责，下令撤向第聂伯河防线。但这个决定还是太迟，不仅是因为第 4 军团北侧面上的情况加速恶化，也是因为从那一天开始，南面第 9 军团的战线上又有了新的发展。

6 月 24 日，第 1 白俄罗斯方面军全力向第 9 军团发动大规模的攻击，首先取得成功的地点是别列津纳河的南面，由第 41 装甲军负责防守的地区，在那里苏军很快就向博布鲁伊斯克到拉特米罗维齐（Ratmiroivchi）之间的铁路线进入，并立即投入强大的装甲兵力——仅凭微弱的局部预备队根本就无法加以阻止。在罗加乔夫以北的第 35 军防区中，苏军在杜鲁特（Drut）河西岸上也有进展，不过其进入行动却已被塞住。保留作为预备队的第 77 师，被送去应付苏军在与第 4 军团分界上所作的第 3 处进入。直到那一天很晚的时候才又决定使用第 20 装甲师，它尚在博布鲁伊斯克附近被保留作为预备队。最初，第 9 军团部认为较大的危险是在罗加乔夫以北，而且直到下午仍认为该师应用在这个北翼上，于是也就开始朝那个方向调动，但到黄昏时，其观点又发生改变，由于第 41 装甲军地区的情况迅速恶化，遂又要求该师向南在巴里齐（Parichi）附近发动反攻。一经犹豫，便已损失宝贵的时间，并且导致第 9 军团司令的更换，由弗尔曼将军（Gen. von Vormann）接替约尔丹将军（Gen. Jordan）。不过事实上，即使这一个师的使用能够达到理论上的最佳标准，对于第 9 军团的命运仍然没有多大的裨益。

6 月 25 日上午传来的报告，已经能够非常明白地显示，由于敌军在两翼上更进一步的成功，迫使中央集团军的全面情况非常迅速地恶化。在别列津纳河以南突破第 9 军团防线的苏军已经达到博布鲁伊斯克以南的铁路线，后方又有更强大的兵力不断从缺口中涌入。第 20 装甲师此时尚未使用，却正被迫先清除自己的伸展地区，在下午以前不可能进入攻击位置；不过，集团军总部仍坚持应向苏军突破的侧面上发动此项攻击。北面的情况更糟：第 6 军的新防线已在波古希夫斯克为第 3 白俄罗斯方面军所突破，德军则被逐回到奥尔沙以西的公路上。于此，敌军向南和向西都已赢得充分的行动自由。

现在第 9 军团的大部分和第 4 军团的全部受包围的危险日益扩大。在 6 月 25 日上午向陆军总部提出的情况报告中，中央集团军总部曾作下述的要求：将第 4 军团撤到第聂伯河之线，以便能抽出预备队来增强备受威胁的左翼；放弃维捷布斯克；允许第 206 师突围；增派 3 个师的援兵，并分别派往斯卢茨克（Slutsk）、明斯克和巴拉范诺弗（Parafianovo）。该集团军总部认为即使采取这些措施，很可能还是不足以恢复情况，所以又再度紧急要求改变一般作战指示，以便能从突出地区作更进一步的撤退，这样才能和邻近单位保持接触，同时这也是使许多单位免于毁灭的唯一途径。假使对情况已作适当的判断，陆军总部也许在 6 月 23 日即早应作成决定，甚至到第二天（6 月 24 日）也还来得及，但现在战斗情况的发展已使这些决定变为绝对必要、异常迫切。不过陆军参谋总长到现在还是无法说服希特勒认清情况的严重，希特勒在中午会报时准备同意的事项只有将莫吉廖夫以南的那一部分第 4 军团兵力撤入第聂伯防线，他仍然拒绝放弃维捷布斯克。

6 月 25 日当天的战斗经过，更足以证明那天上午的情报报告所显示之忧惧是完全正确的。在第 9 军团方面，第 20 装甲师的反攻不久即为强大苏联装甲兵力所阻止，无法产生被期望的救助功效。当此之际，第 1 白俄罗斯方面军仍继续把其南面的攻击兵力向西和西北推进，所以从博布鲁伊斯克通向西面的道路也全都感受到威胁。在北翼上，德军使用其最后的预备队，总算是暂时阻止敌人扩大在罗加乔夫以北已存在的缺口。在与第 4 军团之间的界线上，情况仍然不明，第 707 师未能堵塞那个缺口；第 9 军团司令部要求在这样的情况中，应允许其撤到扩大的博布鲁伊斯克桥头堡中，但却为布什所拒绝，他指出他所接到的作战指示并无任何改变。

第 2 白俄罗斯方面军的兵力现在已在莫吉廖夫以东，突破第 4 军团所据守的第聂伯河防线，并继续向莫吉廖夫和什克洛夫（Shklov）前进。在公路的北面，苏军已经在奥尔奇（Orekhi）突入奥尔沙桥头堡。第 6 军（第 4 军团的一部分）在第 3 白俄罗斯方面军的强大装甲攻击压力之下，已经完全崩溃，使得敌军能进向斯莫梁（Smolyany）附近的公路。于是，第 3 白俄罗斯方面军也就达到第一个作战目标，即占领在德维纳河与第聂伯河之间的地带；现在它就利用维捷布斯克以北，德军防线上已撕开的裂口，把机动部队经由先诺（Senno）向第 4 军团的深入侧面上挺进。在第 3 装甲军团之下的第 53 军现在努力向西南突围，但在奥斯托罗夫诺遭到强大的敌军而未能成功，又因为第 9 军的右翼，本来是在比辛柯维齐（Beshenkovichi）扼守其在德维纳河上的阵地，现在也已被第一波罗的海方面军压迫着向西退到波齐柯夫（Bocheykovo），遂使情况变得更无希望。

布什元帅又向蔡茨勒提出紧急要求，认为该集团军的原有作战指示必须改变，终于在夜间会报时，希特勒决定允许第 4 军团退到第聂伯河防线；事实上，蒂佩尔斯基希早已经自动下令，在 6 月 25 日到 26 日的夜里即已完成撤退。希特勒也决定从北方集团军抽调第 12 装甲师，送往马里纳戈尔卡（Marina Corka）以增援第 9 军团，但对于维捷布斯克却仍然不肯放弃。他说："第 206 师必须死守维捷布斯克，直到换防时为止。"

这句话我们在前面已经提过，之所以再重述是要强调其想法之荒谬，在维捷布斯克的守军根本没有"换防"的可能。希特勒这样说也许是故意要面子，但也可能表示他对于实际作战情况毫不了解。尽管情况已经变得完全不利于他，他仍始终不肯承认，这也许是有意的，但也可能是受到下意识的支配。他一直都顽固地拒绝作出某些决定，因为他不愿意在部下面前承认自己的错误，表现出弱点和失败。对于希特勒而言，假使接受了参谋总长或集团军总司令的建议，也就无异于表示其意志已经无法贯彻，而必须向现实低头，这也正是令他最难以忍受的情况；因此尽管他明白这种决定已经极为迫切而且绝对必要，却继续地拖延，好像希望奇迹出现一样。这种变态心理似乎是很难解释的，但又并不难以理解。最后，因为他的故意拖延，几万名德国军人的生命平白牺牲，不久牺牲的人数就增到几十万，终于，整个日耳曼民族的命运也随之牺牲。

情况正在迅速发展，到6月26日，中央集团军受到双层包围的危险已经变得非常迫切。南面的威胁是来自第1白俄罗斯方面军的装甲兵力，它们正向博布鲁伊斯克前进，并企图切断第9军团的后方交通线，而早已经没有任何东西抵挡在前。从东北面，第3白俄罗斯方面军正沿着公路向奥尔沙以西挺进，威胁第4军团的长侧面。第9军团已经命令第20装甲师停止攻击，想改用它来应付西面的威胁。在其向东的正面上，巨大优势的苏军也已迫使第9军团放弃杜比萨（Dubissa）河之线。在北侧面上，苏军越过博布鲁伊斯克、莫吉廖夫公路，并终于隔断了第9军团和第4军团。在第4军团的南翼上，德军依照计划撤过第聂伯河，但同时第2白俄罗斯方面军的前锋已经攻占莫吉廖夫以北的第聂伯河右岸，并且从东、北、西三面进攻奥尔沙，不过到目前尚无进展。第3白俄罗斯方面军的快速机动部队现在就从这个缺口中冲入，以宽广的正面向西和西南挺进，在塔拉钦（Tolochin）附近切断了公路线。再往西看，微弱的德军尝试掩护第5装甲师在鲍里索夫的下火车行动。由第3军团和第9军组成的一个战斗群，面对着已经渡过德维纳河的苏军，也只好再向西撤退。维捷布斯克现在已为苏军所攻陷。第53军在奥斯托罗夫诺附近作向西南突围的最后企图，但为敌军所击溃。

在6月26日，由于紧急要求依然毫无下文，布什遂搭乘一架飞机飞往大本营向希特勒亲自提出报告。在6月26日夜间检讨全盘情况时，希特勒终于同意把第9军团撤入博布鲁伊斯克桥头堡，并且“分段”把第4军团撤入别列津纳河之线，但仍然要求坚守莫吉廖夫及奥尔沙2个“坚强据点”。

经过了两天的拖延，总算是作成了一项决定，但即使到如今也还是受到许多的限制，中央集团军仍然没有作决定的自由，布什也认为他对于希特勒的指示还是必须遵守，导致进一步的迟疑和犹豫不决，而不能采取针对情况所需的彻底步骤。举例来说，当第 9 军团的参谋长斯塔克少将（Gen. Staedke）于 6 月 27 日上午前往明斯克的集团军总部，要求准许该军团向西北突出以免被围时，就立即受到了禁止，因为陆军总部的命令一直都认为博布鲁伊斯克为别列津纳防线的奠基石，而必须加以坚守；反之，他却接到指示应使用第 20 装甲师以保持后方交通线的畅通。此种命令实在是完全漠视第 9 军团的实际情况。同时给予第 4 军团的命令也是一样：必须坚守在第聂伯河上的阵地，仅在受到压迫时才准撤到杜鲁特地段。甚至在那样的情况中，仍然继续坚守莫吉廖夫和奥尔沙 2 个所谓“坚强据点”。

6 月 27 日，第 9 军团的情况异常恶化，不仅是苏军已经封锁向西和向西北的道路，强大的装甲兵力也正从东北沿着公路直趋博布鲁伊斯克，并夺占了河上的桥梁，所以集结在别列津纳东岸上的第 41 装甲军和第 35 军残部已经不再能渡过该河。所以这些师能否如第 9 军团的意图，突围而出也都大有疑问。向博布鲁伊斯克以西前进的苏联摩托化部队，在西面已经达到诺弗亚多罗吉（Novya Dorogi），在西北面已经达到奥西波维奇（Osipovichi）。第 12 装甲师开始在马里纳戈尔卡下火车，而第 4 军团在南翼方面仍据守第聂伯河之线到莫吉廖夫为止，但其伸长的南侧面现在正受到越过莫吉廖夫—博布鲁伊斯克道路挺进的苏军之威胁。在北翼方面，第 2 白俄罗斯方面军以宽广面越过第聂伯河，而奥尔沙在四面围攻之下已经沦陷。第 35 军从敌军之间突围，已经向西南冲开一条出路，沿着公路向西前进的苏军机动快速部队在鲍里索夫暂时受阻。第3装甲军团的第9军已经无力对付敌军的压力，必须再向西退到列佩利—乌夏齐（Lepel–Ushachi）之线，追兵则为第1波罗的海方面军。第9军的右翼已经获得第212师的增强，后者是在列佩利下火车。第9军与第53军之间的缺口现在放宽到50英里，于是在6月27日上午，第53军停止战斗。

在这样全盘情况中，中央集团军总部于6月27日下午颁发进一步的作战指示。第2军团奉命接替第9军团的南翼，后者早已经被迫退到与该军团其余部分脱节的位置，因此仍可与在奥瑞沙地区苦战的兵力取得联系。第9军团本身则奉命向诺弗亚多罗吉—奥西波维奇之线退却，并同时留一个师在博布鲁伊斯克坚强据点之中。第4军团奉命分段撤向别列津纳之线，但仍继续坚守莫吉廖夫坚强据点。同一天，布什又透过陆军参谋总长，要求希特勒允许放弃博布鲁伊斯克、莫吉廖夫和奥尔沙等所谓坚强据点，结果还是遭到拒绝。6月27日到28日的夜里，元首作战命令第8号送到集团军总部，那不过是把希特勒早已当面告诉布什的话重复一次而已。关于那些坚强据点，作战命令宣布它们至少必须再据守几天，以便在后方准备一道坚强防线。但这个作战命令的基础是建立在下述的假定上：即仍认为德军享有足够的行动自由，能限制敌人的成功，并使其前进停止在一道“最后防线”之前。此后几天的情况发展，很快就指明，这些指示完全都是一厢情愿的想法，所以当他们面对残酷现实时，其崩溃也就不足为奇。德国军事当局认为苏军攻势目前已经超越最高潮，事实上完全错误。反之，他们现在正进入第二阶段的作战，并向新的远大目标前进。

苏军深入的进攻

在苏军的攻击正面南北两翼上都使用着强大的机动部队。6月28日，在南端趋向斯卢茨克，在北端则经过列佩利趋向莫洛杰奇诺。由此可以显示苏军并不以攻占明斯克为满足，而是要对于已获得的成功加以尽量扩张，以求能更进一步向西方深入。中央集团军总部也早已完全了解，苏军并未放弃用对明斯克的钳形作战来包围第4军团的计划。第4军团现在正向别列津纳河且战且走，并且发现本身正受到追击中的苏军步兵单位之侧面迂回威胁。事实上，在6月28日和29日，苏军统帅部对于“各方面军继续进攻的任务”已经颁发“特别指示”，依照这种指示，第1和第3白俄罗斯方面军是要采取一种两面包围的运动以攻击明斯克，并完全包围从莫吉廖夫地区向明斯克撤退的德军；同时第2白俄罗斯方面军则对德军作正面的追击，以妨碍其向明斯克作有系统的撤退；第3白俄罗斯方面军的摩托化兵力奉命向维列伊卡（Vileyka）和莫洛杰奇诺前进，以便切断德军从明斯克向利达（Lida）和维尔纳（Vilna）的退路。第一波罗的海方面军的任务是掩护第3白俄罗斯方面军的作战，北面趋向波洛茨克，西面趋向格卢博科耶（Glubokoye）。在博布鲁伊斯克作战结束之后，第1白俄罗斯方面军应继续向巴拉诺维奇和明斯克追击敌军；同时，骑兵和装甲单位也应送往巴拉诺维奇方向，以切断从明斯克通向西南的铁路线。

6月28日上午传来了坏消息，在博布鲁伊斯克地区的第9军团已经遭受围困，毫无疑问，这些单位即使能冲出，也都不再有任何战斗价值。同时，第3装甲军团在列佩利附近的掩护防线又再度破裂，与北方集团军之间的联络也告中断。第 3 装甲军团的作战对于南面的情况不可能再有任何帮助，因为战斗兵力已经减少到只有一个微弱的步兵军。虽然由第 5 装甲师和安全部队（属于第 39 装甲军）所组成的绍肯战斗群（von Saucken Group）在鲍里索夫两侧暂时阻止了敌军的前进，但执行作战命令第 8 号的条件根本早已不存在，诚如中央集团军总部在检讨情况时所指出，从博布鲁伊斯克和列佩利向西，敌军的行动已经无法再予以制止。立即派遣强大生力军前往巴拉诺维奇和列佩利以西实至为必要。与陆军总部通话的结果，中央集团军在进一步作战中的主要任务确定为将第 4 军团安全撤回明斯克地区。不过，假使少量尚能使用的原有兵力（在鲍里索夫的第 5 装甲师和在马里纳戈尔卡的第 12 装甲师）以及新送来的兵力（已经送到巴拉诺维奇的第 4 装甲师和第 28 师，与从北方集团军调来的第 170 师和第 132 师）若欲发挥最佳的战略效果，必须采取机动战术。现在在明斯克以南，由第 12 装甲师和第 4 装甲师，在明斯克的西北，由第 5 装甲师，设法保持第 4 军团退路的开放。

6 月 28 日夜间，莫德尔元帅从布什元帅手中接管中央集团军的指挥权。但目前他仍同时兼任北乌克兰集团军总司令，以便在统一指挥之下，可以迅速从那一方面抽调预备队。这个改变使得集团军内部的“作风”有了显著的变化，尤其是在集团军和陆军总部之间的关系上所发生的变化更为巨大。这位新总司令是希特勒特别信任的少数红人之一，使该集团军主管作战的幕僚人员大感惊异的是，莫德尔建议的一切措施，希特勒都能欣然表示同意。

6 月 29 日，苏军继续从德军战线上已被撕开的缺口中向前推进。在南面，其前进单位已经到达斯卢茨克，在北面正以宽广正面在鲍里索夫和列佩利西南之间到达别列津纳河的上游。利用已经送往斯卢茨克的骑兵，德国第 2 军团正在尝试守住这个坚强据点，现在第 2 军团已经奉命在那里阻止苏军的前进，并使用正在到达巴拉诺维奇的兵力（第 4 装甲师和第 28 师）向东北进攻，以求补救本身与明斯克以南第 9 军团之间的缺口。第 12 装甲师在安全单位的增援下，在马里纳戈尔卡的两侧阻止了敌军的进犯。中央集团军总部遂命令第 9 军团重建与第 4 军团南翼之间的接触，并利用北方集团军调来的 2 个师守住明斯克以南的地区。不过，由于北方集团军南翼上的情况也非常严重，陆军总部对于其中的一个师（第 132 师）遂暂时缓调。第 4 军团仍继续向别列津纳河退却，两侧上的敌军压力也日益增重。在北翼上，绍肯战斗群仍据守鲍里索夫桥头堡，因为苏军可能在更北的地方渡过别列津纳河，然后再从第 4 军团和第 3 装甲军团之间的缺口直趋明斯克，所以别列津纳河西岸上的第 5 装甲师也就奉命，随时准备向西北方采取行动。在敌军重压之下，第 3 装甲军团的这个微弱战斗群被迫继续向西撤退；而从第 3 装甲军团与北方集团军之间的空隙中通过，第 1 波罗的海方面军的前锋已经到达莫洛杰奇诺—波洛茨克铁路线。

6 月 30 日，在中央集团军的两翼上紧张程度略有缓和，但这只是暂时现象。攻击第 2 军团的苏军虽攻占斯卢茨克，但由于德军微弱兵力所作的顽强抵抗，钉住了敌军使其未能朝巴拉诺维奇或明斯克方向扩张成果，这才使第 4 装甲师能在巴拉诺维奇下火车而不受到干扰。在马里纳戈尔卡，第 9 军团的正面尚无变化；德军从博布鲁伊斯克向北突围的兵力距离目标还有一半距离。第

3白俄罗斯方面军的快速机动部队，正在鲍里索夫附近进攻第4军团的北翼，并继续向北前进，但在别列津纳河上遭到顽强的抵抗。一支透过贝哥美（Begoml）前进的敌军被第5装甲师的单位击退，另外，尚在别列津纳河东岸上战斗的第4军团主力（第12军和第217军）情况仍非常紧急，主要的退路虽仍能保持开放，但在别列津诺的渡河行动能否在7月3日以前完成，仍然颇有疑问。

7月1日，整个中央集团军的情况又变得相当恶劣，因为第1白俄罗斯方面军的快速机动单位已经从斯卢茨克趋向斯托尔布齐（Stolbtsy）以南的巴拉诺维奇—明斯克铁路线。于此苏军在南面的大包围形势已经逐渐形成，而在北面向莫洛杰奇诺的相似行动也显然是在意料之中。第2军团现在使用第4装甲师和第1匈牙利骑兵师，在巴拉诺维奇以东攻击向斯托尔布齐作战的敌军南侧面，迟到的第28师也加入此攻击。在第9军团方面，第12装甲师集中从博布鲁伊斯克突围的单位，再把它们向西送回。第4军团的情况现在变得更为紧急，在别列津纳河岸上，苏军分别从南北两端压迫，企图切断该军沿着别列津诺到明斯克的主要退路，在东岸上的德军三面都受到重压，向桥头堡且战且走；在该军团左翼上，由于第5装甲师撤回到明斯克以东的地区，鲍里索夫桥头堡也随之而丧失。第3装甲军团依照计划向普罗尼亚—普里沙（Pronia–Plissa）地区撤退。

中央集团军现在在与豪辛格将军（Gen. Heusinger）接触，后者是陆军总部的作战处长，由于参谋总长蔡茨勒生病，一切便由他作为代表。集团军总部告诉他由于苏军机动兵力的西进，整个情况已经变得非常紧急，对于在明斯克地区中作战的第9和第4这2个军团必然会产生严重的后果；而通过斯托尔布齐和莫洛杰奇诺的后方交通线已经受到威胁，所以通过明斯克把援军送给它们的希望又已幻灭。第170师只好在莫洛杰奇诺下火车。

7月2日，第1白俄罗斯方面军的机动部队果然不出所料，在斯托尔布齐到达巴拉诺维奇—明斯克铁路线，而第3白俄罗斯方面军的前锋也在莫洛杰奇诺和斯莫根（Smorgon）达到维尔纳—明斯克铁路线。苏军显然是在尝试封锁明斯克以西纳利博基（Naliboki）森林地区南北面的两条狭窄走廊。假使想要把仍在明斯克地区中作战的第9和第4军团的残余部分撤出，并重建一条完整的防线，这些道路就绝对必须保持开放。为了应付这种危险，莫德尔元帅决定不顾明斯克地区的情况，而把手中少数还能作战的兵力投向明斯克的西南和西北，以求保持这两条走廊的再度开放。第2军团奉命用第4装甲师继续对斯托尔布齐攻击，而第9军团也奉命从明斯克东南正面上撤出第12装甲师，以进攻斯托尔布齐；第4军团的第5装甲师，则应从明斯克之北向西北进攻，使明斯克—莫洛杰奇诺铁路线再行开放。但在同一天，中央集团军又向陆军总部报告，第4军团的残部已经毫无希望达到明斯克地区，交通线已经切断，即使送来增援也无法再对明斯克之战产生影响作用；这个报告也坦白地说出在这样的环境之下，已无继续把明斯克当作坚强据点来加以据守的理由，认为想要确保南北两条走廊的开放还是必须加速送派援兵。在听取了豪辛格的报告之后，希特勒同意莫德尔的建议，并批准他早已采取的措施。

白俄罗斯大会战在7月3日进入最后阶段，在这一天，苏军同时从东南和南面攻入明斯克，对第4军团构成合围之势，后者曾尝试渡过别列津纳河。中央集团军使用尚可使用的装甲师，使得明斯克以南的第9和第4两军团残部得以在斯托尔布齐渡过尼曼（Neman）河，并沿着公路从明斯克退向莫洛杰奇诺，沿途收纳了不少的溃散人员。原先在博布鲁伊斯克被困的第 9 军团一部分兵力，组成了一个战斗群，以第 20 装甲师的单位为其核心，勉强在斯托尔布齐的西北达到尼曼河西岸。第 3 装甲军团的第 9 军在巴拉范诺弗以北守住一条防线，阻止第一波罗的海方面军从格卢博科耶的进攻。北方集团军的南翼现在已在波洛茨克以西向后折回到维维河的南面，遂又产生一个缺口，而使苏军顺利向西行动。波洛茨克已受第 1 波罗的海方面军兵力的三面威胁。

尽管如此，希特勒仍然执意允许撤出波洛茨克，他相信那里的作战能改变中央集团军的命运，遂于 7 月 1 日命令北方集团军向西南方发动攻击，因为一共只有 2 个师的兵力可以用来执行此项命令。一切有关人员全都认为那是不可行的，莫德尔宣称，这种毫无用处的试验最好是不要做。由于北方集团军坚决拒绝执行这个命令，不久之后，其总司令林德曼将军（Gen. Lindemann）被撤职，接替者是弗里斯纳（Gen. Friessner）。直到 7 月 2 日到 3 日的夜里，豪辛格才终于说服希特勒承认他的计划不可能执行，希特勒这才同意撤出波洛茨克。

以后几天内，在明斯克地区中的德军残部继续与敌人保持接触，在纳利博基森林两侧都受到占尽优势敌军的压迫，并向巴拉诺维奇和莫洛杰奇诺撤退，在那里获得了增援，战斗于是转趋激烈，第 4 军团被切断的部分在渡过别列津纳河之后，仍继续向西撤退，一路打到了明斯克之南。在这个移动的包围中，第 12 军和第 217 军组成的战斗群仍能维持战术团结，但集团军总部对于第 4 军团残部的英勇突围企图，所能给予的救助不过就是有限的空运补给而已。最后一批飞入的补给是在 7 月 5 日，此后即不再有空运补给的可能，因为空军基地已经被迫后撤，同时也缺乏战斗机来保护运输机。1944 年 7 月 8 日，第 12 军的代理军长命令放弃武器，因为已经弹尽粮绝，在这样的情况之下，再抵抗已一无用处。

总 结

1944 年 7 月 3 日，苏军攻克明斯克，依据苏联官方的正式报告，其已结束战略行动的第一阶段。苏军的夏季攻势已经达到首要目标——解放白俄罗斯，同时也已在德军防线上撕开一个裂口。现在中央集团军只有 8 个分散的师，在长度超过 200 英里的正面上，对抗苏军 116 个步兵师、6 个骑兵师、16 个摩托化步兵旅和 42 个装甲旅。几天之后苏军又再度前进，根据苏军统帅部在 7 月 4 日发布的命令，这次攻势是以达到前苏波国界为目的的；从北面是要经过莫洛杰奇诺进向维尔纳，从南面是要经过巴拉诺维奇进向布雷斯特。

所谓“白俄罗斯之战”一共经历 14 天，假使我们想要尝试综速决定胜负的各项因素，则其中的首要原因无疑即为苏军在攻势中所能动用的强大兵力。在 1944 年夏季，苏军在数量、物资、装备等方面都享有巨大的优势，包括空军在内，所以他们在行动上几乎不受任何限制，同时对于资源也毫无节约之必要；苏军可以同时在宽广正面上向几个点发动攻击，也可以集中兵力先击毁德军某些最重要的地段。此外，其强大的快速机动部队也都准备作深入的穿刺，这些部队非常容易就能追上、切断和包围徒步撤退的德军；德军采取的对抗措施根本无法配合苏军攻势的实力、冲力和战略目标，也赶不上迅速发展的情况。

另外，德国中央集团军从作战之日起，就居于非常不利的情况。第一，战线太长而兵力太少，简直不成比例，所以防线上的兵力都非常单薄，根本不可能有任何纵深防御；第二，在正面附近缺乏适当的预备队，一共只有 1 个装甲师和 3 个步兵师；第三，希特勒坚持要建立所谓“坚强据点”，一共就用掉了 6 个师，完全丧失了机动战斗价值；第四，完全没有战术预备队；第五，空军实力太弱，又因为缺乏燃料，作战就更受到限制。以上所述已经够恶劣了，在任何情况中，足使作战受到巨大的妨碍，但更坏的是希特勒的命令，他把所有的兵力都钉死在几道固定的防线上，并禁止在后方建立必要时可供撤退之用的预备阵地，也就使得机动性的防御战不能够执行。

德国最高统帅部对于苏军攻势的危险作了过低的估计，而德军向来就如此判断，它们深信苏军的夏季攻势一定是指向在加里西亚的北乌克兰集团军，而不是中央集团军。到了 6 月中旬，明知此种想法与苏军的实际部署完全不符合，但希特勒和陆军总部却仍然不肯改变其固有观念。概括而言，中央集团军总部对于面向自己正面集中的敌方兵力，尚能正确估计，但却总把自己的抵抗力估计得太高。

尤其是他们以为一旦苏军发动攻势时，就可以根据本身的情况判断来自由进行防御战，怎知道事实并非如此，该集团军总部几乎毫无行动自由。在当时的情况中，只有采取机动防御方式，也许尚可使整个集团军不致全遭毁灭，也就是说必要时一定要撤退，这样才能利用预备队建立新的防线。如果所有的兵力都不准灵活运用，也就注定会被敌人蚕食殆尽。

6 月 24 日上午，中央集团军总部即提出这样的要求，陆军总队也认为那是合理的，但希特勒却拒绝允许任何不曾受到攻击的地段自动撤退，尤其是不准撤出所谓“坚强据点”。中央集团军总司令布什元帅对于希特勒恭顺无比，认为希特勒的命令必须严格遵守，所以他既不肯主动改变部队的作战目标，又不肯给予属下执行机动防御的自由；他在接受希特勒的命令时从不表示抗议，也从不为部队着想而负责采取独立行动，或者先斩后奏，让希特勒去面对既成事实；他的继任莫德尔元帅就经常采取这些办法，他却从不敢如此，所以这方面应该予以谴责。6 月 25 日上午，中央集团军总部即已紧急要求改变作战指示，但直到 6 月 26 日到 27 日的夜里——换言之，已经拖了 36 小时之久——希特勒才允许对别列津纳河作逐步撤退，甚至依然坚持要继续守住那些坚强据点。但也为时已晚：第 3 装甲军团和第 9 军团的大部分都早已被毁，第 4 军团的全部也由于苏军向明斯克的迂回运动发展得又强又快，早已陷入重围的危险。事后看来，如果第 9 和第 4 这 2 个军团能够作当机立断地撤退，也许就可以抽出必要的预备队来支援颇受威胁的侧面。若能如此，虽不一定可以避免失败，但至少可使有战斗价值的单位不致全毁。

希特勒这种顽固而无责任感的态度，根本无法采取彻底的措施以配合情况，于是中央集团军的完全崩溃也就成为无可避免的结局。在白俄罗斯，德军一共损失 28 个师，总数达 35 万人之多，比斯大林格勒的损失差不多超过一倍，对于整个德国战争情况的影响甚至还要更坏。中央集团军的崩溃使整个东线战场再也无法支撑。因为苏军从中央突破，把德军一直赶到维斯瓦河（Vistula）上游发东普鲁士边界上，于是在波罗的海方面的德军都已被切断，而德国人在巴尔干的军事和政治情况也都受到重大威胁，所以1944年夏季，中央集团军在白俄罗斯的崩溃，也就是德国在东线军事努力结束之始。

大事记（十一）1944年9月—1945年8月

战争部分（轴心方面）

1944年

9月2日：德军开始撤出爱琴海各岛屿。

9月4日至15日：德军撤离芬兰。

9月8日：第一枚V–2火箭落在伦敦。

9月16日：第一次使用飞机发射V–1飞行炸弹。

9月16日至23日：德军撤出爱沙尼亚。

10月3日：德军撤出雅典。

10月11日：阿登反攻完成第一次作战计划。

10月13日：德军撤出里加。

10月25日：德军撤出希尔克内斯（Kirkenes）。

11月2日：德军完全撤出希腊。

11月10日：德军最高统帅部命令发出阿登反攻。

11月10日至11日：日军攻占桂林及柳州的机场。

11月16日：罗尔会战（Battle of the Roer）开始。

11月23日：盟军攻占斯特拉斯堡。

12月16日：德军在西线发动最后攻势。

12月18日：德军反攻失败。

1945年

1月1日：德军空军对法国北部与比利时的盟军机场作最后攻击。

1 月 17 日：德军撤出华沙。

1 月 23 日至 5 月 8 日：200 多万居民从海上撤出东普鲁士。

3 月 27 日：对伦敦发出最后一颗 V–2。

3 月 30 日：苏军占领但泽。

3 月末：日本进行最后本土防卫作战计划。

4 月 9 日：苏军占领柯尼斯堡。

4 月 10 日：日本人攻击美国在中国的基地。

4 月 21 日：德军在意大利的战线崩溃。

政治部分（轴心方面）

1944 年

9 月 4 日：芬兰停战。

9 月 25 日：希特勒命令组织“民兵”。

10 月 14 日：隆美尔元帅自杀。

10 月 19 日：希特勒命令毁灭华沙。

1945 年

2 月 15 日：德国司法部命令成立特别军事法庭。

2 月 19 日：希姆莱尝试透过瑞典求和。

2 月 26 日：希姆莱发出成立解除战斗指示特别法庭的指令。

3 月 5 日：德国征召 1929 年级新兵。

3 月 19 日：希特勒命令执行“焦土”政策，毁灭一切工厂。

4 月 25 日：希姆莱的休战要求达到伦敦。

4 月 28 日：意大利游击队枪杀墨索里尼。

4 月 30 日：希特勒在柏林自杀。

5 月 2 日：邓尼茨组成德国新政府。柏林投降。

5 月 4 日：西北战场签订降约。

5 月 7 日：德军无条件投降。

战争部分（同盟方面）

1944 年

9 月 3 日：收复布鲁塞尔。

9 月 4 日：收复安特卫普。

9 月 8 日：收复列日。

9 月 11 日：美国第 1 军团到达德国国界。

9 月 15 日：苏军攻占索非亚。美军登陆帕劳及摩罗泰。

9 月 17 日：盟军在阿纳姆和奈梅亨大规模空降作战。

10 月：对埃森、科隆进行大规模空袭。

10 月 2 日：在华沙起义的波兰人投降。

10 月 5 日：苏军包围德国北方集团军。

10 月 11 日：苏军进入东普鲁士。

10 月 10 日至 13 日：美军舰载机和日本陆基战机于台湾发生空战。

10 月 19 日：麦帅返回菲律宾。

10 月 20 日：苏军及南国游击队收复贝尔格莱德。

10 月 21 日：美军部队攻占亚琛。

10 月 23 日至 26 日：莱特湾海战。

11 月 24 日：美国超级堡垒第一次从塞班岛空袭东京。

12 月 3 日：德国齐格菲防线被突破。

12 月 15 日：美军登陆民都洛岛。

12 月 18 日：美军对汉口进行大规模轰炸。

12 月 24 日：布达佩斯被围。

1945 年

1 月 28 日：缅甸公路重新开放。

2 月 1 日：苏军攻占布加勒斯特。

2 月 3 日：美陆军航空队 1000 架轰炸机空袭柏林。

2 月 4 日：美军攻占马尼拉。

2 月 13 日：布达佩斯被攻占。

2 月 13 日至 14 日：德累斯顿遭受大规模空袭。

2 月 19 日：美军登陆硫磺岛。

2 月 22 日：盟军飞机 9000 架攻击德国运输目标。

3 月 9 日：攻占腊戌。

3 月 9 日至 10 日：东京大空袭，8 万人死亡。

4 月 1 日：美军登陆琉球岛。

4 月 7 日：美军第一次自硫磺岛派遣有战斗机护航的轰炸机群空袭东京。

4 月 14 日：苏军攻占维也纳。

4 月 24 日：苏军包围柏林。

4 月 25 日：美苏两军会师易北河上。

7 月 16 日：第一颗原子弹完成试验。

7 月 16 日至 17 日：英美战舰首次对日本本土实施岸轰。

8 月 6 日：第一颗原子弹落在广岛。

8 月 9 日：第二颗原子弹落在长崎。

8 月 9 日：苏军攻入伪满州。

8 月 10 日：日本人投降。

8 月 15 日：远东战争结束。

政治部分（同盟方面）

1944 年

9 月 5 日：苏联向保加利亚宣战。

9 月 8 日：保加利亚向德国宣战。

9 月 12 日：苏联与罗马尼亚签订休战协定。

9 月 19 日：苏联与芬兰签订休战协定。

9 月 22 日：罗斯福收回其对摩根索计划的签署。

10 月 9 日至 20 日：丘吉尔在莫斯科与斯大林会谈。

10 月 18 日：史迪威从中国被召回。

10 月 28 日：苏联与保加利亚签订休战协定。

11 月 7 日：罗斯福四度当选。

12 月 10 日：法苏同盟。

1945 年

1 月 1 日：波兰共产党宣布成立政府。

1 月 15 日：美军战略轰炸机部队撤出中国。

2 月 4—11 日：雅尔塔会议。

2 月 20 日：匈牙利反抗政府在莫斯科签订停战协定。

3 月 27 日：阿根廷对德宣战。

4 月 3 日：太平洋指挥权变动：尼米兹——海，麦克阿瑟——陆。

4 月 5 日：苏联宣布废除日苏互不侵略条约。

4 月 12 日：罗斯福逝世，杜鲁门继任美国总统。

5 月 23 日：丘吉尔组成新阁，工党不参加。

5 月 25 日：侵入日本计划获批准。

6 月 26 日：成立联合国组织。

7 月 17 日至 8 月 2 日：波茨坦会议。

7 月 26 日：英国工党在大选中获胜。

阿登（1944）

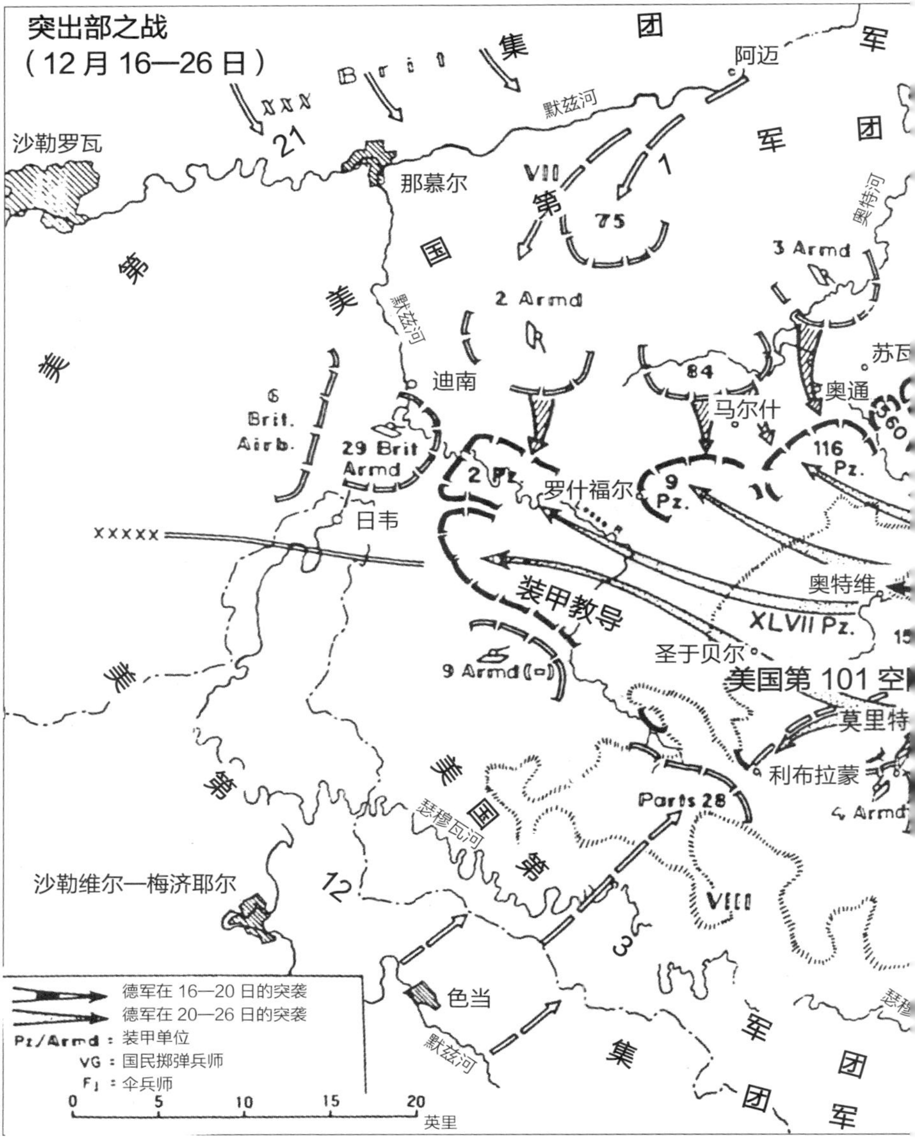
突出部之战
（12月16—26日）
XXX Brit
集
团
军
阿迈
默兹河
21
沙勒罗瓦
那慕尔
VII
第
1
军
团
奥特河
75
国
3 Armd
美
第
2 Armd
默兹河
美
6
Brit.
Airb.
迪南
84
苏瓦
奥通
马尔什
29 Brit
Armd
2 Pz.
罗什福尔
9
Pz.
116
Pz.
360
日韦
XXXXX
装甲教导
奥特维
XLVII Pz.
9 Armd
圣于贝尔
美国第101空
莫里特
美
利布拉蒙
第
美
Parts 28
4 Armd
瑟穆瓦河
国
沙勒维尔—梅济耶尔
12
第
VIII
3
色当
默兹河
集
军
团
团
军
德军在16—20日的突袭
德军在20—26日的突袭
Pz/Armd：装甲单位
VG：国民掷弹兵师
FJ：伞兵师
0
5
10
15
20
英里

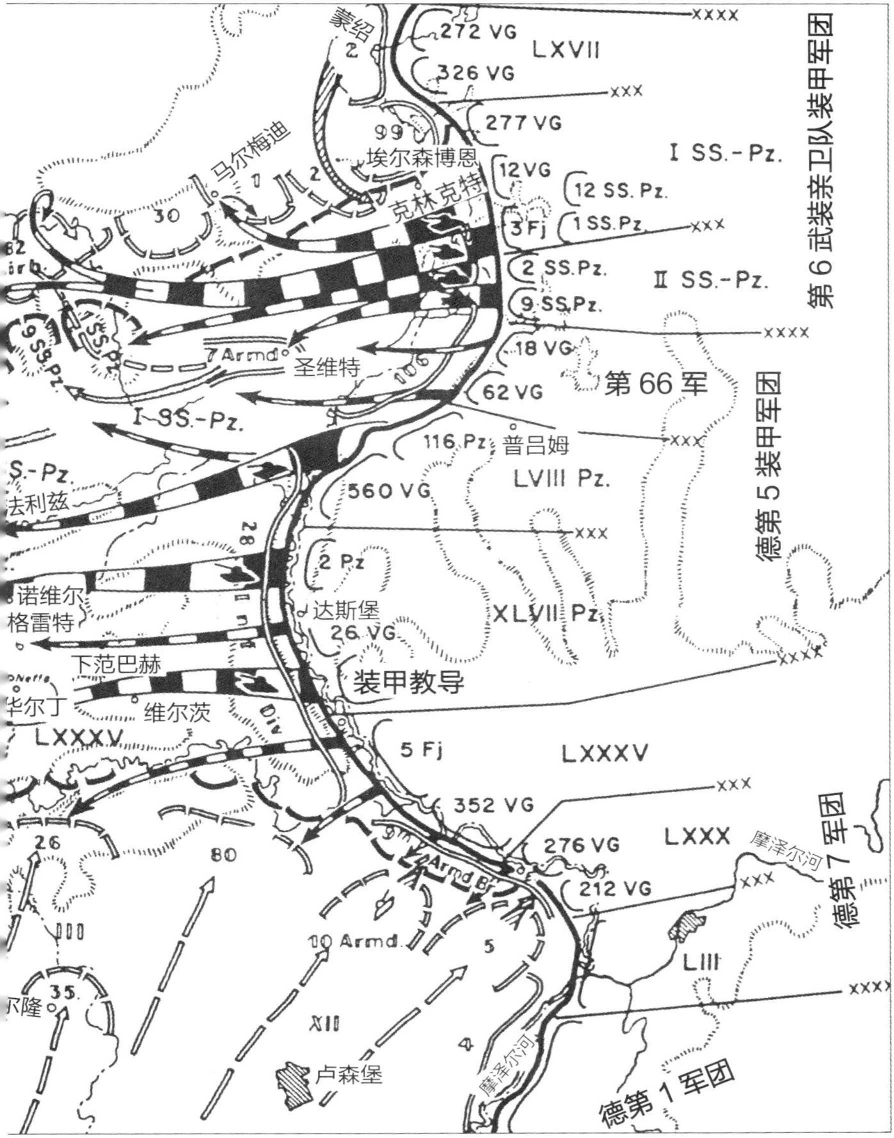
第6武装亲卫队装甲军团
德第5装甲军团
德第7军团
德第1军团
第66军
蒙绍
马尔梅迪
埃尔森博恩
克林克特
圣维特
普吕姆
法利兹
诺维尔
格雷特
达斯堡
下范巴赫
装甲教导
华尔丁
维尔茨
卢森堡
摩泽尔河
272 VG
326 VG
277 VG
12 VG
12 SS. Pz.
1 SS. Pz.
3 Fj
2 SS. Pz.
9 SS. Pz.
18 VG
62 VG
116 Pz
560 VG
2 Pz
26 VG
5 Fj
352 VG
276 VG
212 VG
LXVII
I SS.-Pz.
II SS.-Pz.
LVIII Pz.
XLVII Pz.
LXXXV
LXXX
LIII
7 Armd
10 Armd.
Armd Bt
XII
I-SS.-Pz.

第十章　阿登之战（1944—1945）

哈索·曼陀菲尔将军

准备

自从1944年8月起，希特勒即已在考虑在深秋时对西方盟军发动一次攻势，所以从8月起到12月16日攻势发动之日止，西线的全面军事发展应首先略作概述，尤其在这个阶段中，西线所有地区的猛烈防御战斗，全都与此项攻势的准备具有不可分的关系。

1944年秋季的西线军事发展

当敌军从诺曼底的科唐坦半岛突出时，希特勒要求作防御性的苦斗，以求尽量牵制敌军，使其一时不能达到“西线长城”（West Wall，即所谓齐格菲防线）。这是为了争取时间，一方面是想增加防守兵力，并使一向被忽视的西线长城达到有效的防御状态；另一方面也是替战术性的反攻创造比较有利的条件。不过自7月31日，盟军已经从阿夫朗什瓶颈中突出，脱离狭窄的诺曼底半岛，进入开阔地区之后，德军就更感到兵力不足，无从挡住这一股洪流；盟军首次能够充分利用较大的机动性和空中优势。西方同盟国已经获得主动权。

至于德军方面，则既无防御阵地又无适当的预备队，自然无法持久阻止敌军。在被迫进行机动战时，他们用极少数和勉强尚可机动的预备队，以尽量采取迟滞行动，但却常遭敌人的迂回战术，并陷入敌人后方，因为西欧有极优良的道路网，盟军在整个作战地区也都享有空中优势，行动因此极为方便灵活；新的突破和迅速地前进，使得德军一再希望在某些新的防御地区中，勉强拼凑一条新的抵抗线。德国西线总司令克鲁格元帅手中的装甲兵力大部分都已在法莱斯（Falaise）之战中（8 月 13 日至 20 日）被围歼。德军已再无装甲或摩托化师可用，短时间内此种损失不可能获得补充；剩余的装甲兵力不足以发动希特勒心里所想的大规模反攻。在 1944 年夏季，可能编成的少许新单位，只有用手拖的火炮装备，而且几乎毫无战斗经验可言。

在德国西线的南面，由布拉斯科维茨将军所指挥的 G 集团军，包括第 1 和第 19 军团，是直到最后一分钟才获得希特勒的批准，开始从法国南部和西南部撤出，所以仍然太迟。到此时，美军的装甲矛头已经在下卢瓦尔（Low Loire）河上，威胁着那两个军团的退路。虽然 8 月间，西线总司令曾向希特勒报告说，现在唯一能做的事情就是竭尽一切可能的手段来增强西线长城，并把所有的德军都撤入该线之后，希特勒仍拒绝这项建议。9 月 13 日，美军在萨兰堡（Chateau Salins）突破并到达洛林（Lorraine）。第 5 装甲军团所获得的局部成功，虽已经使第 1 和第 19 这两个军团之间的缺口暂时连接起来，但并不能如希特勒所希望，使西线情势产生决定性的改变［译者注：第 5 装甲军团司令即为本章作者曼陀菲尔将军（von Manteuffel），才刚调到南锡（Nancy）以东的地区］。在美军右（南）侧面上实在找不到任何弱点。反之，敌军的攻城槌已经变得如此强大，对于G集团军而言，最重要任务遂为如何阻止敌人突破。由于必须保全实力，只好暂时放弃希特勒已经拟订的攻击计划，整个G集团军便撤到孚日（Vosges）山地。11月22日梅斯失守，次日斯特拉斯堡（Strasbourg）也失守，现在阿尔萨斯（Alsace）南部已完全丧失。

德军西线的北段是由B集团军负责，总司令是莫德尔元帅；在这一方面，英军已于9月4日攻占安特卫普。盟军在阿纳姆所作的空降作战（9月17日至30日）已使其占有跨越默兹河上和瓦尔河上的重要桥梁，对进一步的作战提供有利的跳板，并足以牵制相当数量的德国兵力，不过就全体而言，他们仍然算是失败，尤其是肃清斯海尔德河口的行动已经被延搁。由查根（von Zangen）指挥的德国第15军团是处在一种非常困难，并且只能够死守斯海尔德河口的情况之下，就可以有效阻止西方同盟国利用安特卫普港。在北方集团军所防守的地区中，美国的目的是想要扩大西线长城上早已作成的缺口［在亚琛（Aachen）西南的森纳克（Vossenack）附近］，以作为越过罗尔河（Roer）向莱茵河进攻的必要前奏，之后它们就可以居于攻占罗尔河上和乌尔夫特（Urft）河上两个水坝的情况；在几个星期的攻击和反攻中，此种意图也受到了挫折。

从9月中旬到11月，在这个地区中所发生的一切重大防御战，大部分都受到一个新攻势准备的影响，国防军最高统帅部战争日志上的记载是正确的：“假使认为这个在罗尔河上的防御战是攻势准备的一部分，则到目前为止也是作战过程中最困难的部分。”蒂佩尔斯基希说："在这一段正面上的战斗对于防御而言是一种显著的成功，其重要性则远超过局部范围之外。"但这个战斗对于双方而言都已经在人力和物资上付出沉重的成本。尤其盟军方面，许多新单位连续不断地在战线上或后方上出现，因而使得战术预备队日益缩小。

此时，东线的紧张军事情况，使德国人不可能从那里调派任何有价值的增援前往西线。在南面，红军现在正在对德国发动全面攻击。古德里安对于1944年秋季的西线战斗会作正确的评论如下："大西洋长城的迅速丧失，迫使我们用几乎完全没有机动性的单位来打机动战，我们后方的交通网都已被炸坏，同时敌人也控制着我们顶上的天空。当装甲单位仍然存在时，我们的领袖们却选择在诺曼底打一种静态的战斗；现在我们的摩托化兵力已经溃散和毁灭，却被迫打着以前所拒绝面临的机动战。美军的进取常给予我们有利的机会，但我们却已经不再有继续扩张的能力。"

9月初，艾森豪威尔将军曾乐观地命令穷追已经溃散的德军，并直达莱茵河上，但现在已经是10月中旬，盟军仍未能成功地在莱茵河东岸上建立桥头堡。盟军在地面上和空中所享有的绝对优势都足使德国人稳不住阵脚；但事实上，因为补给的困难，却迫使艾森豪威尔不能使用他认为必要的全部兵力。所以对于盟军而言，打开安特卫普港之必要性，实为一项紧急课题；事实上，到11月3日，进入这个港口的水道便已肃清，而第一批运输船团也于11月28日开入这个港口。不过艾森豪威尔认为，在安特卫普港开始使用之前，唯一要做的事情就是不让德军有安宁的机会，应倾全力来扰乱他们，使之不能安心地部署防务。但由于部队的勇毅坚定，德军面对着压倒性的物资优势，仍然能在几个星期之内一再击退盟军的攻击；经过了极大的努力，德军终于成功地在自己国土的西疆上建立一道防线。过去几个星期内，盟军虽然发动各种不同形式的小型攻击，但都不曾得到成功，也未能对一个较大攻势创造准备条件；盟军现在遂放松其压力，把后方兵力向前推送，并开始慎重准备进一步的作战。

希特勒认为敌方从10月初起所施的压力显著降低，是一种机会，可以乘机在西线发动反攻，但他对于此种机会未免估计过高。他恢复热情，准备在西线大举反攻，并且把西线的一切战争指导都依循着此种观念。经过千辛万苦建立起来的新防线，现在还算不上已经巩固，但却奉命应用既有的兵力来尽量苦撑，以便到11月间可以发动计划中的攻击——照希特勒本人的说法，为了发动此项反攻，他不惜丧失土地，特别是在南欧。希特勒对于此攻势寄予莫大的希望，他说："不仅因为对这一部分战线而言，是一种决定性的转机，甚至对整个战争也是如此。"他甚至以为可以一战击败西方同盟国。

德军的计划

盟军尚无法利用安特卫普港，所以无法迅速地突破西线长城，于是希特勒开始着手拟订系念着的攻势计划。第一，他正确地估计盟军一共只有70个师，因此对于全长几达500英里的战线无法到处都维持强大的兵力；第二，他相信等到德军发动攻势时，天气的情况将可结束敌人享有的绝对空中优势，或至少能减低到相当的程度，所以要在冬季来临之前发动攻势，因为冬季会带来清朗的天气，足以恢复敌人的空中优势。希特勒既不征询西线总司令的意见，也不和他商量，就与国防军最高统帅部的作战处决定了此次攻势的基本原则（译者注：此时伦德施泰特又再度被任命为西线总司令，但他是一位极世故的老年人，现在更是装聋作哑，乐得清闲）。

为了在攻势之后，德军中能用的兵力可以确实达到突破的目的，所选择之点必须是敌军地面兵力较薄弱的地段，不仅在前线是如此，预备队也应如此；此外，突破的发展应达到能使西线整个情况变得对德国有利的程度。经过非常慎重的准备之后，选择出来的地带为艾费尔（Eifel）地段，并以安特卫普为最后目标。

在 11 月 3 日给予西线总司令部、B 集团军总部和第 5 装甲军团司令部的指示时，约德尔代替希特勒，在莫德尔元帅总部中解释攻击所发动之点，必须能使德军确实达到突破的目的；他告诉大家蒙绍—埃希特纳赫（Monschau–Echternach）被认为是最适当的地区，因为在这个地带中，敌军已经相当薄弱，在之前的正面攻击中曾经受到相当严重的损失；此外，敌人在这个地段内的预备队也已经调往邻近地区，补给情况也很恶劣。因为敌人防守这个地区的兵力相当薄弱，而且他们也想不到德军会在这里发动攻击，德军若能乘着天气不利于空军活动的机会，发动一个奇袭，将很可能达到突破的目的。此项突破应能替德国装甲兵力赢得行动自由，因此就应迅速前进，在列日和那慕尔之间建立默兹河上的桥头堡，并迅速向西直趋安特卫普，在东面则绕过布鲁塞尔。假定在渡过默兹河之后，德军装甲兵力就能切断美国第 1 军团的后方交通线，那可能是通过了默兹河谷。一旦德军的装甲兵力到达布鲁塞尔、安特卫普地区，英国第 21 集军团的后方交通线也将会受到威胁，如能攻占安特卫普，便会切断这条交通线。

敌人尚未成功地清除掉这个高度效率港口中的一切障碍，尽管其使用对于他们是至为重要；不过，其成功却只是时间问题，等到兵力、武器、补给从安特卫普不断涌入之后，仅凭这些准备即可以将德军压倒。假使攻势的立即目标能够达到，德军将居于可以同时击毁美国第 1 军团和英国第 21 集团军的有利情况，因为这二者全都切断了自身的补给来源，所以德军的成功将可以毁灭 25~30 个师的敌军，此外还可以俘获或毁灭各种不同的大量物资。为了准备突破德军防线并直抵莱茵河，盟军在这个地区中已经储积了大量的装备和补给。

德军可以用一般的步兵师去执行顺沿全线的突破，他们的行动必须迅速，以便装甲兵力迅速投入。利用敌人产生的震荡和混乱的情况，德军装甲兵应立即向西挺进，重要的是，装甲师必须不容许自己在途中因任何东西滞留，而应倾全力地向默兹河直冲，并应绕过无法迅速攻下的坚强据点，亦不能顾虑暴露侧面的威胁；这正是 1941 年在东线战役中行之有效的战术。无论如何，在元首的明令之下，巴斯托涅（Bastogne）是必须要加以攻占的。

在对于 3 位指挥官的指示中，约德尔提到 11 月 25 日为指定发动攻势的日期，并加以说明那也是月色最适当的时候；因为是新月期，所以黑暗可以对行动的展开提供额外的掩蔽，尤其是对于空中侦察更佳。从一开始起，约德尔即深信“希特勒决心坚持此次攻势的远大目标，并不惜动用必要的兵力”。

约德尔于是概括地说明各军团的任务如下：第 6 武装亲卫队装甲军团，司令为武装亲卫队上将迪特里希，应直趋列日两侧的默兹河渡口，以及其支流费沙尔河（Vesare）的渡口。然后再向阿尔贝特运河之线前进，并达到安特卫普以北的地区。全部兵力 9

个师，包括 4 个装甲师在内。

第 5 装甲军团，司令为曼陀菲尔上将，应在阿迈（Amay）与那慕尔之间渡过默兹河，以阻止敌军从西面威胁第 6 武装亲卫队装甲军团的侧面和后方。该军团共有 7 个师，其中 3 个为装甲师。

第 7 军团，约有兵力 7 个师，包括 1 个机动师在内，负责掩护前 2 个装甲军团的侧面，以对抗从南面和西面来的敌军攻击。其立即的目标是要达到默兹河及其支流瑟穆瓦河（Semois），然后与在卢森堡地区中的摩泽尔河正面取得联系。

此外还有六七个师，大多数是装甲或摩托化兵力，充任攻势的预备队。

约德尔又告诉这 3 位指挥官，为了支援阿登攻势，最高统帅部决定命令 H 集团军从其桥头堡中向罗尔河西岸发动一个辅助性的攻击，当敌方开始使用相当兵力对付第 6 武装亲卫队装甲军团的侧面时，此项攻击就应发动以作为牵制。

拟定发动的攻势具有如此巨大的目标，使得在场参加汇报的人都不禁感到震惊而且忧惧不已，他们一致认为光那些兵力不足以达成如此重大的任务。在冬季的条件之下，全面攻击长达 125 英里的战线，以德军的数量、装备、机动和补给，能否支持不免颇有疑问，至于要包围和歼灭 25~30 个师更是谈何容易。根据约德尔说法，最高统帅部认为在攻势发动后的第二天黄昏时即可以到达默兹河，但 3 位指挥官却一致认为至少要 4 天的时间，因为地形非常的不利，道路情况极为困难，车辆的性能也不佳；他们同时也害怕届时敌人已能调集足够强大的兵力来防守默兹河，所以他们都主张只作有限目标的攻击，即拉直在亚琛的德军防线，并补起盟军在西线长城上已经造成的缺口，最多也只可能把盟军从罗尔河上推回到默兹河上，也许还可以攻下列日。约德尔回答说，希特勒绝不会对这些建议表示同意的，他说希特勒一定会认为这种办法只不过是在拖日子，根本不足以促使西方同盟国会比较倾向和谈。

在进一步讨论中，可以明白地显示最高统帅部对于部队的情况、装备和训练是如何地缺乏了解。莫德尔提出自己的建议，那是以能用的兵力为基础而拟定的，这也就是所谓“修正案”；在11月4日讨论之后，西线总司令也以书面报告希特勒，表示这方面已经得到同样的结论。根据可能动用的兵力以及一般条件，最好两个装甲军团暂时不应企图共同越过默兹河；在突破成功之后，应容许其向北或向西北旋转，第5装甲军团的左翼遂可以获得默兹河的保护。但西线总司令却认为，即使希望这种颇为有限的行动能够获得成功也都有困难，除非是最初突破时受到恶劣天气的掩护之后，德国空军至少在具决定性的那几天之内，维持作战地区中暂时的局部空中优势。

莫德尔和曼陀菲尔都不怀疑攻击军一定能够突破美军的战线，但他们都强调左右的两个军团（北面为第15军团，南面为第7军团）必须要能够钉住所面对的敌军，否则敌人就可以从两边正面上抽调兵力，以威胁德军矛头的两侧，德军的冲力也就会迅速减弱，因为他们必须增派兵力以保护逐渐延长的侧面，其最终结果必然是不出几天，在矛头上所集中的兵力就会变得太弱而不足以达到目标。所以他们要求第15军团也应同时发动攻击，两个装甲军团，遂可以在列日西北地区合拢其钳头来包围位于锡塔德（Sittard）与蒙绍之间的英美盟军兵力。

假使情况发展有利，攻击军对于兵力作迅速重组之后，还是可以依照国防军最高统帅部的理想，继续向安特卫普进攻。经过一番详细讨论之后，发现因为必须将重点从第6武装亲卫队装甲军团移到第5装甲军团方面，因此兵力需要加以重组——不过此时还是可以来得及的。

在他们与约德尔的谈话中，莫德尔元帅与第5装甲军团的司令部都强调，巴斯托涅的迅速攻占应该对于希特勒计划的发展具有必要性。他们假定在攻势发动之后的最初两三天内，敌军从北面对这两个装甲军团发动反攻，在开始时应该还不致于太强大，第15军团也应能牵制住那个地区中的敌军兵力；同时又假定敌军后方并无强大预备队存在，所以突破之后，第5装甲军团将只会遭遇到微弱的敌军。相反地，他们却认为不久后从南面就曾有强大的敌军反应出现，因此，一旦德军突破之后再向西前进时，第7军团对于迅速延伸的侧面必须能够提供有效的保护；所以，必须有效地制止敌军使用预备队来攻击矛头的南侧面。但就此种目标而言，第7军团的兵力、装备、机动均嫌不足，其司令本身也有同感，但在讨论结束时，约德尔却冷漠地宣布希特勒的计划已经固定，而且绝不曾更改，所有以国防军最高统帅部作战处“详细”计算为根据的兵力一定能够准时送达，一切的安排都已获得希特勒的完全批准。不过，对于各种准备所需时间略作计算，即可以明了在11月25日发动攻势实际上并不可能，曼陀菲尔认为最早也应定在12月10日，约德尔只说希特勒绝不会同意。

希特勒的固执，使得企图说服他改变计划是根本行不通的，唯一的途径就只好建议先采取一个目标比较有限的行动，等到成功之后，再依照希特勒的精神来加以发展。整个11月就用在互相讨论之上，并企图用尽一切的手段来劝诱希特勒接受此种观念，希特勒除了不再坚持原先已确定的发动攻势时间以外，仍然拒绝对计划作任何修改。希特勒和最亲近的军事顾问们根本不了解德军在西线上崩溃之后产生的后果，目前距离原定发动攻击的时间大约只有 3 个星期，在这样短的时间之内，根本无法使足够的单位完成准备，达到合于理想的条件；同时，一切有关攻势的安排（时间）、炮兵准备等也都无法完成。

12 月 2 日，是想要说服希特勒改变计划的最后一次企图，莫德尔元帅、两个装甲军团司令（第 5 及第 6）和西线德军总部参谋长韦斯特法尔（Gen. Westphal），均奉命参加在柏林总理府中召开的会议。莫德尔用非常坦白和坚定的态度说明他的意见，他深知德军现有的弱点，战争已经打到第 6 年，德军目前已经精锐丧尽。莫德尔和曼陀菲尔所说的话都是有事实根据的，无法加以反驳，所以希特勒似乎已略有所知，尽管如此，冗长的讨论仍然未能真正说服希特勒，他拒绝对计划的基础作任何根本性的改变——包括目标、重点和兵力分配等。不能解决的问题终究还是不了了之。

希特勒甚至根本拒绝讨论所谓“修正案”，他说那是“半调子”。关于第 15 军团北翼上的辅助攻击和第 7 军团所需要的增援也都不曾作成决定，最后甚至无法获得任何相关资料。现在攻击的时间是暂定为 12 月 10 日，到 12 月 7 日又延为 12 月 14 日，最后到 12 月 12 日又定为 12 月 16 日。

在散会之后，希特勒留曼陀菲尔单独又谈了一个半小时，对于后者而言，他并不感到讶异，希特勒已经发现他和莫德尔对于大伙讨论的结果感到很不满意，现在曼陀菲尔就可以向希特勒作比较深入的说明。虽然如此，仍然不能够产生任何重大的改变，但希特勒至少同意他的建议，在夜间发动的攻击不先作炮兵准备，同时立即下达命令，对于迫切需要的武器和装备作部分的补充。

12 月 11 日和 12 日，希特勒在设于吉森（Giessen）附近的前进指挥所中召集各级指挥官训话，到师长阶级为止。所有参加的将领对于最高统帅的训话都深感失望，因为对于他们最重视的问题他是一概不提，在这个攻势即将发动的前夕，将领们最希望的就是能趁着最后几天的准备阶段，把一切最显著的缺点尽量加以改进，例如就连希特勒自己认为的成功先决条件也都往往不曾达到——他认为必须使用有充分战斗能力的生力军，但实际上所用的部队仍然不免有老弱残兵掺杂其间。

在 3 个军种之外，并无一位独立的最高军事顾问，总是凭着与希特勒的个人关系来对其产生巨大影响作用，在这种紧要关头上，更充分显示出来此问题的严重性。

在 12 月 11 日和 12 日的讨论中，各级将领所获得的唯一有建设性的资料即为希特勒对于整个敌情的判断。从判断上看来，似乎充分暗示了他们执行任务时的条件是有利的。

关于使用伞兵和斯科尔泽尼单位（Skorzeny Unit）在指定攻击地区中执行所谓“钩喙兽”（Greif）作战的意图，在当时是完全保密的，直到 12 月 15 日，第 5 装甲军团司令才获知此一计划的大概，直到攻击开始时，他才知道使用伞兵的地点和时间。

希特勒的政治动机

当 11 月 3 日第一次颁发指示时，约德尔所谈的仅是希特勒发动此项大规模作战的军事性理由，之后在 12 月 2 日，希特勒本人在柏林总理府中召开会议时，他所谈的也只是纯军事方面的要求。

但当那一天他与曼陀菲尔个别谈话时，却解释了发动攻击的政治理由，12 月 11 日和 12 日，他又花了很长的时间向许多将领作此种政治方面的解释。

他强调在那年秋季开始时，他就感觉到战争要进一步发展，必须作下一种根本的决定，同时他也下定决心要对必要的防御作战选择焦点。他毫不怀疑德国必须继续自卫，而顾问们也都完全同意他的见解，因为所有德国的敌人都一致要求德国必须“无条件投降”，所以任何与所有敌人的集体谈判，或者是与东方或西方的个别谈判，都早已不在考虑之列。照他看来，对于可用的预备队若能好好地加以利用，则在西线便有机会对西方盟军发动一个“强大的打击”，以阻止其到达莱茵河。他接着又说：从来没有一个同盟军力遭遇过比德国目前所面对的情形更为复杂，其中一方面是“超级资本主义者”的国家，另一方面又是“超级马尔克斯主义者”的国家。一方面是一个垂死的世界帝国——大不列颠，另一方面则是一个“殖民地”美国，想尽办法要继承遗产。美国是决心要取代英国在世界上的地位；苏联则是一心想染指巴尔干、达达尼尔、波斯和波斯湾；英国只想保住得来不易的财产，并在地中海长久保持强大的地位。这些国家之间早已开始发生冲突，而其对立则是一天比一天显著。假使德国能利用时机作几个重大的打击，则人为的联合战线也就随时都有崩溃的可能。战争最后的结果往往总是有一方认清了胜利已不可能属于自己，而德国必须不让他的敌人认为他将随时准备投降。德国绝不可如此！一个成功的攻击将使盟军的计划受到破坏，并迫使同盟国的政治领袖们必须首先来加以讨论这个问题，于是其军事领袖们将会坐失机会而不能采取有效的措施。

不过，希特勒也承认以现有的力量，想达到安特卫普这样的目标不免是要冒险，因那似乎已超出了能力范围之外。尽管如此，他还是决定放手一搏，因为德国需要一个喘息的空间。他希望利用这次攻势的成功——依他看，即使有许多障碍，最后还是一定会成功的——来恢复主动，并争取时间发展和使用新武器，来坐待对方阵营中的必然分裂。

希特勒不了解加拿大与大英国协的关系是何等亲密，他甚至预测加拿大将会最先将部队撤出欧陆。他认为“防御只能拖时间而不能改变情况”，所以现在唯一的办法就是孤注一掷地发动一次攻击。他认为以目前而论，在西线的机会要比在东线为佳；在西线方面，距离较短，运输必要燃料的成本较低，而重要的战略目标也较易达到，在东线方面的战争情况就完全不一样。

更进一步地说，希特勒认为英国人和美国人比较软弱，不像红军或苏联政治领袖那样顽强。他自我陶醉地说，英国人不久后将成为强弩之末，而只要情况转为不利，美国人就可能丧失勇气。他说这一战若能成功，便可以把敌军的战线毁去一半，西线至少就可以暂时稳定下来，到那个时候，德国又可以抽调兵力去应付东线的危机了。他说：“我们将会掌握着自己的命运。”

希特勒对于西方同盟国的政党政治，以及公共意见对于国政和军事的影响，总是非常重视，他以心理学专家自命，而永远从心理方面打击西方国家的弱点。他希望用这种手段可以动摇敌人对于全面胜利的信心，进而劝诱他们放弃对德国“无条件投降”的要求，并使其比较愿意接受和平谈判。希特勒最后的结论如下：“我决定不惜冒着一切重大危险来执行这个作战，即使敌人在梅斯两侧发动反攻，冲向莱茵河，而使我们丧失若干领土和阵地也都在所不惜。”后面这句话特别值得重视，他一向都是坚持寸土不弃守的原则，现在为了要发动此攻势，甚至连这种基本原则都自愿放弃，可见他对这次孤注一掷的作战是深具决心和信心。之后，他又对纳粹政权与德国人民不可分的理论作了冗长的解释。

攻势的过程

在 11 月的前两个星期内，B 集团军所要应付的，不过是敌军的局部性攻击，但攻击却持续不断，以至于双方都受到相当重大的损失。11 月 16 日，盟军发动了意料中的大规模攻击，越过罗尔河向莱茵河进犯，但却依然未能达到突破的目的，德军战线仍然完整无恙。不过由于双方兵力相差得太悬殊，盟军又从不同的焦点上连续不断地发动攻击，因此常常造成严重的危机，使得德国必须动用原本保存着准备要用于发动大攻势的预备队；而那些在战线上的单位不但无法撤退，同时也被盟军减弱了实力，有时甚至连少量的补充都不能获得。

尽管情况显然是不利的，希特勒仍坚持他的原定计划，准备发动在阿登地区的攻势。这个德军的最后攻势于 1944 年 12 月 16 日发动。全部作战长达数星期，可以分成下述的若干阶段，这样的综合列举是为了能使读者对于整个战役获得较佳的了解：

（一）12 月 16 日至 17 日：第 5 装甲军团获得初步的成功，不过在领土的收获上却完全不能符合预计的理想，尤其以在右翼方面为然。在蒙绍—马尔梅迪（Malmedy）地区已获少量的成功。

（二）12 月 18 日至 19 日：盟军局部预备队的投入战斗开始产生作用，尤以对第 6 武装亲卫队装甲军团的北侧面和第 7 军团的南侧面为甚，使得德军感到忧惧。敌人成功地守住圣维特（St. Vith）。

（三）12 月 20 日：第 6 武装亲卫队装甲军团和第 7 军团的情况恶化已经变得至为明显。沿着整个攻击正面，所有的作战都比预定的进度落后达相当距离。

（四）直到 12 月 24 日为止：攻击正面的中央部分（第 5 装甲军团）有进一步的进展，其微弱的前锋已经暂时达到迪南以东约 3 英里的地方。在这个阶段，巴斯托涅仍在美军坚守之中，于是德军必须分出矛头兵力的一部分以围攻该镇，结果也就造成向默兹河前进的兵力极严重地减弱。

（五）12 月 21 日至 22 日：天气晴朗，敌方空军活动开始加强。

（六）12 月 23 日：在巴斯托涅的美方守军获得空降的补给。

（七）12 月 24 日至 25 日：情况改变。攻击者反遭攻击，第 5 装甲军团也已被迫采取守势。

（八）12 月 26 日：美军突破巴斯托涅的包围圈。至此全部作战已经丧失意义，但希特勒仍命令继续向巴斯托涅进攻，并禁止任何撤退。

（九）1945 年 1 月 3 日：盟军发动反攻。经过猛烈战斗之后，在强大空军支援之下，敌人已经推进到德军矛头的侧面上，被围的危险开始形成。

（十）1 月 10 日：德军情况已经变得很紧急。对德军而言，阿登之战现在变成了艰苦的后卫战，人员和物资都遭到重大损失。补给日益短少，而燃料尤其感到严重缺乏。

会战的个别阶段

专就第5装甲军团而言，没有炮兵准备，就能有慎重之准备和坚定执行的攻击，算是一次完全的成功了。依照命令，施内—艾费尔（Schnee–Eifel）地段的中央部分须保留下来而不加以反击，但在右翼方面，敌军的防御阵地则已完全被冲过。不过，这个军（第66军）的左翼却缺乏良好的进展，所以对于施内—艾费尔地区的敌方阵地作迅速的包围遂变得不可能，尽管那是向圣维特作进一步前进的必要先决条件。圣维特是许多条道路的交叉点，其在右翼方面的重要性相当于在左翼方面的巴斯托涅。因为第6武装亲卫队装甲军团左翼的进展极少，遂使这种任务更难达到。敌人所居的位置能够对第66军的开放侧面作直接地猛烈射击，而且他们也不曾忽视此种有利的机会。第6武装亲卫队装甲军团的攻击并未完全成功，尽管已有一个装甲单位能够攻入马尔梅迪地区，对于大局还是不能产生任何实质的影响；事实上，这个单位本身很快就有被切断的危险，它的迅速前进，对于第6武装亲卫队装甲军团的作战地区其余部分并无任何影响。

这个军团在北翼上和中央方面所发动的攻击，打从一开始就只有少量的局部成功，到了12月18日便开始停顿，即使一再努力都不能使其再前进；此外，由于完全误解其主要任务，第6武装亲卫队装甲军团容许强大兵力被牵制在埃尔森博恩—克林克特（Elsenborn–Krinkelt）地区中。从该军团的真正目的上来看，那些激烈的战斗都毫无意义，战斗造成重大的损失，并因而增加了许多兵力，但结果仍然一无所获。这个装甲军团在此太靠近美军在罗尔河上的强大正面，美军遂可以迅速地从那里抽调兵力以增援其他受到压迫的地区。在 12 月 16 日到 17 日的夜间，希特勒命令一个伞兵单位——其指挥官为海特（von der Heydte）——空降在这个地区中，但对于该地区的一般情况，以及邻近第 5 装甲军团的情况都不曾产生任何作用。实际着陆地区是在马尔梅迪以北，那是仅适宜对北面执行一种封锁的行动；B 集团军希望能选择克林克特地区，以便能协助突破那里的坚强防线，但希特勒并未采纳此种建议。

整体看来，到现在已经可以很明白地认清第 6 武装亲卫队装甲军团不可能迅速达到默兹河，尽管希特勒把该军团放在右翼上充任一种决定性的角色。第 5 装甲军团的右翼军也已经落后，在第 66 军抽集兵力重新攻击的压力之下，敌人于 12 月 21 日到 22 日的夜里撤出圣维特，并在该镇西方高地上占领阵地。

第 5 装甲军团的另外 2 个军，克吕格将军（Gen. Krüger）的第 58 军和卢特维兹（Gen. von Luttwitz）将军的第 47 军，以及在右翼上的第 66 军现在向南进攻，在越过奥尔河（Our）之后，也就突破了敌军阵线，于是对向西的挺进也创造了必要的条件。从 12 月 16 日上午即开始在达斯堡（Dasburg）架设便桥，到下午 4 时，第一辆坦克已经驶过奥尔河；不过，它们却只能非常迟缓的前进，因为从达斯堡到克里尔夫（Clerf）的道路都受到许多伐木的阻塞，那还是德军在秋季撤退时自己布置的。便桥上以及沿路上的阻碍使得行动困难而导致一再延误。

12 月 17 日，第 5 装甲军团左翼上的第 2 装甲师勉强在克里尔夫铁路车站越过克里尔夫河，不久，即未遭遇任何值得一提的进一步抵抗。在其左方，第 7 军团的第 5 伞兵师，也已经越过该河，并准备通过维尔茨（Wiltz）继续向西进发。在这 2 个军团的分界线上，似乎在敌方阵线上有一个特殊的弱点，而这对于德军大有帮助，因为第5装甲军团的南翼也能继续作良好的进展。不过，尽管有初步的成功，但一直等到12月18日到19日，第7军团——由于缺乏工兵——才勉强在奥尔河上架好5座便桥，该军团司令部由于在紧急关头上浪费了许多时间做判断，想奇袭成功的机会也就变得极为渺茫；同时当第5装甲军团再继续向西前进时，其延伸的侧面也就不再可能获得掩护。

在12月18日一整天内，上述的道路阻塞和交通拥挤也就获得了初步缓解。直到12月18日上午9时，装甲教导师才开始越过克内里尔河，于黄昏时始抵达下范巴赫（Nieder–Wampach），夜间进向巴斯托涅以东的马格雷特（Mageret），次日，遂直趋巴斯托涅的本身；同一天它也已攻入纳菲（Neffe）和华尔丁（Wardin），但尽管有第26国民步兵师的协助，还是无法攻入巴斯托涅。假使第5装甲军团把第47装甲军的全部兵力都用来进攻巴斯托涅，也就无异于暂停前进，事实上，那也就是完全地放弃攻势；所以军团部命令第2装甲师进攻巴斯托涅西北面的诺维尔（Noville），然后必须再继续向西进发，不准延迟。

装甲教导师奉命支援第26国民步兵师进攻巴斯托涅，并同时准备从巴斯托涅西南面继续西进。但该师的情况却已有不利的发展，由于道路的恶劣，其行动又再度受到延误；此外，第26国民步兵师对巴斯托涅的攻击也徒劳无功。在巴斯托涅的失败极为重要，因为甚至在尚未开始进攻之前，第5装甲军团司令部即早已知道其兵力不够同时担负两种任务——一方面向默兹河前进，另一方面又还要保护绵长的南侧面。它们早就害怕在巴斯托涅的防御成功，会鼓励敌人把这个地区变为一个作决定性反攻的跳板。这种考虑现在已经变为事实，敌军的兵力源源不断地送达这个地区。

12 月 20 日，第 2 装甲师成功地到达诺维尔地区。在午夜时，攻占在巴斯托涅与马尔什（Marche）中点上的奥特维（Ortheuville），并完整地夺得河上的桥梁，它留下一点掩护兵力即继续向西前进。12 月 19 日上午，右面邻军的第 116 装甲师也到达乌法利兹（Houffalize），该师的一个搜索营在中午达到诺维尔西北约 4 英里的贝尔托尼厄（Bertogne）。12 月 20 日，面对着敌军的顽强抵抗，对巴斯托涅的攻击还是殊少进展；包围圈已向北延伸，但集团军总部坚持必须攻下巴斯托涅。12 月 21 日天气已经比较晴朗，云层也够开放，容许敌方战斗轰炸机首度在德军头上出现，不过此时数量尚不太多。由于缺乏燃料，第 2 装甲师只有极少量的进展，在 12 月 21 日也只限于扩张在乌尔特河（Ourthe）上的桥头堡；在向默兹河的前进中，装甲教导师已经达到莫里特（Morhet）。向巴斯托涅的攻击仍未有成效，现在虽然已经合围，但德军的围攻兵力却很单薄。12 月 22 日，第 2 装甲师的坦克因为缺乏燃料而不能动弹，其兵力也不够攻下马尔什周围的高地；在这一天，盟军飞机的活动已有了显著增强，尽管如此，装甲教导师仍继续向圣于贝尔（St. Hubert）前进，并在夜间予以攻占。同时，第 7 军团报告指称第 5 伞兵师在这一天内，已经受到几次从南面来的攻击。

12 月 23 日，巴斯托涅已经开始获得空运的补给，现在包围巴斯托涅的德军便被迫采取防御态势。在突破区的中央，第 116 装甲师已经用在乌尔特河的北面，因为其右面的邻军仍在该河上战斗。不过，在 12 月 19 日的夜间，据报在贝尔托尼厄西北 3 英里处的河上桥梁已被破坏，以该师所有的工具，最快也要到 12 月 20

日才能修复。所以，奉军团部之命，该师在同一夜里遂转向乌法利兹再往沙门里（Samree）前进，12月20日清晨，即已攻占沙门里，到黄昏又到达了多哈普（Dochamps），但在越过苏瓦—奥通（Soy–Hotton）公路的进攻则缺乏进展。当这个装甲军已经开始前进时，第116装甲师也奉命在12月22日摆脱与敌人的接触，再沿着乌尔特河南岸向西北前进，以与第2装甲师取得联系及合作，后者此时已有相当的进展。

当第2装甲师在12月22日突破敌军在马尔什附近的阻塞阵地之时，似乎向默兹河上的迪南挺进之先决条件已经赢得；不过从南北两面来的威胁还是非常巨大。德军矛头兵力的正面极为狭窄，缺乏必要的作战宽度；到此时，第6武装亲卫队装甲军团与第7军团都已经完全停止前进而被迫陷于防御姿态。在马尔什以东，敌军对第116装甲师的抵抗正在增强，对第7军团的压力也在增大中。不过，若能攻占巴斯托涅并守住南侧面，而生力军又能适时赶上，则第5装甲军团各装甲师所已获得的成功也就还可能再扩张，只要能到达默兹河畔，落后的北翼以及第6武装亲卫队装甲军团也就都可以随之再活动。

12月23日，前进中的第2装甲师由于北面敌军压力不断增大，遂又被迫再次采取自卫的手段；在那一天，该师的搜索营已经到达迪南东方的圣母院，其余的单位最初也都有良好的进展，但不久敌人从北面和西北面同时增加压力，遂不得不停止而改采取防御的态势；结果，该师的前进队开始减缓。此外，由于缺乏燃料和弹药，战斗力逐渐减弱，最后终于被强势敌军压倒。

12月23日，装甲教导师占领罗什福尔（Rochefort）。其派往南面的搜索营发现利布拉蒙（Librament）有强大敌军兵力据守，其左面的友军则仍在巴斯托涅西南方苦战。

12 月 24 日，装甲教导师的搜索营到达罗什福尔与迪南的中点的希格仑（Ciergnon），下午立即攻占该地。敌方空军相当活跃，使已经向西前进了一段距离的矛头兵力难以获得各种补给；从北面来的敌方压力继续不断增大，已经迫使在马尔什以西作战的第 2 装甲师向后撤退。由于缺乏燃料，第 9 装甲师的前进现在也已停止，第 2 装甲师也就不可能指望它的援助。

12 月 25 日，巴斯托涅的第 5 装甲军团也已被迫采取守势，因为所有能使用的兵力和物资，都不足以继续向该镇进攻，尽管最高统帅部仍作如此的要求。12 月 26 日，敌军装甲兵力从西南面突入这个城镇，巴斯托涅的包围也就随之解除；在巴斯托涅的失败现在开始在罗什福尔与默兹河之间逐渐显出影响力。尽管到 12 月 24 日，有 1 个装甲师实际上已经进到默兹河上的迪南以东约 3 英里的一点，但截至这一天，一般的情况发展指出，这最多不过是一种局部的成功而已。除非能够迅速获得增援，空中的情况也能变得比较可以忍受，或者对于燃料的缺乏能够设法改进，否则第 5 装甲军团，姑且不说是渡过默兹河，甚至在默兹河东岸上想再进一步也都希望渺茫。燃料缺乏的情况最为严重，所以甚至当攻势发动时，一大部分的支援炮兵都被迫留在原地而无法跟上；由于缺乏此种炮兵支援，因此对巴斯托涅的攻击，在一开始时就立即感觉到深刻的痛苦。12 月 25 日发现第 2 装甲师面临了非常大的困难，尤其是因为缺乏燃料，以至于该师的相当部分在进向前线的途中变得进退两难。只有微弱的兵力勉强还能前进，搜索营虽能作英勇的战斗，现在却已被强势的敌军兵力压倒。面对着敌方压力的日益增大，第 2 装甲师的大部分必须从罗什福尔地区中撤出，因此，第47装甲军现在也已经被迫改取守势。

12月24日，天气更进一步的晴朗，这也就产生了决定性的影响，因为它使敌人能从空中作强大实力的攻击。所有的铁路和公路都受地毯式的轰炸，早已不适当的德国补给组织因此几乎完全瘫痪。所以德军的机动性，以及将领们的调动能力现在都迅速消失。雪开始降下，天气也变得更冷了。

第5装甲军团司令尝试获得作战继续与否的明确指示，但结果还是枉然。由于攻势已经明显丧失了动力，西线德军总司令遂尝试说服希特勒停止一切攻势行动，趁盟军尚未倾全力发动反攻之前，先行撤退德军的兵力，他指出现在连“修正案”都已经不可能执行，因为需要的增援和补给都无法送达；但希特勒却完全不理会此种忠告，他决定德军从已经到达的位置上再向默兹河发动攻势，甚至准备立即执行计划的第二阶段，即在阿尔萨斯（Alsace）发动一个攻击。12月25日黄昏时，第5装甲军团接到希特勒的一个典型命令——完全不考虑当前的一切情况发展，只管命令使用一切可用的兵力进攻，并占领马尔什周围的高地；同时，又承诺从第6武装亲卫队装甲军团方面调送2个师的兵来作为增援，但这些承诺的援军何时可以到达，简直无法猜想。天气已经转好，但第9装甲师只有微弱的单位可以应战。希特勒对他的决定所作辩护理由是“在阿尔萨斯所发动的攻击就可迫使巴顿必须抽回其主力以迎击那个攻势，于是也就不再能解巴斯托涅之围。如此阿登攻势南侧面上的压力将会减轻，我们也就可以放手再向北进攻了”。

对于第5装甲军团而言，巴斯托涅之战现在已经进入了最后阶段，在之后的几个星期之内，这个不成功的攻势也进入了尾声，德军还在继续投入兵力以求攻进这个小镇。有一段时间，德军对巴斯托涅使用了9个师和2个军部分的兵力，并且迫使第6武装亲卫队装甲军团把它的一部分兵力转让给第5装甲军团，结果使德军统帅部的攻势意图完全受到挫折。所以，在非常困难的情况中，对于盟军的防御计划而言，巴斯托涅要算是一个决定性的成功。1945年1月3日，盟军发动反攻，遂使德军对该镇的争夺战终告结束。

盟军的反攻是从北面和南面指向乌法利兹地区，以切断在西面的一切德军为目的，但却未能成功地达到目的；由于天降大雪，使一切行动大部分都被限制在道路上。因为德军有在苏联长期作战的经验，对于这样的情况也就具有较佳的应付能力。敌军的攻击钳头到1月16日才在乌法利兹附近会合，德军却早已依照计划作了极困难的撤退，不过其后卫部队却作了英勇的牺牲。尽管如此，大量补给及装备的毁灭和放弃仍然无法避免；同时当全线官兵得知在撤退的最初几天内，所有的武装亲卫队师都已经先行撤出第一线，对于他们的士气也就受了一次非常严重的心理打击。虽然，事实上，统帅部的意图是要让他们休息和再装备后，再送往其他战场上作战（后来实际上是送往匈牙利），但陆军单位对这项决定所产生的印象却可以说是恶劣到了极点，不仅感到受了被遗弃和亏待，凡是最困难和成本最高的工作也都是由其来扛。这是一种极大的心理障碍，并使得陆军对于最高统帅部的信心更加减低。

当德军退回到原有的起点时，已经接近1月底，它们发现尽管一再要求，仍然没有任何安排来补充早已大为减弱的战斗力。它们感到弹药补给不足，也缺乏装备和物资来巩固阵地，此外也不曾获得任何种类的增援。

由希特勒本人指挥和监督的斯科尔泽尼特种单位所执行的“钩喙兽”作战，对于整个作战而言，根本就不曾产生多少实质上的影响，因为不久后（12 月 17 日）敌军对这一套诡计就已经完全知道，所以除了造成极少量的混乱，连勉强而为的行动都尚未开始，即已自动消灭。

回 顾

也许应该同意英国富勒（Fuller）少将的说法，这次攻势的计划从战略上来看要算是合理的；不过，在军事方面的结果却完全等于零，除了德军兵力不足，补给组织也不适当以外，下述的因素应该算是失败的决定性影响：一是敌人的反应远比德国统帅部预料的更加迅速，他们能够很快地采取强烈的对抗措施；二是敌人享有不容置疑的制空权，不仅限于战场上，而且还深入德国的内部。

盟军统帅部对于德军攻势的反应是迅速、强而有力，但德军的攻势在 12 月 16 日出乎其意料之外地爆发后，盟军立即停止在战线上其他地段的一切攻势行动，并在同一天内用 2 个步兵师来对付第 6 武装亲卫队装甲军团，用 2 个装甲师分别威胁第 5 装甲军团的南北两侧面。其中的 1 个师（美国第 7 装甲师）迅速派遣单位参加在圣维特的战斗，另外一个师（美国第 10 装甲师）则阻挡第 7 军团的前进，并将若干单位置于巴斯托涅之前。该师的 B 战斗群据守该镇，以对抗德军的攻击，几乎全部被歼灭，美国第 101 空降师于是在 12 月 19 日拂晓时兼程赶到，真可说是刻不容缓。由于美国第 1 军团和第 8 军只有战术预备队，只能且战且走，一直等到有适当预备队赶到，才能站定脚跟并且发动对抗措施，这并非是一种有准备的撤退，因为某些良好的地形并未加以扼守；尽管如此，就迟滞撤退而言，那要算是成功的，它延缓了德军的前进，尽管其抵抗一再被击退。此外，由于在圣维特附近的成功以及在巴斯托涅的顽强防御，敌人已经成功地使这个地区中的战斗变成对自己有利。敌人在这里所牵制的德国兵力远超过预计的数量，遂使其他地区中的兵力感到不足，所以这个行动对于南北两面突破的封锁，实为一种有价值的贡献。

凭着积极的防御，巴斯托涅的守军，成功地延迟德国装甲教导师和第 2 装甲师的西进达 3 天之久，同时也牵制着其他的兵力，使其不能用于向默兹河前进的主要目标上。这迫使了第 5 装甲军团（连同第 116 装甲师）不得再向南面采取闪避的行动，结果耽搁了更多的时间。

由于决定立即停止在战线上其他地区的一切攻击，盟军对于德军的攻势也就能够采取一种真正彻底的对抗步骤，并且可以集中极大的兵力来对付进攻的德军。从 12 月 20 日起，盟军全部的作战又已暂由英国蒙哥马利元帅统一指挥。为了达到这个目的，美国第 1 军团也暂时位于英国第 21 军的系统之下。尽管艾森豪威尔与将领们之间的确有某些意见差异的存在，但并不像希特勒所想象得大；同盟国的政治和军事领袖们并没有发生冲突而仍然合作无间。

当蒙哥马利接管指挥权时，他认为假使德军在马尔梅迪与马尔什之间成功突破，并打开向西北和向布鲁塞尔、安特卫普的道路，西方同盟国将会遭遇真正的危险。他决定把防线从斯塔沃洛

（Stavelot）延展到马尔什，并集中强大兵力以作为反攻的准备。

盟军统一指挥的决定可以说时机是恰到好处，如果再迟一步，也许就会全盘皆输。除了突破地区南北两侧以外，盟军的行动已经毫无协调可言，美国第1军团的作战甚至已经变成一连串的各自为战；蒙哥马利的最大贡献就是他把许多零星的战斗，依照一个明确的计划组成完整的会战。他拒绝作过早和零碎的反攻，如此便可使美国人全力集中预备队以阻止德军扩展其突破；但当这位总司令希望以预备队进行反攻时，美国第1军团的坚守防线北段亦属功不可没。不过，当盟军于1945年1月3日发动反攻时，还是未能立即毁灭德军攻击兵力，尽管那并非不可能。它只获得有限的成功；盟军想要收复原来已经攻占的地区，还是要再度苦战。

专就德军方面的情形而言，决定胜负的因素还是敌方的空军活动。当天气在12月21日到22日开始晴朗时，英美空军即已完全支配了德军的补给线；尽管德国空军不惜牺牲，但由于众寡悬殊，仍然无法减轻地面部队承受的压力。由于伪装，德军大部分的补给仓库都是在莱茵河的东岸上，所以敌方空军的重大攻击，更使前方感到弹药和补给的缺乏，尤以燃料为最严重，从一开始起，参加攻势的部队实际上就已经就地取食；专就补给而言，战斗地区事实上已被孤立。

事后从德国人的观点来看，可以作成下述几点评论：就攻势而言，展开兵力和发动攻击的地区都算是有了正确的选择；所选择的攻击时间，以及第5装甲军团所使用的攻击方法，都能正确的配合当时环境的需要；敌方情报和空中侦察都未能事先发现德军的准备部署，伪装的措施可证实是非常有效，直到攻势发动前一天，部队才接获通知，所以战略和战术的奇袭皆已得到。

事实上，尽管拥有许多有利因素，攻势本身却仍然未获成功，这又必须归咎于德军最高统帅部，它犯了下列各种错误：不曾当机立断地把作战的重点从第6武装亲卫队装甲军团方面移到第5装甲军团方面，好让后者适当地扩张已获得的成功；之后，当还来得及采取“修正案”时，它又不曾立即作出决定。由于邻近的2个军团，一开始就不曾获得必要的成功，第5装甲军团的前进也就受到不利的影响；当攻势失败已经至为明显，德军最高统帅部既不立即叫停，又不依照新的情况采取任何必要的新决定。此外，能提供的人员和物资在数量上，根本不够容许对攻势作深入的扩张。

当第6武装亲卫队装甲军团的攻击面临停顿，而第5装甲军团的攻击却已获成功，并开始扩展突破时，本应立即将攻势重点转移到第5装甲军团方面，因为其他的攻击兵力都早已赶不上预定进度，但是前线指挥所作的这种建议完全不曾受到理会。

依照希特勒的计划，攻势重点是放在北面第6武装亲卫队装甲军团方面，所有装甲预备队的位置也是根据此方向来部署。早在12月18日，莫德尔元帅就曾建议预备队（或其中的一部分）应准备用作扩张第5装甲军团的成功，但基于政治性的理由，希特勒非常希望他的“武装亲卫队”能够作这次决定性的打击，所以他坚持预备队仍应继续放在北面，好让武装亲卫队指挥官有再试一次的机会。第2和第12武装亲卫队装甲师最后虽然还是被送来增援第5装甲军团，但时间却已经太迟，而不能产生任何真正的作用；因为到此时，第5装甲军团本身也已被迫采取防御姿态。换言之，这一次决定性的作战又还是太迟了。

在12月底，德军大部分兵力都集中在巴斯托涅周围的狭小地区中，而第5装甲军团却缺乏兵力可以用来达到冲向默兹河上渡口的主要目标，这形成了一种非常强烈的对比。

最迟至12月24日到25日，德军最高统帅部就应该要限制战术性目标了——尤其在东线方面的情况已经变得非常紧急之时。

由于邻近两军缺乏初步的成功，使得第5装甲军团终于功败垂成，因为其侧面越拉越长，为了分派兵力去保护2个侧面，其矛头日益减弱，终至于不再具有穿透敌阵的能力。

盟军据守圣维特的时间比德国人预料的还长，虽然从越过苏瓦—奥通—马尔什的公路进攻是够快，但却缺乏冲力。其结果是德军被逼回到其攻击正面的南段，行动的范围也受到限制。不久，第7军团因为自顾不暇，第5装甲军团的单位只好又向南旋转以增强备受威胁的侧面。

尽管德军在前进时，官兵都能奋勇争先，但还是不够迅速，相对于敌方预备队的快速增援，终于未能赢得这这场决定性的竞赛。不久，攻势即开始缺乏冲力和机动，而那却正是任何成功的必要条件。在前进时，德国机动兵力所携带的燃料只足够使用一两天，而并非如事先所承诺的，可以携带多用5天的分量；标准的一天分量是足够前进100公里，即约为60余英里。

在12月16日发动攻势以及之后的几个星期中，所能使用的兵力与事先拟定的远大目标可以说是完全不相配合，到了最后，真正能用的兵力甚至比事先所计算的还要更少，当攻击实际发动时，有若干师的兵力甚至尚未完成部署。同时最高统帅部承诺过的某些事情，之后也都未能兑现，所以从一开始起，德军就缺乏必要的数量、装备和物资，不足以就其已经达成的突破作更迅速而猛烈的扩张。既然明知实力不够（包括人员、武器、装备、补给等在内），似乎应该能促使德军最高统帅部作一次再思考，甚至在攻势尚未发动之前，就要采取另外的新决定；同样的，在攻势发动之后，实际的情况发展也应该会促使其在适当的时候转移守势，并把兵力自动撤回到原有的位置。

坚持原始的计划，及具有过分雄心的目标，实乃一大错误，此种决定之权完全掌握在希特勒的手中。西方同盟国的战地记者威尔莫特（Chester Wilmot）的说法是一点都不错，他指出，德国的军事战略，不再受纯粹军事考虑的决定，而最后的决定权，不是握在伦德施泰特的手中，而是握在希特勒的手中。

约德尔事先曾承诺的，要采取若干真正有效的措施以牵制邻近地区中的敌军，实际上也都不曾做到，所以敌人能够自由地从一些不曾受到攻击的地段中抽调兵力，而不曾有任何危险，他们不必放弃已经攻占的有价值领土，以及进一步攻势所需要的跳板。退回到西线长城之后的决定——即退到攻势发动时的原有位置，已然太迟；直到被敌方优越兵力压倒时，希特勒才被迫勉强作出决定，但是这番犹豫又使他在人力和物力上遭受更多的损失。在已经攻占的领土上加以停留，不过是获得一点并无特殊价值的时间，为了这一点时间而付出如此重大的代价，实属得不偿失。

古德里安将军（此时已出任陆军参谋总长）曾经两度企图说服希特勒，放弃这个显然不曾成功的攻势，并将兵力调往东线以解燃眉之急。12 月 28 日，希特勒才承认阿登的攻势并未得到意料中的决定性成功；尽管如此，对于情况仍然还是大有改善，敌人不得不放弃攻击计划。希特勒必须要重组兵力，也必须把早就疲惫不堪的兵力再投入战斗，在国内也已经引起严重批评。敌人也承认在明年 8 月以前，甚至在明年年底以前，都不曾有结束战争的希望；在2个星期以前谁也不敢相信情况会有这样的转变。

在1945年1月9日的情况会报中，古德里安将军会尝试促使希特勒注意东线的紧急情况，结果引起希特勒的怒骂。希特勒拒绝承认事实，因为诚如古德里安所说："他对于世界有着特殊的想象，任何事实都必须与其幻想相符合，否则他就拒绝承认其存在。但他所想象的世界却不是现实的世界，而是另一种奇怪的幻想世界。"不多时，现实即被证实是比幻想还要有力；但在此时，希特勒却仍然坚持，必须给予西线最高度的优先，以便在那一方面可以继续保持主动；他同时又坚持不对东线作任何增援，并且宣称，从今以后不准有任何形式的撤退。他甚至还说："2年以来，我经常听到有人说为了争取活动的空间不得不撤退，结果却是毫无裨益，所以我一听到这种论调，就会感到气愤不已。"

1月10日，希特勒宣布第6武装亲卫队装甲军团应从阿登地区撤出，以便加以整补，但仍然接受西线总部的指挥。

诚如约德尔在11月之间所解释过的，希特勒相信发动攻势所需的兵力，主要可以用下述两种方式提供：一是对西线上原有单位加以整补；二是在德国境内编组新的单位。而对于旧有的师，希特勒是既不补充足额，又不干脆将其裁撤，他宁愿一方面建立新的师，另一方面让那些旧的师只留下一半或更少的兵力，采取这种方法，他就可以自我安慰，他能够增加兵力来应付新的危机威胁。事实上，想要获得额外的兵力，唯一的方法就是对整个战争的进行方式，作一种根本的改变，而这也正是希特勒经常拒绝采取的办法，他对于整个战争的指导，根本拒绝任何必要的再思考，而对于已经受到攻势影响的战线，也拒绝给予任何必要的命令。我们在此可以看见在希特勒的独裁之下，兵力组织完全都不适当。

战术和战略的奇袭配合使用，已经使敌人极度震惊，但补给的大部分都是储积在莱茵河的东岸上，而曾经引起很多的困难，原本曾经当面允许给予第 5 装甲军团的运输纵队也不见踪影。

此外，德国部队的训练也不能使所有的单位都能够应付敌军，后者是养精蓄锐、装备良好，在人力和物力上都居于优势。所有前线指挥官都非常明了这一点，也并不感到疑惑，因为自从 1942 年以来，德军即再也不曾作如此大规模的攻势作战。假使能够让部队早一点撤出第一线，给予比较适当的休息和补充，并对训练和准备创造一种比较有利的条件，那么参加攻击的部队，对于未来的任务，也就一定可以胜任。希特勒对于许多武装亲卫队师的确曾给予这样的机会，但是指派参加攻势的陆军部队，却从未享受过这样的特权。一般来说，第一线的步兵师，是首先肩负突破敌方战线的重要任务，但却几乎只能作非常不适当和极有限度的系统训练，这当然并非是其自身的过错；武装亲卫队单位的武器和装备也都比较优良，而尤以坦克为然，所以对于负责攻击重任的陆军第 5 装甲军团而言，自然构成一种沉重的心理负担。

人员奋不顾身、英勇效命，对于战备的许多缺乏可以作某种程度的抵补。尽管前线人员在士气上已经受到许多不利的影响，但仍然能在奈梅亨（Nijmegen）和阿纳姆成功地击败敌人的空降攻击，在罗尔河上面对着人力和物力都远占优势的敌人也能作成功的防御，他们对于“看守莱茵河”的国歌所培养的精神仍然坚定不移。当他们在西线屹立不摇时，就是在保护东线拼命苦斗、坚守国土的伙伴们，同时也可使政治领袖获得多些时间来作进一步决定。

官方的宣传也足以增强一般军人的战斗意志，那些宣传告诉他们，如果敌人获得胜利，德国人民将会受到奴役。无条件投降的要求，以及恶名昭彰的摩根索计划之公布，使所有德国人感觉到除了拼命一战以外，他们别无选择，所以前线上的部队，即使已经知道毫无希望，也还是苦战不休。摩根索计划似乎尤其能够证明戈培尔所言不谬，在几个月以前，他和希特勒即曾描述在苏联占领之下的人民，生活是如何凄惨，现在西方同盟国的恐怖报复计划更令人感到触目惊心。苏军已经进到东普鲁士的边界上，英国人和美国人也已经到达西面的国门，希特勒的论调也就变得更能令人信服。因此，同盟国的无条件投降要求实在是一种巨大的政治错误，使战争作了不必要的延长，双方也都多作了不必要的牺牲，这是原本可以避免的。同时，诚如威尔莫特所指出的："德国军民也都知道此时国内再闹革命，只会使德国在混乱中崩溃得更快而已。"尤其已经有几百万的外国人被送入德国充任奴工，更足以造成严重的混乱；因此，在前线作战的官兵，都一心在寻求避免此种悲剧的机会。

在德国国内，男女老幼都在拼命工作，包括未成年的小孩子在内，他们不惜损害健康，甚至付出宝贵的生命，在前线的人自然感觉到自己的牺牲程度，绝不能落在后方国民之后。最后官方的宣传对于全国军民的士气，也足以产生相当的增强作用，例如新武器的出现、飞机的改进、潜艇的威力大增、工业产量的增加等等，都使德国人对于未来至少还存有一点幻想式的希望。此外，德军一般士兵对于他们的军官和士官的信心仍然坚定不移。

这些继续抵抗的心理条件虽仍存在，但这也潜藏着一个危机：当最后攻势被认为失败时，其反应也就会相对更大。当阿登攻势失败之后，德国连最后的预备队都已经用尽，于是想要再作有效的防御，都将感到无能为力。短时间之内，责任感、自我牺牲精神和同胞的感情还是可以勉强维持，但终究抵抗的意志还是不免崩溃。前线的人员无奈地承认敌人无论在陆上、海上、空中都享有巨大的优势，所以事实上，已不再可能作任何有效的抵抗。

希特勒曾夸下海口，预言德军将重获 1940 年的胜利。他的计划是以个人的幻想为基础，对于德国的实力作了过高的估计，却对西方同盟国的实力作了过低的估计，尤其是他不相信美国人在受到挫败之后，能够恢复得那样快。

1944 年底，德国与三大敌国在资源上的距离已经相差太大，绝非如希特勒所想象的，只要再一击就可以反败为胜；况且他现在在西线所能集中的兵力，也显然不足以如此，即使德军员能勉强达到目标——安特卫普，对于盟军而言，也只不过是一种暂时的挫败，并不代表那就是最后的失败；顶多也只能使西方同盟国的计划，在执行上延缓几个星期——而赢得的时间，除非是用来得到军事性的，尤其是政治性的利益，否则也还是不能算是真正的收获；但这种机会从一开始即已经不存在，因为双方都在充满仇恨的空气中作拼命的决斗，因此绝无达成任何政治性协定的可能，于是花费如此巨大的代价来拖延时间，就变得毫无意义。这次攻势也并不能使敌方兵力受到任何实质的削弱，但是德军在作了这次最后的决斗之后，辛苦累积起来的一点点预备力量也都全部耗尽，在东、西线上遂同样感到吃不消。若能早一点把抵抗重点由西面移到东面，则在那一方面至少可以多支持几天，不过若是这样，西线方面自然会崩溃得较快。

希特勒深知西方同盟国，绝不会背着苏联与德国缔结单独的和约，所以他宁愿在西线发动这次攻击，但这次攻势的失败，恰好又让苏军坐享其利。1945 年 1 月 12 日，苏军对第三帝国开始发动最后的大攻势，他们之所以能够势如破竹，毫无疑问，是由于德军在西线把一点余力都用尽了，因此争取时间也就变成了空想。4 月 25 日，美苏两军在易北河上会师。5 月 7 日，德国终于无条件投降。